수능 · 경찰대학 · 편입학교

사 주만에 다 끝내는 리얼 기출 영단어

사다리 VOCA
& 기출 영단어

김다현 지음

최신판

씨마스21

Structure & Features 이 책의 구성과 특징

Feature1
하루 40 단어로 영어 어휘에 자신감을!

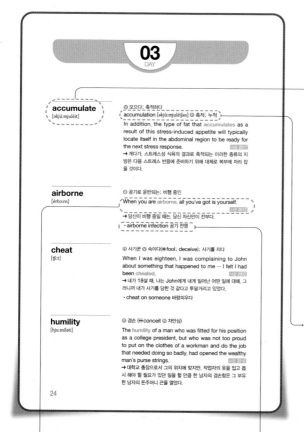

대표 기출 어휘 확인하기

수학능력시험 · 경찰대학 · 사관학교 영어 영역 출제 단어 중 꼭 암기할 필요가 있는 단어들을 표제어로 선정하였습니다. 표제어로 지정된 2,100개의 단어와 170개의 숙어를 학습하고 나면 영어 어휘에 자신감이 생길 것입니다.

추가 어휘 살펴보기

파생어 · 동의어 · 반의어 및 기타 참고 단어를 수록하여 풍부한 어휘 학습을 할 수 있도록 하였습니다.

기출 예문 독해하기

수학능력시험 · 경찰대학 · 사관학교 영어 영역 지문에 실제 등장한 문장을 예문으로 활용하였습니다. 기출 예문을 해석하면서 해당 표제어가 실제 시험에서 사용된 의미를 확인할 수 있습니다.

관용어 표현 익혀보기

관용어를 통해 어휘의 쓰임새를 이해할 수 있도록 하였습니다.

002

Feature 2
학습 성과 점검하는 Review Test 수록

Review Test DAY 01-05

1 다음 우리말을 영어로 쓰시오.

01 황단하다 _____ 12 생각에 잠긴 _____
02 자격(권한)이 있는 _____ 13 영향을 받기 쉬운 _____
03 시무룩한 _____ 14 희석하다, 희석한 _____
04 넘쳐나다 _____ 15 아첨하다, 우쭐대다 _____
05 (함축적) 의미, 내포 _____ 16 지루한, 장황한 _____
06 불만을 품게 하다 _____ 17 억압, 거리낌 _____
07 위선, 가장 _____ 18 살아갈 수 있는 _____
08 잡동사니의 _____ 19 조종하다, 기동하다 _____
09 가득한 _____ 20 서투른 _____
10 동경, 훨씬 기분 _____ 21 회피하는 _____
11 음절 _____ 22 선박의 _____

2 다음 영어를 우리말로 쓰시오.

01 trifle _____ 12 purport _____
02 fester _____ 13 occupant _____
03 perspiration _____ 14 pertinent _____
04 nuisance _____ 15 penance _____
05 munch _____ 16 traverse _____
06 limp _____ 17 vandalize _____
07 undertake _____ 18 predicament _____
08 enfold _____ 19 stale _____
09 airborne _____ 20 surrogate _____
10 erect _____ 21 enclosure _____
11 notable _____ 22 causality _____

3 다음 빈칸에 알맞은 단어를 고르시오.

01 It is likely that the effects of this may _____ outwards over time, substantially changing the very direction of human development, our society, our laws and our ethics, etc.
① ripple ② spare ③ homicide ④ cornerstone ⑤ flux

02 The continents likewise _____ into the sea in tiny pieces of eroded land.
① exclaim ② snuggle ③ evaporate ④ dissolve ⑤ eject

03 Once, doctors were confident that a diet with low fiber was the best treatment for an _____ of the colon, but a few decades later they urged sufferers instead to eat plenty of fiber.
① venom ② analogy ③ inflammation ④ registration ⑤ manure

04 It is usually quite warm at this time of year in our area, but we must be prepared for _____ bad weather.
① interracial ② occasional ③ stationary ④ drastic ⑤ trustworthy

이 책에 나오는 약어 및 기호

ⓝ 명사	**ⓐⓓ** 부사	**↔** 반의어
ⓐ 형용사	**ⓟ** 복수형	**✚** 참고 단어
ⓥ 동사	**＝** 동의어	**집** 접속사

일러두기
최신 기출 어휘의 표제어의 발음기호는 국제적으로 널리 통용되는 국제음성기호를 적용하여 표기하였습니다.

CONTENTS

III편. 사관학교 기출 어휘 DAY 31 ~ DAY 50

I편. 수능 기출 어휘

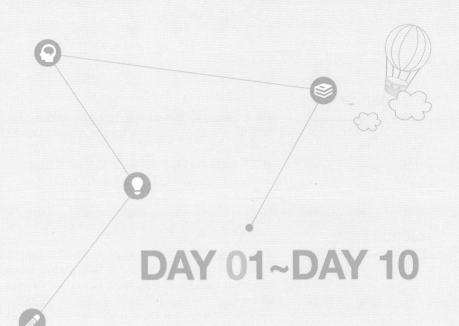

DAY 01~DAY 10

resonance
[rézənəns]

ⓝ 공명; 잔향

His left hand produced thundering, repetitive bass riffs as a way of covering up the piano's lack of resonance. 수능 2017

→ 그의 왼손은 피아노의 부족한 공명을 덮기 위한 방법으로 굉음을 내는 반복적인 저음의 반복 악절을 만들어냈다.

cicada
[sikéidə]

ⓝ 매미(= locust)

Exactly how cicadas keep track of time has always intrigued researchers, and it has always been assumed that the insects must rely on an internal clock. 수능 2015

→ 매미들이 어떻게 시간을 정확히 기억하는지는 언제나 연구자들을 매혹시켰고, 이는 곤충들이 내부 시계에 의존하는 것이 틀림없다고 가정되어왔다.

deficient
[difíʃənt]

ⓐ 부족한; 모자라는(↔ sufficient ⓐ 충분한)

In Latin America, for example, corn is traditionally eaten with beans; each plant is deficient in an essential amino acid that happens to be abundant in the other, so together corn and beans form a balanced diet in the absence of meat. 수능 2009

→ 예를 들어, 라틴 아메리카에서 옥수수는 전통적으로 콩과 함께 같이 먹는다. 각각의 식물은 마침 상대가 충분히 가지고 있는 필수 아미노산이 부족해서, 고기가 없을 때 옥수수와 콩은 함께 균형 잡힌 식단을 구성한다.

pendulum
[péndʒuləm]

ⓝ 진자; 추

Then, in 1656, Dutch astronomer Christian Huygens constructed the first pendulum clock, revolutionizing timekeeping. 수능 2005

→ 그 후, 1656년 네덜란드의 천문학자 Christian Huygens는 첫 진자시계를 만들어 시간 계측에 혁명을 일으켰다.

figure
[fígjər]

ⓝ 모습; 인물; 수치; 계산 ⓥ 계산하다; 생각하다

Ideally, the budgeted figures will work out just about right. 수능 2009

→ 이상적으로는 예산에 편성된 수치들이 거의 옳은 것으로 판명될 것이다.

- influential political figure 영향력 있는 정치인
- figure out creative ways 창의적인 방법을 생각해내다

mischief
[místʃif]

ⓝ 장난; 손해

He was a wild boy, always getting into mischief. 수능 1996

→ 그는 언제나 장난하는 엉뚱한 소년이었다.

rustle
[rʌsl]

ⓝ 바스락거리는 소리 ⓥ 스치는 소리를 내다; 바삭거리다

A soft breeze gently rustles the tall clover blossoms, not disturbing the bees gathering nectar from them. 수능 1996

→ 부드러운 바람은 꿀을 모으는 벌들을 방해하지도 않고 키 큰 클로버 꽃들을 살짝 스친다.

deforestation
[di:fɔ̀:ristéiʃən]

ⓝ 삼림 벌채

deforest [di:fɔ́:rist] ⓥ 나무를 베어 없애다; 벌채하다

Unfortunately, deforestation left the soil exposed to harsh weather. 수능 2012

→ 불행히도, 삼림 벌채는 거친 날씨에 토양이 노출되도록 했다.

adulthood
[ədʌ́lthùd]

ⓝ 성인기

adult [ədʌ́lt] ⓝ 성인; 어른 ⓐ 성인의

In the past, children learned the secrets of adulthood very slowly. 수능 1999

→ 과거에는 어린이들이 성인기의 비밀들을 아주 천천히 배웠다.

executive
[igzékjutiv]

ⓝ 임원; 집행부 ⓐ 행정상의

Your skills led to your being promoted to executive secretary in 1992. 수능 1992

→ 당신의 실력은 1992년 당신의 사무국장 승진으로 이어졌습니다.

- executive secretay 사무국장, 비서실장

shorthand
[ʃɔ́:rthænd]

ⓝ 속기(≡stenography; ↔longhand ⓝ 손으로 쓰기) ⓐ 속기로 쓴

The old Sumerian cuneiform could not be used to write normal prose but was a mere telegraphic shorthand, whose vocabulary was restricted to names, numerals and units of measure. 수능 2006
→ 고대 수메르의 쐐기문자는 보통의 산문을 쓰는 데 사용될 수 없는 간결한 속기에 불과한데, 어휘가 이름, 숫자, 그리고 측정 단위로 한정되었다.

acquire
[əkwáiər]

ⓥ 취득하다; 획득하다
acquisition [æ̀kwizíʃən] ⓝ 획득; 취득; 습득

Instead, the child acquires the heritage of his culture by observing and imitating adults in such activities as rituals, hunts, festivals, cultivation, and harvesting. 수능 2011
→ 대신, 아이는 의식, 사냥, 축제, 경작, 수확 같은 활동에 참여한 성인을 관찰하고 모방함으로써 그의 문화의 유산을 획득한다.

string
[striŋ]

ⓝ 일련; 줄 ⓥ 줄을 달다

There, people made a stringed instrument using animal skin around a frame and horsehair for the strings. 수능 2018
→ 그곳에서, 사람들은 틀에 동물의 가죽을 두르고 줄에는 말의 털을 사용하여 현악기를 만들었다.

fertility
[fərtíləti]

ⓝ 풍부; 번식력; 비옥도
fertile [fɔ́:rtl] ⓐ 비옥한; 가임의
fertilize [fɔ́:rtəlàiz] ⓥ 수정시키다; 비옥하게 하다

Although there are numerous explanations for the fall of the Roman empire, the deeper cause lies in the declining fertility of its soil and the decrease in agricultural yields. 수능 2012
→ 로마 제국의 몰락에 대해 수많은 설명들이 있지만, 더 깊은 원인은 그 토양의 줄어든 비옥도와 농산물 수확의 감소에 있다.

• fertility rate 생식률; 출산율

ubiquitous
[ju:bíkwətəs]

ⓐ 도처에 존재하는; 편재하는(≡omnipresent)
ubiquity [ju:bíkwəti] ⓝ 도처에 존재함; 편재

Troubles are ubiquitous. 수능 2015
→ 문제는 도처에 존재한다.

impersonal
[impə́:rsənl]

ⓐ 비인간적인; 비개인적인; 냉담한

impersonally [impə́:rsənəli] ⓐⓓ 객관적으로; 비인격적으로

I was usually kept at an impersonal distance during the discussion; they did not move from behind the desk. 수능 1994
→ 논의 중에 나는 보통 냉담한 거리를 두고 있게 되었고, 그들은 책상 뒤에서 움직이지 않았다.

mutual
[mjú:ʧuəl]

ⓐ 상호적인; 공통의

The making of this requires the mutual agreement of two or more persons or parties, one of them ordinarily making an offer and another accepting. 수능 2010

→ 이것을 만드는 것은 둘 이상의 개인 혹은 단체의 상호적인 동의를 필요로 하고, 그들 중 하나가 보통 제안을 하고 다른 하나가 수락한다.

larva
[lá:rvə]

ⓝ 유충; 애벌레 (ⓟ larvae)

Together this means there are fewer eggs and larvae to secure future generations. 수능 2017
→ 이것은 함께 보면 미래 세대를 확보할 더 적은 수의 알과 유충이 있음을 의미한다.

cancellation
[kænsəléiʃən]

ⓝ 취소; 말소

cancel [kǽnsəl] ⓥ 취소하다; 철회하다(= withdraw; retract)

A suitable insurance policy should provide coverage for medical expenses arising from illness or accident prior to or during their vacation, loss of vacation money, and cancellation of the holiday. 수능 2007
→ 적절한 보험 정책은 그들의 휴가 전후의 질병이나 사고로 인해 발생하는 의료비와 휴가비의 손실 그리고 휴가의 취소에 대한 보상을 제공할 수 있어야 한다.

cocoon
[kəkú:n]

ⓝ 고치 ⓥ (고치처럼) 휩싸다; 보호하다

cocooning [kəkú:niŋ] ⓝ 집에 갇혀 지내는 것

The great loneliness — like the loneliness a caterpillar endures when she wraps herself in a silky cocoon and begins the long transformation to butterfly. 수능 2006

→ 애벌레가 부드러운 고치로 스스로를 감싸고 오래 걸리는 나비로의 변태를 시작할 때 참아내는 외로움과 같은 위대한 외로움.

ripen
[ráipən]

ⓥ 익다; 여물다

Through the train window, I could see crops ripening in the fields and trees turning red and yellow. 수능 2003
→ 기차 창밖으로 나는 들판에 여무는 곡식과, 붉은색과 노란색으로 물드는 나무들을 볼 수 있었다.

polarity
[poulǽrəti]

ⓝ 양극성
polar [póulər] ⓐ 극지방의; 북극(남극)의
bipolar [baipóulər] ⓐ 양극성의

Energy necessarily depends on a pre-existing polarity, without which there could be no energy. 수능 2011
→ 에너지는 이미 존재하는 양극성에 필연적으로 의존하며, 그것이 없으면 에너지가 있을 수 없다.

• bipolar disorder 양극성 장애; 조울증

commitment
[kəmítmənt]

ⓝ 약속; 헌신
commit [kəmít] ⓥ 저지르다; 전념하다

"I made a serious commitment to myself to give it my best every time I competed" says Paula Fraser, 1989 World Marathon winner. 수능 1996
→ "나는 내가 경쟁하는 매 순간 최선을 다하기로 나 자신에게 진지한 약속을 했습니다."라고 1989년 세계 마라톤 우승자인 Paula Fraser가 말한다.

interpret
[intə́:rprit]

ⓥ 해석하다; 통역하다(= translate)
interpretation [intə̀:rprətéiʃən] ⓝ 해석; 연주; 통역
misinterpret [mìsintə́rprət] ⓥ ~을 잘못 해석하다; 오해하다
interpretative [intə́:rpritèitiv] ⓐ 설명적인; 해석에 의한

We rarely interpret marks on paper as references to the paper itself. 수능 2009
→ 우리는 종이 위의 표시를 종이 그 자체에 관한 언급으로 거의 해석하지 않는다.

thermometer
[θərmámətər]

ⓝ 온도계; 체온계

But when I entered the subway, the thermometer I had with me registered 32℃. 수능 1994
→ 그러나 내가 지하철에 들어갔을 때, 내가 가지고 있던 온도계는 섭씨 32도를 기록했다.

tenant
[ténənt]

ⓝ 세입자; 임차인 ⓥ 점유하다; 거주하다

It is wrong to ask the tenants to pay a large increase when nothing has been done to improve the condition of the apartments. 수능 1998

→ 아파트의 상태를 개선하기 위해 아무것도 실행된 것이 없을 때 세입자들에게 큰 증가액을 지불하도록 요청하는 것은 옳지 않은 일입니다.

status
[stéitəs]

ⓝ 지위; 상태

A status symbol is something, usually an expensive or rare object, that indicates a high social status for its owner. 수능 2008

→ 지위의 상징은 보통 비싸거나 희귀한 물건으로, 그것은 소유자의 높은 사회적 지위를 나타낸다.

• status quo 현상; 현재의 상황

administer
[ədmínistər]

ⓥ 다스리다; 실시하다; 기여하다

administration [ədmìnistréiʃən] ⓝ 관리; 경영; 행정

Sometimes, after punishment has been administered a few times, it needn't be continued, because the mere threat of punishment is enough to induce the desired behavior. 수능 2016

→ 때로는, 몇 번의 처벌이 실시된 후에, 단순한 처벌의 위협만으로도 바람직한 행동을 이끌어내기에 충분했기에 그것은 계속될 필요가 없었다.

hitch
[hitʃ]

ⓝ 매기; (뜻밖의) 문제 ⓥ 걸다; 감다; ~을 홱 움직이다

When you are young, it is easy to feel impatient and frustrated with the delays and seemingly stupid hitches that take place. 수능 1996

→ 당신이 젊을 때는, 쉽게 성급함을 느끼고, 발생하는 지연과 겉보기에 성가신 문제 때문에 좌절하기 쉽다.

protest
[próutest]

ⓝ 시위; 항의 ⓥ 반대하다

"I don't believe that only colleges have the right to define what an educated person is." protested a student when his university revised its programs. 수능 1994

→ "나는 대학들만이 지식인이란 무엇인지 정의할 권리가 있다고 믿지 않는다."라고 한 학생이 그의 학교가 그 프로그램을 수정했을 때 항의했다.

scandal
[skǽndl]

ⓝ 추문; 스캔들, 분개의 원인; 물의
scandalize [skǽndəlàiz] ⓥ 아연실색하게 하다; 분개시키다
scandalous [skǽndləs] ⓐ 수치스러운; 창피한

One hundred percent, though, is an absolute scandal, and I am not prepared to pay such a large increase.
`수능 1998`
→ 그러나 100퍼센트는 완전히 터무니없는 것이며, 나는 그만큼 큰 증가액을 지불할 준비가 되어있지 않습니다.

- hush up the scandal 사건을 쉬쉬하다
- scandal sheet 폭로 잡지

thump
[θʌmp]

ⓝ 탁 치기 ⓥ 세게 때리다; (심장이) 쿵쿵 고동치다

At the same time her heart was thumping and she started at every sound, rushing out to the door and looking down the winding road, which was now dim with the shadows of evening.
`수능 1996`
→ 동시에 그녀의 심장은 고동쳤고 모든 소리에 놀라 문으로 달려가, 이제는 저녁 그림자로 어두워진 구부러진 길을 내려다보았다.

pamphlet
[pǽmflət]

ⓝ 소논문; 소책자

I'm looking through some pamphlets from the zoo.
`수능 2014`
→ 저는 동물원에서 낸 소책자 몇 권을 살펴보고 있어요.

improvise
[ímprəvàiz]

ⓥ 즉석에서 짓다; 임시변통으로 마련하다
improvisation [imprὰvəzéiʃən] ⓝ 즉흥; 즉흥곡
improvisational [imprὰvəzéiʃənəl] ⓐ 즉흥의

In jazz, on the contrary, the performers often improvise their own melodies.
`수능 2007`
→ 반대로 재즈에서는 공연자들이 종종 그들의 멜로디를 즉석에서 짓는다.

rote
[rout]

ⓝ 기계적인 암기; 판에 박힌 방식

The loss of cognitive intrigue may be initiated by the sole use of play items with predetermined conclusions and reinforced by rote instruction in school.
`수능 2017`
→ 인지적 흥미를 잃는 것은 이미 정해진 결과를 가진 놀이 도구 하나만을 사용하는 것에 의해 시작되고, 학교에서의 기계적인 암기 교육에 의해 강화될 수 있다.

- rote learning 암기 학습

utilitarian
[jú:tìlətéəriən]

ⓐ 실용적인; 공리주의의

utilitarianism [ju:tìlətéəriənìzm] ⓝ 공리주의

In the grandest irony of all, the greatest benefit of an everyday, utilitarian AI will not be increased productivity or an economics of abundance or a new way of doing science — although all those will happen. 수능 2018

→ 무엇보다 가장 거대한 모순점은, 이 모든 일이 일어남에도 일상의 가장 큰 이점인 실용적 AI가 생산성의 증가나 풍요의 경제학 혹은 과학을 하는 새로운 방식이 되지 않을 것이라는 점이다.

compile
[kəmpáil]

ⓥ 편집하다; 축적하다

compliation [kàmpəléiʃən] ⓝ 편집; 편찬

We must protect citizens against the compiling of personal data and the unrestricted use and distribution of such data. 수능 1998

→ 우리는 시민들을 개인정보 축적과 그런 정보의 제한 없는 사용 및 배포로부터 보호해야만 한다.

slum
[slʌm]

ⓝ 슬럼가

Even more serious examples include describing rotting slums as 'substandard housing,' making the miserable conditions appear reasonable and the need for action less important. 수능 2012

→ 더 심각한 예시는 썩어가는 슬럼가를 '표준 이하의 주택'이라고 묘사하는 것과 관련되며, 비참한 상황을 합리적으로 보이게 하고 행동의 필요를 덜 중요하게 보이도록 한다.

forbid
[fərbíd]

ⓥ 금지하다(＝ban; inhibit)

forbidden [fərbídn] ⓐ 금지된

Growing up in Holland, he was taught to clear his plate; playing with food was forbidden. 수능 2005

→ 네덜란드에서 자라면서 그는 자기 접시를 닦도록 배웠고, 음식을 가지고 노는 것은 금지되었다.

graze
[greiz]

ⓥ 풀을 뜯다; 방목하다

For example, the giraffe has adapted to grazing on treetops to grazing on trees. 수능 1994

→ 예를 들어, 기린은 나무 꼭대기의 잎을 뜯는 것에서 나무의 잎을 뜯는 것으로 적응했다.

retreat
[ritríːt]

ⓝ 철수; 후퇴; 휴양지 ⓥ 물러서다

One exercise in teamwork I do at a company retreat is to put the group in a circle. 수능 2018
→ 내가 회사 단합행사에서 행하는 팀워크 중 한 가지는 그룹을 한 원 안에 넣는 것이다.

disposition
[dìspəzíʃən]

ⓝ 성질; 경향; 배치

dispositional [dìspəzíʃənəl] ⓐ 기질의; 성향의

Laurence Thomas has suggested that the utility of "negative sentiments" (emotions like grief, guilt, resentment, and anger, which there is seemingly a reason to believe we might be better off without) lies in their providing a kind of guarantee of authenticity for such dispositional sentiments as love and respect. 수능 2017

→ Laurence Thomas는 "부정적인 감정"(슬픔, 죄책감, 원한, 분노같이 없으면 우리가 더 나을 것 같다고 믿을 근거가 있는 듯한 감정들)의 유용성은 사랑과 존중 같은 기질적인 감정의 진정성에 대한 일종의 보증을 제공한다는 데에 있다고 주장했다.

sculpture
[skʌ́lptʃər]

ⓝ 조각 ⓥ 조각하다(≒carve)

sculptor [skʌ́lptər] ⓝ 조각가

With his edible produce sculptures, Elffers hopes to share that joy. 수능 2005
→ 그의 먹을 수 있는 농산물 조각을 가지고, Elffers는 그 기쁨을 나누길 원한다.

invaluable
[invǽljuəbl]

ⓐ (평가할 수 없을 만큼) 매우 귀중한(≒valuable; ↔valueless ⓐ 가치 없는)

We all know how invaluable your advice and help will be. 수능 2005
→ 우리 모두는 당신의 조언과 도움이 얼마나 귀중해질지 알고 있습니다.

algebra
[ǽldʒəbrə]

ⓝ 대수; 대수학
algebraic [æ̀ldʒəbréiik] ⓐ 대수학의

Mathematics includes many different kinds of algebraic expressions to solve problem. 수능 1998
→ 수학은 문제를 풀기 위해 매우 다양한 대수식을 포함한다.

torso
[tɔ́:rsou]

ⓝ 몸통; 토르소

Your hand is connected to your whole arm, the arm to the torso, supported by your feet on the floor. 수능 2006
→ 당신의 손은 당신의 팔 전체에 연결되어 있고, 팔은 몸통에 연결되며, 몸통은 땅에 당신의 발로 지탱되어 있다.

harsh
[hɑ:rʃ]

ⓐ 가혹한; 거친
harshly [hɑ́:rʃli] ⓐⓓ 거칠게; 심하게

I tried not to let their harsh words break me. 수능 1999
→ 나는 그들의 거친 말이 나를 부수지 못하도록 노력했다.

evoke
[ivóuk]

ⓥ 불러일으키다; 환기하다(＝recall)

Like fragments from old songs, clothes can evoke both cherished and painful memories. 수능 2012
→ 오래된 노래의 소절들처럼, 옷은 소중하고도 고통스러운 기억을 불러일으킬 수 있다.

extract
[ikstrǽkt]

ⓥ 추출하다; 뽑다
extraction [ikstrǽkʃən] ⓝ 적출; 혈통
extractive [ikstrǽktiv] ⓝ 추출물 ⓐ 추출하는

The DNA extracted from these bits of whale skin not only identifies the individuals in the group, but also reveals their relationships to each other. 수능 2012
→ 고래 피부의 이러한 부분에서 추출된 DNA는 집단의 개체들을 식별할 뿐 아니라 서로에 대한 그들의 관계까지 밝혀준다.

cradle
[kréidl]

ⓝ 요람 ⓥ 요람에 넣어 재우다

In Scandinavia the welfare state has earned the famous characterization "cradle to grave." 수능 1994
→ 스칸디나비아에서는 복지 국가가 "요람에서 무덤까지"라는 유명한 묘사를 얻었다.

premonition
[preməníʃən]

ⓝ 예고; 예감(= foreboding; portent)
premonitory [prəmənátəri] ⓐ 전조의; 예고하는

If the dreamer then calls and finds that the loved one has died, it is understandable for him or her to assume that the dream was a premonition of that death. 수능 2012
→ 만약 꿈을 꾼 사람이 전화를 걸어 사랑하는 사람이 죽었다는 사실을 알게 되면, 그 혹은 그녀가 그 꿈이 죽음의 예고였다고 간주하는 것은 이해할 만한 일이다.

facade
[fəsá:d]

ⓝ 정면; 겉모습

This is very different from the case of someone who suppresses emotions such as anger out of a feeling that they need to present a facade of self-control, or out of fear of what others may think. 수능 2013
→ 이것은 자제하는 겉모습을 보일 필요가 있다고 느끼거나 다른 사람들이 어떻게 생각할지를 두려워해 분노와 같은 감정을 억누르는 사람의 경우와 매우 다르다.

negligence
[néglidʒəns]

ⓝ 태만; 부주의; 과실
negligent [néglidʒənt] ⓐ 게을리하는; 태만한

Kate felt guilty for her negligence. 수능 2011
→ Kate는 자신의 부주의함 때문에 죄책감을 느꼈다.

• negligent homicide charge 과실 치사죄

uproot
[əprút]

ⓥ ~을 뿌리째 뽑다; 근절하다

Loneliness can be uprooted and expelled only when these barriers are lowered. 수능 1994
→ 외로움은 그 장벽들이 낮아졌을 때만 근절되고 축출될 수 있다.

• uproot social evils 사회의 악습을 근절하다

symptom
[símptəm]

ⓝ 징후; 증상

Instead of treating different patients that display similar symptoms with the same drugs, doctors should identify root causes of disease to come up with a personalized treatment. 수능 2010
→ 비슷한 증상을 보이는 서로 다른 환자를 같은 약으로 치료하는 대신, 의사들은 개별화된 치료를 해내기 위해 질병의 근본 원인을 밝혀내야만 한다.

• initial symptom 초기 증상

certificate
[sərtífikeɪt]

ⓝ 증명서 ⓥ 증명하다
certify [sə́:rtəfài] ⓥ 보증하다

We feel as if the day they entered our school were yesterday, and now they will proudly receive their graduation certificates. `수능 2008`

→ 우리는 그들이 우리 학교에 들어온 날이 어제인 것처럼 느끼고, 이제 그들은 자랑스럽게 그들의 졸업 증명서를 받을 것이다.

irresistible
[ìrizístəbl]

ⓐ 저항할 수 없는; 압도적인; 매우 매력적인(= captivating; seductive)
resist [rizíst] ⓥ 저항하다; 참다

But computers have two special qualities that very young kids find irresistible: infinite patience and obedience. `수능 1997`

→ 하지만 컴퓨터는 아주 어린 아이들이 매우 매력적으로 생각하는 두 가지의 특별한 점을 가지고 있다. 그것은 무한한 인내심과 복종이다.

tickle
[tíkl]

ⓝ 간지럼 ⓥ 간지럽히다(= titillate); 기쁘게 하다(= please; gratify)

Why is it that if you tickle yourself, it doesn't tickle, but if someone else tickles you, you cannot stand it? `수능 2008`

→ 당신이 스스로를 간지럽힐 때는 간지럽지 않지만, 다른 사람이 당신을 간지럽힌다면 참을 수 없는 이유가 무엇일까?

• tickle one's funny bone ~를 재미있게 해주다
• tickle one's vanity ~의 허영심을 만족시키다

omit
[oumít]

ⓥ 누락하다; 빠뜨리다

A professor lectured for an hour on the dishonesty of certain dictionary editors who omitted a word from the dictionary because of moral objections. `수능 1994`

→ 한 교수가 한 시간 동안 도덕적 반감 때문에 사전에서 한 단어를 빠뜨린 특정한 사전 편집자들의 부정직함에 대해 강의했다.

marble
[má:rbl]

ⓝ 대리석; 구슬 ⓐ 대리석의

Michelangelo looked at a block of marble and saw a man. `수능 2005`

→ 미켈란젤로는 대리석 덩어리를 바라보고 인간을 보았다.

proscenium
[prousíːniəm]

ⓝ 앞쪽 무대

Movies were first seen as an exceptionally potent kind of illusionist theatre, the rectangle of the screen corresponding to the proscenium of a stage, on which appear actors. 수능 2013

→ 영화는 처음엔 유난히 강한 영향력을 가진 종류의 마술사의 연극으로 보였고, 사각형의 스크린은 배우들이 등장하는 무대의 앞쪽 무대에 상응하는 것으로 보였다.

turmoil
[táːrmɔil]

ⓝ 소란; 혼란(＝unrest)

Night eaters are often eating in response to anxiety or to the emotional turmoil they've experienced throughout the day. 수능 2012

→ 야식을 먹는 사람들은 낮 동안 경험한 불안이나 감정적인 혼란에 대한 대응으로 종종 야식을 먹는다.

vegetation
[vèdʒətéiʃən]

ⓝ 초목; 식물의 생장; 무위도식
vegetate [védʒətèit] ⓥ (식물이) 생장하다; 무위도식하다
vegetal [védʒətl] ⓐ 식물의

According to the study, violence and property crimes were nearly twice as high in sections of the buildings where vegetation was low, compared with the sections where vegetation was high. 수능 2007

→ 연구에 의하면, 폭력 범죄와 재산 범죄는 식물이 많은 구역들에 비해 식물이 적은 건물 구역에서 두 배 가까이 높았다고 한다.

regularity
[règjulǽrəti]

ⓝ 규칙적임; 질서
regular [régjulər] ⓐ 규칙적인; 보통의

The term "law" has a different meaning, however, when used to describe the regularities of nature. 수능 1996

→ 그러나 "법"이라는 용어는 자연의 질서를 묘사하기 위해 사용될 때는 다른 의미를 갖는다.

• with regularity 규칙적으로

trait
[treit]

ⓝ 특징; 특색

It is a human trait to try to define and classify the things we find in the world. 수능 2002

→ 우리가 세상에서 발견하는 것들을 정의하고 분류하려는 것은 인간의 특징이다.

• dominant trait 우성 특질

sew
[sou]

ⓥ 바느질하다; 꿰매다

They were first made of grass or leaves held together by strings, and later of pieces of animal skin sewn together and stuffed with feathers or hay. 수능 2008
→ 그것들은 처음에 끈으로 묶인 풀이나 나뭇잎으로 만들어졌으며, 나중에는 한데 꿰매져 깃털이나 건초로 속을 채운 동물의 가죽 조각들로 만들어졌다.

• sew on a button 단추를 달다

introspect
[ìntrəspékt]

ⓥ 내성하다

introspective [ìntrəspéktiv] **ⓐ** 내성적인
introspection [ìntrəspékʃən] **ⓝ** 내성적 성질

Introspective reflections which are liable to stall are helped along by the flow of the landscape. 수능 2011
→ 멈추기 쉬운 내성적인 숙고는 풍경의 흐름에 따라 도움을 받는다.

telephony
[təléfəni]

ⓝ 전화 통신

Additionally, the new generations of mobile or fixed telephony are fully digitalized and integrated as they add text, pictures or video and they are connected to the Internet. 수능 2015
→ 게다가, 새로운 세대의 휴대전화 혹은 고정된 전화 통신은, 그것들이 텍스트, 사진 혹은 비디오를 추가하고 그것들이 인터넷에 연결됨으로써 완전히 디지털화되고 통합되었다.

blossom
[blάsəm]

ⓝ 꽃 **ⓥ** 꽃을 피우다; 활기를 띠다

While it may be basic and even old-fashioned, using gardening as a health care tool is blossoming. 수능 2008
→ 기초적이고 심지어 구식일 수도 있지만, 건강관리 수단으로 정원 가꾸기를 이용하는 것이 활기를 띠고 있다.

• in full blossom 만발하여

equilibrium
[ì:kwəlíbriəm]

ⓝ 균형; 평형

With no net forces acting on its pieces, the string is in equilibrium. 수능 2009
→ 그것의 조각들에 작용하는 순수한 힘이 없다면, 그 줄은 평형 상태에 있다.

• equilibrium of force 힘의 평형

postulate
[pástʃulèit]

ⓝ 가설; 가정 ⓥ 요구하다; 가정하다(= hypothesize)
postulation [pàstʃəléiʃən] ⓝ 가정; 전제 조건; 선결 조건

It is postulated that such contamination may result from airborne transport from remote power plants or municipal incinerators. 수능 2018
→ 이러한 오염이 멀리 떨어진 발전소나 시립 소각로의 항공 수송 때문에 야기되었을 것이라는 가설이 있다.

digest
[didʒést]

ⓝ (저서의) 요약 ⓥ 소화하다; 이해하다
digestion [didʒéstʃən] ⓝ 소화; 숙고
digestive [didʒéstiv, dai-] ⓐ 소화의

The digestive system of the goat is different from that of the sheep or the cow. 수능 2000
→ 염소의 소화기관은 양이나 소의 그것과는 다르다.

swallow
[swálou]

ⓝ 삼키기; 한 번에 삼키는 양; 제비 ⓥ 삼키다; 감수하다
swallower [swálouər] ⓝ 대식가(= glutton)

Then, it seizes the unsuspecting prey with a lightning-fast snap of the jaws, and swallows the prey down head first. 수능 2007
→ 그리고 그것은 번개처럼 빠른 턱의 움직임으로 이상한 낌새를 채지 못한 먹이를 잡아 머리부터 삼킨다.

· strain at a gnat and swallow a camel 작은 일에 얽매여 큰일을 소홀히 하다 (속담)

pure
[pjúər]

ⓐ 순수한; 깨끗한(↔ impure)
purity [pjúərəti] ⓝ 깨끗함; 청결
purify [pjúərəfài] ⓥ ~을 정화하다
purification [pjùərəfikéiʃən] ⓝ 정화

They are steamed, boiled, and then washed many times to remove any impure materials. 수능 2004
→ 그것들은 증기를 쐬고, 삶아지며, 불순물을 모두 제거하기 위해 여러 번 씻긴다.

rally
[ræli]

ⓝ 집회; 재집합 ⓥ 모으다; 시위하다

Out of the political rallies and electoral parades that marked Jacksonian America, Whitman defined poetic fame in relation to the crowd. 수능 2016
→ Andrew Jackson을 지지하는 미국을 특징지은 정치 집회와 선거 행진으로부터, Whitman은 군중과 관련하여 시적 명성을 정의했다.

index
[índeks]

ⓝ 지표; 지수 **ⓥ** 색인을 달다

Page numbers became a possibility, as did indexes; tables of contents became workable references. 수능 2008

→ 쪽수를 넣을 수 있게 되었고, 색인도 그랬으며, 내용의 목차도 실현 가능한 참조 사항이 되었다.

• consumer price index 소비자 물가 지수 (CPI)

penetrate
[pénətrèit]

ⓥ 관통하다; 스며들다(= infiltrate)
penetration [pènətréiʃən] **ⓝ** 침투; 관통

While the eye sees at the surface, the ear tends to penetrate below the surface. 수능 2015
→ 눈이 표면을 보는 동안, 귀는 표면 아래로 관통하는 경향이 있다.

impatience
[impéiʃəns]

ⓝ 성급함; 조바심(↔ patience **ⓝ** 인내)
impatient [impéiʃənt] **ⓐ** 참을성 없는; 성마른

But a few minutes later I raised the point again, with growing impatience. 수능 1996
→ 그러나 몇 분 후 나는 더 큰 조바심을 가지고 그 문제를 다시 제기했다.

farewell
[fɛərwél]

ⓝ 안녕; 작별

So, we've decided to have a surprise farewell party for him tomorrow. 수능 2014
→ 그래서 우리는 그를 위해서 내일 깜짝 송별회를 하기로 결정했다.

• bid farewell 작별을 고하다

disgrace
[disgréis]

ⓝ 불명예; 망신 **ⓥ** 명예를 더럽히다
disgraceful [disgréisfəl] **ⓐ** 불명예스러운; 수치스러운

In fact, the front entrance is a disgrace. 수능 1998
→ 사실, 현관은 망신입니다.

• fall into disgrace with ~의 총애를 잃다

advocacy
[ǽdvəkəsi]

ⓝ 지지; 변호
advocate [ǽdvəkèit] ⓥ 옹호하다; 주장하다

Mediation is a process that has much in common with advocacy but is also crucially different. 수능 2012
→ 중재는 변호와 많은 공통점이 있지만 결정적으로는 다르기도 하다.

dispersal
[dispə́:rsəl]

ⓝ 분산(= dispersion); 살포
disperse [dispə́:rs] ⓥ 흩어지게 하다
dispersive [dispə́:rsiv] ⓐ 분산하는; 전파성의

This male-biased dispersal creates an imbalance in the way males and females are related to those individuals around them — females find themselves surrounded by relatives, while males are generally in areas with complete strangers. 수능 2013
→ 이렇게 수컷에 편중된 분산은 수컷과 암컷이 그들을 둘러싼 각 개체들에 연관되는 방식에 불균형을 야기하여, 수컷들이 일반적으로 완전히 낯선 개체들이 있는 지역에 있는 반면 암컷들은 친족에게 둘러싸인다.

neglect
[niglékt]

ⓝ 무시; 태만 ⓥ 무시하다; 방치하다

How much one can earn is important, of course, but there are other equally important considerations, neglect of which may produce frustration in later years. 수능 2005
→ 물론, 한 사람이 얼마나 벌 수 있는지는 중요하지만, 무시되면 이후에 좌절을 일으킬 수 있는, 똑같이 중요한 다른 고려사항들도 있다.

obey
[oubéi]

ⓥ 복종하다; 따르다(↔ disobey ⓥ 불복하다)
obedience [oubí:diəns] ⓝ 복종; 순종
obedient [oubí:diənt] ⓐ 순종하는; 충실한

"Be quiet," she answered. I obeyed. 수능 1996
→ "조용히 해," 그녀가 답했다. 나는 순종했다.

prefix
[prí:fiks]

ⓝ 접두사 (➕suffix ⓝ 접미사) ⓥ 의 초두에 ~을 놓다

What is the most prevalent and perhaps most important prefix of our times? 수능 2008
→ 우리 시대의 가장 일반적이며 중요한 접두사는 무엇일까?

transmit
[trænsmít]

ⓥ 전송하다; 전염시키다
transmission [trænsmíʃən] ⓝ 전달; 송신

It is the technology that does the transmitting. 수능 2005

→ 전송을 하는 것은 바로 그 기술이다.

state-of-the-art
[stéitəvðiɑ́:rt]

ⓝ 최신 단계; 최고 수준 ⓐ 최신식의

The state-of-the-art, legendary recordings feature world-renowned artists and orchestras. 수능 1998
→ 이 최고 수준의 전설적인 음반에는 세계적으로 유명한 뮤지션들과 오케스트라가 참여한다.

greenery
[grí:nəri]

ⓝ 초목; 푸른 나무; 온실

One explanation: Greenery creates a natural gathering space for neighbors and, ultimately, stronger bonds in the community. 수능 2007
→ 한 가지 설명은 이렇다. 초목은 이웃들에게 자연스러운 모임 공간과, 궁극적으로는 공동체의 더 강한 유대를 만들어준다.

shrug
[ʃrʌg]

ⓥ 으쓱하다

He just shrugged and said, "Sorry, kid." 수능 2005
→ 그는 단지 어깨를 으쓱해 보이고는 말했다. "미안하다, 얘야."

• shrug off 무시하다; 가볍게 떨쳐버리다(➡shrug away)

hasty
[héisti]

ⓐ 성급한; 조급한
haste [heist] ⓝ 성급함; 긴급한 필요성

People cooked their food in large pots, and hasty eaters then broke tiny branches off trees to pick out the hot food. 수능 2002
→ 사람들은 커다란 냄비에 그들의 음식을 요리했고, 마음 급한 사람들은 뜨거운 요리를 꺼내기 위해 작은 나뭇가지들을 꺾었다.

necessitate
[nəsésətèit]

ⓥ 필요로 하다; 강요하다 (= compel)
necessary [nésəsèri] ⓐ 필요한; 필수적인
necessity [nəsésəti] ⓝ 필요성; 필수품

These choices involve "tradeoffs" and necessitate an awareness of the consequences of those tradeoffs.

수능 1994

→ 그 선택들은 "교환"을 포함하고 그 교환의 결과에 대한 인식을 필요로 한다.

enforce
[infɔ́ːrs]

ⓥ 시행하다; 강요하다
enforcement [infɔ́ːrsmənt] ⓝ 시행; 실시
enforceable [infɔ́ːrsəbl] ⓐ 실행할 수 있는

This, in the simplest definition, is a promise enforceable by law.

수능 2010

→ 가장 단순한 정의로 말하자면, 이것은 법에 의해 집행 가능한 약속이다.

patent
[pǽtnt]

ⓝ 특허 ⓐ 특허의; 명백한 ⓥ 특허권을 얻다

In the 1990s the extension of patent laws as the only intellectual property rights tool into the area of seed varieties started to create a growing market for private seed companies.

수능 2016

→ 1990년대 종자 다양성 분야 안에서 유일한 지식 재산권 도구로서의 특허법의 확대는 민간 종자 회사에게 성장하는 시장을 조성해 주기 시작했다.

resolution
[rèzəlúːʃən]

ⓝ 결의; 해결; 해상도
resolve [rizálv] ⓥ 결심하다; 해결하다

Temporal resolution is particularly interesting in the context of satellite remote sensing.

수능 2017

→ 시간 해상도는 원격 위성 탐사의 맥락에서 특히 흥미롭다.

resent
[rizént]

ⓥ 분개하다; 노하다
resentment [rizéntmənt] ⓝ 분노; 적의

Big words are resented by persons who don't understand them and, of course, very often they are used to confuse and impress rather than clarify.

수능 2011

→ 과장된 말은 그것을 이해하지 못하는 사람들을 노하게 하고, 당연히 매우 자주 그것들은 명확하게 하기보다는 헷갈리게 하고 깊은 인상을 주기 위해 사용된다.

delegation
[dèligéiʃən]

ⓝ 대표단; 위임

delegate ⓝ [déligət] 대표; (미)하원 의원 ⓥ [déligeit] 대표로서 파견하다

If you're less concerned about how you deliver information than with how you receive it, you'll ultimately fail at delegation. 수능 2018
→ 당신이 정보를 전달하는 방법을 정보를 수신하는 방법보다 덜 우려하고 있다면, 당신은 궁극적으로 위임에 실패할 것이다.

· delegate the authority 권한을 위임하다

frequency
[frí:kwənsi]

ⓝ 주파수; 빈도

frequent [frí:kwənt] ⓐ 잦은; 빈번한 (↔infrequent ⓐ 드문)

Since his time, we have learned that light waves are characterized by different frequencies of vibration. 수능 2008
→ 그의 시대 이후로, 우리는 빛의 파장이 다양한 진동의 주파수로 규정된다는 사실을 알게 되었다.

prevail
[privéil]

ⓥ 만연하다; 성공하다

prevailing [privéiliŋ] ⓐ 널리 퍼진; 지배적인

So, after bothering my wife throughout the first part of the movie, I finally prevailed upon her to admit that it was off, and very annoying. 수능 1996
→ 그래서, 영화의 첫 부분 내내 나의 아내를 귀찮게 한 후, 나는 마침내 그것이 맞지 않았고, 매우 짜증난다는 것을 그녀에게 인정시키는 데 성공했다.

· prevailing view 우세한 견해

supreme
[səprí:m]

ⓝ 신; 절정 ⓐ 최고의; 궁극의

You are in a state of supreme delight. 수능 2005
→ 당신은 최고의 기쁨의 상태에 있다.

· Supreme Court 대법원

germinate
[dʒə́:rmənèit]

ⓥ 싹트다; 발아하다

germination [dʒə̀:rmənéiʃən] ⓝ 발아; 발생

But while a large population may have been necessary, in itself it was not sufficient for science to germinate. 수능 2015
→ 그러나 많은 인구가 필요했을 수도 있는 반면, 그것 자체로는 과학이 발아할 만큼 충분하지 않았다.

assumption
[əsʌ́mpʃən]

ⓝ 가정; 가설
assume [əsúːm] ⓥ 가정하다; 떠맡다

It is so easy to include hidden assumptions that you do not see but that are obvious to others. 수능 2007
→ 당신은 보지 못하지만 타인에게는 분명한 숨겨진 가설을 포함하기는 굉장히 쉽다.

equipment
[ikwípmənt]

ⓝ 장비; 설비
equip [ikwíp] ⓥ 갖추다; 준비하다

The first true piece of sports equipment that man invented was the ball. 수능 2008
→ 인간이 발명한 최초의 진정한 운동 장비 품목은 공이었다.

cattle
[kǽtl]

ⓝ 소 (복수 취급)

After several attacks, the villagers no longer allowed their cattle to wander far, and at night they were securely locked into their barns. 수능 2006
→ 여러 번의 공격 후에, 주민들은 그들의 소가 더 이상 멀리 돌아다니지 않도록 했고, 밤에 그들은 외양간 안에 안전하게 가둬졌다.

instrument
[ínstrəmənt]

ⓝ 악기; 도구; 수단 ⓥ ~에 기구를 달다
instrumental [ìnstrəméntl] ⓐ 주된 역할을 하는; 악기로 연주되는

Just as painters choose different color for their works of art, composers choose the sound of different instruments to produce their music. 수능 2000
→ 화가들이 그들의 작품에 다양한 색을 선택하듯, 작곡가들도 그들의 음악을 창작하기 위해 다양한 악기의 소리를 선택한다.

• financial instrument 금융 상품; 금융 수단

drown
[draun]

ⓥ 익사하다; (소리가) 사라지다; (액체에) 잠기게 하다

The constant noises of electronic devices like computers, mobile phones, fax machines, stereos, and home appliances will drown out the sounds of the birds singing in the morning, the wind blowing through the trees, or a pencil drawing on rough paper. 수능 2008
→ 컴퓨터, 휴대폰, 팩스 기계, 스테레오, 그리고 가전제품 등 전자기구의 끊임없는 소음은 아침에 지저귀는 새들, 나무 사이로 부는 바람, 혹은 거친 종이 위에 쓰이는 연필 소리를 사라지게 할 것이다.

sensible
[sénsəbl]

ⓐ 현명한; 합리적인

Hence, the time spent on regular examinations is a sensible investment in good health. 수능 2005
→ 그러므로, 정기 검진에 들인 시간은 좋은 건강을 위한 현명한 투자이다.

engage
[ingéidʒ]

ⓥ 관여하다; 약혼하다

Her English friends, Betty and Joan, were engaged in a serious conversation. 수능 1997
→ 그녀의 영국인 친구인 Betty와 Joan은 심각한 대화에 관여하고 있었다.

shortage
[ʃɔ́:rtidʒ]

ⓝ 부족; 결핍

Shortages will mean that a large portion of cash will be used to pay for this basic fuel. 수능 1994
→ 결핍은 많은 양의 현금이 이 기초적인 연료를 사는 데 쓰일 것임을 의미할 것이다.

emulate
[émjulèit]

ⓥ 모방하다; 우열을 다투다
emulation [èmjuléiʃən] ⓝ 대등하게 되려고 본뜸; 대항심

In this regard, even a journey through the stacks of a real library can be more fruitful than a trip through today's distributed virtual archives, because it seems difficult to use the available "search engines" to emulate efficiently the mixture of predictable and surprising discoveries that typically result from a physical shelf-search of an extensive library collection. 수능 2018
→ 이렇게 보면, 실제 도서관의 책장 사이를 지나는 여정도 오늘날의 분산된 가상 기록 보관소들을 지나는 여행보다 더 유익할 수 있는데, 왜냐하면 사용 가능한 "검색 엔진"이, 보통 방대한 도서관 소장품의 물리적 선반 찾기의 결과인, 예측가능하고 놀라운 발견의 조합을 효율적으로 모방하도록 이용하는 것은 어려워 보이기 때문이다.

quicken
[kwíkən]

ⓥ 서두르게 하다; 재촉하다
quick [kwik] ⓐ 재빠른; 신속한 ⓐⓓ 신속하게

Indeed, the amount of information available to children is quickening the beginning of adulthood. 수능 1999
→ 실로, 아이들이 이용 가능한 정보의 양은 성인기의 시작을 빨라지게 하고 있다.

imbricate
[ímbrəkit, -kèit]

ⓐ 겹쳐져 있는 ⓥ 겹쳐지다

For example, if you don't know, or use, the word 'imbricate,' you have to say to someone, 'having the edges overlapping in a regular arrangement like tiles on a roof, scales on a fish, or sepals on a plant.'
수능 2011

→ 예를 들어, 당신이 '겹쳐져 있는'이란 단어를 모르거나 사용하지 않는다면 누군가에게 '지붕의 기와, 물고기의 비늘, 식물의 꽃받침처럼 일정한 배열로 포개진 가장자리를 가진' 이라고 말해야 한다.

surplus
[sə́:rpləs]

ⓝ 잉여(↔deficit ⓝ 결핍) ⓐ 여분의

Wilkinson showed that the blood donors are typically sharing their surpluses and, in so doing, are saving unsuccessful foragers that are close to starvation.
수능 2011

→ Wilkinson은 혈액을 제공하는 박쥐들은 대체로 그들의 잉여물을 나누며, 그렇게 함으로써 아사에 가까운 성공적이지 못한 수렵꾼들을 살린다는 것을 보여주었다.

exclusion
[iksklú:ʒən]

ⓝ 제외; 배척
exclusive [iksklú:siv] ⓐ 배타적인; 독점적인
exclude [iksklú:d] ⓥ 제외하다; 배제하다

The exclusion of new technology generally leads to social change that will soon follow.
수능 2007

→ 신기술의 배척은 일반적으로 바로 따라 발생할 사회적인 변화를 낳는다.

• social exclusion 사회적 배제

pity
[píti]

ⓝ 동정; 연민; 애석한 일 ⓥ (종종 경멸) ~을 불쌍히 여기다

It really is a pity that they did not.
수능 1999

→ 그들이 그러지 않았다는 것은 정말 애석한 일이다.

starvation
[stɑ:rvéiʃən]

ⓝ 기아; 궁핍
starve [stɑ:rv] ⓥ 굶주리다; 굶어 죽다

My friend was disappointed that scientific progress has not cured the world's ills by abolishing wars and starvation; that gross human inequality is still widespread; that happiness is not universal.
수능 2015

→ 나의 친구는 과학적 발전이 전쟁과 기아를 없애는 것으로 세상의 악을 치료하지 못했다는 것과, 엄청난 인간 불평등이 여전히 널리 퍼져 있다는 것과, 행복이 보편적이지 않다는 것에 실망했다.

determine
[ditə́:rmin]

Ⓥ 결정하다; 결심하다
determinate [ditə́:rmənət] ⓐ 확정적인; 명확한
determination [ditə̀:rmənéiʃən] ⓝ 결심; 결정; 편향

Determined, Robert kept trying and finally learned to ride a bike. 수능 2001
→ 결심한 Robert는 계속 노력했고 결국 자전거를 타는 법을 배웠다.

election
[ilékʃən]

ⓝ 선거; 투표
elect [ilékt] Ⓥ 선출하다; 결정하다
electability [ilèktəbíləti] ⓝ 당선 가능성

For example, a study of the 1974 Canadian federal elections found that attractive candidates received more than two and a half times as many votes as unattractive candidates. 수능 2013
→ 예를 들어, 1974년 캐나다 연방 선거에 대한 연구는 매력적인 후보가 매력적이지 않은 후보의 2.5배 이상 득표했다는 것을 발견했다.

devote
[divóut]

Ⓥ 바치다; 전념하다
devotion [divóuʃən] ⓝ 전념; 헌신

We believe your future career will benefit from the same effort that you've devoted to your academic work. 수능 2003
→ 우리는 당신의 미래의 직업이 당신이 학업에 전념했던 바로 그 노력에서 도움을 받을 것이라고 믿는다.

vicissitude
[visísətjù:d]

ⓝ 변천; 부침
vicissitudinous [vəsìsətjú:dənəs] ⓐ 변화무쌍한; 성쇠 있는

His career, however, especially early on, knew the vicissitudes characteristic of Renaissance business. 수능 2013
→ 그러나 특히 그의 초기 경력은 르네상스 시대 사업의 변천이라는 특징을 경험했다.

aura
[ɔ́:rə]

ⓝ 아우라; 분위기

What's dangerous about the Internet is, because it has the aura of technology around it, it has a totally undeserved instant credibility. 수능 2013
→ 인터넷의 위험한 점은, 그 주변에 기술의 아우라를 가지고 있기 때문에, 그것이 완전히 분에 넘치는 즉각적인 신용을 가진다는 것이다.

chronic
[kránik]

ⓐ 만성의(↔acute ⓐ 급성의); (나쁜 상태가) 장기간에 걸친
chronicity [krənísəti] ⓝ 만성
chronically [kránikəli] ⓐⓓ 만성적으로

Thus pets are important in the treatment of depressed or chronically ill patients. 수능 2017
→ 그러므로 반려동물은 우울증이 있거나 만성 질병이 있는 환자의 치료에 중요하다.

infrasound
[ínfrəsàund]

ⓝ 초저주파음

Infrasound is a low-pitched sound, whose frequency is far below the range of human ears. 수능 2004
→ 초저주파음은 인간 귀의 범위보다 한참 낮은 주파수를 가진 낮은 높이의 소리이다.

accentuate
[ækséntʃuèit]

ⓥ 강조하다; 역설하다
accent [æksent] ⓝ 악센트; 강세
accentual [ækséntʃuəl] ⓐ 강세의

Nowhere, indeed, was any sign or suggestion of life except the barking of a distant dog, which served to accentuate the solitary scene. 수능 2006
→ 정말로, 고독한 풍경을 더 강조하는 역할을 한 먼 곳의 개 짖는 소리를 제외하면 어느 곳에도 생명의 흔적이나 암시는 없었다.

maturation
[mætʃuréiʃən]

ⓝ 성숙; 원숙
maturational [mætʃuréiʃənəl] ⓐ 성숙에 관한
mature [mətjúər] ⓐ 원숙한; 분별력 있는 ⓥ 성숙하다
maturity [mətjúərəti] ⓝ 성숙; 만기

There are the expected, maturational crises we experience at times of life development and change. 수능 1994
→ 삶이 발전하고 변화하는 시기에 우리가 겪는 예정된, 성숙과 관련된 위기가 있다.

• mature attitude 성숙한 태도

horticulture
[hɔ́:rtəkʌltʃər]

ⓝ 원예; 재배
horticultural [hɔ̀:rtəkʌ́ltʃərəl] ⓐ 원예의

Through his collaborations with Linnaeus and others, Ehret provided illustrations for a number of significant horticultural publications.　수능 2015
→ Linnaeus 그리고 다른 사람들과의 협업을 통해서, Ehret은 여러 장의 중요한 원예 출판물에 삽화를 제공했다.

intermission
[ìntərmíʃən]

ⓝ 휴식 시간; 막간; 중지(═ pause)

Latecomers will be admitted only during intermission.
수능 1997
→ 늦게 도착한 사람들은 휴식시간에만 입장이 가능합니다.

engrave
[ingréiv]

ⓥ 새기다; 조각하다; 명심하다

It was a black and red hardcover book with the word 'Record' neatly engraved in gold on the cover.
수능 2012
→ 그것은 'Record'라는 단어가 표지에 금으로 단정히 새겨진 검은색과 빨간색의 양장본이었다.

accompany
[əkʌ́mpəni]

ⓥ 동행하다; ~을 수반하다

"In that case, you'll have to accompany me."　수능 1999
→ "그렇다면, 당신은 저와 동행하셔야겠습니다."

terse
[tə:rs]

ⓐ 간결한(═ concise); 간단명료한
tersely [tə:rsli] ⓓ 간결하게

A genuinely educated person can express himself tersely and trimly.　수능 2011
→ 성실하게 교육받은 사람은 간결하고 깔끔하게 자신을 표현할 수 있다.

satiety
[sətáiəti]

ⓝ 포만 상태
sate [seit] ⓥ 충족시키다(═ satiate)

Sensory-specific satiety is defined as a decrease in appetite, or the subjective liking for the food that is consumed, with little change in the hedonics of uneaten food.　수능 2018
→ 감각특정적 포만이란, 먹지 않은 음식에 대한 쾌락의 변화가 거의 없는 식욕 감소나 섭취한 음식에 대한 주관적 선호로 정의된다.

expertise
[èkspərtíːz]

ⓝ 전문적 기술

expert [ékspəːrt] ⓝ 전문가; 숙련된 ⓐ 전문적인

They develop expertise in multiple areas, they speak different languages, and they find joy in the rich variety of human experience. 수능 2008

→ 그들은 다방면의 분야에서 전문 기술을 개발하고, 여러 가지 언어로 말하며, 매우 다양한 인간 경험에서 즐거움을 찾는다.

pesticide
[péstisàid]

ⓝ 농약; 살충제

You might think you're removing all the pesticide on the fruit when you wash it, but some chemicals are bound to remain on the surface of the peel. 수능 2007

→ 당신은 과일을 씻을 때 과일에 묻은 모든 농약을 제거한다고 생각하겠지만, 어떤 화학 물질은 껍질 표면에 틀림없이 남아있다.

furnish
[fə́ːrniʃ]

ⓥ 마련해 주다; 공급하다

furnished [fə́ːrniʃt] ⓐ 가구가 갖추어진

While awaiting the birth of a new baby, North American parents typically furnish a room as the infant's sleeping quarters. 수능 2010

→ 신생아의 탄생을 기다리는 동안, 북아메리카의 부모들은 일반적으로 아기가 잘 곳으로 방 하나를 마련한다.

excuse
[ikskjúːz]

ⓥ 용서하다; 변명하다 ⓝ 변명; 핑계

excusable [ikskjúːzəbl] ⓐ 변명이 되는; 용서할 수 있는(↔ inexcusable ⓐ 용서할 수 없는)

Many people use their cleverness to justify and excuse themselves for the messiness of their workspaces. 수능 2012

→ 많은 사람들이 자신의 작업 공간의 어지러움에 대해 스스로를 정당화하고 용서하기 위해 그들의 영리함을 이용한다.

zeal
[ziːl]

ⓝ 열의(= passion; enthusiasm); 열중

zealous [zéləs] ⓐ 열광적인; 열렬한

"When choosing between a purely competent person without interest and a less competent person with zeal, I always choose zeal over ability," he adds. 수능 1996

→ "흥미 없이 순수하게 능력 있는 사람과 덜 유능하지만 열의가 있는 사람 중에서 선택할 때, 나는 항상 능력보다는 열의를 선택합니다."라고 그가 덧붙였다.

transaction
[trænsǽkʃən]

ⓝ 처리; 업무; 거래
transact [trænsǽkt] ⓥ 처리하다; 행하다

An executed purpose, in short, is a transaction in which the time and energy spent on the execution are balanced against the resulting assets, and the ideal case is one in which the former approximates to zero and the latter to infinity. 수능 2011
→ 간단하게 말하면, 실행된 목적은 그 실행에 소비된 시간과 에너지가 그 결과로 나온 자산에 대비해서 균형이 맞는 거래이며, 이상적인 경우는 전자가 0에 수렴하고 후자가 무한에 수렴하는 경우이다.

substance
[sʌ́bstəns]

ⓝ 물질(= matter); 실체
substantial [səbstǽnʃəl] ⓐ 상당한(= considerable)

According to legend, a storm hit a large tree in northwestern England in the mid-1500s, and a mysterious black substance was discovered among its roots. 수능 2001
→ 전설에 따르면, 1500년대 중반 영국 북서부에 있는 거대한 나무를 태풍이 쓰러뜨렸고, 신비한 검은색 물질이 그것의 뿌리 사이에서 발견되었다.

• substance abuse 약물 남용

urge
[əːrdʒ]

ⓝ 충동; 열망 ⓥ 몰아대다; 다그치다
urgent [ə́ːrdʒənt] ⓐ 긴급한; 집요한
urgency [ə́ːrdʒənsi] ⓝ 촉박함; 절박

All of a sudden, he had an irresistible urge to go to see his beloved wife and his two sons. 수능 2008
→ 갑자기 그는 사랑하는 아내와 그의 두 아들을 만나러 가고 싶은 참을 수 없는 충동을 느꼈다.

groundless
[gráundlis]

ⓐ 근거 없는
ground [graund] ⓝ 땅; 지반; 근거

Perhaps this evaluation is groundless. 수능 2007
→ 아마도 이러한 평가는 근거가 없다.

rigid
[rídʒid]

ⓐ 경직된; 딱딱한

Argument is often considered disrespectful in rigid families. 수능 1994
→ 논쟁은 종종 경직된 가족 내에선 무례한 것으로 간주된다.

detergent
[ditə́:rdʒənt]

ⓝ 세제 ⓐ 세척성의
detergency [ditə́:rdʒənsi] ⓝ 세정력; 정화력

The use of detergent to clean the fruit can also cause additional water pollution. 수능 2007
→ 또한 과일을 씻기 위한 세제의 사용은 추가적인 물 오염을 일으킬 수 있다.

craft
[kræft]

ⓝ 기능; 공예; 비행기; 선박 ⓥ 정교하게 만들다
crafty [kræfti] ⓐ 교묘한; 교활한
craftsman [kræftsmən] ⓝ 장인; 예술가

A second god suggested hiding it on a planet far from the earth, but the other gods realized that a craft might be built to reach this destination as well. 수능 2006

→ 두 번째 신은 지구와 멀리 떨어진 행성에 그것을 숨기는 것을 제안했지만, 다른 신들은 그 목적지에 닿기 위한 비행기 또한 만들어질 수 있다는 것을 깨달았다.

injure
[índʒər]

ⓥ 다치게 하다; 손상하다
injury [índʒəri] ⓝ 상해; 손상

Injured animals certainly spend more time asleep than usual while their wounds are healing. 수능 1996
→ 다친 동물들은 확실히 그들의 상처가 낫는 동안 평소보다 잠을 자는 데 더 많은 시간을 쓴다.

• injured party 피해자(측)

stance
[stæns]

ⓝ 입장; 자세

The sense of tone and music in another's voice gives us an enormous amount of information about that person, about her stance toward life, about her intentions. 수능 2015
→ 다른 사람의 목소리에서 소리의 느낌과 음조를 감지하는 것은 우리에게 그 사람과, 삶에 대한 그녀의 자세와, 그녀의 의도에 대해 엄청난 양의 정보를 준다.

downplay
[dáunplèi]

ⓥ 경시하다; 얕보다

They also tend to downplay the consequences of their actions. 수능 2013
→ 또한 그들은 그들의 행동의 결과를 얕보는 경향이 있다.

chubby
[tʃʌbi]

ⓐ 통통한; 둥글둥글한

My heart swells as much as my chubby bags; yet, I'd better get some sleep since a long, tough journey is ahead of me. 수능 2016

→ 내 마음은 나의 통통한 가방만큼이나 부풀어 오르지만, 나는 길고 힘든 여행길이 내 앞에 있기에 잠을 좀 자는 게 좋겠다.

suspicious
[səspíʃəs]

ⓐ 수상한; 의심을 일으키는
suspicion [səspíʃən] ⓝ 의심; 혐의
suspect [səspékt] ⓥ 알아채다; 의심하다

They must accept the criticism of others but be suspicious of it; they must accept the praise of others but be even more suspicious of it. 수능 1994

→ 그들은 타인의 비판을 수용하면서도 그것을 의심해야 한다. 그들은 타인의 칭찬을 수용하면서도 그것을 더욱 더 의심해야 한다.

• dispel suspicion 혐의를 벗다

vague
[veig]

ⓐ 모호한(↔distinct ⓐ 분명한); 막연한
vagueness [véignis] ⓝ 애매함, 명확치 않음

In doing so, the scientist reverses his drive toward mathematical exactness in favor of rhetorical vagueness and metaphor, thus violating the code of intellectual conduct that defines him as a scientist. 수능 2014

→ 그렇게 함으로써, 과학자는 수사적 모호함과 은유에 찬성하여 수학적 정확성에 대한 그의 질주를 뒤집고, 그 결과 그를 과학자로 정의하는 지적 수행의 규범을 위반한다.

foretell
[fɔrtél]

ⓥ 예언하다(=foresee; prophesy); ~의 전조가 되다

We desperately need people who can foretell the future. 수능 2005

→ 우리는 미래를 예언할 수 있는 사람들을 절실하게 필요로 한다.

boredom
[bɔ́:rdəm]

ⓝ 권태; 지루함
bore [bɔ́:r] ⓥ 지루하게 하다; 구멍을 뚫다

Some shanties broke up the boredom of long trips. 수능 2003

→ 몇몇 뱃노래는 긴 여행의 지루함을 해소해 주었다.

• die of boredom 지루해서 죽을 지경이다

consignment
[kənsáinmənt]

ⓝ 위탁; 위탁물
consign [kənsáin] ⓥ 위탁하다; 맡기다; 동의하다

For example, while he was en route to Spain as his enterprise's traveling partner, a role typical for young men, pirates robbed him of all his goods, including a consignment of pearls, and of his own clothes.

수능 2013

→ 예를 들어, 그가 젊은이에게 일반적인 역할인 그의 기업의 여행 동반자로서 스페인으로 가던 중, 해적이 위탁물인 진주와 그의 옷을 포함한 그의 모든 물건을 훔쳐갔다.

broadcast
[brɔ́:dkæst]

ⓝ 방송 ⓥ 방송하다; 퍼뜨리다; 알리다

Computer technology can improve how a work is performed, broadcast, and experienced.   수능 2004
→ 컴퓨터 기술은 어떤 일이 수행되고 알려지고 경험되는 방식을 개선할 수 있다.

drain
[drein]

ⓝ 하수구; 배수; 유출 ⓥ 배수하다; 소모시키다

To start with, you need well drained, not necessarily over fertile soil in order to make the vine's roots dig deep into the soil.   수능 2006
→ 먼저, 당신은 포도나무 뿌리가 흙에 깊이 파고들게 할 수 있도록 배수가 잘 되는 토양이 필요한데, 지나치게 비옥할 필요는 없다.
• go down the drain 헛수고로 돌아가다

insulate
[ínsəlèit]

ⓥ 절연하다; 분리하다
insulation [ìnsəléiʃən] ⓝ 절연체; 단열재

Superbly insulated throughout for winter and summer comfort and windows that never need painting.

수능 1996

→ 겨울과 여름의 편안함을 위해 훌륭히 단열된, 그리고 절대 칠할 필요 없는 창문.

onlooker
[ɔ́nlùkər]

ⓝ 방관자; 구경꾼

Onlookers just walk by a work of art, letting their eyes record it while their minds are elsewhere.

수능 1998

→ 구경꾼들은 그들의 정신은 딴 데 가있는 동안 그들의 눈이 그것을 기록하도록 하면서, 예술 작품을 그저 지나간다.

glacier
[gléiʃər]

ⓝ 빙하

It rises or falls as the glaciers melt or grow. 수능 1994
→ 그것은 빙하가 녹거나 커지는 것에 맞춰 상승하거나 하강한다.

bind
[baind]

ⓝ 속박; 강제 **ⓥ** 묶다; 결합하다

When people began to bind books with pages that could be turned rather than unrolled like papyrus, the process of locating information changed. 수능 2008
→ 사람들이 파피루스처럼 풀리는 것이 아니라 넘겨질 수 있는 페이지들로 책을 묶기 시작했을 때, 정보를 위치시키는 과정이 변화되었다.

widespread
[wáidspred]

ⓐ 널리 퍼진; 광범위한

When he moved to Marysville, Kansas, after a successful career as a barber in Los Angeles, he noticed a widespread hunger for reading in the community. 수능 2005
→ Los Angeles에서 이발사로서 직업적 성공을 거두고 Kansas의 Marysville로 이사했을 때, 그는 그 지역 공동체에 널리 퍼진 독서를 향한 갈증을 알아차렸다.

till
[til]

ⓥ (땅을) 갈다; 경작하다

Your resolve to secure a sufficiency of food for yourself and your family will induce you to spend weary days in tilling the ground and tending livestock; but if Nature provided food and meat in abundance ready for the table, you would thank Nature for sparing you much labor and consider yourself so much the better off. 수능 2011
→ 당신과 당신의 가족을 위해 충분한 식량을 확보하고자 하는 당신의 결심은 당신으로 하여금 땅을 경작하고 가축을 돌보는 힘든 나날을 보내도록 유도할 것이다. 그러나 만약 대자연이 식탁에 준비된 식량과 고기를 충분히 공급한다면, 당신은 대자연에게 당신의 노동을 아끼게 해준 것에 대해서 고마워하고 스스로의 처지가 더 낫다고 여길 것이다.

maize
[meiz]

ⓝ 옥수수

Today most maize seed cultivated are hybrids. 수능 2016
→ 오늘날 재배되는 대부분의 옥수수 씨앗은 교배종이다.

compensate
[kάmpənsèit]

ⓥ 보상하다; 보완하다
compensation [kὰmpənséiʃən] ⓝ 보상; 대가

Thus, our understanding of context compensates for lack of detail in the feature identification process.
수능 2008

→ 그러므로, 맥락에 대한 우리의 이해는 특징으로 신원을 확인하는 과정에서 세부 사항의 결여를 보완한다.

botanical
[bətǽnikəl]

ⓐ 식물의(= botanic)
botany [bάtəni] ⓝ 식물학

The 18th century is called the Golden Age of botanical painting, and Georg Dionysius Ehret is often praised as the greatest botanical artist of the time.
수능 2015

→ 18세기는 식물화의 황금기라고 불리며, Georg Dionysius Ehret은 당대의 가장 훌륭한 식물 화가라고 자주 칭송받는다.

factor
[fǽktər]

ⓝ 요인; 요소 ⓥ 인수분해하다(= factorize)

Ideological influences also factored in; elites in particular were skeptical of television, perceiving it as a messenger of mass culture and Americanization.
수능 2009

→ 관념적 영향들 또한 요인으로 작용했다. 엘리트들은 특히 텔레비전에 대해 회의적이었고, 그것을 대중문화와 미국화의 전달자로 인식했다.

• risk factor 위험 인자

deliberate
[dilíbərət]

ⓐ 고의의; 신중한 ⓥ 숙고하다
deliberately [dilíbərətli] ⓐⓓ 의도적으로; 고의로
deliberation [dilìbəréiʃən] ⓝ 심사숙고; 신중함

A group of similar things that one has deliberately acquired, usually over a period of time.
수능 2004

→ 보통 어떤 기간 동안 의도적으로 취득한 유사한 물건들의 집합.

• a deliberate job 사전에 꾸민 일

scarcity
[skέərsəti]

ⓝ 부족; 결핍; 희귀함; 희소성
scarce [skɛərs] ⓐ 모자라는; 부족한(↔plentiful ⓐ 충분한)
If scarcity exists, the choices must be made by
individuals and societies. 수능 1994
→ 희소성이 존재한다면, 개인과 사회는 선택을 해야만 한다.

hardwire
[hά:rdwàiər]

ⓥ 고정화시키다
Some distinctions between good and bad are
hardwired into our biology. 수능 2016
→ 어떤 좋고 나쁨의 분별은 우리의 생명 작용에 고정되어 있다.

hygrometer
[haigrάmitər]

ⓝ 습도계
Figures A and B demonstrate how dew point is
measured by a dew point hygrometer. 수능 2010
→ 그림 A와 B는 이슬점이 어떻게 이슬점 습도계로 측정되는지
설명한다.

abrupt
[əbrΛpt]

ⓐ 갑작스러운; 퉁명스러운
abruptly [əbrΛptli] ⓐⓓ 갑자기; 퉁명스럽게
Betty replied rather abruptly, "Fifty pounds or so. I'm
not sure exactly how much." 수능 1997
→ Betty는 다소 퉁명스럽게 대답했다. "50파운드 정도야. 정확
히 얼마인지는 모르겠어."

hemisphere
[hémisfiər]

ⓝ (지구의) 반구; 뇌반구
The Great Salt Lake is the largest salt lake in the
Western Hemisphere. 수능 2013
→ The Great Salt Lake는 서반구에서 가장 큰 염호이다.

earnest
[ə́:rnist]

ⓐ 진지한; 성실한
earnestly [ə́:rnistli] ⓐⓓ 진지하게; 진정으로
I know a father who devoted himself earnestly to
photographing the birth of his first and only child.
수능 2011
→ 나는 그의 첫째이자 유일한 아이의 탄생을 사진으로 찍기 위해
자신을 진정으로 바친 한 아버지를 안다.

simultaneous
[sàiməltéiniəs]

ⓐ 동시에 일어나는
simultaneity [sàiməltəní:əti] ⓝ 동시성

We noticed our friend talking on the phone while simultaneously answering the door, checking on dinner, and changing her baby's diaper. 수능 2004
→ 우리는 우리의 친구가 전화를 하면서 문을 열어주는 동시에 저녁 식사를 확인하고, 그녀의 아기의 기저귀를 갈아주고 있는 것을 알아차렸다.

interfere
[ìntərfíər]

ⓥ 간섭하다; 방해하다(= intervene; impede)
interference [ìntərfíərəns] ⓝ 간섭; 훼방

Anything that contributes to stress during mealtime can interfere with the digestion of food. 수능 1994
→ 식사 시간 중 스트레스의 원인이 되는 어떤 것도 음식의 소화를 방해할 수 있다.

charity
[tʃǽrəti]

ⓝ 자선; 자비심
chritable [tʃǽritəbl] ⓐ 자비로운; 관대한

For example, ask Paul Newman, the famous actor, about his charity work with kids. 수능 2007
→ 예를 들어, 유명한 배우 Paul Newman에게 아이들에 대한 그의 자선 사업에 관해 물어보라.

• charity organization 자선 단체

souvenir
[sù:vəníər]

ⓝ 기념품; 선물
I want to get some souvenirs for my family and friends.
수능 2017
→ 제 가족과 친구를 위한 기념품을 좀 사려고 해요.

promotion
[prəmóuʃən]

ⓝ 승진; 촉진
promote [prəmóut] ⓥ 승진시키다(↔ demote ⓥ 강등시키다); 조장하다

More important than success, which generally means promotion or an increase in salary, is the happiness which can only be found in doing work that one enjoys for its own sake and not merely for the rewards it brings. 수능 2005
→ 일반적으로 승진이나 월급 인상을 의미하는 성공보다 중요한 것은, 일이 가져다주는 보상 하나만이 아니라 그 일 자체가 즐거운 일을 하는 데에서만 찾을 수 있는 행복이다.

hedonic
[hi:dánik]

ⓐ 향락적인; 쾌락의
hedonism [híːdənìzm] ⓝ 쾌락주의; 헤도니즘
hedonist [híːdənist] ⓝ 쾌락주의자

For example, subjects who were presented with different shapes of pasta showed increased hedonic ratings and increased energy consumption relative to subjects eating only a single shape of pasta.
_{수능 2018}

→ 예를 들어, 여러 가지 모양의 파스타를 제시받은 피험자들은 오직 한 가지 모양의 파스타만을 먹은 피험자들에 비해 증가된 쾌락 점수와 높아진 에너지 소비를 보여주었다.

convince
[kənvíns]

ⓥ 설득하다; 확신시키다
conviction [kənvíkʃən] ⓝ 확신; 설득; 유죄 판결

That is, if you can convince yourself that the first draft isn't your best writing and can be made more effective with additional thought and some revision, then it will be easier to get started. _{수능 2008}

→ 다시 말하면, 초안이 당신의 최고의 글쓰기가 아니며 추가적인 생각과 약간의 수정으로 더 효과적으로 만들어질 수 있다고 당신이 스스로를 설득할 수 있다면, 시작하기가 더 쉬워질 것이다.

exposure
[ikspóuʒər]

ⓝ 드러남; 폭로(= disclosure); 노출

But today there is evidence that regular exposure to the ultraviolet rays of sunlight, especially if it results in burns, can be harmful to health. _{수능 1996}

→ 그러나 오늘날, 태양의 자외선에 대한 규칙적인 노출이, 특히 그것이 화상으로 이어진다면, 건강에 해로울 수 있다는 증거가 있다.

• radiation exposure 방사선 노출

kettle
[kétl]

ⓝ 주전자; 솥

The pot calls the kettle black. _{수능 1997}

→ 〈속담〉 숯이 검정 나무란다(←냄비가 주전자보고 검다고 한다)

rod
[rɑd]

ⓝ 막대기(= stick; pole)

While holding a fishing rod on the river bank, a little girl suddenly felt something and saw the fishing rod bowing like a question mark. _{수능 1999}

→ 강둑에서 낚싯대를 잡고 있는 동안, 어린 소녀는 갑자기 무언가를 느꼈고 물음표처럼 휘어진 낚싯대를 보았다.

monotonous
[mənάtənəs]

ⓐ 단조로운; 지루한
monotone [mάnətòun] ⓝ 단조로움 ⓐ 단색의

And what a person thinks on his own without being stimulated by the thoughts and experiences of other people is at best insignificant and monotonous. 수능 2006

→ 그리고 어떤 사람이 타인의 생각과 경험에 의해 자극받지 않은 채 혼자 생각한 것은 기껏해야 시시하고 지루할 뿐이다.

royalty
[rɔ́iəlti]

ⓝ 왕족; 인세
royal [rɔ́iəl] ⓐ 왕실의; 위엄 있는

Humility dictates that in the presence of royalty, as in church, heads are bowed. 수능 2014
→ 겸손은 교회에서처럼 왕족 앞에서 머리를 숙이도록 명령한다.

hangar
[hǽŋər]

ⓝ 헛간; 격납고

"There is a good reason to make this trip to the Island of Paradise," Captain Koppe told himself as he stepped out of the elevator car into the covered rooftop hangar of his house. 수능 2008
→ 그의 집의 옥상 헛간으로 들어가는 엘리베이터 칸에서 걸어 나오며, Koppe 선장이 스스로에게 말했다. "이번 여행을 파라다이스 섬으로 가는 데에는 그럴만한 이유가 있어."

nimble
[nímbl]

ⓐ 재빠른(＝agile); 영민한

The crowd erupted in "Ohhhhs!" because he was an older family man who had not danced hip-hop in many years, while the much younger Linx was a nimble b-boy. 수능 2016
→ 훨씬 어린 Linx가 재빠른 비보이였던 반면, 그는 수 년 동안 힙합을 추지 않은 나이가 많은 가정적인 남자였기에 군중은 "오오오!"하며 쏟아져 나왔다.

flexible
[fléksəbl]

ⓐ 융통성 있는; 유연한
flexibility [flèksəbíləti] ⓝ 유연성; 나긋나긋함

The branches then go through a complex process to become strong and flexible paper. 수능 2004
→ 그리고 가지들은 강하고 유연한 종이가 되기 위한 복잡한 과정을 거친다.

• take a flexible attitude 유연한 태도를 취하다

sprain
[sprein]

ⓝ 염좌 ⓥ 삐다

It seems you sprained your ankle. 수능 2013
→ 당신은 발목을 삔 것 같아요.

behave
[bihéiv]

ⓥ 행동하다; 처신하다; 움직이다(= function)
behavior [bihéivjər] ⓝ 행위; 행동(= conduct)
misbehave [mìsbihéiv] ⓥ 버릇없는 짓을 하다

A stone can behave only in the way an outside force
makes it behave. 수능 2002
→ 돌은 외부의 힘이 움직이게 하는 대로만 움직일 수 있다.

naive
[naːíːv]

ⓐ 순진한; 속기 쉬운(= gullible) ⓝ 순진한 사람

Most of us are also naive realists: we tend to believe
our culture mirrors a reality shared by everyone.
수능 2012

→ 우리 대부분은 또한 순진한 현실주의자들이다. 우리는 우리의
문화가 모두에게 공유된 현실을 반영한다고 믿는 경향이 있다.

compose
[kəmpóuz]

ⓥ 구성하다; 작곡하다
composer [kəmpóuzər] ⓝ 작곡가; 작가

Upon closer analysis, "emerging" countries are not
only vastly different from one another, they are also
composed of numerous unique individuals and
communities. 수능 2006
→ 더 자세히 들여다보면, "떠오르는" 국가들은 서로 엄청나게 다
를 뿐 아니라, 그들은 수많은 독특한 개인들과 공동체로 구성되
어 있다.

forage
[fɔ́ːridʒ]

ⓝ 먹이; 사료 ⓥ 약탈하다
foraging [fɔ́(ː)ridʒiŋ] ⓝ 수렵 채집

In a classic set of studies over a ten-year period,
biologist Gerald Wilkinson found that, when vampire
bats return to their communal nests from a successful
night's foraging, they frequently vomit blood and
share it with other nest-mates, including even non-
relatives. 수능 2011
→ 10년의 기간에 걸친 일련의 고전적인 연구에서, 생물학자
Gerald Wilkinson은 흡혈 박쥐들이 성공적인 야간의 수렵을 마
치고 공동의 둥지로 돌아올 때, 그들이 자주 피를 토하고 그것을
친척이 아닌 박쥐까지도 포함한 둥지 친구들과 나눈다는 사실을
발견했다.

internal
[intə́:rnl]

ⓐ 내부의(↔external ⓐ 외부의); 체내의

Everyone told me that when I turned fifteen some great internal change would occur. 수능 1994
→ 내가 15살이 되면 엄청난 내면의 변화가 일어날 것이라고 모두가 내게 말했다.

detach
[ditǽtʃ]

ⓥ 분리하다(↔attach ⓥ 붙이다); 파견하다
detachment [ditǽtʃmənt] ⓝ 분리; 초연

Looking through the camera lens made him detached from the scene. 수능 2011
→ 카메라 렌즈를 통해 바라보는 것은 그를 그 현장으로부터 분리되게 만들었다.

• detached view 공정한 견해

ignorance
[ígnərəns]

ⓝ 무지; 무식
ignorant [ígnərənt] ⓐ 무지한; 무식한
ignore [ignɔ́:r] ⓥ 무시하다; 간과하다

We owe it to a few writers of old times that the people in the Middle Ages could slowly free themselves from ignorance. 수능 2006
→ 우리는 중세시대의 사람들이 천천히 스스로를 무지에서 자유롭게 할 수 있었던 것을 소수의 옛 작가들 덕택이라고 여긴다.

• betray one's ignorance 자신의 무식을 드러내다

nymph
[nimf]

ⓝ 요정; 유충

Recently, however, one group of scientists working with the 17-year cicada in California have suggested that the nymphs use an external cue and that they can count. 수능 2015
→ 그러나 최근에 캘리포니아에서 17년 매미를 연구해온 한 과학자 집단은 유충들이 외부적인 신호를 사용하며 그래서 그들이 숫자를 셀 수 있다고 주장했다.

reef
[ri:f]

ⓝ 암초; 산호초

Twin sirens hide in the sea of history, tempting those seeking to understand and appreciate the past onto the reefs of misunderstanding and misinterpretation. 수능 2016
→ 쌍둥이 사이렌이 역사의 바다에 숨어, 과거를 이해하고 평가하려는 사람들을 착오와 오해의 암초 위로 유혹한다.

straightforward
[strèitfɔ́:rwərd]

ⓐ 곧장 나아가는; 솔직한; 수월한 ⓐⓓ 똑바로

Technical aspects of the work, such as dirt removal, are quite straightforward.　수능 2005
→ 먼지 제거 같은 그 작업의 기술적인 측면은 꽤 수월하다.

excel
[iksél]

ⓥ ~을 능가하다; 탁월하다
excellent [éksələnt] ⓐ 훌륭한; 뛰어난
excellence [éksələns] ⓝ 우수함; 장점

Unfortunately, some sports coaches in the camps occasionally become over-enthusiastic in their desire to help the children excel.　수능 2007
→ 불행하게도, 캠프의 어떤 스포츠 코치들은 때때로 아이들이 탁월해질 수 있도록 도우려는 욕망으로 지나치게 열정적이게 된다.

tune
[tju:n]

ⓝ 곡; 가락 ⓥ 조율하다; 조정하다

Everyone in the studio was standing around with the same thought: "What are we going to do? We have fifty minutes left. Listeners all over the country are going to reach for the tuning dials on their radios any second now."　수능 2007
→ 스튜디오에 있는 모든 사람들은 똑같은 생각을 하며 우두커니 서 있었다. "우리는 어떻게 하지? 15분이 남았고, 전국의 청취자들은 금방이라도 라디오 다이얼을 조정하려고 손을 뻗을 거야."

report
[ripɔ́:rt]

ⓥ 보고하다; 발표하다; 신고하다 ⓝ 보고서; 보도
reportedly [ripɔ́:rtidli] ⓐⓓ 보도에 따르면; 전해진 바로는

The locker rooms used for half-time breaks were reportedly painted to take advantage of the emotional impact of certain hues.　수능 2015
→ 하프타임 휴식 시간에 사용된 탈의실은 알려진 바에 의하면 특정 색채의 정서적 효과의 이점을 취하고자 색칠되었다.

• report in detail 낱낱이 보고하다

nerve
[nə:rv]

ⓝ 신경; 담력; 신경질 ⓥ 용기를 북돋우다

Her nerves were hurting her.　수능 2009
→ 그녀의 신경들이 그녀를 고통스럽게 하고 있었다.

• nerve racking 신경질 나게 하는
• have the nerve 배짱 있다

Review Test DAY 01-05

1 다음 우리말을 영어로 쓰시오.

01 공명

02 예고

03 균형; 평형

04 변천; 부침

05 경시하다

06 해석하다

07 혼란

08 입장; 자세

09 대표단

10 강조하다; 역설하다

11 고의의; 신중한

12 상호적인

13 가혹한; 거친

14 부족; 결핍

15 합리적인

16 열의; 열중

17 충동; 열망

18 간결한

19 양극성

20 포만 상태

21 갑작스러운

22 쾌락의

2 다음 영어를 우리말로 쓰시오.

01 hemisphere

02 onlooker

03 mischief

04 monotonous

05 chronic

06 state-of-the-art

07 patent

08 postulate

09 improvise

10 ripen

11 disposition

12 maturation

13 engrave

14 simultaneous

15 facade

16 nimble

17 suspicious

18 irresistible

19 trait

20 rote

21 exclusion

22 omit

3 다음 빈칸에 알맞은 단어를 고르시오.

01 In Latin America, for example, corn is traditionally eaten with beans; each plant is _____ in an essential amino acid that happens to be abundant in the other, so together corn and beans form a balanced diet in the absence of meat.

예를 들어, 라틴 아메리카에서 옥수수는 전통적으로 콩과 함께 같이 먹는다. 각각의 식물은 마침 상대가 충분히 가지고 있는 필수 아미노산이 부족해서, 고기가 없을 때 옥수수와 콩은 함께 균형 잡힌 식단을 구성한다.

① impersonal　　② detergent　　③ botanical　　④ deficient　　⑤ invaluable

02 The term "law" has a different meaning, however, when used to describe the _____ of nature.

그러나 "법"이라는 용어는 자연의 질서를 묘사하기 위해 사용될 때는 다른 의미를 갖는다.

① fertility　　② regularities　　③ rustles　　④ horticulture　　⑤ supreme

03 While awaiting the birth of a new baby, North American parents typically _____ a room as the infant's sleeping quarters.

신생아의 탄생을 기다리는 동안, 북아메리카의 부모들은 일반적으로 아기가 잘 곳으로 방 하나를 마련한다.

① consign　　② furnish　　③ devote　　④ hardwire　　⑤ hitch

04 More important than success, which generally means _____ or an increase in salary, is the happiness which can only be found in doing work that one enjoys for its own sake and not merely for the rewards it brings.

일반적으로 승진이나 월급 인상을 의미하는 성공보다 중요한 것은, 일이 가져다주는 보상 하나만이 아니라 그 일 자체가 즐거운 일을 하는 데에서만 찾을 수 있는 행복이다.

① expertise　　② negligence　　③ charity　　④ promotion　　⑤ surplus

---

1 01 resonance 02 premonition 03 equilibrium 04 vicissitude 05 downplay 06 interpret 07 turmoil 08 stance 09 delegation 10 accentuate 11 deliberate 12 mutual 13 harsh 14 shortage 15 sensible 16 zeal 17 urge 18 terse 19 polarity 20 satiety 21 abrupt 22 hedonic

2 01 반구 02 방관자 03 장난; 손해 04 단조로운 05 만성의 06 최신식의 07 특허 08 가정하다 09 즉석에서 짓다 10 익다 11 경향; 배치 12 성숙; 원숙 13 새기다 14 동시에 일어나는 15 정면; 겉모습 16 재빠른 17 수상한 18 저항할 수 없는; 압도적인 19 특징 20 기계적인 암기 21 제외; 배척 22 누락하다

3 01 ④ 02 ② 03 ② 04 ④

fruitful
[frú:tfəl]

ⓐ 열매가 많이 열리는; 유익한(↔fruitless ⓐ 성과 없는)
fruition [fru:íʃən] ⓝ 결실; 성과

How was the directors' meeting? / It was fruitful. 수능 2016

→ 이사회는 어땠나요? / 성과가 있었어요.

• bring an idea to fruition 생각을 실현하다

latch
[lætʃ]

ⓝ 걸쇠; 빗장 ⓥ 걸쇠를 잠그다; 꽉 붙잡다

The blind man readily said yes, then latched onto Tom's arm, and they began their walk across the street avoiding speeding cars. 수능 2014
→ 그 맹인은 즉시 "네"라고 답한 후 톰의 팔을 꽉 붙잡았고, 그들은 속력을 내는 차들을 피하며 길을 건너기 시작했다.

• latch on 꽉 붙잡다

solitude
[sálətjù:d]

ⓝ 고독(≡solitariness); 쓸쓸한 곳

What is so special about walking in the woods or resting in bed? Solitude and relaxation. 수능 2007
→ 숲을 걷는 것이나 침대에서 쉬는 것이 뭐가 그렇게 특별할까? 바로 고독과 이완이다.

interface
[íntərfèis]

ⓝ 인터페이스; 접촉면 ⓥ 조화되다

For example, most people in the United States using US customary units (e.g., inch, foot, yard, mile, etc.) have resisted adopting the metric system even though making such a change would enable US citizens to interface with the rest of the world more efficiently. 수능 2016
→ 예를 들어, US 관습 단위(가령 인치, 풋, 야드, 마일 등)를 사용하는 미국의 대부분의 사람들은 미터 시스템을 도입하는 것과 같은 변화가 미국 시민들로 하여금 나머지 세상과 더 효율적으로 조화될 수 있도록 함에도 불구하고 그것에 대하여 저항해왔다.

hands-on
[hǽndzáːn]

ⓐ 실제의(= practical); 직접 해보는; 참여하는

The camp offers fun, hands-on activities. 수능 2018

→ 캠프는 재미있는 체험 활동들을 제공합니다.

craze
[kreiz]

ⓝ 일시적 대유행; 광기 ⓥ 미치게 하다; 열광하다

And in a society where people craze for beauty, the condition of one's skin and body can be a status symbol. 수능 2008

→ 사람들이 아름다움에 열광하는 사회에서, 누군가의 피부와 신체의 조건은 지위의 상징이 될 수 있다.

besiege
[bisíːdʒ]

ⓥ 포위하다; 공격하다

besiegement [bisíːdʒmənt] ⓝ 포위

When you walk into a store, you are besieged by information. 수능 2013

→ 당신이 가게에 걸어 들어갈 때, 당신은 정보에 포위당한다.

reconciliation
[rèkənsìliéiʃən]

ⓝ 화해; 중재

reconcile [rékənsàil] ⓥ 중재하다(= arbitrate); 조화시키다

We must work to resolve conflicts in a spirit of reconciliation and always keep in mind the interests of others. 수능 2010

→ 우리는 화해의 정신에 입각해 갈등을 해결하려 노력하고 항상 타인의 이익을 염두에 두고 있어야 한다.

trim
[trim]

ⓝ 정돈된 상태 ⓥ 잘라내다; 다듬다

Forty-nine percent of men would like to trim their waistline. 수능 1997

→ 49퍼센트의 남성들이 그들의 허리 라인을 다듬고 싶어 한다.

• trim one's sails 돛을 조절하다; 임기응변으로 처리하다

liken
[láikən]

ⓥ 비기다; 비유하다

By likening the eye to a camera, elementary biology textbooks help to produce a misleading impression of what perception entails. 수능 2013

→ 눈을 카메라에 비유함으로써, 초등학교 생물학 교과서는 지각이 수반하는 것에 대한 잘못된 인상을 주는 데에 기여한다.

gourd
[gɔ:rd]

ⓝ 박과 열매; 호리병박

While satisfying my thirst, I thought about the many travelers who must have come to the same well and drunk from the same gourd. 수능 2004

→ 갈증을 해소하는 동안, 나는 같은 우물에 와서 같은 표주박으로 물을 마셨을 수많은 여행자들에 대해 생각했다.

• be out of one's gourd 미치다

disregard
[dìsrigá:rd]

ⓝ 무관심; 경시 ⓥ 무시하다; 등한시하다(= neglect; ignore)

It is important to take into consideration absent-mindedness or poor eyesight before believing that a friend is actually disregarding you. 수능 2003

→ 친구가 실제로 당신을 무시한다고 믿기 전에, 딴 데 정신이 팔린 상태나 좋지 않은 시력을 고려하는 것은 중요하다.

ligament
[lígəmənt]

ⓝ 인대(= ligamentum); 유대

Also, aside from modifying the current game, there is some concern that players may suffer arm and ligament injuries as they swing harder trying to draw more speed out of the ball. 수능 2006

→ 또한 현재의 경기를 수정하는 것과 별도로 선수들이 공에서 더 빠른 속도를 끌어내려고 더 세게 스윙하면서 팔과 인대 부상으로 고통받게 될지도 모른다는 우려가 있다.

visualize
[víʒuəlàiz]

ⓥ 마음속에 떠올리다; 시각화하다
visualization [vìʒuəlaizéiʃən] ⓝ 가시화; 시각화

Reading develops the powers of imagination and inner visualization. 수능 1997

→ 독서는 상상력과 심상을 발달시킨다.

• inner visualization 심상

osteoporosis
[àstiəpəróusis]

ⓝ 골다공증

If done regularly and over a long period of time, exercise can help prevent osteoporosis, a gradual process of bone loss that occurs naturally as people age. 수능 1995

→ 만약 오랜 시간 동안 규칙적으로 행해진다면, 운동은 사람들이 나이 들면서 자연스럽게 일어나는 점진적인 골 손실인 골다공증을 예방할 수 있다.

falter
[fɔ́:ltər]

ⓝ 더듬거리기 ⓥ 비틀거리다; 흔들리다

"But, sir, what was the word?" The professor flushed and faltered, "I don't know." he said, "if... if the word is suitable for female students to hear." 수능 1994

→ "그런데 선생님, 그 단어가 뭐였습니까?" 교수는 얼굴을 붉히며 더듬거렸다. "모르겠어요." 그가 말했다. "그 단어가 여학생들이 듣기에 적절한 단어인지 말이에요."

trail
[treil]

ⓝ 자국; 둘레길 ⓥ 뒤를 따라가다

Many creatures use phosporescence at night, and as you move through the water, you will cause plankton to release tiny pulses of light, leaving beautiful glowing wakes trailing behind you. 수능 2008

→ 많은 생물들은 밤에 인광을 사용하며, 당신이 물을 통해 지나갈 때 당신은 플랑크톤으로 하여금 빛의 작은 파동을 방출하게 하고, 이는 당신의 뒤를 따르는 아름답게 빛나는 지나간 자국을 남긴다.

• trail away 말꼬리를 흐리다

stubborn
[stʌ́bərn]

ⓐ 완고한; 끈질긴
stubbornness [stʌ́bərnnis] ⓝ 완고함
stubbornly [stʌ́bərnli] ⓐⓓ 완강히; 완고하게

Yet the vast majority of Americans remain stubbornly monolingual. 수능 2006

→ 그러나 미국인의 압도적 다수가 끈질기게 단일 언어 사용자로 남아있다.

manipulate
[mənípjulèit]

ⓥ 조작하다; 잘 다루다
manipulative [mənípjulèitiv] ⓐ 뜻대로 조종하는; 조작적인
manipulation [mənìpjuléiʃən] ⓝ 조작; 속임수

Saying a person's name too often in face-to-face conversation sounds manipulative. 수능 2010

→ 면대면 대화에서 사람의 이름을 너무 자주 언급하는 것은 조작적으로 들린다.

embed
[imbéd]

ⓥ 박아 넣다; 깊이 새겨두다
embedding [imbédiŋ] ⓝ 삽입

Their writing is usually embedded in a context of others' ideas and opinions. 수능 2011

→ 그들의 글은 보통 타인의 생각과 의견의 맥락에 깊이 새겨졌다.

madden
[mǽdn]

Ⓥ 미치게 하다; 격노하게 하다
mad [mæd] ⓐ 미친; 화가 난

Of all the ways that automobiles damage the urban environment and lower the quality of life in big cities, few are as maddening and unnecessary as car alarms.　수능 2007

→ 자동차들이 도시의 환경을 망치고 대도시에서의 삶의 질을 낮추는 모든 방식 중에서, 자동차 도난 경보 장치만큼 격노하게 하고 불필요한 것은 거의 없다.

anxiety
[æŋzáiəti]

ⓝ 걱정; 불안
anxious [ǽŋkʃəs] ⓐ 불안한; 갈망하는

Though we sometimes suffer along with their anxieties and sorrows, we receive a pleasure from the experience.　수능 2002

→ 우리는 그들의 걱정과 슬픔과 함께 때때로 고통을 겪기도 하지만, 우리는 그 경험으로 기쁨을 얻는다.

• separation anxiety 분리 불안

compel
[kəmpél]

Ⓥ 억지로 ~하게 시키다
compelling [kəmpéliŋ] ⓐ 강제적인; 설득력 있는

They usually feel this way because their behavior compels others to lie to them.　수능 2009

→ 그들의 행동이 다른 사람들로 하여금 그들에게 거짓말을 하도록 하기 때문에 그들은 보통 이런 식으로 느낀다.

hardship
[háːrdʃip]

ⓝ 고난; 어려움

This is similar to people getting wiser and more disciplined by overcoming the difficulties and hardships they encounter day after day.　수능 2004

→ 이것은 사람들이 매일 직면하는 어려움과 고난을 극복함으로써 사람들이 더 현명해지고 단련되는 것과 비슷하다.

abandon
[əbǽndən]

Ⓥ 버리다; 포기하다
abandonment [əbǽndənmənt] ⓝ 유기; 포기

Interestingly, art in tribal societies is frequently abandoned after it has served its purpose.　수능 2010

→ 흥미롭게도, 부족 사회의 예술은 그것의 목적을 달성한 후 빈번히 버려졌다.

defective
[diféktiv]

ⓐ 결함이 있는; 미비한

To begin with, many different pieces of bicycle equipment can become defective, and cause bike accidents. 수능 1994

→ 우선, 자전거의 많은 다양한 부품들에 결함이 생길 수 있고, 자전거 사고를 초래할 수도 있다.

assess
[əsés]

ⓥ 평가하다; 부과하다
assessment [əsésmənt] ⓝ 과세; 평가
assessable [əsésəbl] ⓐ 평가할 수 있는; 산정할 수 있는

The idea of meeting regularly to compare notes, plan common assessments, and share what we did well never occurred to us. 수능 2017

→ 기록을 비교하고, 공동 평가를 계획하고, 우리가 잘 한 것들을 공유하기 위해 정기적으로 만난다는 생각은 우리에게 절대 떠오르지 않았다.

escort
[éskɔːrt]

ⓝ 호위대 ⓥ 호위하다; 바래다주다

Freshwater dolphins will escort me on the playful river, and 500 species of birds, half a dozen species of monkeys, and numerous colorful butterflies will welcome me into their kingdom. 수능 2016

→ 민물돌고래가 나를 즐거운 강으로 바래다줄 것이고, 500 종류의 새들과 여섯 종의 원숭이, 그리고 셀 수 없이 많은 화려한 나비들이 그들의 왕국으로 나를 환영해줄 것이다.

vital
[váitl]

ⓐ 불가결한; 필수적인
vitality [vaitǽləti] ⓝ 활기; 생명력

Another vital factor is increasing one's responsiveness to the markets by providing products suited for the local communities that make up the market. 수능 2006

→ 또 다른 필수적인 요소는 시장을 구성하는 지역 사회에 적합한 상품을 제공함으로써 시장에 대한 개인의 반응성을 증가시키는 것이다.

• vital organ 생명 유지에 필요한 기관

allowance
[əláuəns]

ⓝ 용돈; 수당

I think you should pay them with your own allowance. 수능 2009

→ 난 네가 너의 용돈으로 그것들을 지불해야 한다고 생각해.

democracy
[dimɑ́krəsi]

ⓝ 민주주의
democratic [dèməkrǽtik] ⓐ 민주주의의

Human laws had been considered unchangeable in primitive times, but the Greek democracies made the discovery that a community could consciously make new laws or change old ones. 수능 1996
→ 원시시대에 인간의 법칙은 변함없는 것으로 여겨졌지만, 사회가 의식적으로 새로운 법을 제정하거나 오래된 법을 바꿀 수 있다는 것을 그리스 민주주의가 발견했다.

carefree
[kɛ́rfri]

ⓐ 걱정이 없는; 속 편한(↔careworn ⓐ 근심으로 초췌한)

Comparing the remembered carefree past with his immediate problems, the mature man thinks that troubles belong only to the present. 수능 2005
→ 기억 속의 걱정 없던 과거를 그의 당면한 문제들과 비교하며, 성숙한 사람은 문제들이 현재에만 속한다고 생각한다.

adolescence
[æ̀dəlésns]

ⓝ 청년기; 사춘기
adolescent [æ̀dəlésnt] ⓝ 청소년; 청년

In early adolescence they'll argue with their parents about anything. 수능 1994
→ 사춘기 초반에 그들은 어떤 것에 대해서든지 그들의 부모님과 논쟁할 것이다.

attend
[əténd]

ⓥ 참석하다; ~에 수반하다; 정성을 기울이다
attention [əténʃən] ⓝ 관심; 주의
attendance [əténdəns] ⓝ 출석; 돌봄
attentive [əténtiv] ⓐ 주의 깊은; 세심한

The percentage gap between parents and other adults is largest in the activity of attending classes or events for children and is smallest in the activity of using computers or the Internet. 수능 2016
→ 부모와 다른 성인 사이의 비율 차이는 어린이를 위한 수업 또는 행사 참여 활동에서 가장 크고 컴퓨터 또는 인터넷 이용 활동에서 가장 작다.

extraordinary
[ikstrɔ́:rdənèri]

ⓐ 비상한; 뛰어난
extraordinarily [ikstrɔ̀:rdənérəli] ⓐⓓ 비상하게; 몹시

Mom was an extraordinarily clean person. 수능 2004
→ 어머니는 몹시 깨끗한 사람이었다.

wreck
[rek]

ⓝ 난파 ⓥ 파괴하다; 난파하다

Then one day they suddenly see something on the metal detector's screen: the wreck! 수능 1999
→ 그러던 어느 날 그들은 금속 탐지기 스크린에서 어떤 것을 본다. 바로 그 난파선이다!

imprudent
[imprú:dnt]

ⓐ 경솔한; 무분별한(↔prudent ⓐ 신중한)
imprudence [imprú:dns] ⓝ 경솔; 무분별함

So imprudent are we that we wander about in times that are not ours and do not think of the one that belongs to us. 수능 2011
→ 우리는 너무 경솔해서 우리의 것이 아닌 시대를 배회하고, 우리에게 속하는 시대에 대해서는 생각하지 않는다.

heir
[ɛər]

ⓝ 후계자; 상속인
heiress [ɛ́əris] ⓝ 여자 상속인
heirloom [ɛ́ərlù:m] ⓝ 세습 재산

Individual authors and photographers have rights to their intellectual property during their lifetimes, and their heirs have rights for 70 years after the creator's death, so any publication less than 125 years old has to be checked for its copyright status. 수능 2018
→ 개인 작가들과 사진가들은 그들의 생애 동안 자신들의 지식 재산에 대한 권리가 있으며, 그들의 상속인들은 창작자의 죽음 후 70년 동안 권리를 갖기 때문에, 125년이 되지 않은 모든 출판물은 그것의 저작권 상태가 확인되어야 한다.

temporary
[témpərèri]

ⓐ 일시적인; 덧없는(↔permanent; lasting)

Bandaging your ankle is just a temporary fix. 수능 2013
→ 발목을 붕대로 감는 것은 그저 일시적인 고정일 뿐이에요.

price
[prais]

ⓝ 가격 ⓥ 가격을 매기다
pricey [práisi] ⓐ 값비싼 (＝expensive)

Further, television sets were priced beyond the means of a general public whose modest living standards, especially in the 1930s and 1940s, did not allow the acquisition of luxury goods. 수능 2009
→ 게다가, TV 수상기에는, 특히 1930년대와 1940년대에, 일반 대중의 평범한 생활수준으로는 사치품을 구입할 수 없었던 그들의 재력을 넘어서는 가격이 매겨졌다.

057

component
[kəmpóunənt]

ⓝ 성분; 구성 요소; 부분 ⓐ 구성하는
componentry [kəmpóunəntri] ⓝ 부품

As it is wholly the company's responsibility to correct the defect, I hope you will not make us pay for the labor component of its repair. 수능 2014
→ 결함을 바로잡는 것은 전적으로 그 회사의 책임이기에, 저는 당신이 그것을 고치는 데 드는 노동의 부분을 우리가 지불하게 하지 않기를 바랍니다.

imprison
[imprízn]

ⓥ 가두다; 수감하다
prison [prízn] ⓝ 감옥; 교도소
imprisonment [impríznmənt] ⓝ 투옥; 수감

In isolation, hope disappears, despair rules, and you can no longer see a life beyond the invisible walls that imprison you. 수능 2008
→ 고립에서 희망은 사라지고 절망이 지배하며, 당신은 당신을 가두는 보이지 않는 벽 너머의 삶을 더 이상 볼 수 없게 된다.

niche
[nitʃ]

ⓝ 적합한 위치; 틈새 ⓥ (제자리에) 놓다; 안치하다

Is it time to keep making what you are making? Or is it time to create a new niche? 수능 2011
→ 지금이 당신이 만들고 있는 것을 계속 만들어야 할 때인가? 아니면 새로운 틈새를 만들어야 할 때인가?

• target a niche market 틈새시장을 공략하다

nearsighted
[níərsàitid]

ⓥ 근시의; 근시안적인
sight [sait] ⓝ 관광지; 시력 ⓐ 즉석의 ⓥ 발견하다

Others indeed do not see — they are without their contact lenses or are quite nearsighted. 수능 2003
→ 다른 사람들은 정말 보지 못한다. 그들은 콘택트렌즈를 착용하지 않았거나 꽤 근시이다.

levity
[lévəti]

ⓝ 경솔; 경망(= thoughtlessness); 가벼움

This phenomenon Aristotle explained as being due to the wood having the property of "levity"! 수능 2016
→ 이 현상을 아리스토텔레스는 "가벼움"이란 성질을 가지는 나무 때문이라고 설명했다.

dorsal
[dɔ́:rsl]

ⓐ 등의; 배면의

The dorsal fin is one continuous fin (as opposed to the separated dorsal fin of the largemouth). 수능 2010
→ 등지느러미는 (큰입배스의 분리된 등 지느러미와는 반대로) 하나의 이어진 지느러미이다.

floppy
[flápi]

ⓐ 유연한; 헐렁한

In the game, the players use a broomstick to throw an old bicycle tire that has been specially modified to make it floppy. 수능 2007
→ 게임에서, 선수들은 유연해지도록 특별히 개조된 낡은 자전거 바퀴를 던지기 위해 빗자루를 사용한다.

dual
[djú:əl]

ⓐ 2의; 이원적인

dualism [djú:əlìzm] ⓝ 이중성; 이원론

And note that copyright laws serve a dual purpose. 수능 2018
→ 또한 저작권법은 두 가지 목적을 수행한다는 것에 주의하라.

housewarming
[háuswɔ:rmiŋ]

ⓝ 집들이

Yes. I'm looking for a potted plant as a housewarming gift. 수능 2013
→ 네. 저는 집들이 선물로 화분 식물을 찾고 있어요.

wander
[wándər]

ⓝ 어슬렁거리기 ⓥ 배회하다; (생각이) 다른 데로 팔리다

In the middle of the piece, one of the two, allowing his mind to wander for a moment, lost his place. 수능 2002
→ 악곡 중간에, 두 사람 중 하나가 잠시 생각이 다른 데로 팔려 연주하던 부분을 놓쳤다.

barbarism
[bɑ́:rbərìzm]

ⓝ 야만; 미개함(=savagery)
barbaric [bɑ:rbǽrik] ⓐ 야만적인(=savage); 미개한
barbarous [bɑ́:rbərəs] ⓐ 야만스러운(=uncivilized); 잔혹한

I consider it barbarism, I said, and I think I'll walk.
수능 1997

→ 나는 그것은 미개하다고 생각하며, 걷겠다고 말했다.

insecure
[ìnsikjúər]

ⓐ 불안한; 확신이 가지 않는
insecurity [ìnsikjúərəti] ⓝ 불안정; 확신 없음

The economy grows, the world gets more complex,
we feel more helpless and insecure, so we shop still
more.
수능 1995

→ 경제는 성장하고, 세상은 더욱 복잡해지며 우리는 더 무력감과
불안함을 느껴서 물건을 아직도 더 산다.

undergo
[ʌ̀ndərgóu]

ⓥ ~을 경험하다; 참다(=endure)

Learning to ski is one of the most humbling experiences
an adult can undergo (that is one reason to start
young).
수능 2006

→ 스키를 배우는 것은 어른이 경험할 수 있는 가장 겸허하게 만드
는 경험 중 하나다. (그것이 어릴 때 시작하는 이유 중 하나다.)

• undergo a trial 시련을 당하다

cargo
[kɑ́:rgou]

ⓝ 화물; 짐

On January 10, 1992, a ship traveling through rough
seas lost 12 cargo containers, one of which held
28,800 floating bath toys.
수능 2012

→ 1992년 1월 10일, 거친 바다를 지나던 선박이 12개의 화물
컨테이너를 잃어버렸고, 그중 한 컨테이너에는 28,800개의 떠다
니는 목욕 장난감이 들어있었다.

• feel adrift 어찌할 바를 모르다

fuse
[fju:z]

ⓥ 녹이다; 융합시키다
fusion [fjú:ʒən] ⓝ 융합; 연합 (↔fission ⓝ 분열) ⓐ 융합의;
혼합한

Joachim-Ernst Berendt points out that the ear is the
only sense that fuses an ability to measure with an
ability to judge.
수능 2015

→ Joachim-Ernst Berendt은 귀가 측정하는 능력과 판단하
는 능력을 융합하는 유일한 감각이라고 지적했다.

merriment
[mérimənt]

ⓝ 명랑함; 왁자지껄

The textbook might enable you to increase your knowledge, and the date might mean an evening of merriment. `수능 1994`

→ 교과서는 당신이 지식을 늘리도록 도울 수 있고, 데이트는 명랑한 저녁을 의미할 것이다.

rapport
[ræpɔ́:r]

ⓝ 관계; 협조

Furthermore, many good friends have little in common except a warm loving feeling of respect and rapport. `수능 2011`

→ 더욱이, 많은 좋은 친구들은 존경과 협조의 따뜻하고 사랑하는 감정 이외에는 공통점이 거의 없다.

fishery
[fíʃəri]

ⓝ 어업; 수산업

In some cases the amount of young produced today is a hundred or even a thousand times less than in the past, putting the survival of species, and the fisheries dependent on them, at grave risk. `수능 2017`

→ 어떤 경우에는 오늘날 생산되는 새끼의 양은 과거보다 백 배 혹은 심지어 천 배 더 적어서 종의 생존과 그에 기대고 있는 수산업을 극심한 위험에 빠뜨린다.

extend
[iksténd]

ⓥ 확장하다; 뻗치다
extension [iksténʃən] ⓝ 확장; 연장
extent [ikstént] ⓝ 범위; 정도
extensive [iksténsiv] ⓐ 광범위한; 대규모의

And some fears may extend only to one kind, as in the example of the child who wants to pet a lion at the zoo but wouldn't dream of petting the neighbor's dog. `수능 2002`

→ 그리고 동물원에서 사자를 쓰다듬고 싶어 하지만 이웃의 개를 쓰다듬는 것은 꿈도 꾸지 않는 아이의 경우처럼, 어떤 두려움은 오로지 한 가지에만 확장되기도 한다.

coverage
[kʌ́vəridʒ]

ⓝ 보도; 적용 범위

A computer company lost its reputation in company surveys just after major news coverage about a defect in its products. `수능 2010`

→ 한 컴퓨터 회사는 그 회사 상품의 결점에 관한 주요 뉴스 보도 직후 회사 설문 조사에서 명성을 잃었다.

nourish
[nə́:riʃ]

ⓥ 영양분을 공급하다
nourishment [nə́:riʃmənt] ⓝ 음식물; 영양

The dead bodies of organisms in the forest are broken down and turned into soil, which in turn nourishes other organisms. `수능 2004`
→ 숲속의 유기체들의 사체는 분해되어 흙으로 바뀌며, 결과적으로 다른 유기체들에게 영양분을 공급한다.

theft
[θeft]

ⓝ 절도죄; 도둑질

Auto makers, alarm installers, insurers, police, and the biggest experts of all — car thieves — all agree that alarms do nothing to stop theft. `수능 2007`
→ 자동차 제조업자, 알람 설치자, 보험업자, 경찰, 그리고 그중에서도 가장 전문가인 자동차 도둑은 알람이 절도를 막는 데 아무런 역할도 하지 못한다는 데에 모두 동의한다.

authority
[əθɔ́:rəti]

ⓝ 권위; 권한; 당국

Blacknell plans the design you need, obtains local authority approval and gets your extension built with a guarantee of satisfaction. `수능 1996`
→ Blacknell은 당신이 필요한 디자인을 계획하고, 지역 당국의 허가를 받으며, 당신의 만족을 보장하는 확장 시공을 수행합니다.

• abuse of authority 권력 남용

counsel
[káunsəl]

ⓝ 상담; 조언 ⓥ 충고하다

For instance, a mother's good counsel cannot work on her son and fathers often side with their sons. `수능 1997`
→ 예를 들어, 어머니의 좋은 조언은 그녀의 아들에게 영향을 주지 못하고 아버지들은 종종 아들의 편을 든다.

• house counsel (법인체의) 전속 변호사

approximate
[əprǽksəmət]

ⓐ 대략적인 ⓥ ~에 가까이 가다
approximation [əprǽksəméiʃən] ⓝ 근사; 추정

The digitized image of the face is rough because the computer thinks in terms of ones and zeros and makes all-or-nothing approximations. `수능 2006`
→ 얼굴의 디지털화된 이미지는 컴퓨터가 1과 0로 생각하고 양자택일의 추정을 하기 때문에 거칠다.

• approximate value 근사치

prejudice
[prédʒudis]

ⓝ 편견; 침해 ⓥ 편견을 갖게 하다; 침해하다
prejudiced [prédʒudist] ⓐ 편견을 가진; 불공평한
prejudicial [prèdʒudíʃəl] ⓐ 편파적인; 편견을 갖게 하는

He is completely dependent on the prejudices of his
times.　　수능 2006
→ 그는 그의 시대의 편견들에 완전히 의존한다.

• have a prejudice 편견을 가지다

enhance
[inhǽns]

ⓥ 강화하다(＝strengthen; fortify)
enhancement [inhǽnsmənt] ⓝ 증대; 강화

It works on the subconscious, creating or enhancing
mood and unlocking deep memories.　　수능 2008
→ 그것은 잠재의식에 작용하여, 기분을 창조하거나 강화하고, 깊
은 기억을 드러낸다.

• enhance national prestige 국위를 선양하다

fate
[feit]

ⓝ 운명; 죽음 ⓥ (수동태) ~할 운명이다
fatal [féitl] ⓐ 치명적인; 중대한
fateful [féitfəl] ⓐ 운명적인; 불길한

They've developed various ways of defending
themselves to avoid this fate.　　수능 2016
→ 그들은 이 운명을 피하기 위해 스스로를 방어할 여러 가지 방법
을 개척했다.

• go to one's fate 죽다

mouthful
[máuθfùl]

ⓝ 한 입; 한 모금; 소량; 장황한 말

Do take a manageable mouthful of what you are
having.　　수능 2003
→ 당신이 갖고 있는 것의 처리할 수 있는 만큼의 한 입을 취하라.

• say a mouthful 중요한 말을 하다

recent
[rí:snt]

ⓐ 최근의; 새로운
recency [rí:sənsi] ⓝ 최신, 새로움
recently [rí:sntli] ⓐⓓ 최근에; 얼마 전

Recently, however, it is also being seen as a part of
culture in the sense that it can be socially defined in
different ways.　　수능 2011
→ 하지만 최근에는, 이것이 다양한 방식으로 사회적으로 정의될
수 있다는 점에서 문화의 일부로도 보고 있다.

• a recent discovery 최근의 발견

detect
[ditékt]

ⓥ 발견하다; 탐지하다
detection [ditékʃən] ⓝ 발견; 간파
detective [ditéktiv] ⓝ 탐정; 형사
detector [ditéktər] ⓝ 탐지기

They start work with their underwater metal detectors in the areas marked on the old maps they have. 수능 1999
→ 그들은 그들이 가진 오래된 지도에 표시된 지역들에서 그들의 수중 금속 탐지기를 가지고 작업을 시작한다.

emission
[imíʃən]

ⓝ 방출; 배출
emissive [imísiv] ⓐ 방사성의; 방출된

Two-thirds of CO_2 emissions arise from transportation and industry. 수능 2005
→ 이산화탄소 배출의 2/3는 교통과 산업에서 발생한다.

deadlock
[dédlak]

ⓝ 교착 상태; 막다름 ⓥ 교착 상태에 빠지게 하다

Groups of five rate high in member satisfaction; because of the odd number of members, deadlocks are unlikely when disagreements occur. 수능 2015
→ 구성원이 다섯 명인 그룹들은 구성원 만족도에서 높은 점수를 받는데, 이는 홀수 구성원이라는 점 때문에 의견 차이가 생길 때 교착상태가 일어나지 않는 편이기 때문이다.

paddle
[pǽdl]

ⓥ 노를 젓다

The nearby Ocoee was among the most paddled rivers in the country and six major climbing sites sprang up within an hour's drive of city limits. 수능 2010
→ 근처에 있는 Ocoee는 그 지역에서 사람들이 가장 많이 노를 저었던 강들에 속했으며, 여섯 개의 주요 등반 장소가 도시 경계에서 차로 한 시간 이내의 거리에 생겼다.

operation
[àpəréiʃən]

ⓝ 작용; 운영; 수술
operate [ápərèit] ⓥ 운영하다; 수술하다
cooperate [kouápərèit] ⓥ 협력하다; 협조하다

Today, many people are suffering because there isn't enough blood for medical operations. 수능 2009
→ 오늘날, 의료 수술에 사용할 충분한 혈액이 없어서 많은 사람들이 고통받고 있다.

painkiller
[péinkìlər]

ⓝ 진통제

I'll bandage it for you and give you some painkillers.

수능 2013

→ 붕대를 감고 진통제를 좀 드릴게요.

plethora
[pléθərə]

ⓝ 과다; 과잉

Now there are a plethora of print technologies.

수능 1994

→ 이제는 인쇄 기술의 과잉이 존재한다.

twinkle
[twíŋkl]

ⓝ 반짝임; 명멸 ⓥ 반짝반짝 빛나다

He watched the twinkling farmhouse lights below.

수능 2009

→ 그는 아래에서 반짝이는 농가의 불빛을 바라보았다.

youngster
[jʌ́ŋstər]

ⓝ 젊은이; 청년

The youngster should be allowed to experience disappointment.

수능 1994

→ 젊은이는 실망을 경험하도록 허락되어야 한다.

quagmire
[kwǽgmàiər]

ⓝ 궁지; 습지; 수렁

Even purchases that seem simple can quickly turn into a cognitive quagmire.

수능 2013

→ 단순해 보이는 구매조차도 빠르게 인지의 수렁으로 변할 수 있다.

one-size-fits-all

ⓐ 프리사이즈의; 모든 사람을 용납하는

In other words, one of the challenges is to avoid a one-size-fits-all strategy that places too much emphasis on the "global" aspect alone. 수능 2006
→ 즉, 도전 과제 중 하나는 "전체적인" 면만을 너무 강조하는 일률적인 전략을 피하는 것이다.

nutrient
[njú:triənt]

ⓝ 영양물; 영양제 ⓐ 영양이 되는
nutritious [nju:tríʃəs] ⓐ 영양분이 풍부한
malnutrition [mælnu:tríʃn] ⓝ 영양실조; 영양 부족

The cleared soil was rich in minerals and nutrients and provided substantial production yields. 수능 2012
→ 제거된 토양은 광물과 영양이 풍부했고 상당한 생산량을 제공했다.

limestone
[láimstoun]

ⓝ 석회암

Similarly, corn in Latin America is traditionally ground or soaked with limestone, which makes available a B vitamin in the corn, the absence of which would otherwise lead to a deficiency disease. 수능 2009
→ 비슷하게, 라틴 아메리카의 옥수수는 전통적으로 석회암으로 갈거나 석회암과 함께 담갔는데, 이는 없으면 결핍증을 일으킬 수 있는 옥수수 안의 비타민 B를 활성화시킨다.

replicate
[répləkèit]

ⓥ 모사하다; 복제하다
replication [rèpləkéiʃən] ⓝ 대답; 복제

Over the past 60 years, as mechanical processes have replicated behaviors and talents we thought were unique to humans, we've had to change our minds about what sets us apart. 수능 2018
→ 지난 60년 동안, 우리가 사람의 고유한 행동과 재능이라고 생각해왔던 것을 기계적인 과정이 복제함으로써, 우리는 우리를 구별하는 것이 무엇인지에 관한 생각을 바꾸어야 했다.

dribble
[dríbl]

ⓝ 물방울 ⓥ (물이) 뚝뚝 떨어지다; (공을) 드리블하다

He dribbled the ball between his legs, around his back, and took the ball to the basket. `수능 1999`
→ 그는 그의 다리 사이로, 그리고 등을 빙 돌아서 공을 드리블했고 바구니에 공을 넣었다.

diligence
[díligʒəns]

ⓝ 근면(↔negligence ⓝ 태만); 부단한 노력

It depends chiefly on two words, diligence and thrift; that is, waste neither time nor money, but make the best use of both. `수능 1994`
→ 그것은 주로 근면과 절약이라는 두 단어에 의존한다. 이는 시간도 돈도 낭비하지 않고 두 가지를 최대한 잘 사용한다는 것을 의미한다.

relief
[rilí:f]

ⓝ 경감; 안심
relieve [rilí:v] ⓥ 경감시키다; 완화시키다

She posted them the next morning, and gave a sigh of relief. `수능 1998`
→ 그녀는 그것들을 다음날 아침 게시했고, 안도의 한숨을 내쉬었다.

render
[réndər]

ⓥ ~을 만들다(=make); 되게 하다; 표현하다
rendering [réndəriŋ] ⓝ 연주; 표현

The presidency of the United States renders life burdensome. `수능 1997`
→ 미국의 대통령직은 삶을 부담스럽게 만든다.

oval
[óuvəl]

ⓝ 타원형 ⓐ 타원형의

The breadfruit is a round or oval fruit that grows on the tropical islands in the Pacific Ocean. `수능 2006`
→ 빵나무 열매는 태평양의 열대 섬에 자라는 둥글거나 타원형인 과일이다.

manned
[mænd]

ⓐ 승무원이 있는; 유인의(↔unmanned ⓐ 무인의)

While manned space missions are more costly than unmanned ones, they are more successful. `수능 2010`
→ 유인 우주 비행 임무는 무인보다 비싸지만, 더 성공적이다.

sustain
[səstéin]

ⓥ 유지하다; 견디다
sustainable [səstéinəbl] ⓐ 지속 가능한; 유지할 수 있는
sustenance [sʌ́stənəns] ⓝ 음식물; 영양
sustainability [səstèinəbíləti] ⓝ 지속 가능성

As for men, 'sustainability' is the second most favored factor in choosing a job. 수능 2008
→ 남성의 경우, '지속 가능함'은 직업을 선택할 때 두 번째로 선호되는 요건이다.

destine
[déstin]

ⓥ ~할 운명에 있다
destiny [déstəni] ⓝ 운명; 숙명

One may wonder if literary fiction is destined to become an old-fashioned genre to be preserved in a museum like an extinct species. 수능 2005
→ 누군가는 문학 소설이 멸종된 종처럼 박물관에 보존된 구식의 장르가 될 운명인지 궁금해할 것이다.

• fight one's own destiny 자신의 운명을 거역하다

decent
[díːsnt]

ⓐ 예의에 맞는, 품위 있는(↔indecent ⓐ 외설적인); 온당한
(≡proper)
decency [díːsnsi] ⓝ 품위; 체면
decently [díːsntli] ⓐⓓ 단정하게; 상당히

If you know in your heart that you are a good and decent person, you can meet life's challenges head-on and without fear of what others think. 수능 1998
→ 만약 당신이 선량하고 품위있는 사람임을 가슴 깊이 알고 있다면, 당신은 삶의 어려움들을 타인의 생각에 대한 두려움 없이 정면으로 마주할 수 있을 것이다.

• decent life 남부럽지 않은 생활

forearm
[fɔːrɑːrm]

ⓝ 팔뚝 ⓥ 미리 무장하다; 사전 준비하다

Next, make bigger circles with your forearms. 수능 2006
→ 다음으로, 당신의 팔뚝으로 더 큰 원을 그려라.

lag
[læg]

ⓝ 지연; 지체 ⓥ 처지다; 뒤떨어지다

Even the team that wins the game might make mistakes and lag behind for part of it. 수능 2015
→ 그 경기를 이기는 팀조차 실수를 할 수 있고 그것의 일부에서 뒤떨어질 수 있다.

• jet lag 시차로 인한 피로

approval
[əprú:vəl]

ⓝ 인정; 허가(↔disapproval ⓝ 반대)
approve [əprú:v] ⓥ 찬성하다; 좋다고 인정하다

A child will often ask for approval openly. 수능 2001
→ 어린아이는 종종 인정을 공개적으로 요구할 것이다.

· get official approval 공인을 받다

celluloid
[séljəlɔ̀id]

ⓝ 셀룰로이드(필름); 영화 ⓐ 영화의

The film director, as compared to the theater director, has as his material, the finished, recorded celluloid.
수능 2017

→ 연극 감독과 비교하여, 영화감독은 그의 자료로서 완성되고 녹화된 필름을 가지고 있다.

timber
[tímbər]

ⓝ 삼림; 목재

The timber was sold on the open market and the soil converted to crops and pastureland. 수능 2012
→ 목재는 공개 시장에서 판매되었고 그 땅은 농경지와 목초지로 바뀌었다.

· a timber-framed house 뼈대가 목재인 가옥

commoner
[kámənər]

ⓝ 평민; 서민
common [kámən] ⓝ 공유지; 평민; 하원 ⓐ 공통의; 보통의
(↔uncommon ⓐ 드문)
commonly [kámənli] ⓐ𝐝 일반적으로; 보통

Later, it was worn by the commoners, and still later only by women. 수능 2007
→ 나중에 그것은 평민들이 입고 다녔고, 더 나중에는 여성들만 그것을 입었다.

· common ground 공통 기반; 공통점

quality
[kwáləti]

ⓐ 양질의; 고급의; 우수한 ⓝ 품질(↔quantity); 특성
qualitative [kwálitèitiv] ⓐ 질적인; 정성의

The static and the sentence formed separate perceptual streams due to differences in the quality of sound that caused them to group separately.
수능 2010

→ 잡음과 문장이 별도로 집단을 이루게 하는 음질의 차이 때문에 분리된 지각의 흐름을 형성했다.

· quality time 소중한 시간
· quality wine 질 좋은 와인

metabolism
[mətǽbəlìzm]

Ⓝ 신진대사

What you do in the 15 to 30 minutes after eating your evening meal sends powerful signals to your metabolism. 수능 2012

→ 당신이 저녁을 먹은 후 15분에서 30분 동안 하는 일이 당신의 신진대사에 강력한 신호를 보낸다.

ceremony
[sérəmòuni]

Ⓝ 의식; 의례

ceremonial [sèrəmóuniəl] Ⓝ 의식 ⓐ 의식의; 의식적인

The graduation ceremony will be held next Friday in Hutt High School's Assembly Hall. 수능 2008

→ 졸업식은 다음주 금요일 Hutt 고등학교 강당에서 열릴 것이다.

constructive
[kənstrʌ́ktiv]

ⓐ 건설적인; 발전적인

construct [kənstrʌ́kt] Ⓝ 건축물 Ⓥ 건설하다; 세우다
construction [kənstrʌ́kʃən] Ⓝ 건축; 건설

We must show every young person, no matter how deprived his background may be, that he has a genuine opportunity to fulfill himself and play a constructive role in our society. 수능 1998

→ 우리는 그의 출신이 얼마나 가난한지에 상관없이 그가 자아를 실현하고 사회에서 건설적인 역할을 수행할 수 있는 진정한 기회가 있다는 것을 모든 젊은이에게 보여줘야만 한다.

inflate
[infléit]

Ⓥ 부풀리다; 팽창시키다(↔deflate Ⓥ 수축시키다)

inflation [infléiʃən] Ⓝ 인플레이션(통화 팽창); 팽창
inflated [infléitid] ⓐ 부푼; 우쭐해진

We pack each one in an oxygen-inflated plastic bag with enough water to keep the fish relaxed and comfortable. 수능 2014

→ 우리는 물고기를 편안하고 안정된 상태로 유지하기 위해 각각의 것을 충분한 물과 함께 산소로 팽창된 비닐봉지에 포장한다.

saddle
[sǽdl]

Ⓝ 안장 Ⓥ 올라타다; (남에게) 부과하다

A long time ago, a dissatisfied horse asked the gods for longer, thinner legs, a neck like a swan, and a saddle that would grow upon him. 수능 2005

→ 오래전에, 불만족한 말 한 마리는 신들에게 더 길고 날씬한 다리와, 백조 같은 목과, 그의 위로 자란 안장을 달라고 부탁했다.

• be back in the saddle 다시 일하는

credible
[krédəbl]

ⓐ 신뢰할 수 있는; 확실한 (↔incredible 믿어지지 않는; 놀랄 만한)

credibility [krèdəbíləti] ⓝ 진실성; 신뢰성

For example, a mediator who 'takes sides' is likely to lose all credibility, as is an advocate who seeks to adopt a neutral position. 수능 2013

→ 예를 들어, 중립적인 입장을 취하려고 하는 옹호자가 그렇듯이, '편을 드는' 중재자는 모든 신뢰를 잃을 가능성이 많다.

• credibility gap 신뢰성 결여; 언행 불일치

industrialization
[indʌ̀striəlizéiʃən]

ⓝ 산업화; 공업화

industry [índəstri] ⓝ 산업; 생산업

industrial [indʌ́striəl] ⓝ 산업 노동자; 공업 노동자 ⓐ 산업의; 공업의

industrious [indʌ́striəs] ⓐ 부지런한; 근면한

Industrialization increased wealth, and that in turn led to more cloth and other goods. 수능 2000

→ 산업화는 부를 증가시켰고, 그다음으로는 더 많은 천과 다른 재화의 생산으로 이어졌다.

deposit
[dipázit]

ⓝ 보증금 ⓥ ~을 맡기다; 쌓이게 하다

Egyptian civilization was built on the banks of the Nile River, which flooded each year, depositing soil on its banks. 수능 2009

→ 이집트 문명은 나일 강변에 세워졌는데, 그 강은 매년 범람하여 그 강기슭에 흙을 쌓았다.

• time deposit 정기 예금

applaud
[əplɔ́:d]

ⓥ 박수를 보내다; 칭찬하다

applause [əplɔ́:z] ⓝ 박수 갈채; 칭찬

When it was over, she applauded his passionate performance and clapped for a long time. 수능 1998

→ 그것이 끝났을 때, 그녀는 그의 열정적인 공연에 갈채를 보냈고 오랜 시간 박수를 쳤다.

earthen
[ə́:rθən]

ⓐ 현세의; 흙으로 만든

In some villages people use earthen jars that help keep the water cool. 수능 1995

→ 일부 마을에서는 사람들이 물을 시원하게 유지하는 데 도움이 되는 흙으로 만든 항아리를 사용한다.

automobile
[ɔ̀:təməbíːl]

ⓝ 자동차

Since it manufactured its first car in 1955, Korea has grown to be the sixth largest automobile producer in the world. 수능 2005

→ 1955년 처음으로 자동차를 제조한 이래로, 한국은 세계에서 6번째로 큰 자동차 생산국으로 성장했다.

workload
[wɜ́:rkloud]

ⓝ 작업량; 작업 부하

We need to see that it is circumstances that are different and that our increased workloads put too much pressure upon us. 수능 2004

→ 우리는 이것이 다른 상황이며, 우리의 증가된 작업량이 우리에게 너무 큰 압력을 가한다는 것을 알 필요가 있다.

accuse
[əkjúːz]

ⓥ 고소하다; 비난하다(=denounce; impugn)

For example, according to American law, if someone is accused of a crime, he is considered innocent until the court proves that the person is guilty. 수능 1996

→ 예를 들어, 미국 법에 따르면, 만약 누군가 범죄로 고소를 당했다면, 그는 법정이 그가 유죄라고 증명할 때까지 무죄로 간주된다.

adversity
[ædvɜ́:rsəti]

ⓝ 역경; 고난(=hardship; distress)

Some heroes shine in the face of great adversity, performing amazing deeds in difficult situations; other heroes do their work quietly, unnoticed by most of us, but making a difference in the lives of other people. 수능 2007

→ 어떤 영웅들은 엄청난 역경을 마주했을 때, 어려운 상황에서 놀라운 일을 해내면서 빛나고, 다른 영웅들은 우리 중 대부분에게 알려지지 않은 채 타인의 삶을 변화시키면서 조용히 그들의 일을 한다.

vicious
[víʃəs]

ⓐ 사악한; 부도덕한

Unfortunately, because of this avoidance, the child fails to develop his math skills and therefore improve the capabilities he has, and so a vicious cycle has set in. 수능 2016

→ 불행하게도, 이 회피 때문에, 아이는 그의 수학 능력을 개발시키는 것에 실패하고 그러므로 그가 가진 재능을 증진시키지 못하게 되어, 악순환이 자리 잡는다.

• vicious cycle 악순환(↔virtuous cycle)

equilibrate
[ikwíləbrèit]

ⓥ 평형시키다(↔disequilibrate ⓥ ~의 균형을 깨다)

There must always be high and low, hot and cold, etc., so that the equilibrating process — which is energy — can take place. 수능 2011

➔ 언제나 높고 낮은 것, 뜨겁고 차가운 것이 있을 것이기에, 평형을 맞추는 과정, 바로 에너지가 있을 수 있다.

foothill
[fúthil]

ⓝ 산기슭의 작은 언덕; 구릉

For example, there is a folk tale that comes from the foothills of the Himalayas. 수능 1994

➔ 예를 들어, 히말라야의 구릉 지대에서 내려오는 민담이 있다.

tactic
[tǽktik]

ⓝ 전술, 전략 ⓐ 전술적인

tactically [tǽktikəli] ⓐⓓ 전술적으로

Usually, this is tactically weak. 수능 2017

➔ 보통 이것은 전술적으로 약하다.

fragile
[frǽdʒəl]

ⓐ 허약한; 깨지기 쉬운

"Then it must be a fragile color," said the blind man. 수능 1994

➔ "그렇다면 그것은 허약한 색깔이겠군요."라고 눈먼 사람이 말했다.

capable
[kéipəbl]

ⓐ 능력이 있는(↔incapable ⓐ ~을 할 수 없는)

capability [kèipəbíləti] ⓝ 능력; 수완

Today our spaceships are only capable of less than one percent the speed of light. 수능 2002

➔ 오늘날 우리의 우주선은 광속의 1퍼센트 이하로 움직일 수 있을 뿐이다.

dubitable
[djúːbitəbl]

ⓐ 의심스러운; 분명치 않은(↔indubitable ⓐ 의심할 여지 없는; 확실한)

And in so far as it is a question of rejecting universally accepted and indubitable values, the result is a fatal loss. 수능 2011

→ 그리고 지금까지 그것은 보편적으로 받아들여지고 의심할 여지 없는 가치들을 거부하는 것의 문제였기 때문에, 결과는 치명적인 손실이다.

extrinsic
[ikstrínsik]

ⓐ 비본질적인(↔intrinsic ⓐ 본질적인); 외부의; 부대적인

The negative effects of extrinsic motivators such as grades have been documented with students from different cultures. 수능 2016

→ 성적과 같은 외적 동기 요인의 부정적인 영향은 다양한 문화에서 온 학생들에게서 서류로 입증되어 왔다.

itch
[itʃ]

ⓝ 가려움; 못 견디는 욕망 ⓥ 가렵다; 가렵게 하다
itchy [ítʃi] ⓐ 가려운; 근질근질한

If the itches, however, do not disappear, stop scratching and take the medicine. 수능 2010

→ 그러나 만약 가려움이 사라지지 않는다면, 긁기를 멈추고 약을 복용하라.

• have itchy feet (여행이나 다른 데로 가고 싶어) 안달하다

value
[vǽljuː]

ⓝ 가치 ⓥ 평가하다; 높이 평가하다 (↔devalue)

The more we surround ourselves with people who are the same as we are, who hold the same views, and who share the same values, the greater the likelihood that we will shrink as human beings rather than grow. 수능 2012

→ 우리와 똑같은 견해를 지녔고, 똑같은 가치를 공유하고 있는 우리와 똑같은 사람들로 우리를 에워쌀수록 우리는 인간으로서 성장하기보다는 수축될 가능성이 더욱 더 커진다.

majestic
[mədʒéstik]

ⓐ 장엄한; 위엄 있는(= stately)

All the grace and beauty had gone out of the majestic river. 수능 2004

→ 모든 우아함과 아름다움이 그 장엄한 강에서 사라져버렸다.

aerial
[έəriəl]

ⓝ 안테나 ⓐ 공기의; 항공의

Sometimes researchers have to search archives of aerial photographs to get information from that past that pre-date the collection of satellite imagery. 수능 2017

→ 때때로 연구자들은 위성 영상 수집 이전 시대인 과거의 정보를 얻기 위해 항공 사진의 기록 보관소를 뒤져야 한다.

leave
[li:v]

ⓝ 휴가 ⓥ 떠나다; 남기다

By 1965 there were only around 80 birds left on Lake Atitlán. 수능 2016

→ 1965년까지 Atitlán 호수에는 80마리가량의 새만이 남았다.

• maternity leave 출산 휴가, 산휴

presidency
[prézədənsi]

ⓝ (대통령의) 직무; 임기

"I would say that the presidency is probably the most taxing job, as far as tiring of the mind and spirit." 수능 1997

→ "정신과 영혼의 피로에 관한 한, 나는 대통령의 직무가 아마도 가장 과중한 직업이라고 말씀드릴 것입니다."

solvent
[sálvənt]

ⓝ 용매 ⓐ 지급 능력이 있는(↔insolvent ⓐ 파산한); 녹이는

The solvent comes into direct contact with them, carrying the caffeine with it. 수능 2009

→ 용매는 그 안에 카페인을 운반하면서, 그것들과 직접적으로 접촉한다.

linear
[líniər]

ⓐ 직선의; 선형의

Processing a TV message is much more like the all-at-once processing of the ear than the linear processing of the eye reading a printed page. 수능 2009

→ TV 메시지를 처리하는 것은 인쇄된 페이지를 읽는 눈의 직선적인 작용보다 동시적인 귀의 작용에 훨씬 더 가깝다.

horizontal
[hɔ̀:rəzántl]

ⓝ 수평선 ⓐ 수평의; 가로의
horizon [həráizn] ⓝ 지평선; 수평선

To me, horizontal bars are not comfortable to look at.
수능 2009

→ 저에게 수평봉은 보기에 편하지 않아요.

breathtaking
[bréθteikiŋ]

ⓐ 아슬아슬한; 굉장한

Hotel guests can hope to experience breathtaking views of the deep blue sea from Palazzo Sasso.
수능 2008

→ 호텔 고객들은 Palazzo Sasso에서 보이는 깊고 푸른 바다의 굉장한 전망을 경험하길 기대할 수 있다.

frost
[frɔ:st]

ⓝ 서리; 얼어붙는 추위 ⓥ 얼어붙다; 서리로 뒤덮다
frosty [frɔ́:sti] ⓐ 서리가 내리는; 혹한의; 싸늘한

I used to think that the North Pole was the seat of frost and snow.
수능 2002
→ 나는 북극이 서리와 눈으로 덮인 곳이라고 생각했었다.

· window frost 성에

disharmony
[dishá:rməni]

ⓝ 부조화; 어울리지 않음(=discord); 불협화음(=dissonance)

Disharmony enters our relationships when we try to impose our values on others by wanting them to live by what we feel is "right," "fair," "good," "bad," and so on.
수능 2006
→'맞다', '공정하다', '선하다', '나쁘다' 등 우리가 느끼는 것들에 따라 다른 사람들이 살기를 원해서 타인에게 우리의 가치관을 강요할 때 불화가 우리의 관계 속으로 들어온다.

flip
[flip]

ⓝ 공중제비; 가볍게 치기 ⓥ 뒤집다; 휙 넘기다; 발끈하다

After a few steps she turned around, and from where the professional three-point line must be now, she effortlessly flipped the ball up in the air, its flight truer and higher than I'd witnessed from any boy or man.
수능 2009

→ 몇 걸음을 걸은 후에 그녀는 돌아섰고, 이제 프로 3점 슛 라인임이 틀림없는 곳에서 내가 어떤 소년이나 남자에게서 본 것보다 더 정확하고 높은 궤적으로 그녀는 힘들이지 않고 공중에 공을 휙 넘겼다.

· do a flip flop 급하게 변경하다

ethical
[éθikəl]

ⓐ 윤리의; 도덕의
ethic [éθiks] ⓝ 윤리; 도덕

These questions, for instance, should be asked: Should there be ethical limits to technological development? 수능 1996
→ 예를 들어, 이런 의문들은 질문되어야 한다. 기술 발전에 윤리적인 제한이 있어야 하는가?

prey
[prei]

ⓝ 먹이; 희생자 ⓥ 포식하다

Deer were its natural prey, but there weren't many left in this area. 수능 2006
→ 사슴은 그것의 자연스러운 먹이이지만, 이 지역에 많이 남아있지 않았다.

sincere
[sinsíər]

ⓐ 진실한; 본심에서의
sincerely [sinsíərli] ⓐⓓ 진심으로

Do you have the courage which comes from the sincere conviction that you are a person of sound character, an honest, dependable, kind, and caring person? 수능 1998
→ 당신은 당신이 건전한 성격을 가진, 솔직하고 신뢰할 만하며 친절하고 배려하는 사람이라는 진실한 확신에서 나오는 용기를 가졌는가?

parliament
[pá:rləmənt]

ⓝ 국회; 의회
parliamentary [pà:rləméntəri] ⓐ 의회의

Rather, they will happen only through state intervention, based on parliamentary decision. 수능 2017
→ 오히려 그것들은 의회의 결정에 입각하여 오직 정부의 개입을 통해서만 실행될 것이다.

reside
[rizáid]

ⓥ 거주하다; 살다
resident [rézədnt] ⓝ 거주민 ⓐ 거주하고 있는
residence [rézədəns] ⓝ 거처; 주택
residential [rèzədénʃəl] ⓐ 주거의; 주택의

If you reside in this area, you may get it free of charge. 수능 2007
→ 당신이 이 지역에 산다면, 그것을 무료로 얻을 수 있다.

• high rise residential building 초고층 주거용 건물
• residential mortgage loan 주택 담보 대출

allocate
[ǽləkèit]

Ⓥ 할당하다; 배분하다
allocation [æ̀ləkéiʃən] ⓝ 할당; 배당

In other words, we should calculate what concentration of greenhouse gases each country has put into the atmosphere over time and use those figures to allocate emissions cuts. 수능 2012
→ 다시 말하면, 우리는 각 나라가 그동안 대기에 배출한 온실가스의 농축 정도를 계산하고 그 수치를 배출량 감축분을 할당하는 데 사용해야 한다.

intent
[intént]

ⓝ 의도; 의향(＝intention) ⓐ 열심인
intently [inténtli] ⓐⒹ 열심히; 골똘히

Our goal is to respect the artist's intent, but at the same time to make it a visually coherent work of art, says Michael Duffy of the Museum of Modern Art in New York. 수능 2005
→ 우리의 목표는 예술가의 의도를 존중하면서도 동시에 그것을 시각적으로 일관성 있는 예술 작품으로 만드는 것이라고, 뉴욕 현대 미술관의 Michael Duffy는 말한다.

jag
[dʒæg]

ⓝ 뾰족한 돌출부 Ⓥ ~을 들쭉날쭉하게 하다

At all times its edge was jagged with rising waves that looked like rocks. 수능 1994
→ 언제나 그것의 모서리는 암석처럼 보이는 상승하는 파도에 의해 들쭉날쭉하게 되어 있었다.

chamber
[ʧéimbər]

ⓝ 방; 회의장; 칸막이 공간 Ⓥ (사람을) 방에 가두다 ⓐ 실내용의

For instance, only after a good deal of observation do the sparks in the bubble chamber become recognizable as the specific movements of identifiable particles. 수능 2015
→ 예를 들어, 많은 관찰이 있은 후에야 거품 칸막이 공간의 불꽃은 인식 가능한 미립자의 특정한 움직임으로서 알 수 있게 된다.

• chamber music 실내악

strip
[strip]

Ⓥ 껍질을 벗기다; 없애다

By the end of the Roman Imperium, however, Italy had been stripped of forest cover. 수능 2012
→ 그러나 로마 대국의 말기에, 이탈리아는 덮여 있던 삼림을 빼앗겼다.

• strip of 빼앗다; 제거하다

clatter
[klǽtər]

ⓝ 소란한 소리 ⓥ 덜걱 소리를 내다

clattery [klǽtəri] ⓐ 덜걱거리는; 시끄러운

The storm boomed and roared outside the long-range aircar as it fought for altitude, the banging and clattering getting worse with every moment. 수능 2008

→ 장거리 비행선이 고도를 유지하기 위해 분투하는 동안 바깥에서는 태풍이 꽝 소리를 내며 으르렁거렸고, 쿵쾅대고 소란한 소리는 매 순간 더 심해졌다.

wholesale
[hóulseil]

ⓝ 도매(↔retail ⓝ 소매) ⓐ 도매의

wholesaler [hóulsèilər] ⓝ 도매상인

In the past, a florist shop was most likely a local, independently owned business that bought roses from a wholesaler who purchased them from a farmer. 수능 2005

→ 과거에 꽃가게는 대체로, 농부에게서 장미를 구매한 도매상인으로부터 장미를 사는 지역적이고 독립적인 사업이었다.

vertical
[və́:rtikəl]

ⓝ 수직선 ⓐ 수직의

Uh, which type do you think is better, horizontal or vertical? 수능 2009

→ 음, 수직과 수평 중에 어떤 종류가 더 낫다고 보세요?

cue
[kju:]

ⓝ 단서; 신호 ⓥ 지시를 주다

It's not so much that your memory of last week's lunch has disappeared; if provided with the right cue, like where you ate it, or whom you ate it with, you would likely recall what had been on your plate. 수능 2018

→ 지난주의 점심에 대한 당신의 기억이 사라진 것은 아니다. 당신이 어디서 그것을 먹었는지 혹은 누구와 함께 먹었는지 같은 적절한 신호가 주어진다면, 당신은 당신의 접시 위에 무엇이 있었는지 떠올릴 가능성이 높다.

• be in cue for ~할 기분이 되어 있다

dwindle
[dwíndl]

ⓥ 점점 줄어들다; 쇠퇴하다

Once again, they discussed the company's expenses and dwindling revenue. 수능 2012

→ 다시 한 번, 그들은 회사의 비용과 점점 줄어드는 수익에 대해 논의했다.

• dwindling reputation 쇠퇴해 가는 명성

junk
[dʒʌŋk]

ⓝ 쓰레기 ⓐ 가치 없는
junky [dʒʌ́ŋki] ⓐ 싸구려의; 잡동사니의

Therefore, before you have a garage sale, call an antique dealer to help you separate the valuable from the worthless junk.　수능 2006
→ 그러므로, 당신이 중고품 판매를 하기 전에 골동품 상인에게 연락해서 당신이 가치 없는 쓰레기로부터 귀중한 것을 골라낼 수 있도록 도움을 청하라.

 • a junk car 고물 차

stiffen
[stífən]

ⓥ 경직되다; 뻣뻣해지다
stiff [stif] ⓐ 뻣뻣한
stiffly [stífli] ⓐ🇩 뻣뻣하게

Her legs started to shake and she felt her body stiffen.　수능 2011
→ 그녀의 다리는 떨기 시작했고, 그녀는 몸이 경직되는 것을 느꼈다.

 • stiff neck 뻣뻣한 목; 고집쟁이

conceal
[kənsíːl]

ⓥ 감추다; 숨기다(↔reveal ⓥ 드러내다)
concealment [kənsíːlmənt] ⓝ 은닉; 잠복

It helps to conceal the personal taste and financial status of children's parents.　수능 1996
→ 그것은 아이들의 부모의 개인적 취향과 재정 상태를 감추는 데 도움이 된다.

 • conceal evidence 증거를 감추다

ventilate
[véntəlèit]

ⓥ 환기하다; 표명하다
ventilation [vèntəléiʃən] ⓝ 환기

I think that in this age of progress, it ought to be possible to find a way to ventilate the subway at a cost within the city's budget.　수능 1994
→ 나는 이 발전의 시대에서, 시의 예산 내의 비용으로 지하철을 환기할 방법을 찾는 것이 가능해야 한다고 생각한다.

burrow
[bə́ːrou]

ⓝ 굴; 은신처 ⓥ 구멍을 파다; 잠복하다

I guessed the rain had washed out his burrow.　수능 2013

→ 나는 비가 그의 굴을 씻어내렸을 거라 추측했다.

grind
[graind]

ⓝ 가는 행위 ⓥ 잘게 갈다

Industrial diamonds are crushed and powdered, and then used in many grinding and polishing operations.

수능 2007

→ 산업용 다이아몬드는 분쇄되고 가루로 만들어진 후, 많은 연마와 광내기 작업에 사용된다.

• daily grind 매일 하는 지루한 일

penniless
[pénilis]

ⓐ 무일푼의; 빈털터리의(= indigent; impecunious)

I became penniless and finally stopped painting.

수능 2002

→ 나는 빈털터리가 되어 결국 그림 그리기를 그만두었다.

humanitarian
[hjùːmænitéəriən]

ⓝ 인도주의자 ⓐ 박애주의적인

The killing of whales, however, must be stopped both for humanitarian and economic reasons.

수능 1994

→ 그러나 고래 살해는 인도주의적이고 경제적인 이유로 중단되어야만 한다.

• humanitarian issues 인도주의 관련 쟁점들

crutch
[krʌʧ]

ⓝ 목발; 버팀목

He had to learn to walk first without the aid of crutches.

수능 1995

→ 그는 먼저 목발의 도움 없이 걷는 법을 배워야 했다.

intricate
[íntrikət]

ⓐ 복잡한; 뒤얽힌(= labyrinthine)

For a child, it could be placing with trembling fingers the last block on a tower she has built, higher than any she has built so far; for a sprinter, it could be trying to beat his own record; for a violinist, mastering an intricate musical passage.

수능 2011

→ 아이에게 그것은 그녀가 지금껏 지어본 어느 것보다도 높이 쌓은 탑 위에 떨리는 손가락으로 마지막 블록을 놓는 것일 수도 있고, 단거리 육상 선수에게 그것은 자신의 기록을 깨려고 노력하는 것일 수 있으며, 바이올린 연주자에게 그것은 복잡한 음악의 악절을 숙달하는 것일 수 있다.

asset
[ǽset]

ⓝ 재산; 자산

Remember, your family is your greatest asset.

수능 2015

→ 기억하라, 당신의 가족이 당신의 가장 훌륭한 자산이다.

anthropology
[æ̀nθrəpálədʒi]

ⓝ 인류학

anthropologic [æ̀nθrəpəládʒik] ⓐ 인류학의

With the rise of the social sciences, and especially the anthropology of the 1930s and thereafter, words like 'savage' and 'primitive' began to disappear from the vocabulary of cultural studies, along with the notion that the people who had once borne these labels represented a biologically less evolved form of humanity.

수능 2008

→ 사회 과학의 성장, 특히 1930년대와 그 이후의 인류학과 더불어 '야만적인' 그리고 '원시적인'과 같은 말들은 한때 이러한 꼬리표를 달았던 사람들이 생물학적으로 덜 진화된 형태의 인류를 나타낸다는 생각과 더불어, 문화 연구의 어휘에서 사라지기 시작했다.

bumpy
[bʌ́mpi]

ⓐ 울퉁불퉁한; 평탄치 않은

bump [bʌmp] ⓝ 장애물 ⓥ 부딪히다

Suddenly, I saw a connection between those bumpy vegetables on our table and the quotation on the wall; I found a way to satisfy my longing for new friends.

수능 2010

→ 갑자기, 나는 우리 식탁 위에 놓인 울퉁불퉁한 채소와 벽의 글귀 사이의 연결성을 보았다. 나는 새로운 친구들을 향한 나의 갈망을 만족시킬 방법을 찾았다.

cartridge
[ká:rtridʒ]

ⓝ 탄약통; 카트리지(교환이 간편한 작은 용기)

Can you get me a printer cartridge at the computer store?

수능 2015

→ 컴퓨터 상점에서 프린터 카트리지 하나 사다주실 수 있나요?

severance
[sévərəns]

ⓝ 절단; 분할

sever [sévər] ⓥ 절단하다; 분리하다

She also gave Betty two months' salary as severance pay. 수능 2012
→ 그녀는 또한 Betty에게 퇴직금으로 2개월치 월급을 주었다.

· severance pay 퇴직금

exotic
[igzátik]

ⓝ 외래종 ⓐ 이국적인(↔indigenous ⓐ 토착의)

exoticism [igzátisìzm] ⓝ 이국 정서

exotica [igzátikə] ⓝ 이국풍의 것; 기이한 습관

None of the wildlife I saw was exotic. 수능 2018
→ 제가 본 어떤 야생동물도 이국적이지 않았어요.

outcast
[áutkæst]

ⓝ 추방자; 버림받은 사람(동물) ⓐ 버림받은; 추방된 ⓥ (남을) 버리다

They are often treated like outcasts by a kind of culturally prejudiced attitude. 수능 1995
→ 그들은 종종 일종의 문화적으로 편파적인 태도에 의해 추방자들처럼 취급당한다.

irrigation
[ìrəgéiʃən]

ⓝ 관개; 주수

irrigate [írəgèit] ⓥ 관개하다; 물을 대다

There needs to be enough rain, or in some cases, irrigation. 수능 2006
→ 충분한 비가 와야 하고, 때로는 관개가 필요하기도 하다.

sellout
[sélaut]

ⓝ 팔아치우기; 매진

The concert was a sellout, and later that evening, Keith would sit down at the piano and play. 수능 2017
→ 공연은 매진이었고, 그 날 저녁 Keith는 피아노 앞에 앉아 연주를 할 것이었다.

indoctrinate
[indáktrənèit]

ⓥ 심어주다; 세뇌시키다

indoctrination [indàktrənéiʃən] ⓝ 교화; 주입

Schools should not impose religion or 'indoctrinate' children. 수능 1994
→ 학교는 종교를 강요하거나 아이들을 '세뇌'시켜서는 안 된다.

asymmetry
[eisímətri]

ⓝ 불균형; 비대칭(↔ symmetry ⓝ 대칭)

This asymmetry translates into females who warn close kin by emitting alarm calls, while males generally do not emit calls since their dispersal from their natal areas means their blood kin typically do not benefit from such a warning. 수능 2013

→ 이 불균형이 경계의 소리를 내어 가까운 친족에게 주의를 주는 암컷으로 나타나는 반면, 수컷들은 대체로 소리를 내지 않는데 이는 그들의 출생지로부터의 분산은 그들의 혈족이 보통은 그러한 경고로 이득을 보지 않는다는 것을 의미하기 때문이다.

vivid
[vívid]

ⓐ 선명한; 활기 넘치는(= animated)
vividness [vívidnis] ⓝ 선명함

He formed special bonds with the artists he worked with and those relationships helped him capture some of his most vivid and iconic imagery. 수능 2018

→ 그는 함께 일했던 예술가들과 특별한 인연을 맺었고, 그 관계들은 그가 그의 가장 선명하고 상징적인 이미지 일부를 포착하는 데 도움을 주었다.

• vivid recollection 생생한 기억

stroke
[strouk]

ⓝ 타격; 발작; 뇌졸중

One male musician suffered a stroke in his left brain, the area for speech. 수능 1994

→ 한 남성 뮤지션이 발화를 관장하는 부분인 좌뇌에 뇌졸중을 일으켰다.

sympathize
[símpəθàiz]

ⓥ 동정하다; 공감하다
sympathetic [sìmpəθétik] ⓐ 동정심이 있는; 공감하는

Poetry moves us to sympathize with the emotions of the poet himself or with those of the persons whom his imagination has created. 수능 2002

→ 시는 시인 그 자신이나 그의 상상이 만들어낸 인물의 감정에 우리가 공감할 수 있게 만든다.

sundial
[sʌ́ndaiəl]

ⓝ 해시계

For centuries, sundials and water clocks inaccurately told us all we needed to know about time. 수능 2005

→ 수 세기 동안, 해시계와 물시계는 우리가 시간에 대해 아는 데 필요한 모든 것을 부정확하게 말해 주었다.

paralyze
[pǽrəlàiz]

ⓥ 마비시키다; 저해하다
paralysis [pərǽləsis] ⓝ 마비

I tried to paddle back to shore but my arms and legs were paralyzed. 수능 2012
→ 나는 해변으로 돌아가기 위해 노를 저으려 했지만 내 팔과 다리는 마비된 상태였다.

genuine
[dʒénjuin]

ⓐ 진실의; 진짜의; 성실한

By participating in their community, they should provide a genuine service, even to many who believe that universities are academic in the worst sense of the term. 수능 1995
→ 공동체에 참여하면서 그들은 심지어 대학이 그 용어의 최악의 의미에서 학문적이라고 믿는 많은 사람들에게도 성실한 서비스를 제공해야 한다.

annoyance
[ənóiəns]

ⓝ 성가심; 짜증

Alarms are more than just an annoyance; they are a costly public health problem and a constant irritation to urban civil life. 수능 2007
→ 경고음은 단순한 짜증 이상의 것이다. 그것들은 값비싼 공공 건강 문제이며 도시민의 삶에 있어 끝없는 불쾌함이다.

elevation
[èləvéiʃən]

ⓝ 해발 고도; 높은 지대
elevate [éləvèit] ⓥ 올리다; 승진시키다(= promote)

Situated at an elevation of 1,350m, the city of Kathmandu, which looks out on the sparkling Himalayas, enjoys a warm climate year-round that makes living here pleasant. 수능 2005
→ 해발 고도 1350m에 위치하여 반짝이는 히말라야를 바라보는 도시인 카트만두는, 이곳에서의 삶을 쾌적하게 만드는 따뜻한 기후를 일 년 내내 누린다.

probability
[prὰbəbíləti]

ⓝ 확률; 가능성; 개연성
probable [prάbəbl] ⓐ 그럴듯한; 있음직한
improbable [imprάbəbl] ⓐ 일어날 성싶지 않은; 불가능한

Getting on a radio playlist was difficult, but once a song was in heavy rotation on the radio, it had a high probability of selling. 수능 2013
→ 라디오 재생목록에 오르는 것은 어려웠지만, 일단 하나의 노래가 라디오에서 많이 재생되기만 하면 팔릴 가능성이 높았다.

chronological
[krɑ̀nəlɑ́dʒikəl]

ⓐ 연대순의
chronology [krənɑ́lədʒi] ⓝ 연대기; 연표
chronologize [krənɑ́lədʒàiz] ⓥ 연대순으로 배열하다

When we remark with surprise that someone "looks young" for his or her chronological age, we are observing that we all age biologically at different rates. 수능 2016
→ 우리가 놀라서 누군가가 그 혹은 그녀의 실제 나이보다 어려 보인다고 말할 때, 우리는 모두 생물학적으로 서로 다른 속도로 나이를 먹는다는 것을 관찰하고 있다.

• chronological age 실제 연령; 생활 연령

backfire
[bǽkfair]

ⓥ 역발하다; 엉뚱한 결과를 낳다

But this method can backfire. 수능 2013
→ 그러나 이 방식은 엉뚱한 결과를 낳을 수 있다.

glance
[glæns]

ⓝ 곁눈질 ⓥ 흘끗 보다

Now and again she would glance up at the clock, but without anxiety, merely to please herself with the thought that each minute gone by made it nearer the time when he would come. 수능 2006
→ 때때로 그녀는 시계를 흘끗 올려다보았지만, 불안함은 없이, 그저 그녀 자신을 매 분이 지날 때마다 그가 올 시간에 가까워진다는 생각으로 스스로를 기쁘게 하기 위해서였다.

absent
[ǽbsənt]

ⓐ 부재의; 결석한; 결여된
absence [ǽbsəns] ⓝ 부재; 결여
absently [ǽbsəntli] ⓐⓓ 멍하니; 방심하여

"Biography of Marie Curie," Rob said absently as he was typing on his computer. 수능 2010
→ "Marie Curie의 전기"라고 Rob이 그의 컴퓨터에 타자하면서 멍하니 말했다.

overweight
[òuvərwéit]

ⓝ 과체중 ⓐ 과체중인(↔underweight ⓐ 저체중인) ⓥ 짐을 너무 많이 싣다

Is it any wonder that we're tired, overweight, irritable, and low? 수능 2008
→ 우리가 피곤하고, 과체중이며, 성마르고 기운 없는 것은 과연 놀라운 일일까?

advent
[ǽdvent]

ⓝ 출현; 도래

What its builders had not considered was that the advent of the railroad would assure the canal's instant downfall. 수능 2011

→ 그것의 건설자들이 고려하지 않은 것은 철도의 도래가 운하의 즉각적인 몰락을 확실하게 할 것이라는 점이었다.

careless
[kéərlis]

ⓐ 부주의한; 무관심한
care [kɛər] **ⓥ** 보살피다; 관리하다
uncaring[ʌnkériŋ] 개의치 않는; 동정심 없는
careful [kéərfəl] **ⓐ** 조심스러운; 주의 깊은

According to John Adams, the phenomenon that safety measures contribute to careless driving may be accounted for by the notion that a greater sense of security tempts people to take more risks. 수능 2013

→ John Adams에 따르면, 안전 수단이 부주의한 운전에 기여하는 현상은 더 안전하다는 느낌이 사람들로 하여금 더 많은 위험을 감수하도록 유혹한다는 개념으로 설명될 수도 있다.

backup
[bǽkəp]

ⓝ 대체물 **ⓐ** 예비의

That way I'll have a backup in case the first one suddenly runs out. 수능 2015

→ 그렇게 하면 첫 번째 것이 갑자기 다 닳았을 경우의 대체물을 갖게 돼요.

adrift
[ədríft]

ⓐ 표류하는; 헤매는

Brightly colored ducks, frogs, and turtles were set adrift in the middle of the Pacific Ocean. 수능 2012

→ 밝은 색깔의 오리들, 개구리들, 거북이들이 태평양 한가운데를 표류하고 있었다.

batter
[bǽtər]

ⓝ 타자; 반죽 **ⓥ** 두드리다; 반죽하다

In the end, her mother did give Rosalyn a honey cake on her birthday — a really small one, because she split the batter for one cake into three parts, to treat her daughters equally. 수능 2010

→ 결국, 그녀의 어머니는 Rosalyn의 생일날 Rosalyn에게 꿀 케이크를 주긴 했지만 아주 작은 것이었는데, 왜냐하면 그녀가 딸들을 동등하게 대하기 위해서 하나의 케이크를 만들 반죽을 세 덩어리로 나누었기 때문이다.

prevalent
[prévələnt]

ⓐ 널리 퍼진; 유행하는
prevalence [prévələns] ⓝ 보급; 유행

It derives from the prevalent belief that all of us are similar bio-mechanical units that rolled off the same assembly line — a most imperfect conception of human beings that limits conventional medicine's effectiveness. <u>수능 2010</u>
→ 그것은 우리 모두가 같은 조립 라인에서 굴러 나온 비슷한 생체 역학적 단위라는 널리 퍼진 믿음에서 유래하고, 이는 전통적인 약의 효과를 제한하는 인간에 대한 가장 불완전한 개념이다.

geometry
[dʒiámətri]

ⓝ 기하학
geometric [dʒìːəmétrik] ⓐ 기하학적인

Would we, however, prefer to fill the developing minds of our children with hundreds of geometry problems or the names of all the rivers in the world? <u>수능 1998</u>
→ 그러나 우리는 수백 개의 기하학 문제들이나 세계의 모든 강의 이름으로 우리 아이들의 발달하는 정신을 채우는 쪽을 택할 것인가?

imprint
[ímprint]

ⓝ 표; 자국 ⓥ 강하게 인상지우다

It became clear that I was imprinting the woodchuck and vice versa. <u>수능 2013</u>
→ 내가 마멋에게 강한 인상을 주었고 그 반대도 마찬가지임이 확실해졌다.

lore
[lɔːr]

ⓝ 민간전승; 구전; 지식

According to ancient lore, every man is born into the world with two bags suspended from his neck-one in front and one behind, and both are full of faults. <u>수능 1997</u>
→ 고대의 구전에 따르면, 모든 사람은 목에 하나는 앞쪽으로, 하나는 뒤쪽으로 걸린 결점으로 가득 찬 가방 두 개를 가지고 세상에 태어난다.

• folk lore 전통 문화

accommodation
[əkàmədéiʃən]

ⓝ 적응; 숙박
accommodate [əkámədèit] ⓥ 수용하다; 적응시키다

Did you take care of the accommodations? <u>수능 2018</u>
→ 숙박은 처리했나요?

nurture
[nə́:rtʃər]

ⓝ 양육(=nurturance; bringing up); 양성 ⓥ 키우다; 양육하다(=rear)

Without this nurturing, we would only live for a few hours or a few days at the most. 수능 1997
→ 이런 양육이 없으면 우리는 많아야 겨우 몇 시간이나 며칠 동안 살 수 있을 것이다.

amend
[əménd]

ⓥ 수정하다; 개정하다
amendment [əméndmənt] ⓝ 개정; 정정
amendable [əméndəbl] ⓐ 개정할 수 있는

Motivated by feelings of guilt, they are inclined to make amends for their actions. 수능 2013
→ 죄책감을 이유로, 그들은 그들의 행동에 대해 보상을 하는 경향이 있다.

relieve
[rilíːv]

ⓥ 완화시키다; 안심시키다
relief [rilíːf] ⓝ 경감; 안도

Action relieves tensions and sets us free. 수능 2001
→ 행동은 긴장을 완화시키고 우리를 자유롭게 한다.

· relief work 구호 활동
· relief works 구제 · 실업대책 사업(으로 만들어진 공공시설)

magnify
[mǽgnəfài]

ⓥ 확대하다; 과장하다
magnification [mæ̀gnəfikéiʃən] ⓝ 확대; 칭찬

For instance, goldfish bowls look stunning filled with flower heads or petals, magnifying their contents. 수능 2009
→ 예를 들어, 금붕어 어항은 그것의 내용물을 확대하기에, 꽃송이나 꽃잎들로 채워지면 놀라울 만큼 멋지다.

repertoire
[répərtwàːr]

ⓝ 상연 종목 일람; 레퍼토리

Being assertive is a highly developed skill — it should fit nicely in the counselor's repertoire of techniques. 수능 2016
→ 단호함은 고도로 발달한 기술이고, 이는 상담자의 기술 레퍼토리에 잘 들어가 있어야 한다.

Review Test DAY 06-10

1 다음 우리말을 영어로 쓰시오.

01 화해; 중재

02 국회; 의회

03 공감하다

04 어슬렁거리다

05 타원형의

06 무시하다

07 먹이; 포식하다

08 단서; 신호

09 불안한

10 과다; 과잉

11 절단; 분할

12 포위하다

13 근면

14 숨기다

15 완고한

16 환기하다

17 잘게 갈다

18 출현; 도래

19 역경; 고난

20 고독

21 경험하다; 참다

22 부풀리다

2 다음 영어를 우리말로 쓰시오.

01 imprudent

02 relieve

03 reside

04 manipulate

05 quagmire

06 extrinsic

07 chronological

08 theft

09 render

10 asymmetry

11 indoctrinate

12 falter

13 humanitarian

14 wreck

15 decent

16 niche

17 dwindle

18 tactic

19 embed

20 deadlock

21 nurture

22 adrift

3 다음 빈칸에 알맞은 단어를 고르시오.

01 Comparing the remembered _____ past with his immediate problems, the mature man thinks that troubles belong only to the present.

기억 속의 걱정 없던 과거를 그의 당면한 문제들과 비교하며, 성숙한 사람은 문제들이 현재에만 속한다고 생각한다.

① fragile   ② linear   ③ carefree   ④ defective   ⑤ bumpy

02 The _____ comes into direct contact with them, carrying the caffeine with it.

용매는 그 안에 카페인을 운반하면서, 그것들과 직접적으로 접촉한다.

① chamber   ② solvent   ③ emission   ④ gourd   ⑤ cartridge

03 Alarms are more than just an _____; they are a costly public health problem and a constant irritation to urban civil life.

경고음은 단순한 짜증 이상의 것이다. 그것들은 값비싼 공공 건강 문제이며 도시민의 삶에 있어 끝없는 불쾌함이다.

① stroke   ② annoyance   ③ trim   ④ applaud   ⑤ accommodation

04 Over the past 60 years, as mechanical processes have _____ behaviors and talents we thought were unique to humans, we've had to change our minds about what sets us apart.

지난 60년 동안, 우리가 사람의 고유한 행동과 재능이라고 생각해왔던 것을 기계적인 과정이 복제함으로써, 우리는 우리를 구별하는 것이 무엇인지에 관한 생각을 바꾸어야 했다.

① stiffened   ② outcasted   ③ extended   ④ replicated   ⑤ equilibrated

---

1   01 reconciliation   02 parliament   03 sympathize   04 wander   05 oval   06 disregard 07 prey   09 cue   09 insecure   10 plethora   11 severance   12 besiege   13 diligence 14 conceal   15 stubborn   16 ventilate   17 grind   18 advent   19 adversity   20 solitude 21 undergo   22 inflate

2   01 경솔한   02 안심시키다   03 거주하다   04 조작하다   05 궁지; 수렁   06 비본질적인; 외부의   07 연대 순의   08 절도죄; 도둑질   09 ~되게 하다; 만들다   10 불균형; 비대칭   11 심어주다; 세뇌시키다   12 비틀 거리다   13 인도주의자; 박애주의적인   14 난파; 파괴하다   15 예의에 맞는; 온당한   16 틈새   17 점점 줄 어들다   18 전략; 전술적인   19 박아 넣다; 깊이 새겨두다   20 교착 상태   21 양육하다   22 표류한

3   01 ③   02 ②   03 ②   04 ④

affordable
[əfɔ́ːrdəbl]

ⓐ (가격 등이) 알맞은
afford [əfɔ́ːrd] ⓥ 여유가 있다, 할 수 있다

Let me show you our five top-selling models, all at
affordable prices.   수능 2019
→ 저희 가게에서 제일 잘 나가고 모두 알맞은 가격인 다섯 개 모
델들을 보여 드릴게요.

contingent
[kəntíndʒənt]

ⓐ 불확정적인(↔expectant [ikspéktənt] ⓐ 기대하고 있는, 출
산을 앞둔, 곧 부모가 될)

Rather, both must be seen for the cultural and
contingent phenomena that they are.   수능 2019
→ 오히려 둘 다 문화적이며 불확정적인 현상으로 보아야 한다.

• contingent worker 비정규직

pinnacle
[pínəkl]

ⓝ 높은 산봉우리, 정점; 절정

The Nobel Prize, the pinnacle of scientific
accomplishment, is awarded, not for a lifetime of
scientific achievement, but for a single discovery, a
result.   수능 2019
→ 과학적 성취의 정점인 노벨상은 평생의 과학적 업적이 아니라
단 하나의 발견, 성과에 대해 상을 수여한다.

entity
[éntəti]

ⓝ 본질, 실체, 독립체

Information has become a recognized entity to be
measured, evaluated, and priced.   수능 2019
→ 정보는 측량되고, 평가되며, 가격이 매겨지는 공인된 실체가 되
었다.

mitigation
[mìtəgéiʃən]

ⓝ 완화, 경감

Increasing aid for the world's poorest peoples can be an essential part of effective mitigation. 수능 2019
→ 세계에서 가장 가난한 사람들에 대해 확대되는 지원은 효과적인 완화의 중요한 부분이 될 수 있다.

abatement
[əbéitmənt]

ⓝ 감소, 폐지, 경감

With 20 percent of carbon emissions from (mostly tropical) deforestation, carbon credits for forest preservation would combine aid to poorer countries with one of the most cost-effective forms of abatement. 수능 2019
→ (대부분 열대의) 삼림 파괴로 인한 20%의 탄소 배출량과 함께 삼림 보존을 위한 탄소 배출권은 빈곤국에 대한 원조와 가장 비용 효율적인 형태의 저감 중 하나를 결합시킬 것이다.

• tax abatement 세금 감면

cast
[kæst]

ⓝ 배역 ⓥ 던지다, 드리우다

However, recent behavioral research casts doubt on this fundamental assumption. 수능 2019
→ 그러나 최근의 행동 연구는 이 근본적 가정에 대해 의심을 드리운다.

rural
[rúərəl]

ⓐ 농업의, 전원의

Marjorie Kinnan Rawlings, an American author born in Washington, D.C. in 1896, wrote novels with rural themes and settings. 수능 2019
→ 1896년 워싱턴 DC에서 태어난 미국 작가 마저리 키넌 롤링스는 전원의 테마와 배경을 담은 소설을 썼다.

primeval
[praimí:vəl]

ⓐ 원시의(= primitive), 고대의

This inner weight is the quality which Egyptian art possesses to such a degree that everything in it seems to be made of primeval stone, like a mountain range, even if it is only a few inches across or carved in wood. 수능 2019
→ 이러한 내적인 무게는 이집트 예술이 가진, 그것이 고작 몇 인치의 나무에 가로지르거나 새겨진 것일지라도 그 안의 모든 것이 산맥처럼 원시의 돌로 만들어진 것처럼 보이는 정도의 우수함이다.

parietal

[pəráiətl]

ⓐ 두정부의, 정수리(부분)의

Likewise, when we learn Arabic numerals we build a circuit to quickly convert those shapes into quantities — a fast connection from bilateral visual areas to the parietal quantity area. 수능 2019

→ 마찬가지로, 우리가 아라비아 숫자를 배울 때 우리는 쌍방의 시각적 영역을 두정부의 수량 영역으로 빠르게 연결하는, 그 형태들을 수량으로 빠르게 전환하는 회로를 만든다.

configuration

[kənfìgjuréiʃən]

ⓝ 형상, 상대적 배치, 배열

Since photographs did such a good job of representing things as they existed in the world, painters were freed to look inward and represent things as they were in their imagination, rendering emotion in the color, volume, line, and spatial configurations native to the painter's art. 수능 2019

→ 세상에 존재하는 그대로 사물을 재현하는 것에 사진이 역할을 잘 수행했기 때문에 화가들은 자유롭게 내면을 들여다보고 상상 속에 있는 그대로 사물을 재현할 수 있었고, 화가 자신의 예술에 고유한 색상, 부피, 선, 그리고 공간적 배열로 감정을 표현할 수 있었다.

tap

[tæp]

ⓝ (수도)꼭지 ⓥ 가볍게 두드리다

It often requires great cleverness to conceive of measures that tap into what people are thinking without altering their thinking, called reactivity. 수능 2019

→ 반응도라고 불리는, 사람들의 생각을 바꾸지 않고 그들이 생각하는 바를 활용하는 방법을 생각해내는 것은 종종 엄청난 명석함을 요구한다.

• tap into ~을 활용하다, ~에 접근하다

schematic

[skimǽtik]

ⓐ 개요의, 도식적인

scheme[ski:m] ⓝ 계획, 음모 ⓥ ~을 계획하다; 꾸미다

Clearly, schematic knowledge helps you — guiding your understanding and enabling you to reconstruct things you cannot remember. 수능 2019

→ 분명히, 도식적인 지식은 당신이 기억하지 못하는 사물을 이해하도록 이끌고 재구성하는 것을 가능하게 하여 당신을 돕는다.

fidelity
[fidéləti]

ⓝ 충실도, 정확도

A printing press could copy information thousands of times faster, allowing knowledge to spread far more quickly, with full fidelity, than ever before. 수능 2019

→ 인쇄기는 몇천 배 빠르게 정보를 복사할 수 있었고, 지식이 완전한 정확도로 그 어느 때보다 훨씬 더 빠르게 배포되게 했다.
• high fidelity 고충실도, 충실도가 높은, 하이파이

concentric
[kənséntrik]

ⓝ 같은 중심을 갖는 것, 동심원 ⓐ 동심의

A round hill rising above a plain, therefore, would appear on the map as a set of concentric circles, the largest at the base and the smallest near the top. 수능 2019

→ 그러므로 평원 위로 솟은 둥근 언덕은 바닥에 가장 큰 원과 정상 근처에 가장 작은 원이 있는 여러 개의 동심원으로 지도에 나타날 것이다.

scarp
[ska:rp]

ⓝ 가파른 사면, 급경사 ⓥ 급경사지게 하다

Contour lines can represent scarps, hollows, and valleys of the local topography. 수능 2019
→ 등고선은 지역 지형의 급경사, 비탈 그리고 골짜기를 표현할 수 있다.

relief
[rilí:f]

ⓝ 구조, 안도; (지형의)기복, 고저
relieve [rilí:v] ⓥ 안도하다, 두드러지게 하다

At a glance, they reveal whether the relief in the mapped area is great or small: a "busy" contour map means lots of high relief. 수능 2019
→ 흘깃 보았을 때 그것들은 지도에 나타난 지역의 기복이 큰지 작은지 보여주고 "촘촘한" 등고선 지도는 높은 기복을 의미한다.

upfront
[ʌpfrʌ́nt]

ⓐ 앞면의; 선금의, 선행 투자의

For example, the energy output from solar panels or wind power engines, where most investment happens before they begin producing, may need to be assessed differently when compared to most fossil fuel extraction technologies, where a large proportion of the energy output comes much sooner, and a larger (relative) proportion of inputs is applied during the extraction process, and not upfront. 수능 2019

→ 예를 들어, 대부분의 투자가 일어난 후에 에너지를 생산하기 시작하는 태양 전지판이나 풍력 엔진에서 나오는 에너지 생산량은, 많은 비율의 에너지 생산이 훨씬 이른 시점에 나오며, 상대적으로 더 큰 비율의 투입이 추출 과정에서 적용되고 선행 투자가 되지 않는 대부분의 화석 연료 추출 기술과 비교될 때 다르게 평가될 필요가 있을 수도 있다.

caterpillar
[kǽtərpìlər]

ⓝ 애벌레

Feeling exhausted and discouraged, she asked Grandma, "Why don't we just get rid of all the butterflies, so that there will be no more eggs or caterpillars?" 수능 2019

→ 지치고 용기를 잃은 그녀는 할머니께 여쭤보았다. "우리 그냥 모든 나비를 없애버려서 더 이상 알이나 애벌레가 없게 하면 안 되나요?"

wriggle
[rígl]

ⓝ 뒤틀기, 몸부림 ⓥ 꿈틀거리다

The caterpillars wriggled as they were picked up while Cabbage Whites filled the air around them. 수능 2019

→ 애벌레들은 배추흰나비가 그들 주변의 공기를 채우는 동안 들어 올려질 때 몸을 꿈틀거렸다.

pollen
[pálən]

ⓝ 꽃가루 ⓥ ~에 수분하다

The butterflies help us grow some other plants because they carry pollen from flower to flower. 수능 2019

→ 나비들은 꽃에서 꽃으로 꽃가루를 전달하기 때문에 다른 식물이 자랄 수 있도록 도움을 준단다.

wrestle
[résl]

ⓝ 씨름, 격투 ⓥ 씨름하다, 싸우다

Grandma smiled gently and said, "Why wrestle with Mother Nature?" 수능 2019

→ 할머니는 부드럽게 미소 지으며 말씀하셨다. "대자연과 왜 싸워야 하니?"

frivolity
[frɪ|vɑːləti]

ⓝ 경박함, 까부는 짓

Nonsense and silliness come naturally to kids, but they get pounded out by norms that look down on "frivolity." 수능 2020

→ 허튼소리나 바보 같은 짓은 어린이들에게 자연스러운 것이지만, "경박함"을 낮추어 보는 규범에 의해 공격당한다.

mundane
[mʌnˈdeɪn]

adj 재미없는, 일상적인

In retrospect, it might seem surprising that something as mundane as the desire to count sheep was the driving force for an advance as fundamental as written language. 수능 2020

→ 돌이켜 보면, 양을 세고자 하는 욕구처럼 재미없는 것이 문자 언어처럼 근본적인 발전의 원동력이었다는 것이 놀랍게 여겨진다.

inert
[ɪˈnɜːrt]

adj 기력이 없는, 비활성의

Without the context provided by cells, organisms, social groups, and culture, DNA is inert. 수능 2020

→ 세포, 생명체, 사회적 집단, 문화에 의해 주어지는 맥락이 없으면 DNA는 비활성 상태이다.

brood
[bruːd]

ⓥ 곰곰이 생각하다, 곱씹다

In the practice of totemism, he has suggested, an unlettered humanity "broods upon itself and its place in nature." 수능 2020

→ 토테미즘의 실천에서 그는 "자연 속에서 스스로와 스스로의 위치에 대해 곰곰이 생각하는" 글을 읽지 못하는 인류를 제안했다.

fallacy
['fæləsi]

n 오류, (많은 사람들이 옳다고 생각하는) 틀린 생각

The fallacy of false choice misleads when we're insufficiently attentive to an important hidden assumption, that the choices which have been made explicit exhaust the sensible alternatives. 수능 2020

→ 틀린 선택의 오류는, 이미 분명히 한 선택이 합리적인 대안을 없앤다고 하는 중요한 숨겨진 가정에 대해 우리가 충분히 주의를 기울이지 않을 때 오도한다.

ascribe
[əskráib]

v 속하는 것으로 생각하다

With the advance of science, there has been a tendency to slip into scientism, and assume that any factual claim can be authenticated if and only if the term 'scientific' can correctly be ascribed to it. 수능 2020

→ 과학의 발전과 함께, 과학만능주의에 빠져들어 어떤 사실적인 주장도 '과학적'이라는 용어가 올바르게 귀속된다고 할 수 있을 때에만 진짜임을 증명할 수 있다고 가정하는 경향이 있었다.

-laden
['leɪdn]

adj ~를 잔뜩 실은/진,

The consequence is that non-scientific approaches to reality — and that can include all the arts, religion, and personal, emotional and value-laden ways of encountering the world — may become labelled as merely subjective, and therefore of little account in terms of describing the way the world is. 수능 2020

→ 결과적으로는 현실에 대한 비과학적인 접근 — 그것들은 모든 예술, 종교와 세상을 직면하는 개인적·감정적이고 가치가 이끄는 방식을 포함할 수 있다 — 은 단순히 주관적이라는 꼬리표가 달려, 세상이 어떤지를 묘사하는 방식에서 중요하지 않게 될 수도 있다.

aphorism
['æfərɪzəm]

n 경구, 격언

Each of these contradictory statements may hold true under particular conditions, but without a clear statement of when they apply and when they do not, aphorisms provide little insight into relations among people. 수능 2020

→ 이러한 모순적인 각각의 진술은 특정한 조건하에서는 사실일 수도 있지만, 언제 적용하고 언제 적용하지 않는지에 대한 분명한 서술이 없으면 경구는 사람들 간의 관계에 대해 통찰력을 거의 주지 못한다.

entail
[ɪnˈteɪl]

ⓥ 수반하다

For example, when facing a choice that entails risk, which guideline should we use — "Nothing ventured, nothing gained" or "Better safe than sorry"? 수능 2020

→ 예를 들어, 위험을 수반하는 선택을 마주할 때, 우리는 "도전하지 않으면 아무것도 얻지 못한다" 혹은 "나중에 후회하는 것보다 조심하는 것이 낫다" 중 어떤 지침을 따라야 하는가?

didactic
[daɪˈdæktɪk]

adj 교훈적인, 가르치려 드는

Most of us would likely grow tired of such didactic movies and would probably come to see them as propaganda, similar to the cultural artwork that was common in the Soviet Union and other autocratic societies. 수능 2020

→ 우리 중 대부분은 그런 교훈적인 영화에 싫증이 나서 그것들을 소련 및 다른 독재 국가에서 흔한 문화적 작품과 비슷한 선전이라고 여기게 될 것이다.

at one fell swoop

adv 단번에, 일거에

Advertisers look back nostalgically to the years when a single spot transmission would be seen by the majority of the population at one fell swoop. 수능 2020

→ 광고주들은 인구의 대다수가 단 하나의 방송을 단번에 볼 수 있었던 그 시절을 향수에 젖어 돌아본다.

peck
[pek]

ⓝ 가벼운 입맞춤 **ⓥ** 쪼다

Elephants may greet each other simply by reaching their trunks into each other's mouths, possibly equivalent to a human peck on the cheek. 수능 2020

→ 코끼리들은 단순하게 코를 서로의 입에 닿게 함으로써 서로를 맞이하고, 이는 인간이 볼에 가벼운 입맞춤을 하는 것과 동일하다고 볼 수 있다.

layperson
[ˈleɪpɜːrsn]

ⓝ 비전문가 (pl. laypeople)

That is, critics and laypeople alike could obtain new music simultaneously. 수능 2021

→ 이는, 비평가나 비전문가 모두 새로운 음악을 동시에 접할 수 있다는 것을 말한다.

spatial
['speɪʃl]

adj 공간적인

People don't usually think of touch as a temporal phenomenon, but it is every bit as time-based as it is spatial. 수능 2021

→ 사람들은 일반적으로 접촉을 시간적인 현상으로 생각하지 않지만, 이는 공간적인 만큼 전적으로 시간에 기반한다.

consent
[kən'sent]

n 동의 **v** 동의하다

Subjects must give their informed, written consent, and experimenters must submit their proposed experiments to thorough examination by overseeing bodies. 수능 2021

→ 피험자는 잘 이해하고 서면 동의를 적어 내야 하며, 실험자들은 그들이 제안한 실험을 감독 기관들이 면밀한 검사를 할 수 있도록 제출해야만 한다.

bandwagon effect

n 편승 효과

How the bandwagon effect occurs is demonstrated by the history of measurements of the speed of light. 수능 2021

→ 편승 효과가 어떻게 일어나는지는 빛의 속도 측정의 역사에 의해 입증된다.

lexicon
[|leksɪkən]

n 어휘 목록

The use of identifiable symbols and pictograms on the early tablets is consistent with administrators needing a lexicon that was mutually intelligible by literate and nonliterate parties. 수능 2021

→ 고대의 평판 위에 식별할 수 있는 상징과 그림 문자를 사용한 것은 글을 읽을 수 있는 사람들과 문맹인 사람들이 서로 이해할 수 있는 어휘 목록을 관리자들이 필요로 한 것과 일관된다.

malleable
['mæliəbl]

adj 영향을 잘 받는, 순응성이 있는

The latest developmental neuroscience research has shown that the brain is much more malleable throughout life than previously assumed. 수능 2021

→ 최신의 발달신경과학 연구는 뇌가 생애 동안 이전에 추측된 것보다 훨씬 순응성이 있다는 것을 보여주었다.

unobtrusive
[ˌʌnəbˈtruːsɪv]

adj 눈에 띄지 않는, 불필요하게 관심을 끌지 않는

Successful integration of an educational technology is marked by that technology being regarded by users as an unobtrusive facilitator of learning, instruction, or performance. 수능 2021

→ 교육 기술의 성공적인 통합은 해당 기술이 사용자에 의해 학습, 교육, 혹은 수행에서 눈에 띄지 않는 조력자로 여겨질 때 나타난다.

subservient
[səbˈsɜːrviənt]

adj 도움이 되는, 부차적인, (부정적) 굴종하는

Humor reframes potentially divisive events into merely "laughable" ones which are put in perspective as subservient to unifying values held by organization members. 수능 2021

→ 유머는 잠재적으로 분열을 초래할 수 있는 사건들을 조직 내의 사람들이 보유하는 통합적 가치에 부차적인 관점에서 단순히 "웃을 수 있는" 사건들로 재구성한다.

repurcussion
[|riːpərˈkʌʃn]

n (좋지 못한, 간접적인) 반향, 영향

And this has direct repercussions at the individual level: households can reduce the cost of electricity and gas bills, and improve their health and comfort, while companies can increase their competitiveness and their productivity. 수능 2021

→ 그리고 이것은 개인적인 단계에서 직접적인 영향을 준다: 가정에서는 전기료와 가스 요금을 절약할 수 있고 그들의 건강과 편안함을 증진시킬 수 있는 반면, 회사는 그들의 경쟁력과 생산성을 높일 수 있다.

prosecute
[|prɑːsɪkjuːt]

v 기소하다

However, the expression of an idea is protected by copyright, and people who infringe on that copyright can be taken to court and prosecuted. 수능 2021

→ 그러나 아이디어의 표현은 저작권으로 보호되고 해당 저작권을 침해하는 사람들은 법원으로 불려가 기소될 수 있다.

parable
[ˈpærəbl]

n 우화

Herbert Simon's "parable of the ant" makes this point very clearly. 수능 2021

→ 허버트 사이먼의 "개미 우화"는 이러한 점을 매우 명확하게 지적한다.

trajectory

[trəˈdʒektəri]

ⓝ 궤도, 이동 경로

Imagine an ant walking along a beach, and visualize tracking the trajectory of the ant as it moves. 수능 2021

→ 해변을 따라 걷는 개미를 상상해 보고, 개미가 움직이는 대로 그 이동 경로를 따라가는 것을 시각화해 보라.

mischievous

(※mischief에 추가)

[ˈmɪstʃɪvəs]

adj 짓궂은, 말썽꾸러기의

Felix argued against Sean's accusation and mischievously stuck his tongue out at his little brother. 수능 2021

→ 펠릭스는 션의 비난에 반박했고, 그의 동생에게 짓궂게 혀를 내밀었다.

commute

[kəˈmjuːt]

ⓝ 통근 ⓥ 통근하다

But without some degree of trust in our designated experts — the men and women who have devoted their lives to sorting out tough questions about the natural world we live in — we are paralyzed, in effect not knowing whether to make ready for the morning commute or not. 수능 2022

→ 그러나 우리의 지정된 전문가들 — 우리가 살아가는 자연 세계의 어려운 문제들을 해결하는 데 그들의 삶을 바친 남성과 여성들 — 에 대한 어느 정도의 신뢰가 없다면 실제로 우리는 오전 통근을 위해 준비해야 할지 말아야 할지 모르는 채로 마비된다.

egregious

[ɪˈgriːdʒiəs]

adj 매우 나쁜, 지독한

In many countries, the fact that some environmental hazards are difficult to avoid at the individual level is felt to be more morally egregious than those hazards that can be avoided.

→ 많은 나라에서, 어떤 환경 위험은 개인적 단계에서 피하기 어렵다는 사실이 피할 수 있는 위험들보다 도덕적으로 더 나쁘게 느껴진다.

arsenic

[|ɑːrsnɪk]

adj 비소를 함유한

Having no choice but to drink water contaminated with very high levels of arsenic, or being forced to passively breathe in tobacco smoke in restaurants, outrages people more than the personal choice of whether an individual smokes tobacco. 수능 2022

→ 매우 높은 수준의 비소로 오염된 물을 마시는 것밖에 방법이 없거나, 식당에서 담배 연기를 수동적으로 흡입하도록 강요받는 것은 개인이 담배를 피울지 말지를 선택하는 것보다 사람들을 더욱 분노하게 한다.

blacksmith
[ˈblæksmɪθ]

ⓝ 대장장이

The preindustrial blacksmith made things to order for people in his immediate community.

→ 산업혁명 전의 대장장이는 그의 인접한 공동체의 사람들을 위해 주문을 받아 물건을 제작했다.

protoplasm
[ˈproʊtəplæzəm]

ⓝ 원형질

During this time, the cell absorbs water, sugars, amino acids, and other nutrients and assembles them into new, living protoplasm. 수능 2022

→ 이때에 세포는 물, 당, 아미노산 그리고 다른 영양소를 흡수하고 그것들을 새로운 살아있는 원형질로 조합한다.

manure
[məˈnʊr]

ⓝ 거름 ⓥ 거름을 주다

In addition, there are disadvantages to the extensive use of either manure or legumes as "green manure" crops. 수능 2022

→ 또한, 거름이나 콩과 식물을 "풋거름" 작물로 너무 많이 사용하는 데에는 단점이 있다.

licence
[ˈlaɪsns]

ⓝ 면허(＝license), (좋지 못한 것을 마음대로 할 수 있는) 방종, 자유

If they are getting extra laughs by exaggerating the silliness of a situation or even by making up a few details, we are happy to grant them comic licence, a kind of poetic licence. 수능 2022

→ 만약 그들이 상황의 어리석음을 과장하거나 몇 가지 세부 사항을 만들어 내어 더 많은 웃음을 받는다면, 우리는 그들에게 일종의 시적 허용인 희극 면허를 기쁘게 부여할 것이다.

licence
[ˈlaɪsns]

ⓝ 면허(＝license), (좋지 못한 것을 마음대로 할 수 있는) 방종, 자유

If they are getting extra laughs by exaggerating the silliness of a situation or even by making up a few details, we are happy to grant them comic licence, a kind of poetic licence. 수능 2022

→ 만약 그들이 상황의 어리석음을 과장하거나 몇 가지 세부 사항을 만들어 내어 더 많은 웃음을 받는다면, 우리는 그들에게 일종의 시적 허용인 희극 면허를 기쁘게 부여할 것이다.

decry
[dɪˈkraɪ]

Ⓥ 공공연히 비난하다

This is why the first great theorists of film decried the introduction of sound and other technical innovations (such as color) that pushed film in the direction of realism. 수능 2022

→ 이것이 초기의 위대한 영화 이론가들이, 영화를 사실주의의 방향으로 몰아간 음향 및 다른 기술적 혁신(예를 들면, 색상)의 도입을 공공연히 비난한 이유이다.

subsume
[səbˈsuːm]

Ⓥ 포섭/포함하다

According to this view, the goal of science is to construct an economical framework of laws or generalizations that are capable of subsuming all observable phenomena. 수능 2022

→ 이러한 관점에 따르면, 과학의 목표는 법칙이나 관찰 가능한 모든 현상을 포섭할 수 있는 일반화의 경제적 틀을 구축하는 것이다.

junction
[ˈdʒʌŋkʃn]

Ⓝ 교차로, 연결점

At every step in our journey through life we encounter junctions with many different pathways leading into the distance. 수능 2023

→ 인생의 여정에 모든 걸음에서 우리는, 우리를 먼 곳으로 이끄는 다양한 길로 향하는 교차로를 만난다.

hype
[haɪp]

Ⓝ 과대광고

The hype promises that we will leave our boring lives, put on goggles and body suits, and enter some metallic, three-dimensional, multimedia otherworld. 수능 2023

→ 과대광고는 우리가 지루한 삶을 떠나 고글과 바디수트를 입고, 금속으로 된 3차원의 멀티미디어 세계로 진입할 것이라고 약속한다.

rumination
[rùːmənéiʃən]

Ⓝ 생각, 반추, 심사숙고

The ruminations of the elite class of 'celebrity' sports journalists are much sought after by the major newspapers, their lucrative contracts being the envy of colleagues in other 'disciplines' of journalism. 수능 2023

→ '셀러브리티' 스포츠 기자들의 엘리트 계층의 생각을 주요 신문이 따르고, 그들의 수익성 높은 계약은 저널리즘의 '규율' 안에 있는 동료의 부러움을 산다.

increment
['ɪŋkrəmənt]

ⓝ 증가, 임금 인상

For example, compensation demands can be divided into cents-per-hour increments or lease rates can be quoted as dollars per square foot. 수능 2023

→ 예를 들어 손해배상 청구는 시간당 센트 증가로 나뉠 수 있고, 임대차계약의 비율은 제곱피트당 달러로 옮길 수 있다.

swath
[swάθ,swɔ́:θ]

ⓝ 구획

Craftsmanship cuts a far wider swath than skilled manual labor; it serves the computer programmer, the doctor, and the artist; parenting improves when it is practiced as a skilled craft, as does citizenship. 수능 2023

→ 손재주는 숙련된 수동적 노동보다 훨씬 넓은 구획을 긋는다. 이는 컴퓨터 프로그래머, 의사, 예술가를 말한다. 육아는 시민권이 그렇듯, 숙련된 기술로서 실행될 때 더 나아진다.

antithetical
[an-tuh-thet-i-kuhl]

adj 대조적인

What's behind this idea is not only landscape architects' desire to design aesthetically suggestive park spaces, but a much longer history of Western thought that envisions cities and nature as antithetical spaces and oppositional forces. 수능 2023

→ 이 아이디어 뒤에는 미학적으로 도발적인 공원 공간을 만들고자 하는 조경사의 욕망뿐 아니라 도시와 자연을 대조적이고 서로 대립하는 힘으로 그리고자 하는 서양의 오랜 역사가 있다.

parole
[pəˈroʊl]

ⓝ 가석방

For example, algorithms have proved more accurate than humans in predicting whether a prisoner released on parole will go on to commit another crime, or in predicting whether a potential candidate will perform well in a job in future. 수능 2023

→ 예를 들어, 알고리즘은 가석방으로 풀려난 수감자가 범죄를 더 저지를지 예측하거나, 잠재적인 지원자가 미래에 직업적으로 좋은 성과를 낼 확률을 예측하는 데 인간보다 더 정확하다는 것을 증명해왔다.

II편. 경찰대학 기출 어휘

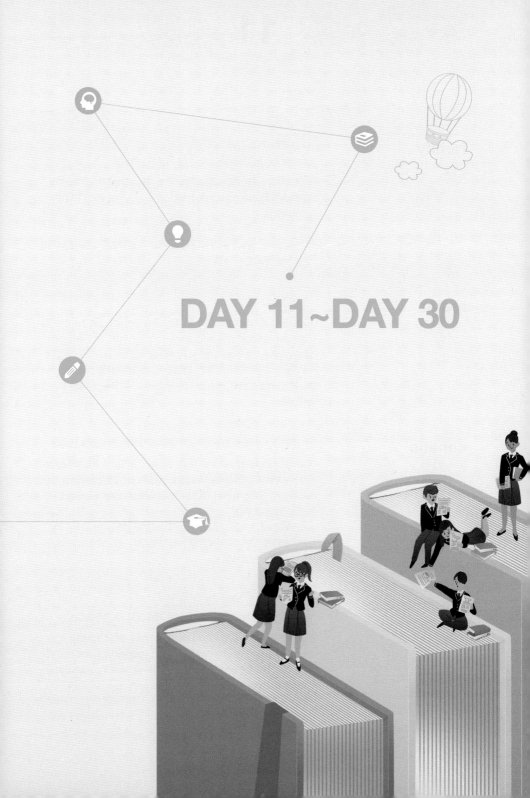

DAY 11~DAY 30

ramify
[rǽməfài]

Ⓥ 가지를 내다; 분기하다
ramification [rǽməfikéiʃən] Ⓝ 세분화; 파생물

But some so-called solutions, as writer and farmer Wendell Berry observed, led to ramifying sets of new problems. 경찰 2016
→ 그러나 소위 해결책이라는 몇몇은, 작가이자 농부였던 Wendell Berry가 관찰했다시피, 새로운 문제들을 가지를 내듯 만들어낸 것으로 이어졌다.

realm
[relm]

Ⓝ 영역; 범위

Certain experiences in the realm of art remain forever associated in our minds with the places where the art was first fully revealed to us. 경찰 2009
→ 예술의 영역에서 특정한 경험들은 예술이 처음으로 우리에게 완전히 드러났던 장소와 연관되어 우리 마음속에 영원히 남아있다.

census
[sénsəs]

Ⓝ 인구 조사; 국세 조사 Ⓥ (국세) 조사를 하다; 인구를 조사하다

Census figures reveal that as of 1970, in the fifteen largest metropolitan areas, a full of 72 percent of workers who lived in the suburbs also worked in suburban areas. 경찰 2011
→ 인구 조사 수치는 1970년 당시 가장 큰 15개 대도시권에서, 교외 지역에 살던 72퍼센트의 노동자 모두가 일도 교외 지역에서 했다는 사실을 보여준다.

precipitation
[prisìpətéiʃən]

Ⓝ 강우; 강수량; 재촉
precipitate [prisípitèit] Ⓥ 발생을 재촉하다 ⓐ 곤두박이치는

Given that the principal indexes of climate are temperature and precipitation, geographers must still decide when, where, and how often to analyze these factors. 경찰 2006
→ 기후의 주요 지표가 온도와 강우라는 사실을 감안하면, 지리학자들은 여전히 언제, 어디서, 그리고 얼마나 자주 이러한 요인들을 분석할지 결정해야 한다.

snug
[snʌg]

ⓝ 아늑한; 딱 맞는

Only an earthquake of 10 points on the Richter scale could drive him from his snug nest. `경찰 2014`

→ 오직 리히터 규모 10 이상의 지진만이 그를 그의 아늑한 둥지에서 끌어낼 수 있을 것이다.

mercurial
[mərkjúəriəl]

ⓐ 수은을 함유한; 변덕스러운

A mercurial boss looms as the archetype, but this dynamic operates in all our relationships. `경찰 2016`

→ 변덕스러운 상사란 하나의 전형으로 보이지만, 이러한 역동성은 우리의 모든 관계에서 작동한다.

lethal
[líːθəl]

ⓐ 치명적인; 치사의
lethality [liːθǽləti] ⓝ 치사성; 치명적임

The bomb exploded, sending lethal fragments in all directions. `경찰 2007`

→ 폭탄이 터져 치명적인 파편을 사방으로 퍼뜨렸다.

grant
[grænt]

ⓝ 교부; 허가 ⓥ 부여하다; 인정하다

First, permission must be freely and voluntarily granted. `경찰 2015`

→ 먼저, 허가는 반드시 자유롭게 그리고 자발적으로 부여되어야 한다.

sill
[sil]

ⓝ 문턱; 창문턱; 토대

Then she lost her balance and her feet slipped off the window sill. `경찰 2008`

→ 그러다 그녀는 균형을 잃었고 그녀의 발이 창문턱에서 미끄러졌다.

eradicate
[irǽdəkèit]

ⓥ 전멸시키다; 근절하다(= exterminate; annihilate); 지우다
eradication [irædəkéiʃən] ⓝ 근절; 박멸

Subsequent experience may increase our knowledge, change our perspective, and deepen our understanding, but it can never quite eradicate the impression made upon us by the quality of that initial encounter. `경찰 2009`

→ 뒤이은 경험은 우리의 지식을 늘리고 관점을 바꾸고 이해를 깊게 할 수 있지만, 결코 첫 만남의 특징으로 받게 된 인상을 완전히 지우지는 못한다.

thud
[θʌd]

① 쿵 소리 **ⓥ** ~을 딱 치다; 두근거리다

Occasionally one dropped onto the bed with a dull thud and lay there for a while before stalking away.

경찰 2015

→ 때때로 한 마리가 쿵 하는 둔탁한 소리를 내며 내 침대 위로 떨어졌고 조용히 자리를 뜨기 전까지 거기에서 잠시 머물렀다.

barter
[bá:rtər]

ⓥ 물물 교환을 하다; 교환하다

The preference for soon-to-be-useful items persisted when the ravens had to pass up a smaller treat in favor of either the tool or the bartering token — and even when they could use each item only after a 17-hour delay.

경찰 2018

→ 곧 실용적이게 될 물건들에 대한 선호는, 까마귀들이 도구나 물물 교환 토큰 중 하나를 위해 더 작은 좋은 것을 거절해야 할 때, 심지어 그들이 17시간 후에 그 물건을 사용할 수 있게 될 때에도 지속되었다.

momentum
[mouméntəm]

① 기세; 여세; 추진력

momentous [mouméntəs] **ⓐ** 중요한; 중대한

Cybercourtship, virtual romantic courtship, is gaining momentum in some places.

경찰 2006

→ 사이버 구애, 가상적이고 낭만적인 구애는 몇몇 지역에서 추진력을 얻고 있다.

normative
[nó:rmətiv]

ⓐ 표준의; 규범적인

norm [nɔːrm] **①** 표준

normalcy [nó:rməlsi] **①** 정상임; 정상 상태

Whites are taught to think of their lives as morally neutral, normative, and average, and also ideal, so that when we work to benefit others, this is seen as work which will allow "them" to be more like "us."

경찰 2012

→ 백인들은 그들의 삶이 도덕적으로 중립적이고 표준적이며 평범하고 이상적이기도 하다고 교육받아서, 우리가 다른 사람을 돕기 위해 일을 할 때 이것은 "그들"이 더욱 "우리"처럼 되도록 해주는 일처럼 보인다.

transit
[trǽnsit]

① 통과; 운송; 교통 **ⓥ** 통과하다; 운행하다

A city official meets with union leaders to prevent a transit strike.

경찰 2010

→ 시 공무원은 교통 파업을 막기 위해 노동조합의 대표들과 만난다.

reimbursement
[rìːimbə́ːrsmənt]

ⓝ 상환; 환급
reimburse [rìːimbə́ːrs] ⓥ 상환하다; 배상하다

Investigations have documented that the merger gave the hospitals enormous market leverage to drive up health care costs in the Boston area by demanding high reimbursements from insurers that were unrelated to the quality or complexity of care delivered. 경찰 2015

→ 조사는 그 합병이, 제공되는 치료의 질이나 복잡함과는 관련이 없는 보험사에 높은 환급금을 요구함으로써 병원들에게 보스턴 지역의 의료비를 끌어올리는 거대한 시장지배력을 주었다는 것을 입증해왔다.

epidemic
[èpədémik]

ⓝ 전염병(= plague); 유행; 만연 ⓐ 유행성의

One of the most peculiar public health hazards — epidemic fainting at pop-music concerts — is a phenomenon familiar to legions of adolescents. 경찰 2012

→ 가장 특이한 공중보건 위험 요소 중 하나인, 대중음악 콘서트에서의 전염병 같은 기절은 많은 청소년에게 친숙한 현상이다.

scheme
[skiːm]

ⓝ 계획; 음모 ⓥ ~을 계획하다

"You can never come up with a scheme for it that actually fits everything," Veltman says. 경찰 2015

→ "실제로 모든 경우에 부합하는 그것에 대한 계획은 절대로 생각해 낼 수 없을 것이다."라고 Veltman은 말한다.

envy
[énvi]

ⓝ 선망; 시기 ⓥ 부러워하다; 질투하다
envious [énviəs] ⓐ 부러운 듯한; 시기하는

Furthermore, average people with normal lives may envy famous media personalities, who seem to get unlimited amounts of money and attention. 경찰 2008

→ 나아가, 평범한 삶을 사는 평균적인 사람들은 한정 없는 양의 돈과 주목을 얻은 듯 보이는 유명한 스타를 부러워할 수도 있다.

novel
[nάvəl]

ⓝ 소설 ⓐ 기발한; 참신한

Nowhere in his work does one ever find an idea one had heard before: Even his accompaniments are always novel. 경찰 2016

→ 그의 작품 어느 곳도 누군가가 전에 들어본 적 있다는 생각을 하게 하지 않는다. 심지어 그의 반주도 항상 참신하다.

competence
[kɑ́mpətəns]

ⓝ 능력; 역량, 적성

competent [kɑ́mpətənt] ⓐ 유능한; ~할 역량이 있는

Towle further explains that staff members responsible for the work of other staff have the obligation of giving leadership that results in the development of worker competence. 경찰 2011

→ 덧붙여서 Towle은 다른 직원들의 업무에 대해 책임을 지고 있는 직원들은 직무 능력의 발전을 이끄는 리더십을 발휘할 의무가 있다고 설명한다.

strut
[strʌt]

ⓝ 뽐내어 걷기 ⓥ 뽐내며 걷다; 과시하다

After watching all this from his hiding place, the defeated rival came out, took possession of the dunghill, and strutted about among his hens with all the dignity of a majestic king. 경찰 2007

→ 이 모든 것을 자기 은신처에서 지켜본 후, 패배한 상대가 나왔고, 거름 더미를 차지했고, 당당한 왕의 모든 위엄을 가지고 그의 암탉들 사이를 뽐내며 걸었다.

hairsbreadth
[héərzbrèdθ]

ⓐ 털끝만 한 간격의(= hairbreadth); 간격이 극히 좁은

The bull is never left to die, but killed in the open, in hairsbreadth contact with a man on foot who has nothing to defend himself with except his courage and only a piece of red cloth. 경찰 2011

→ 황소는 절대 죽도록 내버려두지 않지만, 그의 용기와 붉은 옷 조각만을 제외하고 자신을 방어할 것이 아무것도 없이 두 발로 선 남자와의 털끝만 한 간격의 접촉으로 공개된 장소에서 살해당한다.

wayward
[wéiwərd]

ⓐ 불법인; 제멋대로인; 다루기 힘든

An unpopulated patch of land near an ocean is preferable, so no one gets showered with wayward bits of flaming metal. 경찰 2018

→ 누구도 불타는 금속의 제멋대로인 조각들에 공습당하지 않도록, 바다 근처의 비거주지역이 바람직하다.

aggravate
[ǽgrəvèit]

ⓥ 악화시키다; 심화시키다

aggravation [æ̀grəvéiʃən] ⓝ 악화; 심화

Terminological confusion further aggravates flawed logic. 경찰 2018

→ 용어상의 혼란은 잘못된 논리를 더욱 악화시킨다.

• aggravated assault 가중 폭행

articulate
[aːrtíkjulət]

ⓥ 똑똑히 발음하다 ⓐ 똑똑히 발음된; 분절적인; 일을 잘 하는
articulator [ɑːrtíkjuèiər] ⓝ 똑똑히 발음하는 사람; 조음기관

Of course, King Sejong invented the forms of han'gul letters and several unique features of his alphabet, including the grouping of letters, the use of related letter shapes, and shapes of consonant letters that depict the position of the articulators. 경찰 2010
→ 물론 세종대왕은 한글의 글자 모양과 철자들의 조합, 비슷한 철자의 사용, 조음 기관 위치를 묘사하는 자음의 형태를 포함한 몇몇 독특한 자모의 특징들을 발명했다.

cardinal
[káːrdənl]

ⓝ 추기경 ⓐ 주요한(＝main); 중요한; 진홍색의

What they might have underlined, could they have foreseen the happiness-market, is the cardinal fact that happiness is in the pursuit itself, in the meaningful pursuit of what is life-engaging and life-revealing, which is to say, in the idea of becoming. 경찰 2013

→ 그들이 행복 시장에 대해 예측할 수 있었다면 그들이 강조했을지도 모르는 것은 행복이 그것에 대한 추구 그 자체에 있고, 일생 동안 관여하고 드러내야 할 것을 의미 있게 추구하는 것, 즉 되어감이라는 개념에 있다는 중요한 사실이다.

eloquent
[éləkwənt]

ⓐ 설득력 있는(＝convincing; persuasive); 유창한(＝fluent)

He had been ridiculed so often by the rest of us for his foolishness that he developed a rather eloquent defense that went something like this. 경찰 2017
→ 그는 우리의 나머지에게서 그의 멍청함때문에 너무 자주 놀림을 받아서 다음과 같이 다소 유창한 방어를 전개했다.

upside
[ʌ́psaid]

ⓝ 위쪽; 좋은 면 ⓐ 상승세의

But there is an upside to this upheaval. 경찰 2013
→ 그러나 이러한 격변에는 좋은 면이 있다.

psychic
[sáikik]

ⓐ 정신의; 초자연적인; 심령의

And psychic healers relieve people of despair by offering them the false hope of a better life. 경찰 2011
→ 그리고 심령 치료사들은 더 나은 삶에 대한 거짓된 희망을 주어 절망에 빠진 사람들을 안도하게 한다.

furtive
[fə́ːrtiv]

ⓐ 은밀한(= clandestine; undercover); 교활한

The coyote is a long, slim, sick and sorry-looking skeleton, with a gray wolf-skin stretched over it, a tolerably bushy tail that forever sags down, a furtive and evil eye, and a long, sharp face, with slightly lifted lip and exposed teeth. 경찰 2017

→ 코요테는 회색 늑대 가죽에 덮여 있고, 언제나 축 늘어지고 그럭저럭 덥수룩한 꼬리와, 교활하고 사악한 눈, 길고 뾰족한 얼굴, 그리고 살짝 올라간 입술과 돌출된 이빨을 가지고 있는, 길쭉하고 날씬하며 병들고 가엾어 보이는 뼈밖에 남지 않은 동물이다.

reproach
[riprə́utʃ]

ⓝ 비난; 질책 ⓥ 책망하다; 비난하다
reproachful [riprə́utʃfəl] ⓐ 비난하는; 책망하는 듯한
irreproachable [ìriprə́utʃəbl] ⓐ 나무랄 데 없는

The result is that recycling is now seen as an irreproachable virtue, beyond the scrutiny of cost-benefit analysis. 경찰 2013

→ 그 결과는 오늘날 재활용이 나무랄 데 없는 미덕으로 여겨지고, 비용 편익 분석의 철저한 조사에서 벗어난다는 것이다.

ferocity
[fərásəti]

ⓝ 잔인; 흉포
ferocious [fərə́uʃəs] ⓐ 사나운; 포악한(= savage)

But at other times, taste in music threatens the moderation we seek in spirit and sets ferocity on fire. 경찰 2014

→ 하지만 다른 때에는, 음악을 즐기는 것은 우리가 정신적으로 추구하는 절제를 위협하고 사나운 성질에 불을 지핀다.

coin
[kɔin]

ⓝ 동전 ⓥ (화폐를) 주조하다; (어구를) 새로 만들다

Perhaps the greatest trap ever set for the human race was the coining of the phrase, "Having it all." 경찰 2014

→ 아마도 인류를 대상으로 준비된 것 중에 가장 큰 함정은 "다 가졌다"라는 말을 만들어낸 일이었을 것이다.

load
[loud]

ⓝ 짐; 무게 ⓥ 싣다 (↔ unload)

In particular, he was curious about their relative abilities to pull a load horizontally, such as in a tug-of-war. 경찰 2016

→ 특히, 그는 줄다리기처럼 수평으로 짐을 끄는 그들의 상대적인 능력에 대해 호기심을 가졌다.

glint
[glint]

ⓝ 반짝반짝하는 빛; 섬광 ⓥ 반짝반짝 빛나다

When I first saw Sylvia, in the early spring of 1932, her hair was still the color of roasted chestnut shells, her light golden brown eyes with greenish glints in them were marvelously benign, acutely attentive, and they sparkled rather than beamed, as gentle eyes are supposed to do. `경찰 2006`

→ 1932년 이른 봄 내가 처음 Sylvia를 보았을 때, 그녀의 머리카락은 여전히 구운 밤 껍질 색깔이었고, 그녀의 초록빛 섬광을 속에 지닌 연한 황갈색의 눈은 놀라울 만큼 온화했으며, 몹시 사려 깊고, 다정한 눈이 그렇듯 빛을 발하기보다는 반짝였다.

from within

안으로부터

But, since happiness comes from within, you can secure a measure of happiness by your own acts. `경찰 2018`

→ 그러나 행복은 안으로부터 오기 때문에, 당신은 스스로의 행동으로 행복의 척도를 확보할 수 있다.

stave off

~을 피하다; 비키다; 저지하다

The belief that optimism can keep you alive — or at least stave off cancer — gained traction after the release of a study on recovering breast-cancer patients in the Lancet medical journal in 1979. `경찰 2014`

→ 낙관주의가 당신의 생명을 살릴 수 있다는, 또는 적어도 암을 저지할 수 있다는 믿음은 1979년 Lancet 의학 저널에서 유방암 환자들의 회복에 대한 연구가 발표된 이후부터 주목을 받았다.

inveigh against

심하게 항의하다; 통렬히 비난하다

A century later, the Scottish prince, James VI, took Machiavelli's position and in a proclamation inveighed against 'freedom of speech.' `경찰 2010`

→ 백 년 뒤 스코틀랜드의 군주 James 6세는 Machiavelli의 이러한 주장을 인용하여 선언문에서 '표현의 자유'를 통렬히 비난하였다.

pile up

쌓아 올리다

Most of it simply piled up, unused. `경찰 2010`

→ 대부분의 것들은 사용하지 않은 채, 그저 쌓아 올렸다.

12
DAY

saturate
[sǽʧərèit]

ⓥ 흠뻑 적시다; 포화시키다; 가득 채우다

Similar strategies are used in advertising, through slogans that saturate commercials, and even in comedy. 경찰 2016

→ 상업 광고를 가득 채우는 구호를 이용하는 유사한 전략이 광고에서, 심지어 코미디에서도 사용된다.

• saturate oneself in ~에 골몰하다

denigrate
[dénigrèit]

ⓥ 중상하다; 모욕하다(≒ taint; defile); 더럽히다
denigration [dènigréiʃən] ⓝ 명예훼손; 중상

Before desegregation, black children's schools were woven into the fabric of the community and were a sanctuary from the racial denigration that marks life outside. 경찰 2011

→ 인종 차별 정책 폐지 이전에 흑인 아이들의 학교는 공동체의 조직으로 구성되었으며, 그 바깥에서의 삶을 특징짓는 인종적 명예훼손으로부터의 성역이었다.

shantytown
[ʃǽntitàun]

ⓝ 빈민굴, 판자촌

That such places are also often among the world's poorest gives many launches a counterintuitive feel: billions of dollars in futuristic machinery rising up over rainforests and shantytowns. 경찰 2018

→ 그런 장소들이 또한 빈번히 세계의 가장 빈곤한 지역에 있다는 것은 많은 발사에 직관과 반하는 느낌을 준다. 미래적인 기계에 든 수십억 달러가 열대 우림과 빈민촌 위로 솟아오른다.

notion
[nóuʃən]

ⓝ 관념; 개념

The silver medalists focus on the notion that if they had performed slightly better, then they would perhaps have won a gold medal. 경찰 2010

→ 은메달리스트들은 자신들이 약간만 더 잘했더라면 금메달을 땄을 수도 있다는 생각에 초점을 맞춘다.

escapism
[iskéipizm]

ⓝ 현실 도피

As a result, some employees may feel forced into the escapism of daydreams, drink, and drugs. 경찰 2006
→ 결과적으로, 몇몇 피고용인들은 공상, 음주, 그리고 약물이라는 현실 도피로 밀려 들어가는 기분을 느낄 수도 있다.

bison
[báisn]

ⓝ 들소

Early rangers fed elk and bison as one would feed cattle and began killing wolves. 경찰 2018
→ 초기의 순찰대원들은 소떼에게 하듯 사슴과 들소에게 먹이를 주었고 늑대를 죽이기 시작했다.

dunghill
[dʌ́ŋhìl]

ⓝ 거름 더미; 퇴비; 타락한 상태

Two young cocks were fighting fiercely for the right to rule a dunghill. 경찰 2007
→ 두 마리의 어린 수탉이 거름 더미를 차지할 권리를 위해 맹렬하게 싸우고 있었다.

deviation
[dì:viéiʃən]

ⓝ 탈선; 일탈
deviate [dí:vièit] ⓥ 벗어나다; 빗나가다

Generally, also, only one kind of deviation takes place at a time. 경찰 2010
→ 또한 일반적으로 한 번에 한 가지 일탈만 발생한다.

hinterland
[híntərlænd]

ⓝ 배후지; 내륙 지역; 시골

Industries have deserted the cities for the hinterlands, where costs are lower. 경찰 2009
→ 산업들은 가격이 저렴한 시골로 가기 위해 도시를 떠났다.

intermittent
[ìntərmítnt]

ⓐ 간헐적인; 주기적인
intermittently [ìntərmítntli] ⓐⓓ 간헐적으로

In this contest, though, it is always we who blink or look away, out of boredom or, more likely, because any television presentation, even the news, is little more than part of an ongoing electronic and informational 'flow' that is only intermittently heeded. 경찰 2015

→ 그러나 이런 시합에서는 지루함 때문에 혹은 더 그럴듯하게는 어떤 TV 프로그램도, 심지어 뉴스조차도 단지 간헐적으로 주의가 기울여지는, 지속되는 전기와 정보 제공의 '흐름'에 지나지 않기 때문에 언제나 눈을 감거나 눈을 돌리는 것은 우리들이다.

117

lavish
[lǽviʃ]

ⓐ 마음이 후한 ⓥ 아낌없이 주다

Be hearty in your approbation and lavish in your praise, and people will cherish your words and repeat them over a lifetime. 경찰 2007
→ 인정에 진심을 담고, 칭찬에 아낌이 없다면 사람들이 당신의 말을 소중히 여기고 평생에 걸쳐 그것을 반복할 것이다.

digitize
[dídʒitàiz]

ⓥ 디지털화하다; 숫자로 표시하다
digit [dídʒit] ⓝ 아라비아 숫자; 손가락

As the Internet becomes more central to the search for information, students and scholars are demanding that more items in library collections be digitized and made available on the Web. 경찰 2008
→ 인터넷이 더 정보 검색에 집중될수록, 학생들과 학자들은 도서관 장서의 더 많은 자료들이 디지털화되고 인터넷에서 사용 가능하게 되기를 요구하고 있다.

remit
[rimít]

ⓥ 송금하다; 면제하다
unremitting [Ànrimítiŋ] ⓐ 끊임없는; 쉴 새 없는

Yet this was a perilous subject to exploit, for public pressure on the film industry to set a wholesome example for youth remained unremitting. 경찰 2012
→ 하지만 이것은 이용하기에 위험한 소재였는데, 청소년들에게 건전한 모범을 제시해야 한다는 영화 산업에 대한 공공의 압력이 끊임없이 남아있었기 때문이었다.

stringent
[stríndʒənt]

ⓐ 엄격한; 혹독한

After every fatal shooting, the officer who has fired the gun will face a stringent investigation to account for his or her actions. 경찰 2009
→ 모든 치명적인 총격 이후, 총을 발포한 경관은 그 혹은 그녀의 행동을 설명할 엄격한 조사를 받게 될 것이다.

trickery
[tríkəri]

ⓝ 속임수; 사기(≡deceit)

If the police extract consent by actual or threatened physical force or by means of trickery, the permission is invalid and so is the resulting search. 경찰 2015
→ 만약 경찰이 실제적인 혹은 위협적인 물리적 폭력, 혹은 속임수를 통하여 동의를 끌어낸다면, 그 수락은 효력이 없고, 그로 이루어진 수색도 마찬가지이다.

discord
[dískɔːrd]

ⓝ 불일치; 불화(↔accord; concord ⓝ 합의) ⓥ 일치하지 않다

So we must see that peace represents a sweeter music, a cosmic melody that is far superior to the discords of war. 경찰 2012

→ 그래서 우리는 평화가 전쟁의 불화보다 훨씬 강력한 더 감미로운 음악, 조화로운 선율을 나타낸다는 것을 알아야 한다.

crude
[kruːd]

ⓐ 천연 그대로의; 조잡한

By 6000 B.C. they had begun hammering crude objects of copper, and by about 3000 B.C. they had acquired the know-how to alloy copper with tin to create durable metal tools and weapons, thus ushering in the Bronze Age. 경찰 2006

→ 기원전 6000년 즈음 그들은 천연 그대로의 구리에 망치질하기 시작했고, 기원전 3000년경에는 그들은 구리와 주석을 합금하여 튼튼한 금속 도구들과 무기들을 만드는 법을 습득하였고, 이로써 청동기 시대의 도래를 알렸다.

curtail
[kəːrtéil]

ⓥ 단축하다; 삭감하다

Despite resurgent nativism, any proposal to sharply curtail legal immigration would meet massive resistance from both liberals and conservatives. 경찰 2008

→ 다시 살아나는 원주민 문화 보호 정책에도 불구하고, 합법적인 이주를 급격히 축소하는 어떠한 제안도 자유주의자들과 보수주의자들의 심한 저항을 받을 것이다.

contend
[kənténd]

ⓥ 주장하다; 논쟁하다

This theory contends that people have developed disgust as a protective mechanism against unfamiliar and possibly harmful objects. 경찰 2017

→ 이 이론은 사람들이 낯설고 해로울 수도 있는 대상에 대한 방어 기제로 혐오감을 발달시켜 왔다고 주장한다.

plead
[pliːd]

ⓥ 애원하다; 간청하다
pleading [plíːdiŋ] ⓝ 변론 ⓐ 탄원하는

I can remember pleading with my dad for one — any kind, as long as it had two wheels. 경찰 2010

→ 나는 아빠에게 두 바퀴가 달린 것이면 어떤 종류든 상관없다며 애원했던 것을 기억할 수 있다.

dilate
[dailéit]

ⓥ ~를 팽창시키다(= distend); 확장시키다

Secondhand smoke contributes to heart attacks by elevating heart rate and decreasing the ability of blood vessels to dilate. 경찰 2013
→ 간접흡연은 심박수를 높이고 혈관의 팽창하는 능력을 감소시켜 심근경색의 한 원인이 된다.

nostalgic
[nastǽldʒik]

ⓐ 향수를 불러일으키는

nostalgia [nastǽldʒə] ⓝ 향수; 그리움

There it would be less yellow, the typeface would be softer and more nostalgic, there would — out of greater indifference to the confusion of foreigners — be no subtitles, and the language would contain no double *as*, a repetition in which I sense, confusedly, the presence of another history and mind-set.
경찰 2018
→ 그곳에서는 이것이 덜 노란색일 테고, 서체는 더 부드럽고 더 향수를 불러일으킬 것이며, 외국인의 혼란에 대한 더 큰 무신경 때문에 자막이 없을 것이고, 언어는 내가 혼란스러워하며 다른 역사와 마음가짐의 존재를 느끼는 두 개의 a와 같은 반복을 포함하지 않을 것이다.

enlist
[inlíst]

ⓥ 입대하다; 협력을 요청하다

At the age of thirteen, his father, a trombonist in the Marine Band, enlisted Sousa in the U.S. Marine Corps as an apprentice. 경찰 2014
→ 그가 13살일 때, 해병대 악단의 트롬본 연주자였던 그의 아버지는 Sousa를 미국 해병대에 견습생으로 입대시켰다.

overbear
[òuvərbéər]

ⓥ 압도하다; 위압하다(= domineer); 열매를 지나치게 맺다

The majority that rules, but is not overbearing is desirable. 경찰 2012
→ 지배하지만 위압하지 않는 다수가 바람직하다.

autism
[ɔ́:tizm]

ⓝ 자폐증

They all owe a great deal to one woman, a renowned animal scientist born with autism, Temple Grandin.
경찰 2016
→ 그것들은 모두 자폐를 갖고 태어난 한 저명한 여성 동물과학자 Temple Grandin에게 큰 빚을 지고 있다.

explicit
[iksplísit]

ⓐ 명백한; 터놓은; 노골적인 (↔implicit ⓐ 암시된)
explicitly [iksplísitli] ⓐⓓ 솔직하게, 명백하게

The Washington D.C. law, like laws in Chicago and New York City, doesn't explicitly bar handguns; it requires that all residents register them with the city.
경찰 2009

→ 시카고와 뉴욕시의 법처럼 워싱턴 D.C.의 법은 명백하게 권총을 금지하지는 않지만, 모든 거주자들이 시에 권총을 등록하도록 요구한다.

emphatic
[imfǽtik]

ⓐ 단호한; 뚜렷한
emphatically [imfǽtikəli] ⓐⓓ 단호하게

I have never met a person who has stated emphatically, "Yes, I have it all."
경찰 2014

→ 나는 지금껏 "응, 나는 모든 것을 다 갖고 있어."라고 단호하게 말하는 사람을 본 적이 없다.

gravitation
[grævətéiʃən]

ⓝ (만유)인력; 중력 작용
gravitational [grævətéiʃənl] ⓐ 인력의; 중력 작용의
gravitate [grævətèit] ⓥ 인력에 끌리다; 가라앉다

Greenland and Antarctica's massive ice sheets exert a strong gravitational pull on the waters around them, but as they melt, the attraction weakens, causing nearby sea levels to fall.
경찰 2017

→ 그린란드와 남극의 거대한 빙상은 그 주변의 물에 강한 중력을 가하는데, 그것들이 녹으면서 인력이 약해져 인접한 해수면 높이가 낮아지게 된다.

sensory
[sénsəri]

ⓐ 감각상의; 지각상의

Actually, the term "sensory memory" encompasses several types of sensory memories, each related to a different source of sensory information.
경찰 2010

→ 사실 "감각 기억"이라는 용어는 각각 다른 감각 정보원에 관련된 몇 종류의 감각 기억을 포함한다.

veto
[víːtou]

ⓝ 거부권 ⓥ 거부권을 행사하다

In a less extreme form of arranged marriage, parents may do the matchmaking, but the young people can veto the choice.
경찰 2006

→ 중매결혼의 덜 극단적인 형태에서, 부모들이 중매를 할 수는 있지만 젊은이들은 그 선택에 거부권을 행사할 수 있다.

dim
[dim]

ⓐ 어두운; 침침한 ⓥ ~을 어둑하게 하다
dimly [dímli] ⓐ 희미하게

Your eyes will appear darker if you're dressed in dark colors and are in a dimly lit room. 경찰 2009
→ 당신이 짙은 색깔의 옷을 입고 불이 희미하게 켜진 방에 있다면 당신의 두 눈은 더 짙게 보일 것이다.

mortality
[mɔːrtǽləti]

ⓝ 죽음을 피할 수 없음; 사망자 수
mortal [mɔːrtl] ⓐ 죽을 운명의; 치명적인(≡fatal)

It is not that the thought of universal mortality gives him pleasure, but that he cherishes the pleasure all the more dearly because he knows it cannot be his for long. 경찰 2011
→ 세상 모든 것이 죽음을 피할 수 없다는 생각이 그에게 기쁨을 주는 것이 아니라, 그 즐거움이 오래도록 그의 것일 수 없다는 것을 알기에 오히려 훨씬 더 소중히 여기는 것이다.

idle
[áidl]

ⓐ 일하지 않는; 한가한; 나태한(≡indolent; slothful) ⓥ 게으름 피우다; 헛되이 보내다

The world dismisses curiosity by calling it idle, or mere idle curiosity — even though curious persons are seldom idle. 경찰 2013
→ 호기심이 많은 사람은 좀처럼 게으르지 않음에도 불구하고, 세상은 호기심을 나태한, 즉 단순한 쓸데없는 호기심이라고 불러서 묵살한다.

ailment
[éilmənt]

ⓝ 병; 질환

Purported to treat a variety of ailments, from fevers to measles to epilepsy, rhinoceros horns have been prized ingredients in Chinese medicines for thousands of years. 경찰 2014
→ 열병에서부터 홍역과 간질에 이르기까지, 다양한 질병을 치료한다고 주장되었기 때문에, 코뿔소의 뿔은 중국 의학에서 수천 년 동안 중요하게 여겨져 온 약재였다.

sham
[ʃæm]

ⓝ 모조품; 사기꾼 ⓐ 가짜의; 겉보기만의 ⓥ ~을 위조하다

When we returned to Cardiff, we slipped back into our urban silence, into the sham priorities of exams and tidy drawers. 경찰 2013
→ 우리가 Cardiff로 돌아왔을 때, 우리는 다시 도시의 침묵 속으로, 시험과 정돈된 서랍장의 가짜 우선순위로 슬그머니 돌아갔다.

ideology
[àidiάlədʒi]

ⓝ 이념; 이데올로기

We found these two through "Happy Guys," a community organization which operates an employment agency aiming to bring some level of ideology to the work situation as well as supplying almost anything you might want from bathroom cleaner to film director. `경찰 2008`
→ 우리는 이 둘을 화장실 청소부터 영화감독에 이르기까지 원하는 것은 거의 어느 것이든 공급해 줄 뿐 아니라, 일정 수준의 이념을 작업 환경에 반영하는 것을 목표로 하는 고용기관을 운영하는 "Happy Guys"라는 지역 단체를 통해서 발견했다.

patch up

ⓥ ~을 대충 수선하다; 수리하다

For the past month there have been a couple of ex-prisoners patching up our house. `경찰 2008`
→ 지난달 우리의 집을 수리하는 몇 명의 출소자들이 있었다.

delve into

~을 캐다; ~을 철저하게 조사하다

But Pete had spent his time delving into content for new forms of media and pursuing his love of pop culture and entertainment. `경찰 2014`
→ 그러나 Pete는 새로운 형태의 대중매체를 위한 콘텐츠를 캐고, 대중문화와 연예에 대한 그의 사랑을 좇아 시간을 보냈다.

kick into high gear

본격적으로 시작하다

Experimentation with drugs for many kids begins around age 11 or 12, just as brain development is kicking into its highest gear since infancy. `경찰 2009`
→ 많은 아이들을 대상으로 하는 약물 실험은 유아기 이후 뇌의 발달이 본격적으로 시작하는 11세 혹은 12세 전후에 시작한다.

be prone to

~하기 쉽다; ~하는 경향이 있다

Their parents may be less aware of the threat, which has barely engaged the attention of modern science despite decades of documentation that many a fan is prone to unconsciousness. `경찰 2012`
→ 많은 팬들이 의식을 잃는 경향이 있다는 수십 년 간의 보고서에도 불구하고 현대 과학의 주목을 거의 받지 못한 이 위험성에 대해 그들의 부모들은 잘 알고 있지 못할 수 있다.

cushion
[kúʃən]

ⓝ 쿠션 ⓥ 완화하다; 흡수하다

Everything said in academic texts tends to be cushioned in very cautious language. 경찰 2009
→ 학술적 글에 표현된 모든 것들은 굉장히 조심스러운 언어로 완화되는 경향이 있다.

pinpoint
[pínpɔint]

ⓝ 아주 작은 일 ⓥ (시간, 위치를) 정확히 찾아내다

Had she placed her emergency call on a landline, first responders would have been able to pinpoint her location in a matter of seconds. 경찰 2016
→ 그녀가 유선으로 응급전화를 했다면, 처음 전화를 받은 응답자가 그녀의 위치를 몇 초 이내에 정확히 찾아낼 수 있었을 것이다.

steppe
[step]

ⓝ 스텝 지대; 나무가 없는 광활한 초원

And it's not hard to understand why: wood and bricks are scarce and expensive, especially out on the steppes, and animal hides are cheap and readily available. 경찰 2018
→ 그리고 왜 그런지 이해하는 것은 어렵지 않다. 나무와 벽돌은 희귀하고 비싸며 특히 스텝 지대에서는 더 그렇고, 동물의 가죽은 저렴하고 쉽게 구할 수 있다.

exponential
[èkspounénʃəl]

ⓐ 지수의; 기하급수의

exponentially [èkspounénʃəli] ⓐⓓ 기하급수적으로

They appreciate and applaud the significant environmental and social progress that we have made, but they also cite evidence that we are upgrading the earth's life-support systems in many parts of the world at an exponentially accelerating rate. 경찰 2012
→ 그들은 우리가 이룩한 중대한 환경적, 사회적 진보를 인정하고 이에 갈채를 보내지만, 그들은 또한 우리가 세계 여러 지역에서 기하급수적으로 빨라지는 속도로 지구의 생명유지체계를 업그레이드하고 있다는 증언을 인용한다.

brave
[breiv]

ⓥ ~에 용감하게 맞서다; 무릅쓰다 ⓐ 용감한; 용맹한

Concerned that the mechanism of mass fainting had been neglected in the medical literature, two German physicians recently braved a concert by New Kids on the Block and worked with first-aid staff at a Red Cross infirmary where the stricken were treated. 경찰 2012

→ 집단 기절의 기제가 의학 저술에서 간과되어왔던 것을 걱정하며, 두 명의 독일 의사가 최근 New Kids on the Block의 콘서트에 용감하게 참여하여 구급 요원들과 함께 쓰러진 사람들이 치료를 받는 적십자 의무실에서 일했다.

intact
[intǽkt]

ⓐ 손상되지 않은; 그대로인; 온전한

Somehow they could crack the shells while leaving the nuts intact. 경찰 2017

→ 어쨌든 그들은 열매가 온전한 채로 껍데기를 깰 수 있었다.

sarcasm
[sá:rkæzm]

ⓝ 야유; 풍자(= gibe)

Sarcasm is a good example of inconsistency between word meaning and voice meaning. 경찰 2009

→ 풍자는 단어의 뜻과 목소리의 뜻 사이의 불일치의 좋은 예시이다.

despise
[dispáiz]

ⓥ 경멸하다(= scorn); 멸시하다

The meanest creatures despise him, and even the fleas would desert him in a blink of an eye. 경찰 2017

→ 가장 비열한 생물들이 그를 경멸하고, 심지어 벼룩들도 눈 깜짝할 사이에 그를 버릴 것이다.

mould
[mould]

ⓝ 곰팡이; 주형(= mold)

The mould was also reusable, producing up to four sorts a minute, and could be easily disassembled. 경찰 2010

→ 이 주형은 또한 다시 사용 가능하여 1분에 활자 네 벌까지 만들어낼 수 있었고, 쉽게 분해될 수 있었다.

linger
[líŋgər]

ⓥ 지속되다; 남아있다

Scientists said this finding should lay to rest lingering suspicions of a hoax. 경찰 2012

→ 과학자들은 이 발견이 계속되는 조작의 의심을 잠재울 것이라고 말했다.

loot
[luːt]

ⓝ 전리품 ⓥ 약탈하다

On July 13, 1977, the lights went out in New York City and almost as soon as it happened, the fighting and looting began.　　　　경찰 2006

→ 1977년 7월 13일, 뉴욕 시의 불이 나갔고 거의 그 일이 일어나자마자 싸움과 약탈이 시작되었다.

serendipity
[sèrəndípəti]

ⓝ 운 좋은 발견; 뜻밖의 발견

serendipitous [sèrəndípətəs] ⓐ (좋은 일이) 우연히 일어난

Serendipity is not serendipitous. Serendipity is ubiquitous.　　　　경찰 2017

→ 뜻밖의 발견은 우연히 일어난 것이 아니다. 뜻밖의 발견은 어디서든 일어난다.

flock
[flɑk]

ⓝ 떼; 무리; 회중 ⓥ 모이다; 떼를 짓다

Young travelers live by budget travel guides and often flock to the inexpensive areas of villages and cities.　　　　경찰 2007

→ 젊은 여행자들은 값싼 여행 가이드에 의존하며, 종종 마을과 도시의 비싸지 않은 지역으로 모인다.

deify
[díːəfài]

ⓥ 신격화하다; 숭배하다(= adore; worship)

deity [díːəti] ⓝ 신; 신성

It was an important element in the prevention and cure of disease, and in some parts was deified.　　　　경찰 2016

→ 그것은 병을 치유하고 예방하는 데 중요한 요소였고, 어느 부분에선 신격화되었다.

lenient
[líːniənt]

ⓐ 관대한; 인정이 많은

leniency [líːniənsi] ⓝ 관대함; 자비

Those who use seat belts regularly not only avoid being ticketed for breaking the seat belt law but may avoid other tickets as well because an officer who stops a driver for a traffic infraction such as speeding is more likely to be lenient if he sees that the driver is wearing a seat belt.　　　　경찰 2006

→ 안전벨트를 매는 사람들은 안전벨트 법을 지키지 않아서 딱지를 떼는 일을 피할 뿐 아니라 다른 딱지도 피할 수도 있는데, 과속과 같은 교통법 위반으로 운전자를 세우는 경찰관은 운전자가 안전벨트를 매고 있는 것을 보면 좀 더 관대해질 경향이 있기 때문이다.

synthetic
[sinθétik]

ⓝ 합성품; 모조품 ⓐ 합성의; 종합의(↔analytic ⓐ 분석적인)

Capital goods, or investment goods, are all the synthetic aids to producing, storing, transporting, or distributing goods and services. 경찰 2008

→ 자본재나 투자재는 모두 재화와 용역을 생산, 저장, 운송 혹은 분배하는 데 종합적 도움을 준다.

formidable
[fɔ́:rmidəbl]

ⓐ 엄청난; 가공할 만한

It's confident that the experience of undergoing Marine Corps basic training will turn you into a formidable soldier. 경찰 2010

→ 해병대의 기본 훈련을 완수한 경험은 당신을 엄청난 군인으로 만들어 놓을 것이 확실하다.

dropout
[drápàut]

ⓝ 탈퇴; 낙오; 중퇴

What's worse, the news seems to surprise low-performing school districts, in part because many have been underestimating their dropout rates. 경찰 2009

→ 더 심각한 것은 이 소식은 성적이 좋지 않은 학교 구역들을 놀라게 하는 것처럼 보이며, 부분적으로 그 이유는 그 다수가 자신들의 중퇴율을 과소평가하고 있었기 때문이다.

colloquy
[káləkwi]

ⓝ 회화; 대담; 대화

colloquial [kəlóukwiəl] ⓐ 구어체의; 격식을 차리지 않는 (≡informal)

colloquium [kəlóukwiəm] ⓝ 전문가 회담; 세미나

The novelist is necessarily isolated, invisible, a hidden god who does not have the capacity to enter into colloquy with his fellow man, and thus cannot communicate that wisdom that is good counsel. 경찰 2013

→ 소설가는 그의 동료들과의 대화에 참여할 수 없는, 필연적으로 고립되고 보이지 않고 숨겨진 신으로, 따라서 훌륭한 충고가 되는 지혜도 직접 전해줄 수 없다.

preeminent
[priémənənt]

ⓐ 우위의; 출중한

eminent [émənənt] ⓐ 저명한; 탁월한

It can let you hear part of a preeminent scholar's lecture on a work. 경찰 2015

→ 그것은 당신이 예술 작품에 대한 출중한 학자의 강의의 일부분을 듣게 해줄 수 있다.

outspend
[àutspénd]

ⓥ ~의 한도를 넘은 지출을 하다; ~에 돈을 많이 쓰다

For a country that has managed to outspend every
other developed nation in the world on health care,
the U.S. is oddly short on doctors. 경찰 2014
→ 건강관리에 세계의 다른 어떤 선진국들보다 더 많은 비용을 쓰
기 위해 노력하는 국가치고, 미국은 이상하게도 의사들의 수가 부
족하다.

await
[əwéit]

ⓥ 기다리다; 대기하다

For example, a patient lying in her hospital bed,
awaiting major surgery the next day, can't help but
worry. 경찰 2015
→ 예를 들면, 다음 날의 큰 수술을 기다리며 병원 침대에 누워 있
는 환자는 걱정하지 않을 수 없다.

semantic
[simǽntik]

ⓐ 의미의; 의미론의
semantics [simǽntiks] ⓝ 의미론; 의미 체계
semantically [simǽntikəli] ⓐⓓ 의미론적으로

Yet, linguistically, the word officer is not marked
semantically for gender, although there were few
women professors at Columbia at that time. 경찰 2008
→ 당시 Columbia 대학에 여성 교수가 거의 없긴 했지만, 언어
적으로 '관료'라는 단어는 의미론적으로 성별을 나타내지 않는다.

posthumous
[pástʃuməs]

ⓐ 사후의
posthumously [pástʃuməsli] ⓐⓓ 사후에

He was posthumously enshrined in the Hall of Fame
for Great Americans in 1976. 경찰 2014
→ 그는 사후인 1976년에 위대한 미국인을 위한 명예의 전당에
안치되었다.

concession
[kənséʃən]

ⓝ 양보; 인정; 면허; 장내 매점

With the introduction of background music and
sound for the movies, which drowned out the sound,
coupled with the need for cash during the
Depression, the theater managers had a change of
heart and permitted the establishment of lobby
concessions. 경찰 2006
→ 영화의 배경 음악과 음향의 도입으로 소음이 사라지게 되고 대
공황 동안 현금의 필요와 겹쳐지면서, 극장 매니저들은 마음을 바
꾸어 로비 매점의 설립을 허용했다.

hearten
[háːrtn]

ⓥ 격려하다; 용기를 북돋우다

But history records that the Greeks, thus heartened, went on to repel the invaders, preserving the civilization that today honors those same creatures by breading, frying, and dipping them into one's choice of sauce. 경찰 2013
→ 하지만 역사는 그렇게 용기를 얻은 그리스인들이 침략자들을 격퇴하기 위해 진군하였고, 오늘날 그때의 닭들과 똑같은 생명체를 빵가루를 입히고, 튀기고, 누군가가 선택한 소스에 찍는 것으로 그것에 존경을 표하는 문명을 지켰다고 기록한다.

glee
[gliː]

ⓝ 큰 기쁨; 환희; (남의 불행을) 고소해하기

Once riding in old Baltimore / Heart-filled, head-filled with glee / I saw a Baltimorean / Keep looking straight at me. 경찰 2008
→ 큰 기쁨으로 마음과 정신이 충만했던 옛날 Baltimore에서 달리던 시절, 나를 줄곧 노려보던 Baltimore 사람을 만났습니다.

stake
[steik]

ⓝ 지분; 말뚝; 이해관계 ⓥ 말뚝으로 고정시키다

Parental influence is greatest when the parents have a large stake in whom their child marries. 경찰 2006
→ 부모의 영향은 부모들이 그들 자녀가 결혼할 상대에게 많은 이해관계를 가지고 있을 때 가장 크다.

retribution
[rètrəbjúːʃən]

ⓝ 응보; 앙갚음; 징벌
retributive [ritríbjutiv] ⓐ 보복의; 응보의

Rehabilitation must go together with deterrence, retribution and prevention as an integral primary concern of the justice system. 경찰 2009
→ 사회 복귀는 사법제도의 필수불가결한 일차적 문제로서, 제지와 징벌, 예방책과 함께 가야만 한다.

bounty
[báunti]

ⓝ 박애; 관대함; 현상금

I would walk home through several fields and meadows with an unspeakable pleasure, reflecting on the bounty of Nature which has made the most pleasing and most beautiful objects the most ordinary and most common. 경찰 2007
→ 가장 즐겁고 아름다운 것들을 가장 평범하고 흔한 것으로 만들어 준 자연의 관대함을 떠올리면서, 나는 말로 할 수 없는 기쁨을 느끼며 여러 들판과 초원을 지나 집으로 돌아갈 것이다.

antiquate
[ǽntikwèit]

ⓥ ~을 한물가게 하다; 시대에 뒤지게 하다
antique [æntíːk] ⓝ 골동품 ⓐ 옛날의; 오래된

The antiquated rhetoric of "having it all" disregards the basis of every economic relationship: the idea of trade-offs. 경찰 2014
➔ "다 가졌다"라는 오래된 수사는 모든 경제적 관계의 기초를 무시하는데, 바로 교환의 개념이다.

quota
[kwóutə]

ⓝ 할당; 몫

Quotas and fines may force people to separate their trash, but they can't create industrial markets for the waste we recycle. 경찰 2010
➔ 할당과 벌금이 쓰레기를 분리배출하도록 강제할 수는 있지만 이것으로 우리가 재활용하는 쓰레기가 쓰이는 산업 시장이 형성될 수는 없다.

communal
[kəmjúːnəl]

ⓐ 공동 사회의; 공동의(= collective)

For instance, although a thief is viewed as a criminal in much of the world, in a small village where there is considerable communal living and sharing of objects, the word thief may have little meaning. 경찰 2017
➔ 예를 들어, 도둑은 세계 대부분에서 범죄자로 여겨지지만, 상당한 수준의 공동생활을 하고 물건을 공유하는 작은 마을에서는 도둑이라는 단어가 별 의미가 없을 수도 있다.

inductive
[indʌ́ktiv]

ⓐ 유도의; 귀납적인(↔ deductive ⓐ 연역적인)

It is not unusual to hear an analyst state that his conclusions followed "logically" from the evidence, even though generalizations arrived at inductively are not subject to logical proof. 경찰 2018
➔ 귀납적으로 도출된 일반화는 반드시 논리적 증명인 것이 아닌데도 불구하고 분석가가 그의 결론이 증거로부터 "논리적으로" 나왔다고 주장하는 것을 듣는 일은 드문 일이 아니다.

catastrophe
[kətǽstrəfi]

ⓝ 대참사; 큰 재해
catastrophic [kætəstráfik] ⓐ 비참한; 비극적인(= devastating; disastrous)

For the individuals directly affected, the catastrophe was huge. 경찰 2007
➔ 직접 영향을 받은 개인들에게 그 대참사는 어마어마했다.

130

solidarity
[sɑ̀lədǽrəti]

ⓝ 연대(= solidarism); 결속
solidary [sɑ́lədèri] ⓐ 연대의; 합동의
solidarize [sɑ́lədəràiz] ⓥ 단결하다; 결속하다

Rituals may serve the social function of creating temporary or permanent solidarity between people — forming a social community. 경찰 2011

→ 의식은 사람들 사이의 일시적이거나 영구적인 연대를 창출하는, 즉 사회 공동체를 형성하는 사회적 기능을 수행할 수도 있다.

out of work

실직한; 고장 난

Guns contribute to the high crime rate; automobiles increase air pollution and cause accidents; and machines in general often put people out of work. 경찰 2013

→ 총은 높은 범죄율에 기여하고, 자동차는 대기 오염을 증가시키며 사고를 유발하고, 일반적으로 기계는 사람들을 자주 실직시킨다.

dash about

이곳저곳으로 바쁘게 움직이다

I realize I have dashed about the world madly, looking at this, looking at that, storing up images against the fading of the light. 경찰 2011

→ 나는 내가 이것을 보고, 저것을 보고, 빛의 사라짐에 맞서 이미지를 쌓아올리며, 미친 듯이 세상 곳곳을 바쁘게 돌아다녔음을 깨달았다.

soak up

빨아들이다; 흡수하다

The child's brain instinctively searches for answers to these questions and then, like a sponge, soaks them up. 경찰 2014

→ 아이들의 두뇌는 이러한 질문들에 대한 답을 본능적으로 찾은 다음 스펀지처럼 그것들을 흡수한다.

dole out

~을 조금씩 나눠주다; 분배하다

Such collective knowledge is doled out to individuals, who come into the world with innate ideas and predispositions to learn only certain things in specific ways. 경찰 2017

→ 그런 집단적인 지식은 개인들에게 분배되는데, 이들은 선천적인 생각과 오로지 특정한 것들만을 특정한 방식으로 배우려는 성향을 가지고 세상에 태어난다.

vanguard
[vǽngɑ̀:rd]

ⓝ 전초; 선도; 지도자

The students in the movement were deceived into thinking they were in the vanguard of a revolution.
경찰 2018

→ 그 운동에 참여한 학생들은 속아서 자신들이 혁명의 선봉에 있다고 생각했다.

vulnerable
[vʌ́lnərəbl]

ⓐ 취약한; 상처받기 쉬운
vulnerability [vʌ̀lnərəbíləti] ⓝ 상처받기 쉬움

The more stressed and vulnerable someone feels, the more sensitive they are, and the more likely to catch those feelings.
경찰 2015

→ 누군가 스트레스와 취약함을 느낄수록 그들은 더 민감해지고, 그런 감정을 더 잘 포착하게 되는 경향이 있다.

parameter
[pərǽmətər]

ⓝ 매개 변수; 한계; 조건

All of us are dealing with the constrained optimization that is life, attempting to maximize our utility based on parameters like career, kids, and relationships, doing our best to allocate the resource of time.
경찰 2014

→ 우리 모두는 경력, 자녀, 그리고 인간관계와 같은 조건들을 기반으로 하여 우리의 효용을 극대화하고자 하고, 시간이라는 자원을 할당하기 위해 최선을 다하면서, 인생이라는 제한된 최적화를 다루고 있다.

vaunt
[vɔ:nt]

ⓥ 자랑하다; 뽐내다
vaunted [vɔ́:ntid] ⓐ 과시되고 있는; 크게 칭찬받는

What is not generally understood is that many of the vaunted pain-killing drugs conceal the pain without correcting the underlying condition.
경찰 2012

→ 일반적으로 알려지지 않은 것은, 성능을 크게 칭찬받는 진통제 중 많은 것들이 근본 상태를 바로잡는 것 없이 그저 통증을 은폐할 뿐이라는 것이다.

haul
[hɔːl]

ⓝ 잡아당기기; 견인; 운반 ⓥ 잡아끌다; 차로 운반하다

The fisherman hauled the man into the boat and made for shore without casting any of his nets.
경찰 2013

→ 그 어부는 그 남자를 배 위로 끌어당겼고 그물을 하나도 던지지 않은 채 해변으로 향했다.

discoloration
[diskʌləréiʃən]

ⓝ 변색; 퇴색

discolor [diskʌlər] ⓥ ~을 변색시키다; ~의 색을 더럽히다

The bacteria produces discoloration and bad odors.
경찰 2009

→ 그 박테리아는 변색과 불쾌한 냄새를 야기한다.

frugal
[frúːgəl]

ⓐ 검소한(＝thrifty); 절약하는; 간소한

frugality [fruːgǽləti] ⓝ 절약, 검약

Twenty-seven-year-old lawyer Kevin Han is frugal.
경찰 2014

→ 27살의 변호사인 Kevin Han은 검소하다.

amenable
[əmíːnəbl]

ⓐ 순종적인; 다루기 쉬운; 잘 따르는

amenability [əmìːnəbíləti] ⓝ (복종의) 책임; 순종

Diseases once thought to be purely physiological and incurable may be more amenable to personal control than we once believed.
경찰 2008

→ 순전히 생리적이고 불치인 것으로 생각했던 질병은 어쩌면 우리가 예전에 믿었던 것보다 훨씬 개인적인 통제에 잘 따를 수도 있다.

humdrum
[hʌ́mdrʌm]

ⓐ 단조로운; 평범한

The humdrum routine of his present life is literally killing him.
경찰 2009

→ 그의 현재 삶의 단조로운 일과는 말 그대로 그를 죽이고 있다.

cascade
[kæskéid]

ⓝ 작은 폭포; 일련의 단계적 반응 ⓥ 폭포처럼 떨어지다

Chain reactions occur in chemical plants when a single excited molecule prompts its neighbors into a cascade of combination to create plastics.
경찰 2013

→ 연쇄 반응은 화학 공장에서 활성화된 하나의 분자가 이웃들을 자극하여 플라스틱을 만들기 위한 일련의 결합을 촉발할 때에도 일어난다.

inventory
[ínvəntɔːri]

ⓝ 재고; 목록

Among the most recent results of their research is a descriptive inventory of alpine fashions in those remote times. 경찰 2012
→ 그들의 최근 연구 결과 중에는 격리된 그 시기의 알프스 지역의 패션에 대해 묘사한 목록이 있다.

decompose
[dìːkəmpóuz]

ⓥ 분해하다(= disintegrate); 부패하다(= decay; rot)
decomposition [dìːkɑːmpəzíʃən] ⓝ 분해, 분할
decomposer [dìːkəmpóuzər] ⓝ 분해자

An important interruption in the usual flow of energy apparently occurred millions of years ago when the growth of land plants and marine organisms exceeded the ability of decomposers to recycle them. 경찰 2017
→ 에너지의 일반적인 흐름에서의 현저한 장애는 명백히 육지 식물과 해양 유기체들의 성장이 그것들을 재활용하는 분해자들의 능력을 초과했던 몇 백만 년 전에 발생했다.

volatile
[válətil]

ⓐ 휘발성의; 불안정한; 변덕스러운
volatility [vɑ̀lətíləti] ⓝ 변동성; 불확실성; 휘발성
volatilize [válətəlàiz] ⓥ 휘발하다; 휘발시키다

But the biggest jump came while they were with people they felt ambivalent about: an overbearing parent, a volatile romantic partner, or a competitive friend. 경찰 2016
→ 그러나 과잉보호하는 부모, 변덕스러운 연애 상대, 혹은 경쟁심이 강한 친구 등 그들이 애증을 느끼는 사람과 있을 때 가장 큰 급등이 왔다.

• volatile exchange rate 불안정한 환율

cleavage
[klíːvidʒ]

ⓝ 균열; 쪼개짐
cleave [kliːv] ⓥ 착 달라붙다; 쪼개다(= split)

The cleavage between the city and the countryside is not a uniquely American idea. 경찰 2011
→ 도시와 지방 사이의 균열이 유독 미국적인 개념은 아니다.

arson
[áːrsn]

ⓝ 방화

It was the police's incompetence that caused the epidemic of theft, violence, and arson. 경찰 2006
→ 절도, 폭력, 방화의 확산을 야기한 것은 경찰의 무능력함이었다.

hygienic
[hàidʒiénik]

ⓐ 위생적인; 건강에 좋은
hygiene [háidʒi:n] ⓝ 위생; 건강법

Although this doesn't sound very hygienic, experts say exposure to someone else's bacteria could actually help strengthen your immunity. 경찰 2016

→ 비록 이것이 매우 위생적으로 들리진 않지만, 전문가들은 다른 누군가의 박테리아에 노출되는 것은 사실 당신의 면역성을 강화하는 데 도움을 줄 수 있다고 말한다.

setback
[sétbæk]

ⓝ 역행; 좌절; 역류

The technological world view suffered an even more critical setback in 1945 when U.S. airplanes dropped atomic bombs on Japanese cities. 경찰 2017

→ 기술적인 세계의 관점은 1945년 미국 비행기가 일본의 도시들에 원자 폭탄을 떨어뜨렸을 때 훨씬 더 치명적인 좌절을 겪었다.

sanctity
[sǽŋktəti]

ⓝ 신성; 거룩함(＝holiness; sacredness); 존엄(성)

They had to find safety and sanctity inside themselves or they would not have been able to tolerate those tortuous lives. 경찰 2011

→ 그들은 자신 안의 안녕과 존엄을 찾아야 했으며, 그렇게 하지 않았다면 그 우여곡절 많은 삶을 견딜 수 없었을 것이다.

route
[ru:t]

ⓝ 길; 항로 ⓥ 보내다; 노선을 계획하다

Their primary objective was to explore and to map the newly acquired territory, and to find a practical route across the western half of the continent. 경찰 2017

→ 그들의 주요한 목표는 새롭게 획득한 영토를 탐색하며 지도를 만들고, 대륙의 서쪽 절반을 가로지르는 실질적인 경로를 찾는 것이었다.

ascend
[əsénd]

ⓥ 오르다(↔descend ⓥ 내려가다); 상승하다
ascent [əsént] ⓝ 올라감; 오르막(길); 상승

No matter what road is chosen the travelers who started from different valleys will all meet on the top of the mountain, provided they keep on ascending. 경찰 2011

→ 어떤 길이 선택됐는가와 상관없이 서로 다른 계곡에서 출발한 여행자라도 오르기를 계속한다면 결국에는 모두 산 정상에서 만날 것이다.

pitch
[pitʃ]

ⓝ 음의 높이; 던지기 ⓥ 던지다; (어떤 높이의) 소리를 내다; 고정시키다

Elephants communicate with one another by means of calls too low pitched for human being to hear.

경찰 2011

→ 코끼리들은 음조가 너무 낮아서 사람은 들을 수 없는 울음소리를 이용하여 서로 의사소통한다.

oppressive
[əprésiv]

ⓐ 압제적인; 포학한(= tyrannical)
oppress [əprés] ⓥ 억압하다; 억누르다
oppression [əpréʃən] ⓝ 억압; 탄압

I began to understand why we are justly seen as oppressive, even when we don't see ourselves that way.

경찰 2012

→ 나는 우리가 우리 자신을 그런 식으로 보지 않을 때조차 왜 우리가 당연히 억압적으로 보이는지 이해하기 시작했다.

doublespeak
[dʌ́blspìːk]

ⓝ 얼버무리는 말; 애매모호한 말

The doublespeak flows in the government, whether people in government are talking to the public or to each other.

경찰 2018

→ 정부 관계자들이 대중에게 얘기하든 서로 얘기하든, 애매모호한 말이 정부에서 넘친다.

perverse
[pərvə́ːrs]

ⓐ 심술궂은; 사악한; 비뚤어진
perversely [pərvə́ːrsli] ⓐⓓ 비뚤어져; 곤란하게

Perversely the obverse is true, for millions of Europeans travel to America each summer to see the last frontier and see what Americans have done with the heritage Europeans gave them.

경찰 2015

→ 곤란하게도 그 반대도 사실인데, 해마다 여름이면 마지막 개척지를 보고 유럽인이 그들에게 주었던 유산을 가지고 미국이 무엇을 했는지를 보기 위해 수많은 유럽인들이 미국으로 여행을 가기 때문이다.

ballot
[bǽlət]

ⓝ 투표; 투표 용지 ⓥ 투표하다

In many national elections, fewer than half of Americans cast their ballots, and in local elections, the numbers are much lower.

경찰 2006

→ 많은 총선에서 절반 미만의 미국인들이 투표하고, 지방 선거에서 그 수는 훨씬 적다.

defy
[difái]

ⓥ 무시하다; ~에게 도전하다

Defying mathematical laws, all subjects — every last one — put themselves in the top half of the population. 경찰 2006
→ 수학적 법칙을 무시하며, 한 명도 빠짐없이 모든 실험 대상들은 인구의 상위권 절반에 해당하는 데에 그들 자신을 위치시킨다.

amble
[ǽmbl]

ⓝ 느린 걸음걸이 **ⓥ** 천천히 걷다

My mother was standing at the window, watching a lone cow ambling across a distant field. 경찰 2013
→ 나의 어머니가 먼 들판을 가로질러 천천히 걷고 있는 한 마리 소를 바라보며 창가에 서 있었다.

cite
[sait]

ⓥ 인용하다; 언급하다
citation [saitéiʃən] **ⓝ** 인용구; 소환장

You don't succeed as a scientist by getting papers published. You succeed as a scientist by getting them cited. 경찰 2017
→ 당신은 논문을 출간함으로써 과학자로서 성공하지 않는다. 당신은 그것들이 인용되도록 함으로써 과학자로 성공한다.

gobble
[gábl]

ⓥ ~을 게걸스럽게 먹다; ~을 잡아채다.

Now, belatedly, Attorney General Martha Coakley is trying to rein in the hospitals with a negotiated agreement that would at least slow the increases in Partners' prices and limit the number of physician practices it can gobble up, albeit only temporarily.
경찰 2015
→ 뒤늦게, 오늘날 법무장관 Martha Coakley는 Partners의 비용 인상을 적어도 늦추고, 그것이 잡아챌 수 있는 진료 건수를 제한하는 협상 동의서로, 비록 일시적이라도 병원들을 통제하려 노력하고 있다.

hypnosis
[hipnóusis]

ⓝ 최면 상태
hypnotic [hipnátik] **ⓐ** 최면 상태의
hypnotize [hípnətàiz] **ⓥ** ~에 최면술을 걸다

Only patients who are able to undergo deep hypnosis, about one quarter of the population, are appropriate for this technique in surgery. 경찰 2007
→ 인구 중 4분의 1정도 되는 깊은 최면을 경험할 수 있는 환자들만이 이 수술 기술에 적합하다.

concise
[kənsáis]

ⓐ 간결한(= succint; terse); 축약된

Engineers' words are always concise and precise in order to communicate ideas without any confusion.

경찰 2011

→ 기술자의 언어는 어떤 혼동도 없이 생각을 전달하기 위하여 항상 간결하고 정확하다.

enrichment
[inrítʃmənt]

ⓝ 부유; 풍부; 강화물

enrich [inrítʃ] ⓥ 부유하게 하다; 질적으로 향상시키다

If efforts at job enrichment are successful, perhaps some of these feelings will be eliminated or reduced.

경찰 2006

→ 직업적 강화의 노력이 성공적이라면, 어쩌면 이러한 감정들 중 일부는 제거되거나 줄어들 것이다.

reciprocal
[risíprəkəl]

ⓐ 상호간의; 상응하는

reciprocally [risíprəkəli] ⓐⓓ 서로; 호혜적으로

reciprocate [risíprəkèit] ⓥ ~에 보답하다; ~을 교환하다

I should be willing to surrender my natural right to wage war against you, to the extent that you are reciprocally willing to surrender your natural right to wage war against me.

경찰 2017

→ 당신이 호혜적으로, 나에 대해 전쟁을 벌일 자연권을 기꺼이 포기하는 한, 나도 당신에 대해 전쟁을 벌일 자연권을 흔쾌히 포기하겠다.

discern
[disə́:rn]

ⓥ 식별하다; 분간하다

discernible [disə́:rnəbl] ⓐ 인식할 수 있는; 알아볼 수 있는

discernment [disə́:rnmənt] ⓝ 인식력; 통찰력

Listening to informal everyday conversation, it is possible to discern a number of ways in which people follow the principle of joke.

경찰 2010

→ 격식 없는 매일의 일상적인 대화를 듣고 있으면, 사람들이 농담의 규칙을 따르는 수많은 방식을 분간할 수 있다.

segment
[ségmənt]

ⓝ 분절; 부분 ⓥ 분할하다; 구분하다

They may drop smaller market segments and marginal trade channels, or they may cut the promotion budget and reduce their prices further.

경찰 2010

→ 그들은 소규모 시장이나 주요하지 않은 판매처를 배제할 수도 있고 또한 홍보 예산을 삭감하거나 가격을 더 내릴 수도 있다.

emporium
[impɔ́:riəm]

ⓝ 상업 중심지; 큰 상점; 가게

When it's time to take a break from shopping, there are a number of things to do and see, including Galaxyland Amusement Park, World Waterpark, Deep Sea Submarine Adventure, and Sea Life Caverns, a full-scale casino, a bowling emporium, three movie complexes. 경찰 2008

➡ 쇼핑을 잠시 쉴 때가 되면 Galaxyland 놀이공원, 월드 워터파크, 심해 잠수함 어드벤처, 그리고 해양 생물 동굴, 대규모 카지노, 볼링장, 그리고 세 개의 멀티플렉스 극장을 포함한 할거리와 볼거리가 많다.

roll back

끌어내리다; 격퇴하다; 되돌리다

But a number of experts question the scientific wisdom of trying to roll back ecosystems to a time when they were more natural. 경찰 2017

➡ 그러나 많은 전문가들은 생태계를 그것들이 더욱 자연적이었던 시절로 되돌리려는 과학적인 지식에 대해 의문을 던진다.

in charge

~의 책임이 있는

"People may feel more in charge when they're filled with anger," points out Mart Grunte, author of *How to Forgive When You Don't Know How*. 경찰 2013

➡ "사람들은 그들이 분노로 가득 차 있을 때 더 책임을 느낄지도 모른다."라고 '어떻게 용서해야 할지 모를 때 용서하는 방법'의 저자인 Mart Grunte는 지적한다.

stumble on/across

우연히 마주치다; ~을 우연히 발견하다

I stumbled on a possible clue to these mysteries during a visit to a zoo in Portland, Oregon. 경찰 2011

➡ 나는 Oregon 주 Portland의 한 동물원을 방문했을 때, 이 수수께끼에 대한 가능성 있는 단서를 우연히 마주치게 되었다.

doze off

졸다

The man had just dozed off again when there was another knock. 경찰 2009

➡ 다른 노크 소리가 나던 순간 남자는 막 졸던 참이었다.

pluck
[plʌk]

ⓥ 잡아 뜯다; 뜯어내다

In the dark, a crane then plucked the statues for safekeeping and repair in a workshop. 경찰 2013
→ 어둠 속에서, 작업장에서의 안전한 보관과 수리를 위해 크레인 이 그 석상을 뜯어냈다.

propensity
[prəpénsəti]

ⓝ (종종 바람직하지 않은 것에 대한) 경향; 성향; 기호

Middle children have a propensity to leave home first and live farther away from the family than anyone else. 경찰 2008
→ 중간에 있는 아이들은 집을 먼저 떠나고 다른 누구보다도 가족 과 멀리 떨어져 사는 경향이 있다.

transpose
[trænspóuz]

ⓥ 뒤바꾸다; 바꾸어 놓다(≡interchange)

The 41-year-old artist has explored both the exteriors of residential developments and interiors of corporate buildings in his home city of Berlin, rearranging images of each into grids and panel mosaics, occasionally transposing them into video works. 경찰 2014
→ 그 41세의 예술가는 그의 고향인 베를린에서 각각의 이미지를 격자 모양과 사각 모자이크 이미지로 재배치하거나 때로는 그것들 을 영상물로 바꾸어가며 주거 단지의 외부와 회사 건물의 내부에 대해서 탐구해왔다.

deface
[diféis]

ⓥ ~의 외관을 손상시키다; 체면을 구기게 하다

This amounts to saying that much of the litter that now defaces our country is fairly directly caused by the careless behavior of most people who throw away usable products. 경찰 2011
→ 이것은 현재 우리나라를 더럽히는 쓰레기의 상당 부분이 꽤 직 접적으로, 사용 가능한 물건을 버리는 대부분의 사람들의 부주의 한 행동에서 발생한다는 말과 같다.

hapless
[hǽplis]

ⓐ 불행한(= unfortunate; miserable); 불운한

To begin with, it was not the hapless victims of the Nazis who named their incomprehensible and totally unmasterable fate the "holocaust." 경찰 2012

→ 우선, 그들의 이해할 수 없고 전적으로 통제할 수 없었던 운명을 "홀로코스트"라고 이름 붙인 것은 나치의 불운한 희생자들이 아니었다.

snatch
[snætʃ]

ⓥ 빼앗다; 낚아채다

She yelled all night to keep them from sleeping, and snatched food from their mouths at mealtimes. 경찰 2014

→ 그녀는 그들이 잠을 자지 못하도록 밤새 소리를 질러댔고, 식사 때는 입에서 음식을 낚아채 갔다.

disarm
[disá:rm]

ⓥ 무장을 해제하다; ～의 무기를 빼앗다

This mutual disarming is in each person's self-interest. 경찰 2017

→ 이러한 상호적인 무장해제는 각자의 사익 안에 있다.

engulf
[ingʌ́lf]

ⓥ 사로잡다; ～을 삼키다

Blustering clouds engulfed my mountainside in snow, quickly undoing all the good works of the sun. 경찰 2014

→ 거세게 몰려든 구름이 내가 있던 산비탈을 눈으로 삼켜버렸고, 금세 태양의 좋은 작품을 무효로 만들었다.

rampant
[rǽmpənt]

ⓐ 사나운; 미쳐 날뛰는; 만연하는(= prevailing)

The drug trade became so rampant in that part of Brooklyn that most people would take to the safety of their apartment at nightfall. 경찰 2010

→ 브루클린의 그 지역에서 마약 거래가 너무 만연하게 된 나머지, 대부분의 사람들은 해 질 녘에 그들의 안전한 아파트로 돌아가곤 했다.

extrovert
[ékstrəvə̀:rt]

ⓝ 외향적인 사람(↔ introvert ⓝ 내향적인 사람); 외향형

They initiate conversations with more people because they are extroverts. 경찰 2010

→ 그들은 외향적이기 때문에 더 많은 사람들과 대화를 시작한다.

far-flung

ⓐ 멀리 뻗친; 광범위한

In rural areas, telecom companies balk at the cost of wiring far-flung homes, while low-income families can find the fees prohibitive. 경찰 2017

→ 시골에서는, 통신사들이 멀리 떨어진 가정에 선을 설치하는 비용에 머뭇거리는 반면, 저소득 가정은 그 비용을 엄두도 못 낼 정도로 비싸다고 생각할 수 있다.

typeface
[táipfèis]

ⓝ 활자체; 서체

For example, the space that the headline will occupy is almost always dictated by the layout of the page, and the size of the typeface will similarly be restricted. 경찰 2010

→ 예를 들어 헤드라인이 차지할 공간은 거의 항상 그 페이지의 지면 배정에 의해 결정되어 있고, 서체 크기도 비슷하게 제한된다.

coerce
[kouə́:rs]

ⓥ 억압하다; 강요하다
coercion [kouə́:rʃən] ⓝ 강제; 강압
coercive [kouə́:rsiv] ⓐ 강제적인; 고압적인

Whether their "free" time will be coerced, involuntary, and the result of forced part-time work, layoffs, and unemployment, or leisure made possible by productivity gains, shorter workweeks, and better income remains to be worked out in the political arena. 경찰 2013

→ 그들의 "자유" 시간이 강제적인 것, 비자발적인 것, 강요된 시간제 일자리와 일시적 해고와 실업의 결과가 될지, 아니면 생산성 향상과 단축된 근무시간과 나은 임금으로 가능해진 여가 시간이 될지는 정치권에서 해결될 것으로 남아있다.

cache
[kæʃ]

ⓝ 은닉처; 저장품 ⓥ 숨기다; 은닉처에 감추다

They have been spotted caching food for later, gathering string to pull up hanging food and even trying to deceive one another. 경찰 2018

→ 그들은 나중을 위해 음식을 은닉처에 감추고, 걸려있는 음식을 당기기 위해 줄을 모으고 심지어 서로를 속이려고 시도하는 모습을 목격당했다.

yeoman
[jóumən]

ⓝ 자작농; 소지주 ⓐ 솜씨 좋은

He was a yeoman, rough and cruel at times. 경찰 2016
→ 그는 때때로 거칠고 잔인한 자작농이었다.

diversion
[divə́:rʒən]

ⓝ 전환; 유용; 다른 데로 돌리기; 기분 전환거리
divert [divə́:rt] ⓥ 전용하다; 다른 데로 돌리다

Since he retired, John has been deprived of some favorite diversions — business meetings, business trips and cocktail parties. 경찰 2009
→ 은퇴한 이후로 John은 가장 좋아했던, 사업 미팅, 출장 그리고 칵테일 파티와 같은 몇몇 기분 전환거리를 뺏겼다.

redundant
[ridʌ́ndənt]

ⓐ 장황한; 여분의; 불필요한
redundancy [ridʌ́ndənsi] ⓝ 여분; 과잉; 장황함

The other says that they are actually formed during the day, but then "edited" at night, to flush away what is redundant. 경찰 2007
→ 다른 사람들은 그것들이 실제로 낮 동안에 만들어진다고 하지만, 불필요한 것들을 없애기 위해서 밤에 "편집된다"고 한다.

furtherance
[fə́:rðərəns]

ⓝ 촉진(= promotion); 조장

A pay increase is a public good in that workers who are not union members, or who choose not to strike in furtherance of the pay claim, are treated equally with union members and those who did strike. 경찰 2015
→ 봉급 인상은 조합의 일원이 아니거나 임금 인상 요구를 촉진하기 위해 파업하지 않기로 선택한 노동자가 조합원이나 파업에 참여한 노동자들과 동등한 처우를 받을 수 있다는 점에서 공공의 이익이다.

submission
[səbmíʃən]

ⓝ 복종; 굴복; 순종
submissive [səbmísiv] ⓐ 복종하는; 순종하는

Wherever we go, we're perpetually smiling, being one of our culture's little rituals of submission. 경찰 2008
→ 우리가 어딜 가든 우리는 끊임없이 미소 짓고 있으며, 그것은 우리 문화의 작은 순종 의식 중 하나이다.

versatile
[və́:rsətl]

ⓐ 다재다능한; 다목적의; 변덕스러운
versatility [və̀:rsətíləti] ⓝ 다재; 다목적성; 융통성; 변덕스러움

He had a marvelously versatile gift for forgetting things. 경찰 2011
→ 그는 무엇인가 잊어버리는 데 놀라울 만큼 다재다능한 재주를 가지고 있었다.

loop
[lu:p]

ⓝ 고리; 회로 ⓥ 고리로 만들다; 원을 그리며 움직이다

Stand-ups often loop to the same punch line throughout a set. 경찰 2016
→ 스탠드업 코미디는 공연 내내 같은 펀치라인을 원을 그리듯 반복한다.

rhetoric
[rétərik]

ⓝ 수사학; (부정적) 미사여구

rhetorical [ritɔ̀:rikəl] ⓐ 수사학의; 미사여구인

Rhetoric, the art of using language, has always been the trademark of lawyers, and trials, especially in Common Law, have been widely understood as battles by words. 경찰 2016
→ 언어를 사용하는 기술인 수사학은 항상 변호사들의 트레이드마크였고, 특히 관습법에서 재판은 언어의 전쟁으로 폭넓게 이해되었다.

deference
[défərəns]

ⓝ 복종; 경의

I suppose it takes too much time and effort and shows too much deference — so, like many similar customs, it is doomed in modern Britain. 경찰 2015
→ 나는 그것이 너무 많은 시간과 노력을 필요로 하고 지나친 경의를 보인다고 생각한다. 따라서 다른 많은 관습들처럼 그것은 현대 영국에서 사라질 운명이다.

psyche
[sáiki]

ⓝ 정신; 마음; 혼

I am convinced that the explanation for this is to be found in the fact that at the level of deep structures in music there are elements that are common to the human psyche, although they may not appear in the surface structures. 경찰 2016
→ 나는, 비록 표면 구조에 드러나지는 않아도, 음악의 심층 구조 단계에서는 인간 정신에 공통되는 요소들이 있다는 사실에서 이것에 대한 설명을 찾을 수 있다고 확신한다.

denounce
[dináuns]

ⓥ 비난하다; 고발하다; 파기하다

After emerging victorious in his long-fought bout against cancer, the media tycoon tried to turn over a new leaf by denouncing his opulent way of life. 경찰 2017
→ 암에 대한 오랜 싸움에서 승리한 후에, 그 미디어 거물은 자신의 부유한 삶의 방식을 비난하면서 새로운 삶을 살고자 노력했다.

weep
[wi:p]

ⓥ 울다; 눈물을 흘리다

The morning of his last day, his wife, Calpurnia, told him she'd had terrible dreams during the night; weeping, she begged him not to go to the Senate. 경찰 2015

→ 그의 생애 마지막 날 아침 그의 아내인 Calpurnia는 그에게 밤새 끔찍한 악몽을 꿨다고 말했고, 눈물을 흘리며 그에게 원로원에 가지 말라고 애원했다.

ecological
[ìkəládʒikəl]

ⓐ 생태학적인

Yet patterns of human time use are key drivers of ecological outcomes. 경찰 2014

→ 하지만 사람이 시간을 사용하는 방식은 생태학적인 결과의 핵심적인 동인이다.

makeshift
[méikʃift]

ⓝ 임시변통의 물건; ⓐ 임시변통의(≡temporary)

It was composed of a traditional fireplace, a makeshift cabinet, and a wooden crate that held our two buckets of all-purpose water. 경찰 2012

→ 그곳은 전통적인 벽난로와 임시 수납장 그리고 다용도의 물을 담은 우리의 양동이 두 개를 넣어둔 나무 상자로 이루어져 있었다.

statute
[stǽtʃu:t]

ⓝ 법령; 법규

statutory [stǽtʃutɔ̀:ri] ⓐ 제정법에 따르는; 법규의

The Bureau of Land Management issued a press release in 1986 which began, "In a move to add administrative procedures regarding compliance with statutory requirements, the Department of the Interior's Bureau of Land Management (BLM) today published a rulemaking concerning federal coal lease qualifications." 경찰 2018

→ 1986년 토지 관리국에서는 "법률적 요구사항을 준수함에 주의를 기울이며 행정상의 절차를 더하는 움직임으로, 오늘날 내무부의 토지 관리국(BLM)은 연방 석탄 임대 자격과 관련된 규제를 발표한다"고 시작하는 보도 자료를 냈다.

anonymous
[ənánəməs]

ⓐ 작자 불명의; 익명인(≡incognito); 개성 없는

anonymity [ænəníməti] ⓝ 익명; 무명

"Nowadays being anonymous is worse than being poor." 경찰 2016

→ "요즘 세상은 무명이 가난보다 더 비참하다."

allusion
[əlúːʒən]

ⓝ 간접적인 언급; 암시
allude [əlúːd] ⓥ 암시하다(= imply; insinuate); 넌지시 언급하다

It was not until the twentieth century and modern movements that celebrated emotion and allusion that Donne really began to be appreciated. 경찰 2013
→ 20세기가 되고 감정과 암시를 찬미하는 현대적인 사조가 생긴 뒤에야 Donne은 정말로 인정받기 시작했다.

precedent
[présədənt]

ⓝ 전례; 선례 ⓐ 선행하는; 앞서는

The judges are guided by the theory and rules of precedent, which means they are bound by previous rulings that set "precedents." 경찰 2018
→ 판사들은 판례의 이론과 규칙에 의해 인도되고, 이는 그들이 "판례"를 세우는 이전의 판결에 구속된다는 것을 의미한다.

stride
[straid]

ⓝ 활보; 큰 걸음 ⓥ (strode-stridden)성큼성큼 걷다

Amid frowns and sighs from the half-dozen other people in the car — irritation was high on a hot day like this — Sheriff Roy strode into the elevator and gave them a quick once-over and smile, as if this were a meeting he'd convened. 경찰 2009
→ 차 안 대여섯 명 사람들의 찡그린 얼굴과 한숨 사이로, 이렇게 더운 날엔 불쾌지수가 높기에, 보안관 Roy는 엘리베이터 안으로 성큼성큼 걸어가 그들을 대충 훑어보고 이것이 자기가 소집한 회의인 것처럼 미소지었다.

conifer
[kóunəfər]

ⓝ 침엽수

In the sea the gastropods, pelecypods, and foraminifera dominated the faunas, while on land the mammals, conifers, and flowering plants were dominant. 경찰 2006
→ 바다 속에서는 복족류, 부족류 그리고 유공충이 동물군을 장악했으며 육지에서는 포유류, 침엽수 그리고 꽃을 피우는 식물들이 지배적이었다.

penchant
[péntʃənt]

ⓝ 강한 기호; 경향; 편벽되게 좋아하기(= partiality)

His penchant for the finer things in life led to the demise of his family fortune. 경찰 2018
→ 삶에서 더 좋은 것을 가지고 싶어 한 그의 경향은 그의 가족의 운명을 파멸로 이끌었다.

honk
[hɑŋk]

ⓝ 경적 소리 ⓥ 경적을 울리다

A taxi honks, then a bus, then a policeman blows his whistle and shouts to the crowds dashing across the street. 경찰 2009
→ 택시가 경적을 울리고, 그 후에 버스가, 그다음은 경찰관이 그의 호각을 불며 거리를 가로질러 돌진하는 군중들에게 소리쳤다.

well out of

뿜어져 나오다; 샘솟다

Finally, lava, accompanied by burning clouds of ash and gas, welled out of the volcano's new crater and cracks in its flanks. 경찰 2012
→ 마침내 뜨거운 재와 가스의 구름과 함께, 용암이 화산의 새로운 분화구와 그 측면의 균열에서 뿜어져 나왔다.

cast in a bad light

나쁘게 해석하다; 그릇된 관점으로 보다

Moreover, physicians' relatively high social prestige and power may intimidate patients by making them feel that their problems are trivial and unimportant, or making them reluctant to volunteer information that might cast them in a bad light. 경찰 2010
→ 게다가 상대적으로 높은 의사들의 사회적 지위와 권력이 환자들 스스로의 문제가 사소하고 하찮다고 느끼게 하거나, 그들을 나쁘게 해석할 정보를 자발적으로 알려주는 것을 꺼리게 하여 환자들에게 겁을 줄 수도 있다.

cave in

응하다; 무너지다

The roof caved in and a heavy wooden beam trapped one of the baby pigs. 경찰 2014
→ 지붕은 무너졌고, 무거운 나무 기둥이 새끼 돼지들 중 하나를 덮쳤다.

round the bend

미친; 이성을 잃은

My mother was a woman with a practical head on her shoulders, and I thoght for a frightening moment that the countryside had finally sent her round the bend. 경찰 2013
→ 우리 엄마는 매우 현실적인 사람이었기에, 나는 잠깐의 두려운 시간 동안 이 시골이 마침내 그녀가 이성을 잃게 만든 것이라는 생각을 했다.

Review Test DAY 11-15

1 다음 우리말을 영어로 쓰시오.

01 표준의, 규범적인

02 균열

03 침엽수

04 상환, 환급

05 복종, 경의

06 응보, 징벌

07 아늑한, 딱 맞는

08 빈민굴

09 우위의, 출중한

10 암시

11 의미의, 의미론의

12 은밀한, 교활한

13 단조로운, 평범한

14 분간하다

15 치명적인, 치사의

16 관대한

17 유도의, 귀납적인

18 경향, 성향, 기호

19 촉진, 조장

20 정신의, 심령의

21 전리품, 약탈하다

22 매개 변수, 조건

2 다음 영어를 우리말로 쓰시오.

01 denounce

02 aggravate

03 concession

04 eradicate

05 transpose

06 emphatic

07 dilate

08 segment

09 curtail

10 rampant

11 deify

12 formidable

13 bounty

14 perverse

15 pluck

16 redundant

17 versatile

18 eloquent

19 intact

20 intermittent

21 ramify

22 amenable

3 다음 빈칸에 알맞은 단어를 고르시오.

01 After every fatal shooting, the officer who has fired the gun will face a _____ investigation to account for his or her actions.

모든 치명적인 총격 이후, 총을 발포한 경관은 그 혹은 그녀의 행동을 설명할 엄격한 조사를 받게 될 것이다.

① lavish   ② stringent   ③ communal   ④ idle   ⑤ posthumous

02 _____ mathematical laws, all subjects — every last one — put themselves in the top half of the population.

수학적 법칙을 무시하며, 한 명도 빠짐없이 모든 실험 대상들은 인구의 상위권 절반에 해당하는 데에 그들 자신을 위치시킨다.

① Awaiting   ② Defying   ③ Contending   ④ Reproaching   ⑤ Pleading

03 An unpopulated patch of land near an ocean is preferable, so no one gets showered with _____ bits of flaming metal.

누구도 불타는 금속의 통제 불가능한 조각들에 공습당하지 않도록, 바다 근처의 비거주지역이 바람직하다.

① nostalgic   ② crude   ③ synthetic   ④ wayward   ⑤ cardinal

04 What is not generally understood is that many of the _____ pain-killing drugs conceal the pain without correcting the underlying condition.

일반적으로 알려지지 않은 것은, 성능을 크게 칭찬받는 진통제 중 많은 것들이 근본 상태를 바로잡는 것 없이 그저 통증을 은폐할 뿐이라는 것이다.

① engulfed   ② vaunted   ③ oppressed   ④ contended   ⑤ granted

---

1   01 normative   02 cleavage   03 conifer   04 reimbursement   05 deference   06 retribution 07 snug   08 shantytown   09 preeminent   10 allusion   11 semantic   12 furtive   13 humdrum 14 discern   15 lethal   16 lenient   17 inductive   18 propensity   19 furtherance 20 psychic   21 loot   22 parameter

2   01 비난하다, 고발하다, 파기하다   02 악화시키다, 심화시키다   03 양보, 인정, 면허, 장내 매점   04 전멸시키다, 근절하다, 지우다   05 뒤바꾸다, 바꾸어 놓다   06 단호한, 뚜렷한   07 ~를 팽창[확장]시키다   08 분절, 부분, 분할하다, 구분하다   09 단축하다, 삭감하다   10 사나운, 미쳐 날뛰는, 만연하는   11 신격화하다, 숭배하다   12 엄청난, 가공할 만한   13 박애, 관대함, 현상금   14 심술궂은, 사악한, 비뚤어진   15 잡아 뜯다, 뜯어내다   16 장황한, 여분의   17 다재다능한, 다목적의, 변덕스러운   18 설득력 있는, 유창한   19 손상되지 않은, 온전한   20 간헐적인, 주기적인   21 가지를 내다, 분기하다   22 순종적인, 다루기 쉬운, 잘 따르는

3   01 ②   02 ②   03 ④   04 ②

scowl
[skaul]

ⓝ 찡그린 얼굴 ⓥ 얼굴을 찌푸리다(≡frown)

Scowling, the man rolled down the window. 경찰 2009
→ 얼굴을 찌푸리며 그 남자는 창을 내렸다.

juxtapose
[dʒʌ̀kstəpóuz]

ⓥ 나란히 놓다; 병렬하다

juxtaposition [dʒʌ̀kstəpəzíʃən] ⓝ 병치; 병렬

An official in the Department of Commerce who had requested an increase in salary was told that "Because of the fluctuational predisposition of your position's productive capacity as juxtaposed to government standards, it would be monetarily injudicious to advocate an increment." 경찰 2018
→ 월급 인상을 요구했던 상무부의 관계자는, "정부 기준에 나란히 놓았을 때 당신 자리의 생산적 능력의 변동하는 경향 때문에, 인상을 옹호하는 것은 금전적으로 불공정할 것이다"라는 말을 들었다.

clamber
[klǽmbər]

ⓝ 등반; 기어오르기 ⓥ 기어오르다

Many nights past midnight Mr. Branda and his colleagues clambered onto the windswept roof of St. Salvator Church at the foot of Charles Bridge to wrap and tie up seven 17th-century stone statues of the disciples. 경찰 2013
→ 자정을 넘긴 많은 밤 동안 Branda 씨와 그의 동료들은 17세기 사도 석상 7개를 포장하고 묶어놓기 위해 Charles교 기슭의 St. Salvator 교회의 강한 바람에 노출된 지붕 위로 기어올랐다.

glorification
[glɔ̀:rəfikéiʃən]

ⓝ 찬송; 미화

glorify [glɔ́:rəfài] ⓥ 찬송하다; 미화하다

Now I'm all for women developing competency and self-reliance, but I think the glorification of professional women goes too far. 경찰 2007
→ 나는 능력과 자립성을 계발하는 여성들을 전적으로 지지하지만, 전문직 여성들에 대한 미화가 지나치다고 생각한다.

astrology
[əstrálədʒi]

ⓝ 점성술; 점성학

Until recently, astrology was considered a part of popular culture, and no one in the academic world took it seriously. 경찰 2008
→ 최근까지 점성술은 대중문화의 한 부분으로 여겨졌고, 학계의 어느 누구도 그것을 진지하게 받아들이지 않았다.

relegate
[réləgèit]

ⓥ 좌천시키다(=demote); 추방하다(=banish); 이관하다

Instantly I was relegated to the position of Indian. 경찰 2011
→ 나는 바로 인디언의 위치로 좌천되었다.

subdivide
[sʌbdiváid]

ⓥ 세분하다; 재분할하다

In geologic time the Paleocene is the first epoch of the Tertiary Period as it is usually subdivided. 경찰 2006
→ 지질학적 시간으로 팔레오세는 보통 세분되는 것처럼 제 3기의 첫 시대이다.

diarrhea
[dàiəríːə]

ⓝ 설사

When tropical diarrhea struck in the small hours of the night, I had to pick my way out through a carpet of small brown bodies. 경찰 2016
→ 열대 지방성 설사가 깊은 새벽에 발생했을 때, 나는 카펫처럼 널브러진 작은 갈색 몸들 사이로 길을 찾아야 했다.

animosity
[ænəmásəti]

ⓝ 증오(=hatred; abhorrence); 악의; 원한(=grudge; enmity)

This reciprocal surrender of rights means fostering animosity. 경찰 2017
→ 이러한 권리의 상호 포기는 원한을 키우는 것을 의미한다.

edible
[édəbl]

ⓐ 먹을 수 있는; 식용의 (➕palatable ⓐ 입에 맞는)

Thanks to advances in cell cultivation, researchers are closer than ever to growing real, edible meat in labs. 경찰 2014
→ 세포 배양기술의 발달 덕택에, 연구자들은 진짜에 가깝고 먹을 수 있는 고기를 실험실에서 길러내는 일에 그 어느 때보다 더욱 가까워졌다.

combustion
[kəmbʌ́stʃən]

ⓝ 연소; 산화
combust [kəmbʌ́st] ⓥ 연료를 태우다; 소비하다
combustible [kəmbʌ́stəbl] ⓐ 흥분하기 쉬운; 가연성의

The change coincides nicely with the flood of hybrid and high-efficiency internal-combustion engines on the market. 경찰 2014
→ 이러한 변화는 시장에서 하이브리드와 고효율 내부 연소 엔진이 넘쳐나는 것과 정확하게 일치한다.

high-profile

ⓐ 남의 시선을 끄는

A series of high-profile cases involving the loss of computer discs by Government departments has left many police forces having to rethink the way they carry confidential information. 경찰 2009
→ 정부 부처의 컴퓨터 디스크 분실을 포함한 시선을 끄는 일련의 사건들은 많은 경찰 병력들이 기밀 정보를 취급하는 방식을 재고하도록 했다.

mindful
[máindfəl]

ⓐ 주의 깊은(↔mindless ⓐ 어리석은, 무심한); 염두에 두는
Mindful consumption lies at the center of being good parents. 경찰 2016
→ 주의 깊은 소비는 좋은 부모가 되는 것의 중심에 있다.

· mindful of one's responsibilities 자신의 책임을 잊지 않는

sedentary
[sédntèri]

ⓐ 앉아 있는; 늘 앉아 지내는; 고착성의

This lack of proper nutrition from local foods is only worsened by a sedentary lifestyle. 경찰 2016
→ 늘 앉아 지내는 생활 방식은 지역 생산물로부터 얻을 수 있는 적절한 영양의 부족을 악화시킬 뿐이다.

sterile
[stéril]

ⓐ 불임의; 살균한; 불모의(↔fertile ⓐ 풍요로운)

Twenty years ago, psychology seemed a rather remote and sterile area to individuals interested in the full and creative use of the mind. 경찰 2010
→ 20년 전, 심리학은 정신의 완전하고 창의적인 이용에 관심이 있었던 사람들에게는 다소 멀고 불모인 영역으로 보였다.

sack
[sæk]

ⓝ 부대; 자루; 해고 ⓥ ~을 부대에 담다; 해고하다

Grandmother always had a flour sack filled with candy and store-bought cookies. 경찰 2012
→ 할머니는 언제나 사탕과 상점에서 산 쿠키들로 가득 채워진 밀가루 자루를 가지고 계셨다.

• like a sack of potatoes 보기 흉하게

solitary
[sálətèri]

ⓝ 은둔자 ⓐ 혼자의; 유일한

While these animals flock together during migration, they are solitary nesters, choosing a site near a pond or slow-moving river. 경찰 2012
→ 이 동물들은 이동 중에 무리를 짓는 반면, 그들은 연못 또는 물살이 약한 강 근처의 장소를 골라 혼자 둥지를 트는 새들이다.

abide
[əbáid]

ⓥ 준수하다; 머무르다; ~에 견디다

Some law abiding people simply don't realize that their actions can appear threatening to the police. 경찰 2009
→ 법을 준수하는 몇몇 사람들은 그들의 행동이 경찰에게 위협적으로 보일 수 있다는 것을 단순히 깨닫지 못한다.

• abide the issue 결말에 따르다; 결과를 기다리다

perch
[pə:rtʃ]

ⓝ 높은 곳; 횃대 ⓥ 앉다; 자리잡다

Among them, according to Plutarch, "the lights in the heavens, the noises heard in the night, and the wild birds which perched in the forum." 경찰 2015
→ 그 가운데 Plutarch의 말에 따르면, "하늘의 빛, 한밤중에 들리는 시끄러운 소리들, 그리고 광장에 앉아 있는 야생 조류들"이 있었다.

bustling
[bʌsliŋ]

ⓐ 분주히 움직이는; 떠들썩한

While Gersenson's vision proved prophetic, he could hardly have predicted the outcome of the strategic decisions he made along the way to turn Door to Door Organics into the bustling multistate company it is today. 경찰 2015
→ 비록 Gersenson의 식견은 미래를 내다본 것으로 판명되었지만, 그는 Door to Door Organics를 오늘날과 같이 여러 주에서 분주히 움직이는 회사로 전환시키는 와중에 그가 내린 전략적 결정의 결과를 거의 예측하지 못했을 것이다.

disrepair
[dìsripéər]

ⓝ 파손 상태; 황폐

The sign suffered from years of disrepair, and in 1973 it was completely replaced, at a cost of $27,000 per letter. 경찰 2013
→ 그 표지판은 몇 년에 걸친 파손으로 고통받았고, 1973년에 한 글자당 27,000달러의 비용을 들여 완전히 교체되었다.

vehement
[víːəmənt]

ⓐ 격렬한; 열정적인(= zealous; ardent)
vehemently [víəməntli] ⓐ 격렬하게

My father vehemently opposed my decision to work part-time during the school year at a local grocery store. 경찰 2012
→ 나의 아버지는 학기 중에 동네 식료품점에서 아르바이트를 하겠다는 나의 결정에 대해 격렬하게 반대하셨다.

misgiving
[misgívíŋ]

ⓝ 불안; 의혹
misgive [misgív] ⓥ 불안감을 주다; 염려하게 하다

The campaign has delighted the entertainment industry, but prompted misgivings among some civil liberties advocates. 경찰 2015
→ 이 캠페인은 연예 사업 분야는 기쁘게 했지만, 시민의 자유를 옹호하는 사람들 사이에서는 불안을 발생시켰다.

endowment
[indáumənt]

ⓝ 기부; 기증; 재능
endow [indáu] ⓥ 기부하다; ~에 부여하다

There is not instinct or other biological endowment that teaches us to tie a shoelace, comb our hair, read a newspaper, and do many other things that we do every day without thinking. 경찰 2007
→ 우리가 신발끈을 묶고, 머리를 빗고, 신문을 읽으며 매일 우리가 생각 없이 하는 수많은 다른 일들을 하도록 가르치는 본능이나 다른 생물학적 재능은 없다.

• a meagerly endowed nation 자원이 빈약한 나라

perilous
[pérələs]

ⓐ 위험한; 모험적인
peril [pérəl] ⓝ 위험(= menace; jeopardy); 위기
perilously [pérələsli] ⓐ 위험할 정도로

Their perilous journey lasted from May 1804 to September 1806. 경찰 2017
→ 그들의 위험한 여정은 1804년 5월부터 1806년 9월까지 지속되었다.

wont
[wɔ:nt]

ⓝ 습관 ⓐ ~에 익숙한; ~하는 습관이 있는

At first we said little to each other, as was our wont in the city. 경찰 2013
→ 처음에는 우리가 도시에서 가졌던 습관처럼 서로 말을 거의 하지 않았다.

radiation
[rèidiéiʃən]

ⓝ 방사; 복사; 발산
radiate [réidièit] ⓐ 방사되는; ⓥ 발하다; 퍼지다
radiative [réidièitiv] ⓐ 방사하는; (빛, 열을) 복사하는

Her power was in the unconscious, natural radiation of her intense energy and concentration upon those beings and arts she loved. 경찰 2006
→ 그녀의 힘은 그녀의 강렬한 에너지의 무의식적이고 자연스러운 발산과 그녀가 사랑하는 존재와 예술에 대한 집중력에 있었다.

· radiation dose 방사선량

heredity
[hərédəti]

ⓝ 유전; 세습
hereditary [hərédətèri] ⓐ 유전적인; 세습되는(= inheritable)

Everyone takes the path which suits him best, imposed by the structure of the brain, by heredity, by traditions. 경찰 2011
→ 모든 사람들은 자신의 두뇌 구조와, 유전 그리고 전통이 부여한 자신에게 가장 적합한 길을 택한다.

· hereditary feud 숙원

canned
[kænd]

ⓐ 통조림으로 된; 미리 준비된; 녹음된

To put audiences out of their pregame misery, many stadiums resort to canned versions of error-free performance of "The Star-Spangled Banner." 경찰 2009
→ 관중들의 시합 전 불평을 막기 위해서, 많은 경기장들은 녹음된 실수 없는 버전의 "성조기여 영원하라" 연주에 의지한다.

pillage
[pílidʒ]

ⓝ 약탈; 강탈 ⓥ 약탈하다; 강탈하다(= plunder)

Certainly there are many examples to the contrary, but to a large extent the early people pillaged the country as though they hated it, as though they held it temporarily and might be driven off at any time.
경찰 2008
→ 당연히 반대의 사례도 많이 있지만, 대부분의 경우 초기의 사람들은 그들이 마치 그 지역을 싫어했던 것처럼, 그들이 일시적으로 그 땅을 소유하고 언제든지 그 땅에서 내쫓길 것처럼 약탈했다.

arable
[ǽrəbl]

ⓝ 경작지 ⓐ 경작에 알맞은

By land economists mean all natural resources that are usable in the production process: arable land, forests, mineral and oil deposits, and so on. 경찰 2008
→ 토지 경제학자들에 따르면 경작에 알맞은 토지, 숲, 광물과 석유 매장층과 같은 모든 천연 자원들은 생산 과정에 사용 가능하다고 한다.

amniotic
[æmniátik]

ⓐ 양막의

In fact, the foods mothers eat change the flavor of amniotic fluid, so some food preferences may be shaped in utero. 경찰 2017
→ 실제로 어머니가 먹는 음식이 양수의 맛을 바꾸어서, 어떤 음식에 대한 선호는 태어나기 전에 결정되기도 한다.

• amniotic fluid 양수

alliance
[əláiəns]

ⓝ 동맹; 협력
ally [əlái] ⓝ 동맹; 연합 ⓥ 동맹하다; 결연하다

Traditionally, marriage has been regarded as an alliance between two families, rather than just between the two individuals. 경찰 2006
→ 전통적으로 결혼은 두 개인만의 것이라기보다 두 가족의 동맹으로 간주되었다.

• form a military alliance 군사동맹을 맺다

prerogative
[prirágətiv]

ⓝ 특전; 특권 ⓐ 특권의(= privileged); 대권의

It is the prerogative of every one of us. 경찰 2010
→ 이것은 우리 개인 모두가 가진 특권이다.

• prerogative of mercy 사면권

itinerant
[aitínərənt]

ⓐ 순회하는; 떠돌아다니는(= wandering)
itinerate [aitínərèit] ⓥ 돌아다니다; 순회하다

It was also there where they toasted with champagne his selection to the National League's All-Star team, the improbable high point — at least so far — of an itinerant career. 경찰 2018
→ 그들이 순회 경력에선 적어도 지금까지로는 불가능해 보였던 정상인 내셔널 리그 올스타 팀에 선발된 것을 샴페인으로 축하하며 축배를 들 때에도 그것은 그 자리에 있었다.

adore
[ədɔ́ːr]

Ⓥ 아주 좋아하다; 존경하다; 흠모하다

I equally adore riding slow. 경찰 2014
→ 나는 느리게 달리는 것도 똑같이 아주 좋아한다.

poke out

쑥 내밀다; 비어져 나오다

Now I was eight and very small, And he was no whit bigger, And so I smiled, but he poked out, his tongue, and called me, "Nigger." 경찰 2008
→ 내가 아주 작은 여덟 살이었고 그가 나보다 조금도 크지 않았을 때, 나는 미소 지었지만 그는 그의 혀를 쑥 내밀고 "검둥이"라고 나를 불렀다.

spirit away

납치하다

And after they have succeeded in spiriting a female away, the males remain in their tight-knit group to assure that the female stays in line, performing a series of feats that are spectacular and threatening. 경찰 2012
→ 그리고 수컷들이 암컷 납치에 성공한 후, 그들은 암컷이 계속 머물도록 확실히 하기 위하여 화려하고 위협적인 일련의 재주를 부리며 그들의 긴밀한 집단 안에 계속 남아 있는다.

pass a bill

법률을 통과시키다

In response to the wave of mergers and the growing concentration of industry in the late nineteenth century, Congress passed a bill commonly known as the Sherman Act. 경찰 2011
→ 19세기 후반 합병의 물결과 증가하는 산업 집중화에 대응하여 의회는 흔히 Sherman법이라고 알려진 법률을 통과시켰다.

squeeze in

~을 간신히 끼워 넣다

He had just squeezed in, touched the button for the correct floor, and was watching the doors slide shut when a suit-coated arm broke through and stopped them. 경찰 2009
→ 그는 간신히 끼어 들어가, 맞는 층의 버튼을 눌렀고, 문이 닫히는 것을 보던 중에 제복을 입은 팔이 들어와 그들을 막았다.

impinge
[impínd3]

ⓥ 악영향을 미치다; 침범하다(＝trespass; intrude)
impingement [impínd3mənt] ⓝ 충돌; 충격

Simultaneously, however, other stimuli that may be impinging upon the manager's attention process could include a noisy, malfunctioning air conditioner, and the telephone ringing in his secretary's office.

경찰 2010

→ 그러나 동시에 관리자의 집중 과정에 악영향을 줄지도 모르는 다른 자극에는 시끄럽고 고장 난 에어컨이나 그의 비서실에서 울리는 전화벨 소리 등이 포함될 수 있다.

squeal
[skwi:l]

ⓝ 다소 긴 비명 소리 ⓥ 꽥 비명을 지르다

When I arrived at the scene, it was squealing in pain.

경찰 2014

→ 내가 그 현장에 도착했을 때, 그것은 고통 속에 비명을 지르고 있었다.

midlife
[midláif]

ⓝ 중년기(＝middle age)

Although my parents recovered after being stripped of everything in midlife, they never regained a prosperous mind-set.

경찰 2016

→ 비록 나의 부모님은 중년기에 모든 것을 빼앗긴 상태에서 회복되었지만, 그들은 결코 부유한 사고방식을 되찾지 못했다.

atrocities
[ətrάsəti]

ⓝ 극악 무도한 것; 잔인성
atrocious [ətróuʃəs] ⓐ 극악한; 흉악한

On the French front, the Germans had just introduced poison gas, another alarming new weapon, and there were reports of Germany atrocities in Belgium.

경찰 2008

→ 프랑스 최전방에서 독일군은 처음으로 또 다른 새롭고 두려운 무기인 독가스를 도입했고, 벨기에에서는 독일의 극악무도함에 관한 소문이 돌았다.

conducive
[kəndjúːsiv]

ⓐ 도움이 되는; 공헌하는(＝contributory)

This social compromise is conducive to reinforcing the law of nature. 경찰 2017
→ 이러한 사회적 타협은 자연법을 강화하는 데에 도움이 된다.

root
[ruːt]

ⓝ 뿌리; 원인 ⓥ 뿌리를 내리다; 파헤치다

Some of the more shameless, Thoreau suspected, came when he was out walking in the woods and rooted through his drawers and cabinets. 경찰 2013
→ Thoreau는, 더 파렴치한 몇몇이 그가 숲을 산책하느라 나가 있을 때 와서 그의 서랍장과 수납장을 파헤쳤다고 의심했다.

falsify
[fɔ́ːlsəfài]

ⓥ 위조하다

The coach falsified the time, making it slower than it really was. 경찰 2006
→ 그 코치는 기록을 위조하여 실제보다 더 느리게 만들었다.

bar
[bɑːr]

ⓝ 빗장; 장애물 ⓥ ~에 빗장을 지르다; 금하다

Washington D.C.'s law also bars residents from keeping any other firearm, such as a rifle or a shotgun, loaded or assembled. 경찰 2009
→ 워싱턴 D.C.의 법은 또한 주민들이 엽총이나 소총 같은 다른 모든 화기를 장전하거나 조립한 채로 소지하는 것을 금한다.

militant
[mílətənt]

ⓐ 공격적인; 호전적인; 투쟁적인
militancy [mílitənsi] ⓝ 교전 상태; 투쟁성

Militant women's rights leaders, however, desired more far-reaching change. 경찰 2006
→ 그러나 투쟁적인 여성 인권 지도자들은 더 광범위한 변화를 꿈꾸었다.

coordination
[kouɔ̀ːrdənéiʃən]

ⓝ 협동; 동격; (동작의) 조정력
coordinate [kouɔ́ːrdənət] ⓐ 동등한(↔subordinate ⓐ 종속된) ⓥ ~을 대등하게 하다

For another example, imagine a child born with genes promoting greater than average height, running speed, and coordination. 경찰 2014
→ 다른 예를 들어 키, 달리기 속도, 신체 조정력을 평균 이상으로 증진시키는 유전자를 갖고 태어난 아이가 있다고 상상해 보자.

159

deathbed
[déθbed]

ⓝ 임종(의 자리)

Batts believed Bell cheated her in a land purchase and on her deathbed she swore that she would haunt John Bell and his family. 경찰 2014

→ Batts는 토지 매입에 관해 Bell이 그녀를 속였으며, 그녀는 임종의 자리에서 그녀가 John Bell과 그의 가족을 귀신이 되어 괴롭히겠다고 맹세했다고 믿었다.

strain
[strein]

ⓝ 변형; 긴장 ⓥ 잡아당기다; 긴장시키다; 극도로 사용하다

One is, as it were, incessantly pulled along from one notion to another, without rest, so that admiration of the latest constantly swallows up admiration for what has gone before, and even by straining all one's forces one is scarcely able to absorb all the beauties that present themselves to the soul. 경찰 2016

→ 한 가지는, 이를테면, 하나의 관념에서 다른 관념으로 끊임없이 당겨져 나오는 듯했기에 새로운 작품에 대한 찬사가 이전에 지나간 것에 대한 찬사를 거듭 집어삼켰으며, 심지어 한 사람의 모든 힘을 극도로 사용하여 한 사람도 그 영혼 앞에 그것들 스스로를 드러내는 그 모든 아름다움을 결코 흡수할 수 없다.

buffer
[bʌfər]

ⓝ 완충제 ⓥ 완화하다

The size of the bubble represents our personal territory, territorial imperatives, or "personal buffer zones." 경찰 2012

→ 그 방울의 크기는 우리의 개인적인 영역, 세력이 미치는 영역, 혹은 "개인적인 완충 지역"을 나타낸다.

prowess
[práuis]

ⓝ 용기; 역량

Japan may be the world's second largest economy with a reputation for technological prowess, but its schools aren't making the grade. 경찰 2009

→ 일본은 기술적 역량으로 이름난, 세계에서 두 번째로 큰 경제 국가일지 모르지만, 일본의 학교는 좋은 성적을 내지 못하고 있다.

folly
[fáli]

ⓝ 어리석음; 바보짓

To be such a model is to feel free and flowing and able to laugh with the follies of our self-made illusions. 경찰 2015

→ 그러한 형태가 된다는 것은 자유와 흘러감을 느끼고 우리 스스로 만들어낸 환상의 어리석음에 대해 웃을 수 있는 것이다.

blissful
[blísfəl]

ⓐ 행복에 넘친

bliss [blis] ⓝ 더없는 기쁨; 만족

What could be more comforting than seeing your dog or cat curled up in blissful sleep?　경찰 2018
→ 당신의 개 혹은 고양이가 몸을 웅크리고 행복에 넘친 잠을 자고 있는 것을 보는 것보다 무엇이 더 위로가 되겠는가?

obliterate
[əblítərèit]

ⓥ ～의 흔적을 없애다; ～을 제거하다

obliteration [əblìtəréiʃən] ⓝ 말소; 제거

Lives lived in such environment are either obliterated or forged into impenetrable alloys.　경찰 2011
→ 이러한 환경에서 살았던 삶은 말소되거나 꿰뚫을 수 없는 합금으로 단조(鍛造)된다.

ramble
[ræmbl]

ⓝ 산책(＝stroll); 어슬렁거림 ⓥ 산책하다

Men of business, even farmers, thought only of solitude and employment, and of the great distance at which I dwelt from something or other; and though they said they loved a ramble in the woods occasionally, it was evident that they did not.　경찰 2013
→ 사업가나 농부조차도 고독과 일, 그리고 무언가, 혹은 또 다른 무언가와 내가 사는 곳 사이의 먼 거리만을 생각했다. 그리고 그럼에도 그들은 때때로 숲속에서의 산책을 좋아한다고 말했지만, 그들이 그러지 않음은 분명했다.

vicinity
[visínəti]

ⓝ 부근; 주변

vicinal [vísənl] ⓐ 근처의; 부근의

Even today, when I hear the name of Oxford or travel in its vicinity, I still remember Joan and John.　경찰 2007
→ 오늘까지도 나는 옥스퍼드의 이름을 듣거나 그 근처를 여행할 때, Joan과 John을 여전히 기억한다.

lunacy
[lúːnəsi]

ⓝ 정신 이상(＝insanity); 광기

And, in fact, that was the claim of the man who served as a model for Mr. Hyde in Robert Louis Stevenson's *Strange Case of Dr Jekyll and Mr Hyde* — he blamed his crimes on moon-induced lunacy.　경찰 2011

→ 그리고 실제로 그것은 Robert Louis Stevenson의 소설인 '지킬 박사와 하이드 씨'에서 하이드 씨의 모델이었던 사람의 주장이었다. 그는 자신의 범죄를 달에 의한 광기의 탓으로 돌렸다.

exigency
[éksədʒənsi]

ⓝ 긴급; 급무; 요구
exigent [éksədʒənt] ⓐ 긴급한; 급박한

Like the iron cage of capitalism in which human needs are sacrificed to the exigencies of production, there is a sense in which science in the modern world has also become the prison house of the mind. 경찰 2018
→ 인간의 필요가 생산의 요구에 희생되는 자본주의의 철창처럼, 현대 사회의 과학도 정신의 감옥이 되었다는 느낌이 있다.

nausea
[nɔ́:ziə]

ⓝ 구역질; 메스꺼움(≒disgust)

The spinning and nausea were gone. 경찰 2017
→ 현기증과 메스꺼움은 사라졌다.

inadvertent
[ìnədvə́:rtnt]

ⓐ 부주의한(≒careless; reckless); 경솔한; 고의가 아닌
inadvertently [ìnədvə́:rtntli] ⓐⓓ 무심코; 본의 아니게

Ecologists generally define an alien species as one that people, inadvertently or deliberately, carried to its new location. 경찰 2017
→ 생태학자들은 일반적으로, 외래종이란 사람들이 무심코, 혹은 고의로 그것의 새로운 지역으로 옮긴 것이라고 정의한다.

alienate
[éiljənèit]

ⓥ 멀리하다; 양도하다
alienation [èiljənéiʃən] ⓝ 소외; 양도
alienable [éiljənəbl] ⓐ 양도할 수 있는
inalienable [inéiljənəbl] ⓐ 양도할 수 없는, 빼앗을 수 없는

But a taped version takes away the thrill of victory and the agony of defeat inherent in every live performance, as well as the singers' inalienable right to get it wrong. 경찰 2009
→ 그러나 녹음된 버전은 모든 라이브 연주에 내재된 성공의 흥분과 실패의 고통뿐만 아니라 가수가 틀릴 수 있다는 빼앗을 수 없는 권리까지도 없앤다.

range
[reindʒ]

ⓝ 범위; 한계 ⓥ 정렬시키다; ~에 이르다

All members of the Boy Scouts, Girl Guides, and nine other uniformed youth groups, ranging in age from 9 to 25, will be expected to participate. 경찰 2015
→ 9세에서 25세에 이르는 보이스카우트와 걸가이드, 그리고 제복을 입는 9개의 다른 청소년 단체의 모든 멤버들이 참가할 것이다.

meander
[miǽndər]

ⓝ 꼬불꼬불함 ⓥ 굽이쳐 흐르다; 두서없이 이야기하다; 정처없이 이동하다

I feel more complete as a cyclist when I pedal to the farmer's market in jeans or meander through the countryside. 경찰 2014
→ 나는 청바지를 입고 농부의 시장을 향해 페달을 밟을 때나 시골을 정처 없이 달릴 때 마치 사이클 선수가 된 것처럼 더 완전해지는 기분이 든다.

pedestrian
[pədéstriən]

ⓝ 보행자 ⓐ 도보인; 보행용인; (문체 등이) 평범한(≡trite); 산문적인(≡prosaic)

The decline in safe driving has a clear adverse impact on pedestrians, who are more likely to find themselves in an accident. 경찰 2010
→ 안전 운전 감소는 보행자들에게 명백하게 해로운 영향을 끼치며, 그들은 사고를 당하기 더 쉬워진다.

designate
[dézignèit]

ⓥ 지정하다; 나타내다

designation [dèzignéiʃən] ⓝ 지정; 지시

We use the term "motivate" to designate any way that we are "moved" to act or want something. 경찰 2010
→ 어떤 행동을 하거나 무엇인가를 원하도록 우리의 마음을 "움직이게" 하는 모든 방법을 나타내기 위해 우리는 "동기를 부여하다"라는 용어를 사용한다.

jaunty
[dʒɔ́:nti]

ⓐ 경쾌한; 활발한

jauntily [dʒɔ́:ntili] ⓐⓓ 경쾌하게; 멋부리고

At sixteen hundred hours on the dot, President Bush was announced and walked to the podium, looking vigorous and fit, with that jaunty, determined walk that suggests he's on a schedule and wants to keep detours to a minimum. 경찰 2018
→ 16시 정각에 활기 있고 건강해 보이는 Bush 대통령이 불려 나와, 그가 일정에 맞춰 움직이고 있으며 우회를 최소화하길 원한다는 것을 보여주는 경쾌하고 결연한 걸음으로 연단으로 걸어갔다.

glut
[glʌt]

ⓝ 공급 과잉; 과도한 양 ⓥ ~을 실컷 먹이다; ~을 싫증나게 하다; 공급 과잉 상태로 하다(≡overstock)

By that time the reader may be suffering an acute case of information glut. 경찰 2008
→ 그때쯤이면 독자들은 정보 과잉의 급성 증상에 시달릴 수 있다.

hurl
[həːrl]

ⓝ 내던지기(= fling) ⓥ 내던지다; 타격을 주다

He only knew that he awoke as he was being hurled from his bed and, mingled with the startled awakening, there was a terrific explosion. 경찰 2016

→ 그는 자신이 침대에서 내동댕이쳐지며 깨어났고, 그 갑작스러운 깨어남과 함께 끔찍한 폭발이 있었다는 것밖에는 알지 못했다.

stuff
[stʌf]

ⓝ 물질; 재료; 것; 물건 ⓥ 채우다; 메우다

Ulysses, determined not to succumb to the Sirens, first decided to tie himself tightly to the mast of his boat and his crew stuffed their ears with wax. 경찰 2012

→ 사이렌에게 굴복하지 않겠다고 다짐한 Ulysses는 먼저 그의 몸을 배의 돛대에 단단히 묶기로 했고, 그의 선원들은 그들의 귀를 밀랍으로 채웠다.

reserve
[rizə́ːrv]

ⓝ 비축; 유보 ⓥ 보유하다; 남겨 두다 ⓐ 따로 둔; 예비의
reserved [rizə́ːrvd] ⓐ 예비의; 예약된; 조심스러운; 말이 없는

He didn't say any more, but we've always been communicative in a reserved way, and I understood that he meant a great deal more than that. 경찰 2007

→ 그는 더 이상 아무 말도 하지 않았지만, 우리는 언제나 조심스러운 방식으로 소통해왔고, 나는 그가 그것보다 훨씬 더 많은 것을 의미했다는 것을 이해했다.

sore
[sɔːr]

ⓝ 염증; 상처 ⓐ 염증을 일으킨; 아픈

That's why Chinese folk healers have treated wounds such as sores and dog bites with toad secretions, sometimes obtained by surrounding the toads with mirrors to scare them. 경찰 2015

→ 그것이 바로 중국의 민간 치료사들이 염증으로 인해 따갑거나 개에게 물린 곳 같은 상처에 두꺼비 분비물을 바르는 이유이며, 그런 분비물들은 때로 두꺼비들을 겁주기 위한 거울로 그들을 둘러싸서 얻는다.

blaze
[bleiz]

ⓝ 불꽃; 화염 ⓥ 불꽃을 내며 타다, (길을) 내다

So the brain — even while shrinking — may be able to blaze ever more trails for laying down memory. 경찰 2013

→ 그러므로 뇌는, 심지어는 축소되고 있는 중에도, 기억을 저장해 놓기 위한 훨씬 더 많은 새로운 길을 낼 수 있을지도 모른다.

bid
[bid]

ⓝ 입찰; 시도 ⓥ (값을) 매기다; 명령하다; 말하다
bidder [bídər] ⓝ 경매 입찰자; 응찰자

A tender process includes an invitation for other parties to make a proposal, on the understanding that any competition for the relevant contract must be conducted in response to the tender, no parties having the unfair advantage of separate, prior, closed-door negotiations for the contract where a bidding process is open to all qualified bidders and where the sealed bids are in the open for scrutiny and are chosen on the basis of price and quality.　경찰 2015

→ 입찰 과정은 제안을 하고자 하는 다른 참여자들의 모집을 포함하며, 모든 관련 계약에 대한 경쟁이 그 입찰에 대한 반응으로서 수행되어야 한다는 전제 하에, 자격을 갖춘 모든 응찰자에게 응찰 과정이 공개되고 봉인된 응찰서가 검토를 위해 개봉되어 가격과 품질에 근거해 선택되는 계약에서는 어떤 참여자도 독립적, 우선적, 폐쇄적 협상의 불공정한 이익을 취할 수 없다.

fed up

지긋지긋한; 진저리가 난

Fed up, the man put a sign in his window that read "I DON'T KNOW WHAT TIME IT IS!"　경찰 2009
→ 진저리가 나서, 남자는 창문에 "몇 시인지 모릅니다!"라는 표지판을 붙였다.

beat up

써서 낡은; 못 쓰게 된

So in the meantime, a mechanic friend loaned me an old junker so beat up that even its dents had dents.　경찰 2009

→ 그래서 그동안, 정비공 친구가 너무 낡아 흠집에도 흠집이 있을 정도인 고물 자동차를 나에게 빌려주었다.

pin down

속박하다, 꼼짝 못하게 잡다; 강요하다

The beam pinned it down and it couldn't move.　경찰 2014

→ 그 기둥이 그것을 잡아두어서 그것은 움직일 수 없었다.

part with

~와 헤어지다; 포기하다

Many of us have an item of endearment that we cannot dare part with.　경찰 2013
→ 우리 중 대다수는 너무 좋아해서 차마 버릴 수 없는 물건이 있다.

plague
[pleig]

ⓝ 역병; 전염병 ⓥ 괴롭히다; 성가시게 하다

When Carol Cattley's husband died, it triggered a relapse of the depression which had not plagued her since she was a teenager. 경찰 2012
→ Carol Cattley의 남편이 사망했을 때, 그것은 십대 이후로 그녀를 괴롭히지 않았던 우울증의 재발을 일으켰다.

virtuous
[və́:rtʃuəs]

ⓐ 도덕적인; 고결한
virtuoso [və̀:rtʃuóusou] ⓝ 대가; 거장
virtuously [və́:rtʃuəsli] ⓐ 정결하게; 고결하게

Today, eating virtuously isn't just a means to stay trim. 경찰 2016
→ 오늘날, 정결하게 먹는 것은 날씬함을 유지하기 위한 것만은 아니다.

• virtuous cycle 선순환

assassinate
[əsǽsənèit]

ⓥ 암살하다; 살해하다
assassination [əsæ̀sənéiʃən] ⓝ 암살; 훼손

For example, the researchers asked participants if they had specific memories of how they first learned about the assassination of President John F. Kennedy. 경찰 2018
→ 예를 들어, 연구자들은 참여자들에게 그들이 John F. Kennedy 대통령의 암살을 어떻게 처음 알게 되었는지에 대한 구체적인 기억이 있는지 물었다.

avalanche
[ǽvəlæntʃ]

ⓝ 쇄도; (눈)사태 ⓥ 쇄도하다; 압도하다

The tours, operated by Ski Utah under a special-use permit granted by the U.S. National Forest Service, are conducted by experienced backcountry guides trained in avalanche safety and control. 경찰 2015
→ 미국 국립 산림청으로부터 특별 사용 허가를 받은 Ski Utah에 의해 기획된 이번 여행은, 눈사태 상황에서의 안전과 통제 훈련을 거친 숙련된 오지 가이드들에 의해 진행된다.

plod
[plɑd]

ⓥ 터벅터벅 걷다

And plod: I go up to the stone wall / For a friendly visit. 경찰 2006

→ 그리고 터벅터벅 걷는다. 나는 친구를 만나기 위해 돌벽에 오른다.

thrust
[θrʌst]

ⓥ 내밀다; 찌르다

One boy with this condition performed street theater in Pakistan by thrusting a knife through his arm or walking on burning coals. 경찰 2014

→ 이러한 증세를 갖고 있는 한 소년은 파키스탄의 노상 공연장에서 그의 팔에 칼을 찔러 넣거나 불타는 석탄 위를 걷는 공연을 했다.

criterion
[kraitíəriən]

ⓝ 표준(＝standard); 규범 (ⓟ criteria); 척도

One basic criterion for comparing countries is their levels of economic development. 경찰 2017

→ 국가들을 비교하는 한 가지 기본적인 척도는 그들의 경제발달 수준이다.

seabed
[síːbed]

ⓝ 해저

Candidates include an anticancer drug from the Antarctic seabed and a painkiller from the venom of a tropical cone snail. 경찰 2015

→ 후보로는 남극의 해저에서 얻은 항암제와 열대 지방의 원뿔 달팽이의 독에서 추출한 진통제가 포함되어 있다.

tarnish
[táːrniʃ]

ⓝ 흐림; 변색; 오점 ⓥ 변색시키다; 더럽히다

For others, it may be a tarnished silver ring that has long lost its shine. 경찰 2013

→ 다른 사람들에게 그것은 이미 오래전에 빛을 잃은 변색된 은반지일 수도 있다.

deplete
[diplíːt]

ⓥ 고갈시키다
depletion [diplíːʃən] ⓝ 고갈; 소모
depletive [diplíːtiv] ⓐ 고갈시키는; 소모시키는

Many of the best sources are being depleted, making it more and more difficult and expensive to obtain those minerals. 경찰 2017

→ 최고의 자원 중 다수가 고갈되어 가면서, 그 광물들을 얻는 데 점점 어려움이 커지고 비용이 많이 들게 된다.

incandescent
[ìnkəndésnt]

ⓐ 백열의; 고온에 의해 생기는; 눈부시게 빛나는
incandescence [ìnkəndésns] ⓝ 백열광

Electric lighting then entered the American home, thanks to Thomas Edison's invention of a serviceable incandescent bulb in 1879. 경찰 2016
→ 전등은 그 후 1879년 토머스 에디슨의 실용적인 백열전구의 발명 덕분에 미국 가정집에 도입되었다.

bewilder
[biwíldər]

ⓥ 당황하게 하다 (≡embarrass; baffle)
bewilderment [biwíldərmənt] ⓝ 당황; 당혹

It would have amazed the brightest minds of the eighteenth-century Enlightenment to be told by any of us how little we know and how bewildering seems the way ahead. 경찰 2008
→ 18세기 계몽주의 시대의 가장 명철한 사람들이, 우리가 얼마나 알지 못하며 앞으로의 길이 얼마나 당황스럽게 보이는지 우리 중 누군가의 이야기를 듣는다면 놀랐을 것이다.

invert
[invə́:rt]

ⓥ 거꾸로 하다; 뒤집다; 전화하다

By this technique, silver-ammonia compounds are subjected to the chemical action of a reducing agent, such as invert sugar, Rochelle salt, or formaldehyde, and the resulting metallic silver is spread evenly over the back of a smooth pane of plate glass. 경찰 2018
→ 이 기술로, 은-암모니아 혼합물은 전화당, 로쉘 소금, 포름알데히드와 같이 환원시키는 매개물의 화학 작용에 종속되고, 그 결과로 나온 금속성 은은 판유리의 부드러운 평면의 뒷면에 고르게 발린다.

cluster
[klʌ́stər]

ⓝ 다발; 무리; 집단 ⓥ 무리를 이루다

Their density is pretty low, compared to other open clusters. 경찰 2012
→ 이들의 밀도는 다른 산개 성단에 비해 꽤 낮다.

peasant
[péznt]

ⓝ 농민; 소작농
peasantry [pézntri] ⓝ (집합적) 소작인; 소농

Another barrier to peasant migrants to Beijing in China is city workers standing at the gate. 경찰 2011
→ 중국에서, 베이징으로 향하는 농민 이주의 또 다른 장벽은 문 앞에 서있는 도시 노동자들이다.

locomotion
[lòukəmóuʃən]

ⓝ 이동력; 보행력; 걸음걸이
locomotive [lòukəmóutiv] ⓝ 기관차; 견인차 ⓐ 스스로 움직이는; 이동할 수 있는

Their upright stance and two-foot locomotion, however, may have given them an advantage by freeing their hands, making them more efficient food gatherers.
경찰 2007
→ 그러나 그들의 똑바른 자세와 이족 보행은 그들에게 두 손의 자유라는 이점을 주어 그들을 더욱 효율적인 음식 채집자로 만들었을 것이다.

admonition
[ædməníʃən]

ⓝ 충고; 경고; 훈계
admonitory [ædmánitɔ̀:ri] ⓐ 충고의; 훈계의

This flies in the face of the Bard's admonition to remember that what's past is prologue. 경찰 2009
→ 이것은 지나간 일은 서막이라는 것을 기억하라는 한 시인의 경고에 위배된다.

outrank
[àutrǽŋk]

ⓥ ~보다 지위가 높다; ~보다 중요하다

Last year, American car buyers named fuel economy the most important consideration when shopping for a car, outranking even quality and safety. 경찰 2014
→ 지난해 미국의 자동차 구매자들은 자동차를 살 때 심지어 품질과 안전 이상으로 연비를 가장 중요한 고려 대상으로 꼽았다.

procreation
[pròukriéiʃən]

ⓝ 생식; 출산
procreate [próukrièit] ⓥ 낳다; 아이를 만들다(＝reproduce; proliferate)

First, they developed a new package of instincts, related to the reptilian instincts for sex and procreation, but modified for the special needs of a mammalian lifestyle. 경찰 2012
→ 먼저, 그들은 성과 번식에 대한 파충류의 본능이 관련되었으나 포유류 생태의 특별한 필요에 맞게 조정된 새로운 본능의 집합을 개발했다.

squalor
[skwálər]

ⓝ 더러움; 누추함; 불결함

It aims at an ideal of bravery and style, and falls into dullness and squalor. 경찰 2011
→ 그것은 용기와 스타일이라는 이상을 목표로 하고 지루함과 불결함에 빠진다.

bleacher
[blíːtʃər]

ⓝ 표백제; 외야석; 지붕 없는 관중석

As we approached the stadium, the wide doors near the right-field bleachers opened to accommodate the moving of a giant road scraper. 경찰 2010
→ 우리가 경기장에 도착했을 때, 땅을 고르는 거대한 기계가 들어 갈 수 있을 만큼 넓은 우익수 쪽 외야석 출입구가 열렸다.

civic
[sívik]

ⓐ 도시의; 시민의

If there is a garbage crisis, it is that we are treating garbage as an environmental threat and not as what it is: a manageable — though admittedly complex — civic issue. 경찰 2013
→ 만약 쓰레기 대란이 있다면 그것은 바로 우리가 쓰레기를 환경 적인 위협으로 생각할 뿐, 명백히 복잡하긴 하지만 관리 가능한 도 시의 문제 그 자체로 보고 있지 않다는 것이다.

abysmal
[əbízməl]

ⓐ 지독한; 심연의; 끔찍한

abyss [əbís] ⓝ 심연; 혼란(≡abysm)

Many US cities have abysmal on-time graduation rates, says a new report from America's Promise Alliance. 경찰 2009
→ 많은 미국의 도시들은 제때 졸업하는 학생들의 끔찍한 비율을 가지고 있다고, 미국 약속 재단의 새로운 보고서에 나와 있다.

pounce
[pauns]

ⓝ (맹금의) 발톱 ⓥ 갑자기 덤벼들다

This allows it to judge distance accurately for pouncing on prey. 경찰 2006
→ 이는 그것이 먹이를 향해 갑자기 덤벼들 때 거리를 정확히 판단 하도록 한다.

entitle
[intáitl]

ⓥ 자격을 주다; 이름을 붙이다

entitlement [intáitlmənt] ⓝ 자격 부여; 권리 부여

In 1513, Machiavelli had acknowledged in Il Principe that citizens might have a right to 'think all things, speak all things, write all things,' but insisted that the prince was always equally entitled to deny them this privilege. 경찰 2010
→ 1513년 Machiavelli는 '군주론'에서 시민들이 '무엇이든 생 각하고, 말하고, 저술할 권리'를 지녔다고 인정했지만, 군주에게는 그들의 그러한 권리를 얼마든지 부정할 수 있는 권리가 동등하게 부여된다고 주장했다.

shaggy
[ʃǽgi]

ⓐ 털투성이의; 거친; 엉성한

Those who can do this, the best of them, form a shaggy group of contentious minds. 경찰 2008
→ 이것을 할 수 있는 사람들, 그들 중 최고의 사람들은 논쟁하기 좋아하는 사람들의 엉성한 그룹을 형성한다.

• shaggy dog story 얽히고설킨 이야기

heed
[hi:d]

ⓝ 주의; 조심 ⓥ 주의하다; 유의하다

He decided to heed her warning, but changed his mind when one of the conspirators against him, Decimus Brutus, hinted that the Senate planned that day to declare him king of all the Roman provinces outside Italy. 경찰 2015
→ 그는 그녀의 경고를 유의하기로 했지만, 그에 반대한 공모자 중 한 명인 Decimus Brutus가 그날 원로원이 그를 이탈리아 외부 로마 지역 전체의 왕으로 선포하려는 계획을 갖고 있다고 넌지시 일러주자 마음을 바꾸었다.

• pay more heed to ~에 좀 더 주의하다

nobility
[noubíləti]

ⓝ 귀족; 고귀함
noble [nóubl] ⓐ 고귀한; 귀족의

Nobility of purpose is not currently admired. 경찰 2007
→ 목적의 고귀함은 현대에는 찬사받지 못한다.

• man born of the nobility 귀족 출신의 사람

scrupulous
[skrú:pjuləs]

ⓐ 양심적인; 세심한; 꼼꼼한
scrupulosity [skrù:pjulásəti] ⓝ 면밀함; 망설임

On a per capita basis, China and India emit far less greenhouse gas than energy-efficient Japan, environmentally scrupulous Sweden, and especially the gas-guzzling U.S. 경찰 2010
→ 1인 기준으로 보면, 중국과 인도는 에너지 효율이 높은 일본, 환경적으로 양심적인 스웨덴, 특히 연료를 마구 쓰는 미국에 비해 훨씬 적은 온실가스를 배출한다.

epoch
[épək]

ⓝ 시대; 시기; 신기원

The Eocene Epoch began about 54,000,000 years ago. 경찰 2006
→ 에오세는 대략 54,000,000년 전에 시작되었다.

providential
[prɑ̀vədénʃəl]

@ 섭리의; 신의 뜻에 의한

The realization that the universe consists of atoms and void and nothing else, that the world was not made for us by a providential creator, that we are not the center of the universe, that our emotional lives are no more distinct than our physical lives from those of all other creatures, that our souls are as material and as mortal as our bodies — all these things are not the cause for despair. 경찰 2018

→ 우주는 원자와 공허만으로 구성되어 있다는 것, 세계는 섭리를 따르는 조물주가 우리를 위해 만든 것이 아니라는 사실, 우리가 우주의 중심이 아니라는 사실, 우리의 정서적 삶과 육체적 삶의 차이가 우리의 육체적 삶과 다른 모든 피조물의 그것의 차이와 그다지 다르지 않다는 사실, 우리의 영혼이 우리의 몸만큼이나 물질적이고 필멸한다는 사실, 이 모든 것들은 절망의 원인이 아니다.

flagship
[flǽgʃip]

ⓝ 기함; 주력 제품; 플래그십

What are stores, including the new flagship designer boutiques, doing about it? 경찰 2010

→ 새로운 플래그십 디자이너 부티크를 비롯한 상점들은 이에 대해 어떻게 대처할까?

lean
[li:n]

ⓝ 기울기; 성향; 살코기 ⓥ 기울이다; 굽히다

One out of four diners orders the lean meat in the restaurant. 경찰 2011

→ 식사하는 사람 4명 중 1명은 레스토랑에서 살코기를 주문한다.

throb
[θrɑb]

ⓝ 고동; 맥박; 진동 ⓥ 고동치다; 진동하다

Then slowly he realized the steady throb of the engines, to which he had grown so accustomed in the week since boarding the ship, had abruptly ceased. 경찰 2016

→ 그리고 그는, 배에 오른 후 한 주간 많이 익숙해져 왔던 엔진의 일정한 진동이 갑자기 멈춘 것을 서서히 알아차렸다.

glide
[glaid]

ⓝ 미끄러지는 듯한 동작 ⓥ 미끄러지다; 활공하다

He glides through the small moments that make a day. 경찰 2013

→ 그는 하루를 이루는 사소한 순간들을 미끄러지듯 지나간다.

shudder
[ʃʌdər]

ⓥ 몸서리치다 ⓝ 떨림

Some people love spicy food, for example, whereas others shudder at the thought of a hot pepper.
경찰 2017

→ 예를 들면 어떤 사람들은 매운 음식을 매우 좋아하지만, 반면 다른 사람들은 매운 후추만 생각해도 몸서리를 친다.

take off

이륙하다; (물건이) 갑자기 팔려나가다

"While I was breaking down the boxes, I knew this thing was going to take off." 경찰 2015

→ "나는 그 상자들을 분해하는 동안, 이것이 흥행할 것이라고 확신했다."

arms race

군비 확장 경쟁

Somehow we must transform the dynamics of the world power struggle from the nuclear arms race, which no one can win, to a creative contest to harness man's genius for the purpose of making peace and prosperity a reality for all the nations of the world. 경찰 2012

→ 어떻게든 우리는 세계의 모든 민족을 위한 평화와 번영을 실현하기 위한 목적으로, 누구도 승자일 수 없는 핵 군비 경쟁에서 세계 권력 투쟁의 역학을 인간의 천재성을 활용하는 창조적인 경쟁으로 변환해야 한다.

measure up

들어맞다; 달하다; (기준, 기대에) 부응하다

For many of us, the choice of a role model invites comparison, and if our abilities and outcomes do not measure up, the role model serves not as an inspiration but as a source of frustration and defeat.
경찰 2016

→ 우리 중 대다수에게 역할 모델의 선택은 비교를 불러오는데, 만약 우리의 능력과 결과가 기대에 부응하지 못한다면 그 역할 모델은 더 이상 동기가 아닌 좌절감과 패배감의 원천 역할을 한다.

set about

~에 착수하다; ~하기 시작하다

I was awoken and set about switching off the alarm so that all my neighbours would not also be awoken at an hour which might not have suited them.
경찰 2009

→ 나는 일어난 상태였고, 그들에게 적당하지 않은 시간에 내 모든 이웃들을 깨우지 않도록 알람을 끄던 중이었다.

latitude
[lǽtətjùːd]

ⓝ 위도

Although it is situated in the same latitudes as Canada, Europe has a moderate climate and a fairly regular rainfall.　　　경찰 2006
→ 그곳이 캐나다와 같은 위도에 위치해 있긴 하지만, 유럽은 온건한 기후와 꽤 규칙적인 강우량을 가지고 있다.

thwart
[θwɔːrt]

ⓥ 좌절시키다; 훼방 놓다

They chose instead to vent their anger and fear against greedy businessmen who, in their mind, had undermined and thwarted the lofty aims and goals of the nation's new heroes — the engineers.　　　경찰 2017
→ 그들은 대신 그들의 분노와 두려움을, 그들이 생각하기에 국가의 새로운 영웅들인 기술자들의 고결한 목적과 목표를 손상시키고 좌절시켜 온 욕심 많은 사업가들에 대항해서 표출하기를 선택했다.

savagery
[sǽvidʒri]

ⓝ 만행; 미개인의 야만적인 상태(↔civilization ⓝ 문명)

I have often wondered at the savagery and thoughtlessness with which our early settlers approached this rich continent.　　　경찰 2008
→ 나는 종종 이 풍족한 대륙에 접근해 온 우리의 초기 정착자의 야만성과 생각 없음에 놀라곤 했다.

irreplaceable
[ìripléisəbl]

ⓐ 대체할 수 없는; 바꿀 수 없는

Black English is not exactly a linguistic buffalo, but we should understand its status as an endangered species, as a perishing, irreplaceable system of community intelligence, or we should expect its extinction, and, along with that, the extinguishing of much that constitutes our identity.　　　경찰 2008
→ 흑인 영어는 정확히는 언어학적 버펄로는 아니지만, 우리는 그것의 지위를 멸종 위기종 또는 소멸종이며 대체 불가능한 공동체 지성의 체계로 이해하거나, 우리 정체성의 구성 요소 상당 부분의 소멸을 동반하는 이것의 절멸을 예상해야 한다.

defile
[difáil]

ⓥ ~을 더럽히다(**=** denigrate); 불결하게 하다

Ill or indifferently used, it is unique in its power to defile and destroy that ability.　경찰 2012
→ 악용되거나 무관심하게 사용된다면 그것은 그 능력을 더럽히거나 파괴하는 힘에 있어 독보적이다.

prune
[pruːn]

ⓝ 말린 자두 **ⓥ** 가지치기하다; 줄이다

Those remaining may prune their product offerings.
　경찰 2010
→ 남아있는 그것들은 제품 공급량을 줄일 수도 있다.

culprit
[kʌ́lprit]

ⓝ 범인(**=** criminal); 죄인; 문제의 원인

Usually the script is the culprit, and the most common script problem is lack of story.　경찰 2014
→ 보통은 대본이 문제의 원흉이고, 가장 흔한 대본상의 문제는 이야기가 부족하다는 것이다.

• main culprit 주범

overlap
[òuvərlǽp]

ⓝ 겹침; 중복 **ⓥ** 겹치다; 포개지다

It seemed well planned, but I noticed my lecture on the third day overlaps with the luncheon time, though.　경찰 2007
→ 그것은 잘 계획된 것처럼 보였으나, 나는 세 번째 날 나의 강의가 오찬 시간과 겹친다는 것을 발견했다.

ultrasound
[ʌ́ltrəsàund]

ⓝ 초음파

The smart technology version instead sends out ultrasound waves via a device attached to a standard white cane.　경찰 2015
→ 스마트 기술이 적용된 버전은 대신에 보통의 흰 지팡이에 부착된 장치를 통하여 초음파를 방출한다.

scout
[skaut]

ⓝ 스카우트; 정찰병 **ⓥ** 정찰하다; 찾아 돌아다니다
scouter [skáutər] **ⓝ** 정찰자

One day it was the front door to Tara, as my sister and I assumed awful Southern accents and scouted the horizon for Rhett Butler.　경찰 2014
→ 여동생과 내가 터무니없는 남부 억양 흉내를 내며 Rhett Butler를 찾아 지평선을 돌아다니는 어떤 날은 그곳이 Tara로 향하는 현관이었다.

amalgam
[əmǽlgəm]

ⓝ 아말감; 혼합물

The first commercial glass mirrors were made in Venice in 1564; these were made of blown glass that was flattened and coated with an amalgam of mercury and tin. 경찰 2018

→ 최초의 상업적인 유리 거울은 1564년에 베니스에서 만들어졌고, 이것들은 납작하게 눌러 수은과 주석의 혼합물로 덮인 분유리로 만들어졌다.

autopsy
[ɔ́:tɑpsi]

ⓝ 부검; 시체 해부

In that way, they scan bodies many times without worrying about making people sick and perform an autopsy to check whether the scan has correctly identified a medical problem. 경찰 2015

→ 그런 식으로 그들은 사람들을 병들게 할 걱정 없이 몇 번이고 인체에 대한 정밀 촬영을 하고 있으며, 그 촬영이 의학적인 문제점을 정확히 발견하였는지 확인하기 위해 부검을 수행하고 있다.

hoopla
[hú:plɑ:]

ⓝ 열광; 대소동

It was remarkable that there was so much hoopla over whether this one visit by the New York Philharmonic could somehow have a lasting effect on relations between North Korea and the civilized world. 경찰 2009

→ 뉴욕 필하모닉의 한 번의 방문이 북한과 문명 세계 사이의 관계에 어떻게든 지속적인 영향을 줄 수 있을지도 모른다는 것에 대해 이렇게 큰 대소동이 있었다는 것은 주목할 만하다.

pace
[peis]

ⓝ 속도; 보조 ⓥ 속도를 맞추다; 서성거리다

But not all find it restful: older animals, those with muscular or joint issues, or very active dogs will often pace or relocate frequently. 경찰 2018

→ 그러나 모두가 그것을 평온하다고 생각하는 것은 아니다. 근육이나 관절 문제가 있는 나이가 많은 동물들이나 매우 활동적인 개들은 종종 서성대거나 자리를 자주 바꿀 것이다.

• keep pace with ~와 보조를 맞추다

annal
[ǽnl]

ⓝ 1년간의 기록

They first wrote history as opposed to mere annals. 경찰 2016

→ 그들은 단순한 1년간의 기록이 아니라 처음으로 역사를 작성했다.

innocuous
[inάkjuəs]

ⓐ 무해한; 악의 없는

What is more, non-native species can appear innocuous for decades, then turn invasive. 경찰 2017
→ 더욱이 비토착 종들은 수십 년간 무해한 것처럼 보이다가 해로운 것으로 변할 수 있다.

• innocuous remark 악의 없는 말

apparatus
[æpərǽtəs]

ⓝ 장치; 기구

There was academic psychology, featuring the use of contrived laboratory apparatus to study the perception of visual illusions or the memorization of long lists of nonsense syllables. 경찰 2010
→ 시각적 환상의 인지나 이상한 음절의 긴 목록을 암기하는 연구를 위한 부자연스러운 실험 기구 사용이 특징인 학술적 심리학이 있었다.

• the sensory apparatus 감각 기관

armor
[ά:rmər]

ⓝ 갑옷 ⓥ ~에게 갑옷을 입히다
armory [ά:rməri] ⓝ 무기고; 중요한 자원의 축적; 문장학

The center of mining and armor technology was Augsburg, in Germany, and that was no coincidence. 경찰 2018
→ 광업과 갑옷 기술의 중심은 독일의 Augsburg였고, 그것은 우연이 아니었다.

discreet
[diskrí:t]

ⓐ 지각 있는; 신중한(= prudent)
discreetly [diskrí:tli] ⓐⓓ 신중히; 조심스럽게
discretion [diskréʃən] ⓝ 결정권; 신중함; 재량

He's going to promote me to Clare's level, and he's telling me discreetly so she won't get jealous. 경찰 2016
→ 그는 나를 Clare와 같은 직급으로 승진시켜 줄 것이고, 그녀가 질투하지 않도록 내게 조심스럽게 얘기해 주고 있다.

• at somebody's discretion ~의 재량에 따라

outrage
[άutreidʒ]

ⓝ 격분; 잔학한 행위 ⓥ ~을 격분하게 하다
outrageous [autréidʒəs] ⓐ 무도한; 터무니없는; 괘씸한

The black community was outraged. 경찰 2011
→ 흑인 사회는 분노했다.

• commit an outrage on ~을 짓밟다

177

conspiracy
[kənspírəsi]

ⓝ 공모; 음모
conspire [kənspáiər] ⓥ 공모하다; 음모를 꾸미다
conspirator [kənspírətər] ⓝ 공모자; 음모자

"Every contract, combination in the form of a trust or otherwise, or conspiracy in restraint of trade" was declared illegal. 경찰 2011
→ "신탁 또는 다른 형식의 연합으로서의 모든 계약, 혹은 거래의 제한에 관한 공모"는 불법이라고 선언되었다.

• be party to a conspiracy 음모에 가담하다

rejuvenate
[ridʒú:vənèit]

ⓥ 젊어지게 하다; 활력을 되찾게 하다
rejuvenation [ridʒù:vənéiʃən] ⓝ 회춘; 젊어지기

That free time could be used to renew the bonds of community and rejuvenate the democratic legacy. 경찰 2013
→ 그 자유 시간은 공동체의 결속을 새롭게 하고, 민주주의의 유산을 다시 활력 있게 하는 데 사용될 수 있을 것이다.

repulse
[ripʌ́ls]

ⓥ ~을 격퇴하다; 물리치다(= repel); 혐오감을 주다
repulsive [ripʌ́lsiv] ⓐ 혐오감을 일으키는
repulsion [ripʌ́lʃən] ⓝ 혐오감; 반감

Some odors can repulse us, too, and for good reason. 경찰 2012
→ 어떤 냄새들은 우리에게 혐오감을 줄 수 있는데, 좋은 이유로 그럴 수도 있다.

seize
[si:z]

ⓥ 붙잡다; 포착하다

However, I think I learned from this experience that all I need to do is seize the deadline in the distance and never shall the demon haunt me again. 경찰 2012
→ 그러나 내가 해야 할 일은 멀리 있는 최종 기한을 포착하고 결코 악마가 다시 나를 잡으러 오지 않게 해야 한다는 것임을 경험에서 배웠다.

• seize the full meaning of ~의 진의를 충분히 파악하다

pastime
[pǽstàim]

ⓝ 기분 전환; 오락

It's a popular pastime to complain about our local and national political leaders. 경찰 2006
→ 우리의 지역적 그리고 국가적 정치 지도자들에 대해 불평하는 것은 인기 있는 오락거리이다.

rumble
[rʌmbl]

ⓝ 요란한 소리; 굉음 ⓥ 간파하다; 울려 퍼지다

Beneath their feet, the rumble of the subway can be heard while its steam rises from the grill in the sidewalk to meet the cold air on the street. 경찰 2009
→ 그들의 발 밑, 인도의 하수구 철판 사이로 증기가 올라와 거리의 찬 공기와 만나는 동안 지하철의 굉음이 들렸다.

outgrow
[àutgróu]

ⓥ 몸이 커져 입지 못하게 되다; 쓸모없게 되다; ~보다 더 커지다

They are called environmental pessimists, who argue that our environmental situations are getting worse and global economy is outgrowing the capacity of the earth to support it. 경찰 2012
→ 그들은 환경 비관론자로 불리며, 우리 환경 상황이 나빠지고 있으며 세계 경제는 그것을 지탱하는 지구의 능력보다 커지고 있다고 주장하는 사람들이다.

encapsulate
[inkǽpsjulèit]

ⓥ 캡슐에 싸다; 요약하다

encapsulation [inkæpsjuléiʃən] ⓝ 캡슐에 넣음; 요약; 응축

Readers are isolated individuals, encapsulated in silence, their intelligence encountering on the printed page a removed and mysterious reality. 경찰 2007
→ 독자란 그들의 지성이, 제거되었거나 의문스러운 현실을 인쇄된 지면 위에서 마주치는, 침묵에 싸인, 고립된 개인이다.

coronary
[kɔ́:rənèri]

ⓐ 관상 동맥의; 관의; 심장의

One of its most significant functions is to relax patients who are preparing for, undergoing or recovering from surgery, notably dental, burns and coronary treatments. 경찰 2018
→ 그것의 가장 주요한 기능 중 하나는 주로 치아, 화상 그리고 심장 치료의 수술을 준비 중이거나, 수술 중이거나, 수술에서 회복 중인 환자들을 안정시키는 것이다.

departure
[dipá:rtʃər]

ⓝ 떠남; 출발(↔arrival ⓝ 도착)

depart [dipá:rt] ⓥ 출발하다; 떠나다

Each participant's ability is tested prior to the tour's departure. 경찰 2015
→ 각 참가자들의 실력은 여행 출발에 앞서 점검된다.

• put off one's departure 출발을 미루다

179

lug
[lʌg]

ⓝ 세게 끌어당기기 ⓥ 끌다; 끌어 나르다

If forgiveness feels so good, why do so many people lug around so much resentment? 경찰 2013
→ 만약에 용서가 정말로 기분 좋은 것이라면 왜 그렇게 많은 사람들이 그토록 많은 분노를 끌고 다니는 것일까?

jeopardize
[dʒépərdàiz]

ⓥ 위험하게 하다(=imperil; endanger)
jeopardy [dʒépərdi] ⓝ 위험; 위난; 위험성
jeopardous [dʒépərdəs] ⓐ 위험한

Man is, as Arnold Gehlen has so truly said, by nature a jeopardized creature. 경찰 2011
→ 인간은, Arnold Gehlen이 매우 정확히 말한 바와 같이, 본질적으로 위태로운 동물이다.

mayhem
[méihem]

ⓝ 신체 상해; 대혼란(=confusion)

But the city would never have been the scene of such mayhem had the police done their job. 경찰 2006
→ 그러나 도시는 경찰이 자기 임무를 다했다면 절대 그러한 대혼란의 장이 되지는 않았을 것이다.

• wreak social mayhem 사회적 혼란을 일으키다

forebear
[fɔ́:rber, fɔ́:beə(r)]

ⓝ 선조; 조상

The descendants of those roosters might well think — if they were capable of such profound thought — that their ancient forebears have a lot to answer for. 경찰 2013
→ 그 수탉들의 후손들은, 만약 그들이 그렇게 심오한 생각을 할 수만 있다면, 그들의 고대 조상들이 책임져야 할 일이 많다고 생각하는 것도 무리가 아니다.

decipher
[disáifər]

ⓝ 판독; 해독 ⓥ 판독하다; 해독하다(↔encipher ⓥ 암호화하다)
decipherable [disáifərəbl] ⓐ 해독 가능한

Jean Francois Champollion, a French philologist fluent in several languages, was able to decipher the first word 'Ptolemy' from the Rosetta stone. 경찰 2009
→ 여러 언어가 능통했던 프랑스의 언어학자 Jean Francois Champollion은 로제타석의 첫 단어 'Ptolemy'를 판독할 수 있었다.

degenerate
[didʒénərèit]

ⓥ 퇴화하다; 타락하다 **ⓐ** 퇴보한; 쇠퇴한
degenerative [didʒénərətiv] **ⓐ** 퇴행성의; 퇴폐적인
degeneration [didʒènəréiʃən] **ⓝ** 타락; 변성; 변질

And as reading without discussion can fail to yield the full measure of understanding that should be sought, so discussion without the substance that good and great books afford is likely to degenerate into little more than an exchange of superficial opinions. 경찰 2013

→ 그리고 토론 없는 독해가 추구되어야 할 완전한 이해를 이끌어 내지 못할 수 있듯, 훌륭하고 위대한 책들이 제공하는 본질적 내용이 없는 토론은 피상적인 의견 교환과 다를 바 없는 것으로 퇴보할 가능성이 있다.

mark something out

~를 구분시키다, (선을 그려) ~를 표시하다

To see an object for what it is, you need to be able to perceive its edges, which mark it out as being separate from the background. 경찰 2016

→ 어떤 대상이 무엇인지 보려면, 그것을 배경과 분리된 존재로서 구분해주는 경계를 인식해야 한다.

cash in

~을 이용해 먹다; 이익을 챙기다

Eager to cash in, many US soybean growers switch to planting corn, which is pricier. 경찰 2009

→ 몹시 이익을 챙기고 싶었던 많은 미국의 콩 재배업자들은 더 비싼 옥수수를 재배하기로 전환하였다.

cope with

~에 대처하다; 극복하다

But how does she cope with this unusual way of life? 경찰 2010

→ 하지만 그녀는 어떻게 이런 유별난 생활 방식에 대처할까?

sneak away

살그머니 떠나다, 빠져나가다

Everybody knew they were sneaking away to work, but we were all too polite to mention it. 경찰 2013

→ 그들이 일하기 위해 빠져나간다는 것을 모두가 알았지만, 우린 모두 너무 점잖아서 그것을 말하지 않았다.

181

somersault
[sʌ́mərsɔ̀:lt]

ⓝ 공중제비 ⓥ 공중제비를 하다

Two or three males will surround the female, leaping, bellyflopping, and somersaulting, all in perfect synchrony with one another. 경찰 2012
→ 두 마리 또는 세 마리의 수컷들이 모두 서로 완전히 동시에 뛰어오르고, 배로 수면을 치고, 공중제비를 하면서 암컷을 둘러쌀 것이다

sporadic
[spərǽdik]

ⓐ 산발적인; 이따금 일어나는
sporadically [spərǽdikəli] ⓐⓥ 산발적으로; 때때로

Since then, he has only sporadically performed and released music. 경찰 2015
→ 그 이후로 그는 단지 이따금 공연을 하고 음반을 내 왔다.

auspicious
[ɔ:spíʃəs]

ⓐ 길조의; 상서로운(↔inauspicious ⓐ 불길한)

Thus, there are "home remedies" for illnesses of one kind or another; auspicious dates, not including Friday the thirteenth, for launching great enterprises or for planting crops; weather predictions — "Rain before seven, clear before eleven," for example — that belong to folklore rather than to meteorology; and so on. 경찰 2007
→ 그러므로 이런저런 질병에 적용되는 "민간요법"과, 거대한 회사를 시작하거나 작물을 심을 때를 위해 13일의 금요일을 포함하지 않는 길일이 있으며, 예를 들면 기상학보다 민속학에 속하는 "7시 전에 비가 오면 11시 전에 갠다"라는 날씨 예견 등이 있다.

sally
[sǽli]

ⓝ 반격; 출격 ⓥ 출격하다

German armor was the best in the world, and if a customer didn't like the prices, he could sally forth on his next war with sticks and stones. 경찰 2018
→ 독일 갑옷은 세계 최고였고, 만약 한 손님이 가격을 마음에 들어 하지 않는다면 그는 막대기와 돌을 가지고 다음 전투에 출격할 수 있었다.

yawn
[jɔ:n]

ⓝ 하품(═gape) ⓥ 하품하다

She yawned and stretched her long brown legs and arms, lazily. 경찰 2013
→ 그녀는 하품을 하고 천천히 그녀의 길고 갈색인 팔과 다리를 쭉 뻗었다.

appliance
[əpláiəns]

ⓝ 가전제품; 기기

Nevertheless, the more dependent we become on the industries of food and cooking appliances, the more waste we are going to produce. 경찰 2011
→ 그럼에도 불구하고, 우리가 식품 산업과 조리 기구에 의존하게 될수록 더 많은 폐기물을 생산할 것이다.

benchmark
[béntʃmɑ:rk]

ⓝ (일반적으로) 기준이 되는 것; 수준점; 벤치마크

GDP provides a basic benchmark for the average per capita income in a country. 경찰 2017
→ GDP는 한 국가의 1인당 평균 소득에 대한 기본적인 기준을 제공한다.

menace
[ménis]

ⓝ 위험; 협박 ⓥ 위협하다; 협박하다
menacingly [ménisiŋli] ⓐⓓ 위협적으로

Aggressive panhandling may include some type of menacing action with a direct or implied threat. 경찰 2009
→ 공격적인 구걸은 직접적이거나 암시된 위협과 함께 어떤 종류의 협박하는 행동을 포함할 수 있다.

monopolize
[mənápəlàiz]

ⓥ 독점하다; 전매권을 가지다
monopoly [mənápəli] ⓝ 독점; 전매; 독주

It was likewise illegal to monopolize or attempt to monopolize trade. 경찰 2011
→ 거래를 독점하거나 독점하려고 시도하는 것도 마찬가지로 불법 이었다.

occult
[ákʌlt]

ⓝ 주술; 비술 ⓐ 신비한; 불가사의한; 초자연적인
occultism [əkʌ́ltizm] ⓝ 신비주의; 신비론

Author of innumerable occult books make fortunes by peddling nonsense to the gullible. 경찰 2011
→ 셀 수 없이 많은 신비주의 책을 저술한 작가는 속기 쉬운 사람 들에게 허튼소리를 퍼트려서 돈을 번다.

183

celibate
[séləbət]

ⓝ 독신자(= bachelor; bachelorette); 독신주의자 ⓐ 독신의; 금욕하는
celibacy [séləbəsi] ⓝ 독신; 금욕

However, other researchers reported that many were celibate (Descartes), fatherless (Dickens), or motherless (Darwin). 경찰 2012
→ 그러나 다른 연구자들은 많은 수가 독신이었으며(Descartes), 아버지가 없거나(Dickens) 어머니가 없었다고(Darwin) 보고했다.

babble
[bǽbl]

ⓝ 떠드는 소리; 횡설수설하는 소리; 옹알이 ⓥ 중얼중얼 말하다; 횡설수설하다

Thoreau had no tolerance for babble but was responsive to children who brought him flowers, weeds, and dead animals. 경찰 2013
→ Thoreau는 횡설수설하는 것은 참지 못했지만 그에게 꽃, 잡초, 죽은 동물을 가져온 아이들에게는 호의를 보였다.

throughput
[θrú:pùt]

ⓝ 처리량; 생산량

Societies have to substitute other forms of capital for economic wealth, demonstrating how quality of life could be maintained or even enhanced while significantly reducing consumption and material throughput. 경찰 2014
→ 사회는 소비와 물질적인 처리량을 대폭 줄이면서 삶의 질이 어떻게 유지될 수 있는지 또는 심지어 향상될 수 있는지 입증하면서, 경제적인 부를 다른 형태의 자본으로 대체해야만 한다.

delinquency
[dilíŋkwənsi]

ⓝ 비행; 범죄
delinquent [dilíŋkwənt] ⓐ 비행의; 의무 불이행의

If the film industry approached the issue of delinquency, it had to proceed cautiously. 경찰 2012
→ 만약 영화 산업이 청소년 비행에 접근하려면 반드시 신중하고 조심스럽게 진행해야 했다.

ephemeral
[ifémərəl]

ⓐ 단명한; 덧없는(= evanescent)
ephemeron [iféмərὰn] ⓝ 수명이 아주 짧은 것; 하루살이 (ⓟ ephemera)

Who would have guessed that the movie star's fame would be ephemeral? 경찰 2016
→ 그 영화배우의 인기가 덧없을 것이라고 누가 추측할 수 있었을까?

rectify
[réktəfài]

ⓥ 수정하다(＝revise); 교정하다
rectification [rèktəfəkéiʃən] ⓝ 개정; 수정

He and his men sought mainly to rectify social injustices and to live well. 경찰 2016
→ 그와 그의 부하들은 주로 사회의 부정을 교정하는 것과 잘 사는 것을 추구했다.

sprint
[sprint]

ⓝ 단거리 경주 ⓥ 전속력으로 달리다

Taking a deep breath, I began sprinting again, counting my strokes, telling myself that I wouldn't look up again until I'd swum one thousand strokes. 경찰 2018

→ 깊게 숨을 들이쉬며, 나는 내 스트로크를 세며, 내가 천 번의 스트로크를 하기 전까지는 다시는 위를 보지 않을 것이라고 나 자신에게 말하면서 다시 전속력으로 헤엄치기 시작했다.

halo
[héilou]

ⓝ 후광(＝nimbus); 영광 ⓥ 후광을 비치게 하다

Recycling is beginning to lose its halo as its costs become apparent and its effect on the volume of waste is found to be smaller than anticipated. 경찰 2010

→ 재활용은 그 비용이 명확해지고 쓰레기의 양에 미치는 영향이 예상보다 적다는 것이 밝혀지면서 후광을 잃기 시작했다.

hatch
[hætʃ]

ⓝ 부화 ⓥ 알에서 까다; 부화하다

Started for about $700 in Upper Bucks County, Pa., the business was based on an idea he hatched in his early 20s after eating organic produce on a trip to India. 경찰 2015
→ 펜실베이니아의 Upper Bucks 카운티에서 약 700달러로 시작한 그의 사업은 그가 20대 초반에 인도 여행을 하면서 유기농 생산물을 먹고 품게 된 생각에 기초를 두고 있다.

feud
[fju:d]

ⓝ 불화(＝dissension); 반목 ⓥ 반목하다; 싸우다

Rather than being bloodthirsty, which is the modern connotation of the word, retribution reduces the likelihood of overreactions (your life for my eye) that are likely to engender feuds. 경찰 2017
→ 그 단어의 현대의 함축된 의미인 피를 요구하는 것보다, 징벌은 불화를 일으키기 쉬운 과잉 반응(내 눈의 대가로 당신의 생명)의 가능성을 줄여준다.

scorch
[skɔ́:rtʃ]

ⓥ 그슬리다(=singe; sear); 말라죽게 하다
scorching [skɔ́:rtʃiŋ] ⓐ 타는 듯한; 맹렬한

A wave of scorching volcanic gas and rock fragments shot horizontally from the volcano's flank, at 200 miles per hour. 경찰 2012
→ 맹렬한 화산 가스와 암석 파편의 물결이 화산의 측면에서 수평 방향으로 시간당 200마일의 속도로 뿜어져 나왔다.

fortress
[fɔ́:rtris]

ⓝ 요새; 안전한 곳

The next day it was a castle fortress or a ship at sea. 경찰 2014
→ 그다음 날 그곳은 성채이거나 바다 위의 배였다.

scythe
[saið]

ⓝ 풀 베는 낫 ⓥ ~을 큰 낫으로 베다; 무력으로 일소하다

They swept the buffalo from the plains, blasted the streams, set fire to the grass, and ran a reckless scythe through the virgin and noble timber. 경찰 2008
→ 그들은 평원에서 버펄로를 몰아냈고, 시내를 마르게 하고, 잔디에 불을 질렀으며, 개척된 적 없는 웅장한 삼림에 무분별한 낫질을 했다.

gallop
[gǽləp]

ⓝ 질주; 빠른 진행; 윤무 ⓥ 치솟다; 질주하다

Although the only piece of his which is now a household word is the famous Radetsky March, his waltzes and gallops and polkas are still enjoyable listening, and it is very hard to discern any influence from contemporary composers such as Beethoven or even Schubert. 경찰 2010
→ 그의 작품 중 현대까지 잘 알려진 곡은 유명한 라데츠키 행진곡이 유일하지만, 그의 왈츠, 윤무, 폴카 곡들은 즐겁게 감상할 만하며 Beethoven이나 심지어 Schubert 같은 동시대의 작곡가들로부터의 영향을 알아보기는 매우 어렵다.

prominence
[prάmənəns]

ⓝ 탁월; 출중; 중요성
prominent [prάmənənt] ⓐ 눈에 띄는; 유명한

A romance gone sour or a good grade on a test may take prominence in our mind even as someone is speaking to us. 경찰 2006
→ 누군가가 우리에게 말하고 있는 동안에도, 잘 풀리지 않는 연애나 좋은 시험 성적이 우리 마음에 중요한 자리를 차지하고 있을지 모른다.

· give front page prominence 신문에 대서특필하다

tally
[tǽli]

ⓝ 기록; 계산 ⓥ ~을 계산하다; 부합하다

Back on the ground, they tallied the organisms, and the count was staggering. 경찰 2014
→ 지상으로 돌아와서, 그들은 미생물들의 수를 계산했고, 그 수는 굉장히 놀라운 것이었다.

• tally up to ~의 가치에 이르다
• tally with ~와 일치하다

throng
[θrɔːŋ]

ⓝ 군중; 인파; 다수(≒host) ⓥ 떼 지어 모이다; 쇄도하다

The street is throbbing with throngs of workers in shabby clothes. 경찰 2009
→ 거리는 누더기를 걸친 노동자들의 인파로 요동하고 있다.

• throng with ~ 로 가득하다

outweigh
[autwéi]

ⓥ ~보다 더 크다; 중대하다

Teaching good behavior to children outweighs earning money. 경찰 2016
→ 아이들에게 좋은 품행을 가르치는 것은 돈을 버는 것보다 더 중대하다.

stilted
[stíltid]

ⓐ 부자연스러운; 지나치게 격식적인; 과장된

When we observe flattened "paper cut-out" Egyptian wall painting or the stilted, wooden madonna and child of the mediaeval master Cimabue, we confront artwork that strikes us as being schematic and unrealistic. 경찰 2010
→ 우리가 평면적인 "종이를 오려놓은 듯한" 이집트 벽화나 중세 거장인 Cimabue의 부자연스러운 성모자 목상을 볼 때, 우리는 우리에게 도식적이고 비현실적인 느낌을 주는 예술 작품을 직면하게 된다.

stack
[stæk]

ⓝ 쌓아 올린 것, 굴뚝 ⓥ 쌓아 올리다

There is no adventure quite like that promised by arriving in the middle of the night at a brightly lit station in a foreign country, where a customs officer is smoking a cigarette and a wagon stacked with milk cans rolls by. 경찰 2013
→ 세관 직원이 담배를 피우고 있고 우유 캔이 쌓아 올려져 있는 수레가 지나가는, 밝게 빛나는 외국의 한 역에 한밤중에 도착하기로 예정된, 이와 같은 모험은 어디에도 없다.

spine
[spain]

ⓝ 척추; 근성

spinal [spáinl] ⓐ 척추의

He found the spine to walk away that gloomy morning.
경찰 2017

→ 그는 그 우울한 아침으로부터 벗어날 근성을 얻었다.

apocalypse
[əpákəlips]

ⓝ 종말; 묵시; 대재앙

People just seem to see the apocalypse everywhere they turn.
경찰 2016

→ 사람들은 마치 그들이 향하는 어디서든 대재앙을 보는 것 같다.

mimic
[mímik]

ⓥ 흉내 내다; 모방하다 (═imitate)

mimicry [mímikri] ⓝ 흉내; 모방

More pessimistic views argue that "hallyu" reflects Koreans mimicking powerful Western cultures.
경찰 2007

→ 더 부정적인 관점에서는 "한류"가 강력한 서양 문화를 모방하는 한국인들을 반영한다고 주장한다.

• vocal mimicry 성대모사

fatuous
[fǽʧuəs]

ⓐ 어리석은; 얼빠진(═idiotic); 비현실적인

fatuity [fətjúːəti] ⓝ 우둔; 멍청함(═stupidity; silliness)

It is in miniature one image of life as latin people tend to see it: a challenge to high romance always defeated by the rich and fatuous disorder of life itself.
경찰 2011

→ 라틴 사람들이 바라보는 것처럼 그것은 축소된 삶의 한 이미지이다. 즉 삶 자체의 매우 많고 비현실적인 무질서에 의해 항상 좌절되는 고결한 로맨스에 대한 도전이다.

toil
[tɔil]

ⓝ 수고; 노력(═labour; struggle) ⓥ 힘써 일하다

Though his accomplishments this year overshadow anything Vogelsong has done before in baseball, they would not have been possible without the toils of an odyssey that has included stops in 10 minor league cities, plus San Francisco, Pittsburgh, Japan and Venezuela.
경찰 2018

→ 올해 그의 성취는 Vogelsong이 이전에 야구에서 이룬 어떤 것도 무색하게 하지만, 10개 마이너리그 도시들에 들르는 것에 더하여 샌프란시스코, 피츠버그, 일본, 베네수엘라까지 포함한 모험 가득한 긴 여정의 수고가 없었다면 그것들은 불가능했을 것이다.

painstaking
[péinzteikiŋ]

ⓐ 수고를 아끼지 않는; 부지런한

He painstakingly continued his search and was able to increase his growing list of known phonetic signs.

경찰 2009

→ 그는 부지런하게 그의 연구를 지속했고 알려진 음성 기호의 증가하는 목록을 늘릴 수 있었다.

deliver on

이행하다

Sadly, Windows NT did not deliver on this promise.

경찰 2014

→ 슬프게도, 윈도우 NT는 이 약속을 이행하지 못했다.

creep up

기어오르다

It was not long into rehearsal when the other, smaller deadlines began to creep up and rear their ugly heads, and paper after paper after test struck me unmercifully.

경찰 2012

→ 리허설까지 얼마 남지 않았던 그때 다른 더 작은 기한들이 기어올라 그들의 못생긴 얼굴을 치켜들기 시작했고, 연속된 시험과 과제는 나를 무자비하게 공격했다.

be of service

도움이 되다.

My favorite ways to be of service are to develop my own helping rituals and to practice random acts of kindness — almost always little things that give me enormous satisfaction and peace of mind.

경찰 2009

→ 도움을 주기 위해 내가 선호하는 방법들은, 나만의 도움을 주는 의식을 만드는 것과 임의로 친절한 행동을 실천하는 것으로, 나에게 엄청난 만족과 마음의 평화를 주는 것은 거의 대부분 작은 것들이다.

lash out

채찍질하다; 맹렬히 비난하다; 몰아세우다

The more likely course would be widespread social upheaval, violence on an unprecedented scale, and open warfare, with the poor lashing out at each other as well as at the rich elites who control the global economy.

경찰 2013

→ 세계 경제를 통제하는 부유한 엘리트뿐만 아니라 서로를 몰아세우는 가난한 사람들을 동반한, 만연한 사회적 격변, 전례 없는 규모의 폭력, 공개적인 싸움상태가 더 가능성 있는 경로일 것이다.

Review Test DAY 16-20

1 다음 우리말을 영어로 쓰시오.

01 비행, 범죄

02 위험한, 모험적인

03 장치, 기구

04 특권, 대권의

05 협동, 동격

06 처리량, 생산량

07 위조하다

08 격렬한, 열정적인

09 연소, 산화

10 수정하다, 교정하다

11 시대, 시기

12 긴급, 급무, 요구

13 고갈시키다

14 나란히 놓다

15 파손 상태, 황폐

16 부근, 주변

17 불임의, 불모의

18 악의, 원한

19 독신주의자

20 용기, 역량

21 내던지다

22 어리석음, 바보짓

2 다음 영어를 우리말로 쓰시오.

01 degenerate

02 ramble

03 innocuous

04 abide

05 providential

06 auspicious

07 relegate

08 locomotive

09 discreet

10 buffer

11 procreation

12 obliterate

13 wont

14 thwart

15 ephemeral

16 impinge

17 itinerant

18 fatuous

19 meander

20 toil

21 admonition

22 culprit

3 다음 빈칸에 알맞은 단어를 고르시오.

01 On a per capita basis, China and India emit far less greenhouse gas than energy-efficient Japan, environmentally _____ Sweden, and especially the gas-guzzling U.S.

1인 기준으로 보면, 중국과 인도는 에너지 효율이 높은 일본, 환경적으로 양심적인 스웨덴, 특히 연료를 마구 쓰는 미국에 비해 훨씬 적은 온실 가스를 배출한다.

① blissful   ② inadvertent   ③ scrupulous   ④ militant   ⑤ solitary

02 A romance gone sour or a good grade on a test may take _____ in our mind even as someone is speaking to us.

누군가가 우리에게 말하고 있는 동안에도, 잘 풀리지 않는 연애나 좋은 시험 성적이 우리 마음에 중요한 자리를 차지하고 있을지 모른다.

① prominence   ② heredity   ③ hoopla   ④ conspiracy   ⑤ lunacy

03 It would have amazed the brightest minds of the eighteenth-century Enlightenment to be told by any of us how little we know and how _____ seems the way ahead.

18세기 계몽주의 시대의 가장 명철한 사람들이, 우리가 얼마나 알지 못하며 앞으로의 길이 얼마나 당황스럽게 보이는지 우리 중 누군가의 이야기를 듣는다면 놀랐을 것이다.

① repulsing   ② straining   ③ bewildering   ④ outraging   ⑤ adoring

04 This social compromise is _____ to reinforcing the law of nature.

이러한 사회적 타협은 자연법을 강화하는 데에 도움이 된다.

① mindful   ② sporadic   ③ irreplaceable   ④ virtuous   ⑤ conducive

---

1 01 delinquency 02 perilous 03 apparatus 04 prerogative 05 coordination 06 throughput 07 falsify 08 vehement 09 combustion 10 rectify 11 epoch 12 exigency 13 deplete 14 juxtapose 15 disrepair 16 vicinity 17 sterile 18 animosity 19 celibate 20 prowess 21 hurl 22 folly

2 01 퇴화하다, 퇴보한 02 어슬렁거림, 산책(하다) 03 무해한, 악의 없는 04 준수하다, 머무르다, ~에 견디다 05 섭리의, 신의 뜻에 의한 06 길조의, 상서로운 07 좌천시키다, 추방하다, 이관하다 08 이동력, 보행력, 걸음걸이 09 지각 있는, 신중한 10 완충제, 완화하다 11 생식, 출산 12 ~의 흔적을 없애다, 제거하다 13 습관, ~에 익숙한, ~하는 습관이 있는 14 좌절시키다, 훼방 놓다 15 단명한, 덧없는 16 악영향을 미치다, 침범하다 17 순회하는, 떠돌아다니는 18 어리석은, 비현실적인 19 꼬불꼬불함, 굽이쳐 흐르다 20 수고, 노력, 힘써 일하다 21 충고, 경고, 훈계 22 범인, 죄인, 문제의 원인

3 01 ③ 02 ① 03 ③ 04 ⑤

retaliation
[ritǽliéiʃən]

ⓝ 보복(＝retribution; requital); 복수
retaliate [ritǽlièit] ⓥ 보복하다; 앙갚음하다
retaliatory [ritǽliətɔ̀ri] ⓐ 보복적인; 앙갚음의

Among these is the principle of retribution, that is, exact retaliation for a wrong — an eye for an eye.

경찰 2017

→ 이 보복의 원칙들 중에는 징벌의 원칙, 즉, 눈에는 눈이라는 잘못에 대한 정확한 보복이 있다.

bandwagon
[bǽndwægən]

ⓝ 시류를 탄 움직임; 우세한 쪽

If paper documents are scanned and discarded, our heritage will be lost forever somewhere down the road on the digital bandwagon.

경찰 2008

→ 만약 종이 서류들이 스캔되고 폐기된다면, 우리의 유산은 디지털 시류의 길바닥 어딘가에 버려져 영원히 분실될 것이다.

• bandwagon effect 편승 효과

tip
[tip]

ⓝ 조언; 정점 ⓥ 기울이다; 끝에 달다

Tipping his chair back, my father answered, "Just Veranda Beach."

경찰 2014

→ 의자를 뒤로 기울이며 내 아버지가 대답했다. "베란다 해변이면 되죠."

playwright
[pléirait]

ⓝ 극작가; 각본가

Ben Jonson, a well-known playwright and seventeenth-century contemporary of John Donne, wrote that while "the first poet in the world in some things," Donne nevertheless "for not keeping of an accent, deserved hanging."

경찰 2013

→ 잘 알려진 극작가이자, 17세기에 John Donne과 동시대를 살았던 Ben Jonson은 Donne이 "어떤 면에서는 세계 최초의 시인"임에도 불구하고 "운율을 지키지 않았으므로 교수형이 마땅하다."라고 썼다.

haggle
[hǽgl]

ⓝ 옥신각신; 흥정 ⓥ 흥정하다

Eighty-nine percent of those who haggled were rewarded at least once. 경찰 2018
→ 흥정한 사람들 중 89퍼센트는 최소 한 번이라도 보상을 받았다.

bilateral
[bailǽtərəl]

ⓐ 쌍방의

Another moderating institution is bilateral kinship. 경찰 2017

→ 완화시키는 또 다른 제도는 양쪽 친족이다.
• bilateral mistake 쌍방 과실

flit
[flit]

ⓝ 경쾌한 움직임; 야반도주 ⓥ 휙 움직이다; 경쾌하게 돌아다니다

They would rather be tourists, flitting over the surface of other people's lives while never really leaving their own. 경찰 2016
→ 그들은 자신들의 삶은 떠나지 않는 반면 다른 사람들의 삶의 표면 위를 경쾌하게 돌아다니는 관광객이 되기를 원한다.

spawn
[spɔːn]

ⓝ (어류; 양서류의) 알 ⓥ 산란하다; 낳다

What links the thinking style that produced Mona Lisa with the one that spawned the theory of relativity? 경찰 2012

→ 무엇이 모나리자를 만들어낸 사고방식과 상대성 이론을 낳은 사고방식을 연결하는가?

utmost
[ʌ́tmòust]

ⓝ 최대 한도; 극도 ⓐ 최대한; 극도의

To combat the rise in ocean levels, it is of utmost importance to understand the molecular structure of water. 경찰 2018
→ 해수면 상승에 맞서기 위해서는, 물의 분자 구조를 이해하는 것이 극도로 중요하다.

stagger
[stǽgər]

ⓝ 비틀거림 ⓥ 비틀거리다; 휘청거리다
staggerer [stǽgərər] ⓝ 비틀거리는 사람; 대사건

Then suddenly something took him by the throat, an insufferable sensation that made him stagger and gasp harshly. 경찰 2008
→ 그러다 갑자기 무언가 그의 목을 잡았고, 견딜 수 없는 고통에 그는 휘청거리고 거칠게 숨을 쉬었다.

rite
[rait]

ⓝ (특히 종교상의) 엄숙한 의식; (일상의) 관습

In Gutenberg society to be acknowledged as able to read is an initiation rite, as it were, into the human condition. 경찰 2007

→ Gutenberg 사회에서 읽을 수 있다고 인정받는 것은 성년식이었고, 그것은 인간 상태로의 진입이었다.

wither
[wíðər]

ⓥ 시들다; 말라죽다; 위축시키다

It wasn't until much later that she realized why the woman gave her a withering look. 경찰 2009

→ 왜 그 여자가 그녀에게 위축감을 주는 표정을 보였는지 그녀가 깨닫는 데에는 오랜 시간이 걸리지 않았다.

revenue
[révənjùː]

ⓝ 매출; 수입(↔expenditure ⓝ 지출)

The online grocer of natural and organic produce employs more than 200 people in five metro markets around the country, posted $26 million in revenue in 2013 and is projected to grow to more than $40 million this year. 경찰 2015

→ 자연적이고 유기농인 상품을 판매하는 온라인 식료품점은 전국적으로 5개의 대도시 마켓에서 200명 이상의 사람을 고용하고, 2013년에는 2600만 달러의 수익을 기록했으며, 올해는 4000만 달러 이상 성장할 것으로 전망되고 있다.

assert
[əsə́ːrt]

ⓥ 주장하다; 단언하다
assertion [əsə́ːrʃən] ⓝ 주장; 단언
assertive [əsə́ːrtiv] ⓐ 단언적인; 단정적인

The novelist will assert that his characters are purely imaginary, but this only means that they have come out of his own imagination, his own way of thinking about people, his own understanding of them. 경찰 2011

→ 소설가는 그의 등장인물들이 완전히 가상의 것이라고 주장하겠지만, 이것은 그들이 자신의 상상, 즉 사람에 대해 생각하는 그만의 방식, 사람에 대한 그만의 이해에서 나왔음을 의미할 뿐이다.

quandary
[kwándəri]

ⓝ 궁지; 곤경; 난처한 입장

Dreams help people work through the day's emotional quandaries. 경찰 2016

→ 꿈은 사람들이 그날의 감정적인 곤경들을 헤쳐 나가도록 도와준다.

vocation
[voukéiʃən]

ⓝ 직업; 천직; 사명
vocational [voukéiʃənl] ⓐ 직업상의; 직업 지도의

Increasingly we see courses on this topic in high schools, vocational schools, and colleges. 경찰 2007
→ 우리는 고등학교와 직업학교, 대학교에서 이 주제에 대한 수업을 점점 더 자주 본다.

• vocational bureau 직업 소개소

philanthropy
[filǽnθrəpi]

ⓝ 박애; 자선; 인류애
philanthropic [filənθrápik] ⓐ 인자한(=humanitarian; benevolent); 박애주의의
philanthropist [filǽnθrəpist] ⓝ 자선가; 박애주의자

When billionaires turn to philanthropy after making their fortune, they often fund scholarships for poor students, work to improve health care, or contribute to the arts. 경찰 2014
→ 억만장자들이 그들의 부를 축적한 이후에 자선 사업에 관심을 돌릴 때, 그들은 종종 가난한 학생들을 위해 장학재단을 설립하거나 건강 복지를 향상시키기 위한 일을 하거나 예술에 공헌하곤 한다.

torrent
[tɔ́:rənt]

ⓝ 급류; 속출

As the sliding ice and snow melted, it touched off devastating torrents of mud and debris, which destroyed all life in their path. 경찰 2012
→ 밀려 내려오는 얼음과 눈이 녹으면서, 진흙과 잔해로 이루어진 파괴적인 급류를 유발하였으며, 이는 경로에 있는 모든 생명을 말살했다.

breach
[bri:tʃ]

ⓝ 위반; 갈라진 틈 ⓥ 위반하다; 파기하다

So when one of them asks him to research a securities-fraud topic, for example, or breach of contract, he doesn't even think about applying his $395 hourly rate. 경찰 2009
→ 그래서 예를 들어 그들 중 한 명이 그에게 유가 증권 사기나 계약 불이행에 관한 조사를 요청할 때, 그는 자신의 시간당 비용 395달러를 적용하는 것을 고려조차 하지 않는다.

hedge
[hedʒ]

ⓝ 산울타리 ⓥ 둘러싸다

I said, "I saw some pretty flowers in the hedges today." 경찰 2013
→ 나는 "오늘 울타리에서 예쁜 꽃들을 좀 보았어요."라고 말했다.

snap
[snæp]

🅝 뚝 부러지기 🆅 덥석 물다; 탁 부러지다

A momentary flash of lightning and the sound of a tree branch snapping represent stimulation of exceedingly brief duration, but they may nonetheless provide important information that can require some response. 경찰 2010

→ 번개의 순간적인 번쩍임과 나뭇가지가 뚝하고 부러지는 소리는 극도로 짧은 시간 동안의 자극을 나타내지만, 그럼에도 불구하고 그것들은 몇 가지 반응을 필요로 하는 중요한 정보를 제공할지도 모른다.

doff
[dɑf]

🆅 (외투 등을) 벗다(↔don); (습관 등을) 버리다

There used to be a tradition at Eton, known as 'capping' — when boys would salute the beaks in the street by pointing a finger at their heads, as an abbreviated doffing of the hat. 경찰 2015

→ Eton에는 이른바 'capping'이라고 알려져 있는, 모자를 벗는 행위를 간소화한 전통이 있었는데, 그것은 학생들이 거리에서 자신의 손가락 끝을 머리에 가리킴으로써 교사들에게 경의를 표하는 것이었다.

lump
[lʌmp]

🅝 덩어리; 다수; 수많음 🅐 덩어리가 된; 한꺼번의 🆅 일률적으로 취급하다

I prayed, until a lump came into my throat, to be spared that degradation. 경찰 2009

→ 나는 이러한 수모가 없기를 목에 덩어리가 맺히도록 기도했다.

trot
[trɑt]

🆅 속보로 달리다; 빠른 걸음으로 가다

When the coyote had finished drinking it trotted a few paces, to above the stepping-stones, and began to eat something. 경찰 2006

→ 코요테는 다 마신 뒤에 디딤돌 위쪽으로 몇 발자국을 빠르게 걸어 무언가를 먹기 시작했다.

resilience
[rizíljəns]

🅝 탄성; 복원력; 회복력

resilient [rizíljənt] 🅐 탄력이 있는(≡buoyant); 곧 회복하는

Unfortunately the majority of studies that explore spirituality and resilience treat spirituality as a single entity which is easily measured and controlled. 경찰 2018

→ 불행하게도 영성과 회복력을 탐구하는 대부분의 연구는 영성을 쉽게 계량되고 통제되는 단일체로 다룬다.

ravel
[rǽvəl]

ⓝ 얽힘; 혼란 ⓥ ~을 얽히게 하다(＝tangle)
unravel [ʌnrǽvl] ⓥ 풀다

He and an Englishman, Thomas Young, worked independently of each other to unravel the deeply hidden mysteries of this strange language. 경찰 2009
→ 그와 영국인 Thomas Young은 이 낯선 언어의 깊이 숨은 수수께끼를 풀기 위해 서로 독립적으로 일했다.

dictate
[díkteit]

ⓝ 명령; 지령 ⓥ 구술하다; 명령하다; 지시하다
dictature [diktéitʃər] ⓝ 독재 정권(＝dictatorship)

It has a range of functions that specifically dictate its shape, content and structure, and it operates within a range of restrictions that limit the freedom of the writer. 경찰 2010
→ 그것은 특히 그것의 형태, 내용, 구조를 지시하는 다양한 범위의 기능을 지니고, 작가의 자유를 한정하는 제약된 범위 내에서 작동한다.

seal
[si:l]

ⓝ 도장; 봉인 ⓥ 봉인하다; 확인하다

Marriage was also used as a way of sealing peace between former enemies, whether they were kings or feuding villagers. 경찰 2006
→ 결혼은 그들이 왕이었든 반목하던 마을 주민이었든 간에, 이전에 적이었던 사람들 사이에서 평화를 확인하는 방법으로 쓰이기도 했다.

thrash
[θræʃ]

ⓥ 마구 때리다; 채찍질하다; 탈곡하다

It was almost Christmas and the responsibilities of shopping allied themselves with my academic obligations and thrashed me mercilessly while the demon chuckled, knowing that the real deadline would be painful to meet. 경찰 2012
→ 그때는 크리스마스 무렵이었고, 악마가 실제 기한을 맞추는 일은 매우 고통스러운 일이 될 것을 알고 낄낄대는 동안, 장보기의 책임은 나의 학업 의무들과 합쳐져서 나를 무자비하게 채찍질했다.

mumble
[mʌmbl]

ⓝ 중얼거리는 말 ⓥ 중얼거리다

Face to face he mumbled so, I could barely tell he was speaking. 경찰 2011
→ 얼굴을 마주할 때 그는 그렇게 중얼거렸기 때문에, 나는 그가 말하고 있다고 할 수 없었다.

pecuniary
[pikjúːnièri]

ⓐ 금전의; 벌금(형)의

He contended in 1921 that only by entrusting the nation's economy to the professional engineers — whose noble standards stood above pecuniary and parochial concerns — could the economy be saved and the country transformed into a new Eden.

경찰 2017

→ 1921년에 그는, 금전적이고 지역주의적인 관심 위에 선 고결한 기준을 가진 전문기술자에게 국가 경제를 맡기는 것만이 경제를 구하고 국가를 새로운 낙원으로 변모시킬 수 있다고 주장했다.

surge
[səːrdʒ]

ⓝ 격동; 파동; (물가 등) 급상승 ⓥ 밀려오다; 급등하다

The surge of legal activity initiated during the presidency of Teddy Roosevelt led to the breakup of Standard Oil and America Tobacco Company in 1911.

경찰 2011

→ Teddy Roosevelt 대통령 집권기에 시작된 그 입법 활동의 파동은 1911년 Standard Oil과 America Tobacco Company의 파산으로 이어졌다.

wield
[wiːld]

ⓥ 휘두르다; 행사하다; 사용하다

Experts are wielding satellite technology to monitor and protect endangered museums, monuments and other places of historical importance.

경찰 2014

→ 전문가들은 위험에 처한 박물관들과 기념물, 그리고 역사적으로 중요한 다른 장소들을 감시하고 보호하기 위해 위성 기술을 사용하고 있다.

meager
[míːgər]

ⓐ 부족한; 빈약한; 여윈

In addition, hourly pay for McDonald's crew members is typically only a bit higher than the $5.25 minimum wage, and fringe benefits are meager.

경찰 2013

→ 게다가 일반적으로 맥도날드 직원의 시간당 임금은 최저 임금인 5.25달러보다 약간 더 높을 뿐이고, 부가적인 혜택은 빈약하다.

morale
[mərǽl]

ⓝ 사기; 의욕

This sense of security will help improve employee morale and loyalty.

경찰 2006

→ 이 안전감은 피고용인들의 사기와 충성도를 높이는 데 도움을 줄 것이다.

excavation
[èkskəvéiʃən]

ⓝ 땅파기; 발굴; 유적

excavate [ékskəvèit] ⓥ 발굴하다; ~을 파서 만들다

But excavations at a 10,000-years-old village in Turkey paint a different picture. 경찰 2011

→ 그러나 터키의 10,000년 된 마을의 유적은 다른 상황을 보여준다.

short on

~이 부족하여

As changing climate leaves streams short on water in the summer, researchers are betting that the industrious rodents could provide a natural solution. 경찰 2013

→ 기후의 변화가 여름에 물이 부족하게 만들기 때문에, 연구자들은 근면한 설치류들이 자연적인 해결책을 제공할 수 있다고 확신하고 있다.

be better off

더 좋은 상태이다; ~하는 편이 낫다

Those who take this prescription seriously would, of course, be better off if their schooling had given them the intellectual discipline and skill they need to carry it out. 경찰 2013

→ 이 처방을 진지하게 받아들인 사람들은, 물론, 그들의 학교 교육이 그들에게 그들이 이것을 수행하는 데 필요한 지적인 훈련과 기술을 가르쳤다면 더 좋은 상태였을 것이다.

stick out

두드러지다; 튀어나오다

"But it is poor at detecting obstacles that are above waist height and do not have a touch-point on the ground, such as a tree branch sticking out into your path." 경찰 2015

→ "하지만 그것은 보도 쪽으로 튀어나와 있는 나뭇가지처럼 허리 높이 위에 있고 지면에서 건드릴 수 있는 부분이 없는 장애물을 감지하는 데에는 취약합니다."

knock out

중지하다; 제거하다

"Gentlemen, I cannot deny that I knocked his eye out, but if what I did was wrong, I'd like to explain how it all happened." 경찰 2013

→ "여러분, 제가 그의 눈을 제거한 것을 부정할 수는 없지만, 만약 제가 한 일이 잘못되었다면 저는 그 모든 일이 어떻게 일어난 것인지 설명하고 싶습니다."

aggregate
[ǽgrigət]

ⓝ 집합체; 총체 ⓐ 집합한

A 2010 McKinsey study estimated that obese Americans spend an aggregate of $30 billion extra on clothes. 경찰 2017
→ 2010년 McKinsey 연구는 비만인 미국인들이 의복에 총 300억 달러의 추가 비용을 쓴다고 추산했다.

euphemism
[jú:fəmìzm]

ⓝ 완곡어법; 완곡 어구
euphemize [jú:fəmàiz] ⓥ ~을 넌지시 말하다; 완곡어법으로 표현하다
euphemistic [jù:fəmístik] ⓐ 완곡어법의

You use a euphemism because of your sensitivity for someone's feelings or out of concern for a social or cultural taboo. 경찰 2008
→ 당신은 누군가의 감정에 대한 민감함 혹은 사회적이거나 문화적인 금기에 대한 우려로 인해 완곡어법을 사용한다.

fetter
[fétər]

ⓝ 족쇄; 속박 ⓥ 속박하다; 구속하다

They speculated freely about the nature of the world and the ends of life, without being bound in the fetters of any inherited orthodoxy. 경찰 2016
→ 그들은 계승된 정설의 족쇄에 묶이지 않은 채 세상의 이치와 삶의 목적에 대해서 자유롭게 사색했다.

• be fettered by superstition 미신에 사로잡히다

fin
[fin]

ⓝ 지느러미 ⓥ 지느러미를 세차게 움직이다

Should the female be so unimpressed as to attempt to flee, the males will chase after her, bite her, slap her with their fins or slam into her with their bodies. 경찰 2012

→ 만약 암컷이 너무 매력을 느끼지 못해 도망가려 한다면, 그 수컷들은 암컷을 뒤쫓고, 물고, 지느러미로 때리거나 그녀를 자신의 몸통으로 세게 들이받을 것이다.

fickle
[fíkl]

ⓐ 변덕스러운; 진심이 없는
fickleness [fíklnis] ⓝ 변덕스러움; 변화가 심함
American shoppers have never been so fickle.

경찰 2010

→ 미국 소비자들이 이토록 변덕스러웠던 적은 없었다.

inference
[ínfərəns]

ⓝ 추론; 추정
infer [infə:r] ⓥ 추론하다
It is not uncommon to find analysts failing to distinguish between facts and inferences or operating on the assumption that an inference was a fact.

경찰 2018

→ 사실과 추론을 구별하는 데 실패하거나 추론이 사실이라는 전제 하에 작업하는 분석가들을 찾는 것은 드문 일은 아니다.

circumlocutory
[sə̀:rkəmlákjutò:ri]

ⓐ 완곡한; 돌려 말하는
Questions about the pending lawsuit were met with circumlocutory replies by the pharmaceutical company representative.

경찰 2018

→ 임박한 소송에 대한 질문들은 제약 회사 대표의 완곡한 응답들에 부딪혔다.

overload
[ὸuvərlóud]

ⓝ 과부하 ⓥ ~에 짐을 너무 많이 싣다
One reason is the overload of messages we encounter each day.

경찰 2006

→ 하나의 이유는 매일 우리가 마주치는 메시지의 과부하이다.

fad
[fæd]

ⓝ 일시적 유행(= craze); 변덕
Gradually, it became a national fad.

경찰 2006

→ 점점 그것은 국가적인 유행이 되었다.

tractable
[trǽktəbl]

ⓐ 다루기 쉬운; 유순한
tractability [træ̀ktəbíləti] ⓝ 순종; 다루기 쉬움
It is simplified based on some assumptions about what is and is not important for the specific purpose, or sometimes based on constraints on information or tractability.

경찰 2018

→ 그것은 구체적인 목적을 위해 무엇이 중요하고 중요하지 않은지에 대한 것이거나, 혹은 때로는 정보의 제한이나 다루기 쉬움을 기초로 한 몇몇 가정을 바탕으로 단순화되었다.

prospect
[práspekt]

ⓝ 전망; 가능성 ⓥ 답사하다; 시굴하다
prospector [práspektər] ⓝ 시굴자; 투기자

Some mines are thought to be cursed — probably rumors spread by the mine owners to keep unwanted prospectors away. 경찰 2016
➔ 몇몇 탄광들은 저주받았다고 여겨지는데, 아마도 원치 않는 시굴자들을 멀리하기 위해 탄광 주인들에 의해 퍼진 소문인 듯하다.

legume
[légju:m]

ⓝ 콩; 콩과 식물

Residents of round stone houses hunted wild sheep and goats and ate nuts and legumes but also raised pigs, perhaps 500 years before the earliest known domesticated sheep and goats. 경찰 2011
➔ 돌로 지은 둥근 모양 집의 거주자들은 야생의 양과 염소를 사냥했고 견과류와 콩류를 먹었을 뿐만 아니라, 가장 이르다고 알려진 가축화된 양과 염소보다 약 500년 전에 돼지를 사육했다.

smuggle
[smʌgl]

ⓥ 밀수입하다; 밀수출하다
smuggler [smʌ́glər] ⓝ 밀수업자

While looking for smugglers on Key Biscayne one night, I identified myself and asked a male passenger in a car that was stopped near a boat ramp if there were any firearms in their vehicle. 경찰 2009
➔ 어느 밤 Key Biscayne에서 밀수업자들을 찾다가, 나는 보트 선착장 근처에 멈춘 차에 타고 있던 남성 승객에게 나의 신원을 밝히고 그의 차량에 총기가 있는지 물었다.

incentive
[inséntiv]

ⓝ 유인; 동기; 장려금 ⓐ 자극적인; 격려하는

Joe Commuter has a strong incentive to make his expectation of the time it takes him to drive to work as accurate as possible. 경찰 2016
➔ 통근자 Joe는 차로 출근하는 데 걸리는 시간을 가능한 한 정확하게 예측하고자 하는 강한 동기가 있다.

deploy
[diplói]

ⓥ 배치하다; 전개하다

A medical system that deploys social support and caring to help boost patients' quality of life may well enhance their very ability to heal. 경찰 2015
➔ 환자들의 삶의 질 개선을 돕는 사회적 지원과 보살핌을 전개하는 의료 시스템은 그들의 치유 능력을 상당히 향상시킬 것이다.

affluent
[ǽfluənt]

ⓐ 부유한; 유복한; 풍부한
affluence [ǽfluəns] ⓝ 부유함; 유입

But in affluent countries, where nearly everyone can afford life's necessities, increasing affluence matters surprisingly little. 경찰 2007
→ 그러나 거의 모든 사람이 삶의 필수품들을 감당할 수 있는 부유한 국가들에서는, 부를 늘리는 것이 놀라울 만큼 중요하지 않다.

quadruple
[kwɑdrúːpl]

ⓐ 네 겹의; 네 배의 ⓥ 네 배가 되다; 네 배로 만들다

The percentage of oil use had been more than quadrupled between 1920 and 1980 and it became the greatest energy source in 1980. 경찰 2011
→ 석유 사용의 비율은 1920년과 1980년 사이에 4배 이상 증가하였으며 1980년대에 가장 큰 에너지원이 되었다.

splash
[splæʃ]

ⓥ 철벅 떨어지다; (물, 흙탕을) 튀기다; 착수하다; (특종 기사를) 대서특필하다; 크게 내다 ⓝ (물, 흙탕을) 튀기기; 튀기는 소리

Though she did not utter a word until her fourth birthday, she splashed onto the stage of public awareness in 1995, thanks to the famed neurologist Oliver Sacks. 경찰 2016
→ 비록 그녀는 4번째 생일까지 단어 하나 말하지 못했지만, 1995년, 유명한 신경학자 Oliver Sacks 덕분에 대중의 인식의 장에 대서특필되며 등장했다.

yardstick
[jάːrdstik]

ⓝ 자; 기준; 척도

If the language of literary work is quite straightforward and simple, this may be helpful but is not in itself the most crucial yardstick in choosing literary works for foreign language learning. 경찰 2012
→ 만약 문학 작품의 언어가 매우 간단하고 단순하다면 그것은 도움이 될 수 있지만, 외국어 학습을 위한 문학 작품을 선택하는 가장 중요한 척도는 그 자체에 있지 않다.

constable
[kΛnstəbl]

ⓝ 치안 관계의 공무원; 경찰관

In the summer of 1989 when I was a fresh-faced constable on foot patrol, I was sent to an address after a report of burglary. 경찰 2009
→ 1989년 여름, 내가 도보 순찰 중이던 신참 경찰관이었을 때, 나는 절도 신고를 받고 한 주소지로 출동했다.

sane
[sein]

ⓐ 제정신의(↔insane ⓐ 정신 이상의); 분별 있는; 온당한 (≡sober)

sanity [sǽnəti] ⓝ 온전한 정신; 분별

But often we would smile at each other as we recalled that rural magic, that sane wand that tapped everything into its right and proper place. 경찰 2013

→ 그러나 우리는 종종 시골의 마법, 모든 것을 톡톡 두드려 올바르고 적합한 자리로 보내주었던 분별의 지팡이를 떠올리며 서로에게 웃음 짓곤 했다.

collude
[kəlúːd]

ⓥ 공모하다(≡conspire)

Males collude with their peers as a way of stealing fertile females from competing dolphin bands. 경찰 2012

→ 수컷들은 경쟁하는 돌고래 무리로부터 임신 가능한 암컷을 빼앗는 한 방법으로 동료들과 공모한다.

fervor
[fə́ːrvər]

ⓝ 열기; 열정(≡enthusiasm; ardor)

The belief that they were serving God encouraged them to work with religious fervor, leading them to produce more goods and make more money. 경찰 2018

→ 그들이 신을 섬긴다는 믿음은 그들로 하여금 종교적 열정을 가지고 일하도록 독려했고, 그들이 더 많은 재화를 생산하고 돈을 벌도록 이끌었다.

underpin
[ʌ̀ndərpín]

ⓥ 밑에서 떠받치다; 지지하다; 토대가 되다

underpinning [ʌ̀ndərpìniŋ] ⓝ 기초; 근거; 받침대

Whether he's making money or giving away money, morality underpins much of what the 85-year-old Chang does. 경찰 2014

→ 그가 돈을 벌고 있든 거저 주고 있든 도덕성은 85세의 Chang이 하는 많은 일들의 토대가 된다.

axon
[ǽksan, -sɔn]

ⓝ 축삭 돌기

People with a gene that inactivates pain axons suffer repeated injuries and generally fail to learn to avoid dangers. 경찰 2014

→ 고통을 느끼는 축삭 돌기를 비활성화하는 유전자를 갖고 있는 사람은 반복되는 부상에 시달리고, 일반적으로는 위험을 피하는 방법을 배우지 못한다.

halt
[hɔːlt]

ⓝ 정지; 휴지 ⓥ 정지시키다; 멈추다

They have to halt junior's investigations before they end in explosion and sudden death. 경찰 2013
→ 그들은 아이의 조사가 폭발과 갑작스러운 죽음으로 끝나기 전에 그것들을 중단시켜야 한다.

swerve
[swəːrv]

ⓥ 빗나가다; 방향을 바꾸다

Stones or other objects might fly up from the road, causing him to swerve into others. 경찰 2017
→ 돌이나 다른 물체가 도로에서 날아들어 그로 하여금 다른 사람들 쪽으로 방향을 틀게 할지도 모른다.

inhalation
[ìnhəléiʃən]

ⓝ 흡입

inhale [ɪnˈheɪl] ⓥ 흡입하다; 숨을 들이쉬다(↔exhale ⓥ 숨을 내쉬다)

All you have to do is this: When you feel yourself getting angry, take a long, deep inhalation, and as you do, say the number one to yourself. 경찰 2009
→ 당신이 해야 하는 것은 이것뿐이다. 당신이 화가 날 때 길고 깊은 들숨을 쉬고 그러면서 스스로 숫자 1을 세어라.

incur
[inkə́ːr]

ⓥ (손해 등을) 초래하다; (손실을) 입다

This creates opportunities for individuals to become free riders, reaping benefits without incurring the various costs that group membership may entail. 경찰 2015
→ 이것은 집단 구성원이라면 수반될 수도 있는 다양한 비용을 물지 않고도 개인이 수익을 얻는 무임승차자가 될 수 있는 기회를 제공한다.

curriculum
[kəríkjuləm]

ⓝ 교과 과정; 커리큘럼

curricular [kəríkjulər] ⓐ 교과 과정의

Acting collectively, faculties typically have the power to fix the content of the curriculum, set academic requirements, search for new professors, and shape the standards for admission. 경찰 2010
→ 집단적으로 행동하면서 교수진은 보통 교과 과정 내용을 수정하고, 학문적 자격요건을 설정하며, 신임 교수를 물색하고, 입학 기준을 형성하는 등의 권한을 갖는다.

nary
[néəri]

ⓐ 하나도 ~ 없는; 조금도 ~ 없는

About a third of people exposed to the virus develop the full panoply of symptoms, while the rest walk away with nary a sniffle. 경찰 2016

→ 바이러스에 노출된 사람 중 약 3분의 1이 모든 증상을 보이는 반면, 나머지는 조금의 훌쩍거림도 없이 벗어난다.

succumb
[səkʌm]

ⓥ 굴복하다; 죽다

If the disease itself didn't cause the patient to succumb, he or she had a good chance of dying instead from the treatment. 경찰 2006

→ 질병 그 자체가 환자를 죽게 만들지 않았다면, 그 또는 그녀는 그 대신 치료 때문에 죽을 수도 있었다.

tranquility
[træŋkwíləti]

ⓝ 고요; 평안; 냉정
tranquil [trǽŋkwil] ⓐ 고요한; 평온한
tranquilize [trǽŋkwəlàiz] ⓥ 조용하게 하다; (마음을) 안정시키다

A ride on the roller coaster will find you dropping 14 floors at over 70 miles per hour, while the tranquility of the submarine ride will transport you to exotic coral reefs. 경찰 2008

→ 롤러코스터를 한 번 타면 마치 14층 높이에서 시속 70마일로 떨어지는 것 같은 느낌을 받을 것이며, 반면 잠수함 탑승의 평온함은 당신을 이국적인 산호초로 데려다줄 것이다.

counterpart
[káuntərpàːrt]

ⓝ 상대; 관계자

The United States Secretary of State sits down with his Soviet counterpart to seek an agreement limiting nuclear arms. 경찰 2010

→ 미 국무장관은 핵무기 제한의 합의점을 찾기 위해 소련측 상대자와 한 자리에 앉는다.

contradict
[kàntrədíkt]

ⓥ 단호히 부정하다; 모순되다
contradiction [kàntrədíkʃən] ⓝ 반박; 모순
contradictory [kàntrədíktəri] ⓐ 모순된; 반박하는

People often show this — even when doing so means contradicting their own perceptions of the world. 경찰 2012

→ 사람들은 종종 그렇게 하는 것이 자기 자신의 세계관과 모순됨을 의미할 때에도 이것을 보여 준다.

runoff
[rʌ́nɑːf]

ⓝ 땅 위를 흐르는 (빗)물; 결승전

Based on a survey of how dams store water, the Lands Council in Washington State predicts that reintroducing beavers to 10,000 miles of suitable habitat in the state could help retain more than 650 trillion gallons of spring runoff, which would slowly be released by the animals' naturally leaky dams.

경찰 2013

→ 댐이 물을 어떻게 저장하는지에 대한 조사에 기초하여, 워싱턴 주의 국토부는 주에 있는 10,000마일의 적합한 서식지에 비버들을 다시 데려오는 것이 650조 갤런 이상의 봄철 빗물을 저장하는 데 도움을 줄 수 있을 것이라고 예측했으며, 빗물은 그 동물의 자연적으로 누수가 되는 댐에서 천천히 방출될 것이다.

trickle down

~로 조금씩 새어나가다

The sensation of cool water trickling down my throat felt so good that I almost became addicted to it.

경찰 2014

→ 시원한 물이 내 목을 타고 조금씩 내려가는 느낌이 너무 좋아서 거의 중독이 될 지경이었다.

put up with

참다; 견디다; 감수하다

It seems that, like most stars, she must learn to put up with these restrictions.

경찰 2010

→ 대부분의 유명 스타들처럼, 그녀도 이러한 제약들을 참고 사는 법을 배워야 한다.

come across

우연히 만나다; 이해되다

I was directed to the wrong shelf and came across some books on magic.

경찰 2017

→ 나는 잘못된 책장으로 안내받았고, 우연히 마술에 관한 책을 몇 권 보게 되었다.

take a turn for the better/ worse

일이 좋게/나쁘게 돌아가다

I had stopped counting days on January 6, because on that day my prospects had suddenly taken a turn for the worse.

경찰 2014

→ 나는 1월 6일자로 더 이상 날짜 세는 것을 그만두었다. 왜냐하면 그날 갑자기 전망이 더욱 안 좋아졌기 때문이었다.

obsolescence
[ὰbsəlésns]

ⓝ 쇠퇴; 위축
obsolescent [ὰbsəlésnt] ⓐ 쇠퇴하고 있는; 구식의
obsolete [ὰbsəlíːt] ⓐ 시대에 뒤진; 쓸모없어진

Each year, employing the practice of perceived obsolescence, Chevrolet would roll out an entirely redesigned, and usually larger, model.　경찰 2017
→ 매년 쇠퇴했다고 인식된 관행을 활용하면서, Chevrolet는 완전히 새롭게 설계되고 대개 더 큰 모델을 출시하곤 했다.

glaucoma
[glɔːkóumə]

ⓝ 녹내장

If just one eye changes color, it could put patients at risk of glaucoma.　경찰 2009
→ 만약 한쪽 눈만 색깔이 바뀐다면, 그것은 환자들을 녹내장의 위험에 빠뜨릴 수 있다.

marsupial
[maːrsjúːpiəl]

ⓝ 유대목 동물 ⓐ 유대류의

During the late Pleistocene, humans arrived in Australia and more than 85% of large (body mass exceeding 44kg) marsupials and birds were extinct.
경찰 2015
→ 홍적세 후기에 인류가 호주에 도착했고, (무게가 44kg 이상인) 큰 유대목 동물과 새들의 85% 이상이 멸종했다.

ellipse
[ilíps]

ⓝ 타원(≡ oval)

After Copernicus, the Danish astronomer Tycho Brahe watched the motions of the planet Mars from his observatory on the Baltic island of Hveen: as a result Johannes Kepler was able to show that Mars and the earth and the other planets move in ellipses about the sun.　경찰 2014
→ Copernicus 이후에는 덴마크의 천문학자인 Tycho Brahe가 Hveen의 Baltic 섬에 있는 그의 관측소에서 화성의 움직임을 관찰했으며, 그 결과 Johannes Kepler는 화성과 지구와 다른 행성들이 태양 주위를 타원형으로 움직인다는 것을 보일 수 있었다.

taut
[tɔːt]

ⓐ 팽팽한; 긴장한

A child's skepticism is visible in his small, taut mouth.
경찰 2013

→ 아이의 작고 팽팽한 입에서 회의적인 태도가 보인다.

growl
[graul]

ⓝ 으르렁거림 ⓥ 으르렁거리다; 투덜거리다

Even if a dominant wolf flashes its teeth and growls at a subordinate, the lower-ranked member does not move away.
경찰 2016

→ 심지어 서열이 높은 늑대가 이빨을 드러내고 낮은 서열의 늑대에게 으르렁거려도, 낮은 서열의 구성원은 물러서지 않는다.

bulk
[bʌlk]

ⓝ 크기; 대부분 ⓥ 커지다; 부피를 크게 하다

Without male hormones, however, a woman cannot increase her muscle bulk as much as a man's.
경찰 2008

→ 그러나 남성 호르몬 없이 여성은 남자만큼 근육의 크기를 키울 수 없다.

scorn
[skɔːrn]

ⓝ 경멸; 냉소 ⓥ 업신여기다; 경멸하다

Possibly for this reason, they have been scorned by critics as being merely "entertainment" rather than "literature."
경찰 2006

→ 아마도 이런 이유로, 그들은 비평가들에게 "문학"보단 단순한 "오락거리"라고 경멸당했다.

relevance
[réləvəns]

ⓝ 적절함; 관련성; 타당성(≡pertinence)
relevant [réləvənt] ⓐ 관련 있는(↔irrelevant ⓐ 무관한); 적절한

Interest, appeal, and relevance are all more important.
경찰 2012

→ 흥미, 매력, 관련성이 훨씬 더 중요하다.

intimidation
[intìmədéiʃən]

ⓝ 위협; 으름장
intimidate [intímədèit] ⓥ ~을 협박하다; 위협하다(≡menace)

The required voluntary nature of the consent means that permission cannot be granted as a result of intimidation.
경찰 2015

→ 동의의 필수적인 자발적 성질은 수락이 위협의 결과로 인정될 수 없다는 것을 의미한다.

surpass
[sərpǽs]

ⓥ 넘어서다; 능가하다

unsurpassable [ʌ̀nsərpǽsəbl] **ⓐ** 넘을 수 없는; 최고의

What they have done is a job which surely surpasses the efforts of the official builders we employed earlier in the year, at far less cost and with that rare attribute, enthusiasm. 　　　　　　　경찰 2008

→ 그들이 해낸 일은 훨씬 적은 비용과 열정이라는 흔하지 않은 특징을 가지고, 올해 초 우리가 고용했던 공인 건설자들의 노력을 확실히 능가하는 것이다.

secrete
[sikríːt]

ⓥ ~을 분비하다; 숨기다

secretion [sikríːʃən] **ⓝ** 분비물

All frogs and toads secrete defensive fluids, many of which possess antibiotic properties. 　　　경찰 2015

→ 모든 개구리와 두꺼비는 방어를 위한 액상 물질을 분비하는데 그것 중에 상당수가 항생제로서의 특징을 갖고 있다.

concourse
[kánkɔːrs]

ⓝ 집합; 중앙 홀

Human beings walk the way they drive, which is to say that Americans tend to keep to the right when they stroll down shopping mall concourses or city sidewalks. 　　　　　　　　　경찰 2010

→ 사람들은 그들이 차를 운전하는 방향으로 걸으며, 이는 미국인들이 쇼핑몰의 중앙 홀이나 도시의 인도를 걸을 때 우측통행을 하는 경향이 있음을 말해준다.

vassal
[vǽsəl]

ⓝ 부하; 가신 **ⓐ** (봉건시대의) 봉신의; 예속적인

In manorial systems, landlords often formed military units of their own vassals, tenants, and serfs, sometimes carrying on their own private wars, at other times joining an overlord's armies for a season of combat before returning to the country. 　경찰 2014

→ 장원제도 하에서 영주는 종종 그들의 가신, 소작인, 농노로 구성된 자신만의 군대를 형성하여 때때로 그들의 사적인 전투를 수행했고, 다른 때에는 지역으로 복귀하기 전까지의 전투 기간 동안 상급 영주의 부대에 합류하기도 하였다.

seismic
[sáizmik]

ⓐ 지진의; 지진에 의한

Because there is no seismic activity, the moon is a steady base. 　　　　　　　　　　　경찰 2014

→ 지진 활동이 없기 때문에 달은 매우 안정적인 기반이다.

leverage
[lévəridʒ]

ⓝ 행동력; 효력; 활용; 지렛대 효과 ⓥ ～에 영향을 주다; 차입금으로 투기하다

At the same time, police department needs to leverage their Websites as marketing tools. 경찰 2009
→ 동시에 경찰 당국은 그들의 웹사이트를 마케팅 도구로 활용할 필요가 있다.

convergence
[kənvə́:rdʒəns]

ⓝ 한 점에의 집합; 집중성; 수렴
convergent [kənvə́:rdʒənt] ⓐ 한 점으로 향하는; 집중적인; 수렴의(↔divergent ⓐ 분산하는)

But this moment of convergence of German and Anglo-American liberalism was soon to pass. 경찰 2017
→ 그러나 독일과 영미권 자유주의 수렴의 이 순간은 곧 지나갔다.

grope
[group]

ⓝ 손으로 더듬기 ⓥ 손으로 더듬다; 모색하다

Whether I want to lift the receiver of the telephone or put the key into the lock, I always gratefully rely on my eyes, which guide the hand to its target and save me the effort of groping, because any false movement is immediately corrected by visual control. 경찰 2011
→ 내가 수화기를 들기를 원하든, 열쇠를 자물쇠에 넣기를 원하든 나는 손을 목표물로 안내해주고 더듬는 수고를 덜어주는 내 눈에 항상 감사하며 의지하는데, 왜냐하면 어떤 잘못된 움직임도 시각적인 제어로 즉각 수정되기 때문이다.

dispirit
[dispírit]

ⓥ ～을 낙담하게 하다(↔spirit ⓥ ～의 기운을 북돋우다)

Especially afflicted are those who feel that the occupational environment is dispiriting and dehumanizing. 경찰 2006
→ 특히 힘들어한 사람들은 직업 환경이 낙담시키며 비인간적이라고 느끼는 이들이다.

topology
[təpάlədʒi]

ⓝ 지형학

For example, a road map keeps and highlights the roads, their basic topology, their relationships to places one would want to travel, and other relevant information. 경찰 2018
→ 예를 들어, 도로 지도는 길과 그것의 기본적인 지형학과, 누군가가 여행하고 싶을 지역과 길의 관계, 그리고 관련된 다른 정보를 보존하고 강조한다.

meteor
[míːtiər]

ⓝ 유성; 별똥별

When asteroids enter Earth's atmosphere, they are
called meteors. 경찰 2006
→ 소행성들이 지구의 대기권에 진입하면, 그것들은 유성이라고 불
린다.

incline
[inkláin]

ⓝ 경사면 ⓥ 마음이 기울다; ~하는 경향이 있다; 기울다
inclination [ìnklənéiʃən] ⓝ 경향; 성향
inclined [inkláind] ⓐ 마음이 내키는; ~하는 경향이 있는

The unconventional personal lives of Isadora
Duncan and Martha Graham were romantic, and
Marie Curie inspired scientifically inclined young
women. 경찰 2007
→ 관습에 얽매이지 않았던 Isadora Duncan과 Martha
Graham의 개인적 삶은 낭만적이었고, Marie Curie는 과학에
관심이 있는 젊은 여성들에게 영감을 주었다.

flaunt
[flɔːnt]

ⓥ 과시하다; 자랑하다

Writers such as T.S. Eliot and W.B. Yeats admired
the psychological intricacies of a poet who could
one moment flaunt his earthly dalliances with his
mistress and the next, wretched, implore God to
"bend your force, to break, blow, burn, and make me
new." 경찰 2013
→ T.S. Eliot이나 W.B. Yeats와 같은 작가들은 한때는 자신들
의 여자와의 세속적인 유희를 과시했고, 그 이후에는 신에게 "당신
의 힘을 쏟으시고, 나를 부수고, 날리고, 태워서 나를 새롭게 만들
어 주소서."라고 처절하게 애원했던 한 시인의 심리학적인 복잡함
을 존경했다.

topple
[tápl]

ⓥ 앞으로 꼬꾸라지다; 쓰러지다

But heavy containers can give tall plants the
foundation needed to prevent toppling in the wind.
경찰 2015
→ 그러나 무거운 재질의 용기는 키 큰 식물들에게 바람에 쓰러지
는 것을 방지하는 데 필요한 토대를 제공할 수 있다.

befriend
[bifrénd]

ⓥ (손아랫사람의) 친구가 되다; 돌봐주다

Their response could be called "tend and befriend."
경찰 2008
→ 그들의 반응은 "돌봐주고 친구가 되어주기"라고 부를 수 있다.

inherent
[inhíərənt]

ⓐ 본래 갖추어져 있는(= intrinsic); 타고난

What the Founding Fathers declared for us as an inherent right, we should do well to remember, was not happiness but the pursuit of happiness. 경찰 2013
→ 헌법 제정자들이 우리를 위해 타고난 권리로 선언했던 것, 우리가 반드시 기억해야만 하는 그것은 행복이 아니라 행복에 대한 추구였다.

oblivion
[əblívian]

ⓝ 망각; 잊힌 상태

oblivious [əblíviəs] ⓐ 기억하고 있지 않은

I began to count the ways in which I enjoy unearned skin privilege and have been conditioned into oblivion about its existence. 경찰 2012
→ 나는 내가 노력 없이 얻은 피부색의 특권을 누리고, 그것의 존재에 대한 망각에 길들여져 있음을 인정하기 시작했다.

constraint
[kənstréint]

ⓝ 제약; 제한; 구속

constrain [kənstréin] ⓥ 구속하다; 속박하다

Such constraints are important, for without them the language can disintegrate to the point of unintelligibility, and the whole point of the game would be lost. 경찰 2010
→ 이런 것들이 없을 때 언어는 이해할 수 없는 수준까지 해체될 수 있고 장난의 모든 목적이 사라지기 때문에 이러한 제약은 중요하다.

animism
[ǽnəmìzm]

ⓝ 애니미즘; 정령 숭배

The ancient Shinto religion, practiced by 80 percent of Japanese, includes a belief in animism, which holds that both objects and human beings have spirits. 경찰 2018
→ 일본인의 80퍼센트가 실천했던 고대 신토 종교에는 물건과 사람 모두가 영혼을 가지고 있다는 애니미즘의 믿음이 포함된다.

phonemic
[fəní:mik]

ⓐ 음소의; 음소론의

phoneme [fóuni:m] ⓝ 음소

Reading is much more complex than simply mastering phonemic awareness and alphabet recognition. 경찰 2011
→ 읽기는 단순히 음소 인식과 알파벳 인지에 통달하는 것보다 훨씬 더 복잡하다.

polio
[póuliòu]

ⓝ 소아마비

Nevertheless, experimentation with animals has been critical to the medical research that led to methods for the prevention or treatment of polio, diabetes, measles, smallpox, massive burns, heart disease, and other serious conditions. 경찰 2018

→ 그럼에도 불구하고, 동물 실험은 소아마비, 당뇨, 홍역, 천연두, 광범위 화상, 심장병, 그리고 다른 심각한 병을 예방하거나 치료하는 수단으로 이어진 의학 연구에서 중요한 역할을 해왔다.

phenomenon
[finámənàn]

ⓝ 현상; 사건 (ⓟ phenomena)

Many phenomena mystify the human mind, and when men do not have scientific explanations they will construct others that, no less than the former, influence their conduct. 경찰 2007

→ 많은 현상이 인간의 정신을 혼란스럽게 하며, 인간이 과학적인 설명을 하지 못하는 경우에 인간은 그들의 행동에 전자와 다름없는 영향을 끼치는 다른 설명을 만들어낼 것이다.

abolish
[əbáliʃ]

ⓥ 폐지하다(↔establish ⓥ 설립하다); 없애다
abolishment [əbáliʃmənt] ⓝ 폐기; 철폐

But though we can minimize the dangers and the inconveniences arising from dust, we cannot wholly abolish it. 경찰 2011

→ 그러나 우리가 먼지로 인해 생기는 위험과 불편을 최소화할 수는 있어도 그것을 완전히 없앨 수는 없다.

provoke
[prəvóuk]

ⓥ 자극하다; 유발하다
provocation [prɑ̀vəkéiʃən] ⓝ 도발; 자극

As you would imagine, all of this provoked a good deal of anxiety from the bottom to the top of American society. 경찰 2017

→ 당신이 상상하는 바와 같이 이 모든 것은 미국 사회의 최하층에서부터 정상에 이르기까지 상당한 근심을 유발했다.

dispel
[dispél]

ⓥ ~을 쫓아버리다(≡expel); 떨쳐버리다

For ordinary citizens the electric lights that dispelled the gloom of the city at night offered the most dramatic evidence that times had changed. 경찰 2016

→ 밤의 도시의 어둠을 떨쳐버린 전등은 평범한 시민들에게 시대가 변했다는 가장 극적인 증거를 제공했다.

dissent
[disént]

ⓥ 의견이 다르다; 이의를 주장하다(↔assent **ⓥ** 찬성하다)
dissention [disénʃən] **ⓝ** 불화; 의견 충돌

Cultures with "weak" uncertainty avoidance are more accepting of uncertainty, live from day to day, have lower stress levels, accept dissent, are unthreatened by social deviations, are more risk prone, are youth oriented, believe time is free, and are not fascinated by many rules. 경찰 2010
→ 불확실성에 대한 회피가 "약한" 문화에서는 불확실성을 좀 더 받아들이며, 하루하루 살아가고, 스트레스의 수치가 낮으며, 다른 의견을 받아들이고, 사회적 일탈을 두려워하지 않으며, 좀 더 위험을 감수하고, 젊음을 지향하며, 시간은 공짜라고 믿으며, 여러 가지 규율을 좋아하지 않는다.

fifth wheel

예비 바퀴; 여분의 사람; 쓸데없는 사람

When a child feels like a fifth wheel at home, friends become very important. 경찰 2008
→ 한 아이가 가정에서 쓸데없는 사람처럼 느낀다면, 친구들이 그에게 아주 중요해진다.

at one's wit's[wits'] end

어찌할 바를 모르게

However, Michael's belligerent attitude during team projects had his boss at his wits' end. 경찰 2013
→ 그러나 팀 프로젝트 수행 중 Michael의 적대적인 태도는 그의 상사가 어찌할 바를 모르게 만들었다.

be preoccupied with

~에 집착하는

We are such social animals that we are completely preoccupied with what others think about us. 경찰 2016
→ 우리는 자신에 대해서 다른 사람들이 어떻게 생각하는지에 완전히 집착하는 사회적인 동물이다.

come to an end

끝나다; 없어지다

But the long years when adherents were unable to point to hard science to support their belief in the technique may finally be coming to an end. 경찰 2012
→ 그러나 지지자들이 그 기법에 대한 그들의 신념을 옹호하기 위해 자연 과학을 가리킬 수 없었던 오랜 세월이 마침내 끝나가고 있는지도 모른다.

provision
[prəvíʒən]

ⓝ 조항; 공급; 준비 ⓥ ~에 식량을 공급하다
provide [prəváid] ⓥ 제공하다; 공급하다; 규정하다

Because of the oppositions, those provisions were dropped from later versions of the Humphrey-Hawkins bill. 경찰 2011
→ 반대로 인해 그 조항들은 Humphrey-Hawkins 법안의 개정안에서는 제외되었다.

pugnacious
[pʌgnéiʃəs]

ⓐ 싸우기 좋아하는; 호전적인

Where the number of children is larger, one or two acquire complete mastery, and the others have far less liberty than they would have if the adults interfered to protect the weaker and less pugnacious. 경찰 2013
→ 아이들의 수가 더 많은 곳에서는 한 명 또는 두 명의 아이가 완전한 지배력을 갖게 되고, 나머지 아이들은 어른들이 더 약하고 싸우기 싫어하는 아이들을 보호하기 위해 간섭했을 때에 비해 훨씬 적은 자유를 누린다.

facet
[fǽsit]

ⓝ 양상; 국면; 측면

It is an incredibly complex psycholinguistic activity involving not only letter sounds, but also comprehension in all its facets, adjusting reading for varying purposes, literary appreciation, and most importantly, authentic and lifelong application. 경찰 2011
→ 그것은 문자의 소리뿐만 아니라 그것의 모든 양상에 대한 이해가 포함된 믿을 수 없이 복잡한 심리언어학적 활동으로, 다양한 목적을 위한 읽기, 문학 감상, 그리고 가장 중요하게 진실하고 일생에 걸친 응용을 조정하는 일이다.

ban
[bæn]

ⓥ 금하다(≡prohibit; forbid) ⓝ 금지

The result, effectively is a ban. 경찰 2009
→ 그 결과는 금지의 효과가 있다.

overt
[ouvə́:rt]

ⓐ 명백한; 공공연한

Behaviorists claimed that we act in the way we do because we are reinforced for doing so and, given their focus on overt activity, these scholars denied inner life — no thoughts, no fantasies, no aspirations. 경찰 2010

→ 행동주의자들은 우리는 그렇게 하도록 강제되었기 때문에 우리가 하는 방식으로 행동하는 것이라고 주장했고, 명백한 활동에 초점을 둔 이 학자들은 사고도 상상도 열망도 없다며 내적 삶을 부정했다.

prompt
[prɑmpt]

ⓐ 즉석의; 시간을 지키는(= punctual) ⓥ 자극하다; 재촉하다
promptly [prɑ́mptli] ⓐⓓ 신속히; 즉석에서

What does being prompt or on time mean? 경찰 2008
→ 시간을 지키는 것이나 제때에 오는 것은 무엇을 의미하는가?

trill
[tril]

ⓝ 떨리는 소리 ⓥ (목소리, 웃음소리, 노래 등이) 떨리다

My friend smiled. "I did that!" she trilled. 경찰 2009
→ 내 친구가 웃으며 "내가 그랬어요!"라고 말했다. 그녀는 떨었다.

affirmation
[æ̀fərméiʃən]

ⓝ 단언; 확언; 긍정(↔ negation ⓝ 부정)
affirmative [əfə́:rmətiv] ⓐ 긍정적인
affirm [əfə́:rm] ⓥ ~이라고 단언하다; 확언하다

We must concentrate not merely on the eradication of war but on the affirmation of peace. 경찰 2012
→ 우리는 전쟁의 근절만이 아니라 평화의 확언에도 집중해야 한다.

awry
[ərái]

ⓐ (예측이) 빗나가는 ⓐⓓ 비뚤어져; 비스듬히

Over the many years I have spent listening to people's stories, especially all the ways in which things can go awry. 경찰 2015
→ 수년 동안 나는 사람들의 이야기, 특히 일이 빗나갈 수 있는 모든 방식들을 들으면서 시간을 보냈다.

vantage
[vǽntidʒ]

ⓝ 우월; 우세; 유리한 위치(= advantage)

Point of view is the vantage from which a narrative is told. 경찰 2010
→ 시점이란 이야기가 서술되는 유리한 위치를 말한다.

equate
[ikwéit]

v 동일시하다; 일치하다

The incentives for equating expectations with optimal forecasts are especially strong in financial markets. 경찰 2016
→ 최적의 예상치와 기대치를 일치시키려는 유인은 금융 시장에서 특히 강하다.

obdurate
[ábdjurit]

a 완고한; 고집이 센

The emotional reaction of disgust is often associated with the obdurate refusal of young children to consume certain vegetables. 경찰 2017
→ 혐오감의 감정적인 반응은 종종 특정한 채소를 먹는 것에 대한 어린이들의 완고한 거부와 연관된다.

crib
[krib]

n 구유; 표절 **v** 표절하다

Like the cribs in which we are placed at birth, they are ready for us when we enter our society, and we accept a very large number of them, as we do the cribs, without criticism and without conscious deliberation. 경찰 2007
→ 우리가 탄생 때 놓였던 구유와 같이, 그것들은 우리가 사회에 진입할 때 우리를 위해 준비되었고, 그리고 우리는 구유를 받아들이는 것처럼 비판과 이성적인 숙고 없이 아주 많은 그것들을 받아들인다.

ransack
[rǽnsæk]

v ~을 샅샅이 뒤지다; 마구 휩쓸다; 약탈하다(≡loot; plunder)

I was met by a little old lady who quickly informed me of two masked men who had forced their way in, tied her up with laundered stockings hanging on a line in the kitchen and bundled her into a cupboard while they ransacked her house. 경찰 2009
→ 나는 작고 나이 든 부인을 만났는데, 그녀는 마스크를 쓴 두 명의 남자가 억지로 들이닥쳐 세탁해서 부엌 빨랫줄에 걸어둔 스타킹으로 그녀를 묶어 벽장에 가두고 집 안을 샅샅이 뒤졌다고 재빨리 나에게 알려주었다.

platoon
[plətú:n]

n 소대; 집단

As I stood studying a map, my platoon sergeant, a veteran of many junior officers, approached. 경찰 2015
→ 내가 지도를 읽으며 서있을 때, 많은 하급 장교들의 선임인 내 휘하의 중사가 다가왔다.

ulcer
[ʌ́lsər]

ⓝ 궤양; 부패 상태

Some individuals who know that they should stay away from alcohol — persons with ulcers, for example — profusely immerse their damaged surface tissue with straight whiskies, hoping to deaden the pain, at least temporarily. 경찰 2006
→ 어떤 사람들, 예를 들면 궤양이 있는 사람들은 술을 멀리해야 한다는 사실을 알지만, 일시적으로라도 고통을 잠재우기를 바라면서 그들의 손상된 표면 조직을 물 타지 않은 위스키로 실컷 적신다.

stimulus
[stímjuləs]

ⓝ 자극; 부양책; 고무 (ⓟ stimuli)
stimulate [stímjulèit] ⓥ 자극하다; 촉진시키다
stimulation [stìmjuléiʃən] ⓝ 자극; 흥분; 고무
stimulative [stímjulèitiv] ⓐ 자극성의; 자극적인

Attention, simply defined, is the process of exposing oneself to certain stimuli in the environment. 경찰 2010
→ 간단히 정의하자면 '주의'란 스스로를 환경의 특정 자극에 노출시키는 과정이다.

symbiotic
[sìmbiátik]

ⓐ 공생의; 공생하는
symbiosis [sìmbióusis] ⓝ 공생(↔parasitism ⓝ 기생); 공존

Television, computer database, Xerox, word processor, tape and VCR are not symbiotic with literature and its values in the way that print was. 경찰 2007
→ 텔레비전, 컴퓨터 데이터베이스, 제록스, 워드 프로세서, 테이프, 그리고 VCR은 인쇄가 문학과 문학의 가치에 그랬던 방식으로 공생하지 않는다.

carnivore
[káːrnəvɔ̀ːr]

ⓝ 육식동물 (↔herbivore [ə́ːrbəvɔ̀ːr] 초식동물)
carnivorous [kɑːrnívərəs] ⓐ 육식성의; 식충류의

"You can't have an animal — a large carnivore — living with you and behaving like that," she says. 경찰 2016
→ "당신은 당신과 함께 살면서 그렇게 행동하는 동물, 즉 커다란 육식 동물을 둘 수는 없다."라고 그녀는 말한다.

heron
[hérən]

ⓝ 왜가리; 해오라기

Up in the lake, the herons took wing. 경찰 2006
→ 호수 위쪽에서 왜가리들이 날아올랐다.

anachronism
[ənǽkrənìzm]

ⓝ 시대착오적인 것

anachronistic [ənæ`krənístik] ⓐ 시대착오적인; 시대에 맞지 않는

The altruistic "gift relationship" may be inadequate as a motivator, and be an anachronism in medicine today. 경찰 2008
→ 이타적인 "증여 관계"는 동기 부여 요소로는 부적합할 수 있고, 현대 의학에서는 시대착오적인 것이다.

egalitarian
[igǽlətéəriən]

ⓝ 평등주의자 ⓐ 평등주의의(= equalitarian)

Dogs' understanding of the absolute no may be connected to the structure of their packs, which are not egalitarian like those of the wolves but dictatorial, the center's researchers have discovered. 경찰 2016
→ 절대적인 금지에 대한 개들의 이해는 늑대와 같이 평등주의적이지 않고 독재적인 그들 무리의 구조와 연관되어 있다는 것을 센터의 과학자들이 발견했다.

distraught
[distrɔ́:t]

ⓐ 마음이 산란해진; 당황한

Cancer patients may feel inclined to act upbeat even when they are distraught, hide their despair instead of seeking solace or treatment, or blame themselves if their disease progresses. 경찰 2014
→ 암환자들은 사실은 마음이 산란할 때에도 낙관적으로 행동하거나, 위로나 치료를 찾는 대신 그들의 절망감을 숨기려고 하거나, 병이 악화될 경우 그들 스스로를 비난하고 싶어 할지도 모른다.

hominid
[hámənid]

ⓝ (인류학에서) 사람; 인간

This new hominid had a somewhat larger brain and figured out for the first time how to make stone tools. 경찰 2007
→ 이 새로운 인간은 좀 더 큰 뇌를 가지고 있었고 처음으로 석기를 만드는 방법을 찾아냈다.

glare
[glɛər]

ⓝ 반짝이는 빛; 섬광 ⓥ 번쩍이다; 노려보다

glaring [glέəriŋ] ⓐ 눈부신; 명백한; 역력한

But as efficient as engines may be, they can't compensate for one glaring inefficiency: us. 경찰 2014
→ 그러나 엔진이 얼마나 효율적이든, 그것은 한 가지 명백한 비효율을 보완할 수 없는데, 그것은 바로 우리 자신이다.

culpable
[kʌ́lpəbl]

ⓐ 과실이 있는; 비난할 만한(= blameworthy); 유죄의
inculpable [inkʌ́lpəbl] ⓐ 죄 없는; 결백한
culpability [kʌ̀lpəbíləti] ⓝ 유죄성; 질책 받을 일

And a mystery story rarely ends without the culpable person being brought to justice. 경찰 2006
→ 그리고 추리 소설은 범인이 법의 심판을 받지 않고 끝나는 일은 좀처럼 없다.

sanction
[sǽŋkʃən]

ⓝ 제재; 허가 ⓥ 인정하다; 용인하다(↔disapprove ⓥ 불허하다)

Sanctions against the country are expected to be among the most contentious issues. 경찰 2017
→ 그 국가에 대한 제재는 가장 논쟁적인 이슈들 중 하나가 될 것으로 예상된다.

fortnight
[fɔ́:rtnàit]

ⓝ 2주일

Do you suppose that if the fame of Shakespeare depended on the man in the street, it would survive a fortnight? 경찰 2013
→ 만약 Shakespeare의 명성이 길거리의 어떤 사람에게 좌우되었다면, 그것은 2주일이라도 살아남았을 것이라 생각하는가?

surmount
[sərmáunt]

ⓥ 넘다; 극복하다
surmountable [sərmáuntəbl] ⓐ 극복할 수 있는

Unappeasable desire and the fear of death are the principal obstacles to human happiness, but they can be surmounted through the exercise of reason. 경찰 2018

→ 가라앉힐 수 없는 욕망과 죽음의 두려움은 인간의 행복에 주요 장애물이지만, 그것들은 이성의 발휘를 통해 극복될 수 있다.

ingestion
[indʒéstʃən]

ⓝ 섭취
ingest [indʒést] ⓥ 섭취하다(↔egest ⓥ 배설하다, 배출하다); 받아들이다

A recent study shows that disgust not only deters the ingestion of dangerous substances, but also dissuades people from entering potentially contagious situations. 경찰 2017
→ 최근의 연구는 혐오감이 위험한 물질을 섭취하는 것을 저지할 뿐 아니라, 사람들이 잠재적으로 전염성 있는 상태에 들어가지 않도록 한다는 것을 보여준다.

cower
[káuər]

ⓥ 움츠리다; 위축하다

Still, there's no denying the restlessness some of us feel beneath the moon — the sudden desire to climb mountains, cower in the shadows or just rear up and howl. 경찰 2011

→ 그럼에도 불구하고, 우리 중 몇몇이 달 아래에서 느끼는 그 들뜬 상태, 즉 산을 오르거나 그림자 속에 움츠리거나 당장 자리를 박차고 일어나 울부짖고 싶은 갑작스러운 욕구를 부정할 사람은 없다.

hide
[haid]

ⓝ 은신처; 가죽 ⓥ 숨기다; 감추다

Ostrich eyelashes are used as paintbrush bristles, feathers for dusting and hats and coats, and the thick, tough hide is prized for everything from cowboy boots to sofas. 경찰 2011

→ 타조 속눈썹은 그림붓의 짧고 뻣뻣한 털로 쓰이고, 깃털은 먼지털이와 모자, 코트에 사용되며, 두껍고 질긴 가죽은 카우보이 부츠에서 소파에 이르는 모든 것으로 쓰여 가치 있게 여겨진다.

obese
[oubí:s]

ⓐ (병적으로) 비대한

obesity [oubí:səti] ⓝ 비만; 비대

That would not only help the airlines, but more important, would create a social and financial disincentive for becoming or staying obese. 경찰 2008

→ 그것은 항공사를 도울 뿐 아니라, 더 중요하게, 비대해지는 것 또는 비대한 상태에 사회적이고 재정적인 불이익을 줄 것이다.

harness
[háːrnis]

ⓝ 마구, 고정 벨트 ⓥ 마구를 채우다; 활용하다

The concept of time, then, was changed: it became equivalent to a function of how fast we could harness the stored energy that lay deep in the coal seams and oil reservoirs. 경찰 2011

→ 그 후 시간의 개념이 변경되었다. 그것은 우리가 석탄층과 석유 매장지 깊은 곳에 놓여 있는 그 축적 에너지를 얼마나 빨리 활용할 수 있는지의 함수와 같은 것이 되어버렸다.

peninsula
[pənínsjulə]

ⓝ 반도

A mere peninsula of Asia, Europe is, except for Australia, the smallest of the continents. 경찰 2006

→ 아시아의 반도에 불과한 유럽은, 오스트레일리아를 제외하면 대륙 중에서 가장 작다.

revulsion
[riv́ʌlʃən]

ⓝ 격변; 혐오

revulsive [rivʌ́lsiv] **ⓐ** 반동을 일으키는; 유도하는

But while the event when named as mass murder most foul evokes the most immediate, most powerful revulsion, when it is designated by a rare technical term, we must first in our minds translate it back into emotionally meaningful language. 경찰 2012

→ 하지만 가장 역겨운 대량 학살이라 이름 붙은 사건이 가장 즉각적이고 강한 혐오를 불러일으키는 것과 반대로, 흔치 않은 기술적 용어로 지칭되면, 우리는 반드시 먼저 우리 마음에 그것을 감정적으로 의미 있는 언어로 번역해 와야 한다.

take place

생기다; 일어나다; 발생하다

The great European social theorists of the nineteenth century described the social changes taking place in terms of a shift from a supportive community based on kinship to a larger, more impersonal society in which ties are based on socioeconomic interests. 경찰 2011

→ 19세기 유럽의 훌륭한 사회 이론가들은 그때 일어나고 있던 사회적인 변화를 혈연관계에 기반을 둔 후원 공동체에서 유대가 사회경제적인 이해관계에 기초하는 더 거대하고 인간미 없는 사회로의 이동이라는 측면에서 설명했다.

carry out

수행하다; 실시하다

At first I carried out an active campaign to get rid of them, but it was useless — and a mosquito net would have been unbearably hot. 경찰 2015

→ 처음에 나는 그것들을 제거하기 위해 활발한 캠페인을 실행했지만 소용이 없었고 모기장은 견딜 수 없이 더웠을 것이다.

all hell break loose

대혼란이 일어나다

But in the afternoon, all hell broke loose. 경찰 2014

→ 그러나 오후 무렵에는 대혼란이 일어났다.

start off

움직이기 시작하다

It started off like just any other winter day on the farm. 경찰 2014

→ 그날은 농장에서의 여느 겨울날처럼 시작되었다.

223

dreadful
[drédfəl]

ⓐ 무서운; 가혹한

dread [dred] ⓝ 근심; 불안 ⓥ 매우 무서워하다; 몹시 염려하다

They had thought with some reason that there is no more dreadful punishment than futile and hopeless labor. 경찰 2012

→ 그들은 어떤 이유로, 쓸데없고 희망이 없는 노동보다 더 가혹한 처벌은 없다고 생각했었다.

jumble
[dʒʌ́mbl]

ⓝ 뒤범벅; 잡동사니 ⓥ 아무렇게나 섞어놓다; 뒤죽박죽으로 섞다 (≡clutter; hodgepodge)

Immediately behind the stage was a packed and jumbled room where everyone and everything essential for the day's play were gathered in readiness. 경찰 2015

→ 무대 바로 뒤에는 그날의 연극에 필수적인 모든 사람과 물건이 준비된 상태로 모여 있는, 빡빡하고 뒤죽박죽으로 뒤섞인 공간이 있었다.

radius
[réidiəs]

ⓝ 반지름; 반경

This technique placed the woman within a one-block radius, and it took over 20 minutes to find her. 경찰 2016

→ 이 기술은 그 여자가 한 구획 반경 안에 위치하고 있다고 보았고, 그 여성을 찾는 데는 20분 이상 걸렸다.

medicate
[médəkèit]

ⓥ ~에 약을 넣다

medication [mèdəkéiʃən] ⓝ 투약; 약물 치료

For instance, Egyptian patients were medicated with "lizard's blood, crocodile dung, the teeth of a swine, the hoof of an ass, rotten meat, and fly specks." 경찰 2006

→ 예를 들어, 이집트의 환자는 "도마뱀의 피, 악어의 똥, 돼지의 이빨, 나귀의 발굽, 썩은 고기, 파리 가루"를 투약받았다.

aspire
[əspáiər]

ⓥ 갈망하다; 열망하다(=long; crave)
aspiration [æspəréiʃən] ⓝ 강렬한 소망; 동경; 야심
aspirational [æspəréiʃənl] ⓐ 큰 뜻을 품은

There's only one problem: 2.4 billion people live in China and India, a great many of whom aspire to an American-style energy-intensive life. 경찰 2010
→ 문제는 단 하나다. 중국과 인도에는 24억 명이 살고 있고, 그 중 많은 수가 많은 에너지가 필요한 미국식 생활 방식을 갈망한다는 것이다.

tuck
[tʌk]

ⓥ 쑤셔 넣다; 접어 올리다; 감싸다

Tucked securely in my blankets, I listened to one of her stories or accounts of how it was when she was a little girl. 경찰 2012
→ 나는 담요에 단단히 감싸여 그녀의 이야기들 중 한 가지나 그녀가 어린 소녀였을 때 어땠는지에 대한 설명을 들었다.

slate
[sleit]

ⓝ 슬레이트; 석판 ⓥ 예정하다; 호되게 비평하다

In the 1600s, Locke wrote that a newborn infant was a "blank slate" on which his or her education and experience would be "written." 경찰 2007
→ 1600년대에, Locke는 신생아는 그 혹은 그녀의 교육과 경험이 "적히게" 될 "비어있는 석판"이라고 썼다.

baffle
[bǽfl]

ⓥ 좌절시키다; 당황시키다(=perplex); 몸부림치다
bafflement [bǽflmənt] ⓝ 곤혹; 당혹

She is not alone in her bafflement. 경찰 2016
→ 당혹스러운 것은 그녀만이 아니다.

hoax
[houks]

ⓝ 거짓말; 짓궂은 장난 ⓥ 장난으로 속이다

The future president of the U.S. wanted to either expose it as a hoax or send the spirit away. 경찰 2014
→ 장래 미국의 대통령이 될 그 사람은 그것이 거짓말이라는 사실을 밝혀내거나 또는 그 영혼을 멀리 쫓아버리기를 원했다.

raven
[réivn]

ⓝ 까마귀 ⓐ 칠흑의

We have long known that ravens are no birdbrains. 경찰 2018
→ 우리는 오랫동안 까마귀가 멍청하지 않다는 것을 알았다.

ignite
[ignáit]

V ~에 불을 붙이다(= kindle; inflame)
ignition [igníʃən] **n** 점화; 발화
reignite [rìːignáit] **V** 다시 불붙이다; 다시 시작하다

Perhaps the scientists most excited about reigniting the lunar program are not lunar specialists, but astronomers studying a wide range of subjects.

경찰 2014

→ 달 프로그램을 다시 시작하는 일에 가장 흥분하는 과학자들은 아마도 달 전문가들이 아니라 광범위한 대상을 연구하는 천문학자들일 것이다.

splinter
[splíntər]

n 조각; 파편 **V** 쪼개(지)다; 깨(지)다

Several dissenting committee members publicly worry that America will splinter into ethnic fragments if this multicultural curriculum is adopted.

경찰 2012

→ 반대 의견을 가진 몇몇 위원들은 이 다문화 교육 과정이 채택되면 미국이 민족의 파편들로 쪼개질 것을 공공연히 우려한다.

crustacean
[krʌstéiʃən]

n 갑각류 동물

crustaceous [krʌstéiʃəs] **a** 갑각류의

When the sea ice melts with the beginning of summer, the ice algae escape into the water, where they are grazed on by dense swarms of krill — a type of shrimplike crustacean.

경찰 2017

→ 여름의 시작과 함께 바다 얼음이 녹을 때 얼음 조류는 물속으로 새어 나오게 되는데, 그곳에서 그것들은 새우와 유사한 갑각류의 일종인 크릴의 밀집한 무리에 의해 뜯어 먹힌다.

puzzle
[pʌzl]

n 수수께끼; 당황 **V** 당황하게 하다(= perplex; bewilder); 난처하게 하다

Donne's generation admired the depth of his feeling, but was puzzled by his often irregular rhythm and obscure references.

경찰 2013

→ Donne의 세대는 그의 감정의 깊이를 높이 평가했지만 빈번히 불규칙한 리듬과 모호한 언급에 대해서는 당혹스러워했다.

tend
[tend]

V ~하는 경향이 있다; 돌보다; 간호하다

Ten-year-olds could be seen carrying babies or tending cooking fires.

경찰 2016

→ 10살짜리 어린이들이 아기를 안고 돌아다니거나 요리용 불을 돌보는 모습을 볼 수 있었다.

harbor
[háːrbər]

ⓝ 항구 ⓥ 숨겨주다; 마음속에 품다(= cherish)

At that time, the field harbored a trio of uninviting specializations: academic psychology, psychoanalysis, and behaviorism. 경찰 2010
→ 그 당시에 그 분야는 학술 심리학, 정신분석, 행동주의라는 비인기 전공학과 삼총사를 품고 있었다.

graphic
[grǽfik]

ⓐ 도표의; 사실적인; 생동감이 있는

Scientists are very prone to give graphic illustrations of very small size of these, such as the well-known one that if a drop of water were magnified to the world, these in it would be about as large as cricket balls. 경찰 2011
→ 과학자들은 이것의 매우 작은 크기에 대해, 만약 물 한 방울이 지구의 크기로 확대된다면 이것들은 대략 크리켓 공과 같은 크기일 것이라고 하는 잘 알려진 예와 같이, 생동감 있는 묘사를 제공하는 경향이 있다.

electrode
[iléktroud]

ⓝ 전극

In other studies, however, animals have been subjected to brain damage, electrode implantation, injections of drugs or hormones, and other procedures that are clearly not for their own benefit. 경찰 2018
→ 그러나 다른 연구에서는, 동물들이 뇌 손상, 전극 이식, 약물 혹은 호르몬 주입, 그리고 명백히 그들의 이익을 위한 것이 아닌 다른 절차들을 겪었다.

homely
[hóumli]

ⓐ 가정적인; 편안한; 수수한; 못생긴

Characters in the 'forces' films were fair-minded and brave, but also had homely qualities like a sense of humour. 경찰 2010
→ '군대' 영화 속의 등장인물들은 공정하고 용감할 뿐 아니라 유머 감각과 같은 편안한 성격도 지니고 있다.

outward
[áutwərd]

ⓐ 표면상의; 밖으로 향하는(↔ inward ⓐ 내부의; 안으로 향하는)

In such situations, this leads to an outward change in public behavior, but not necessarily to a change in the individual's private opinions. 경찰 2012
→ 그런 상황에서 이것은 공적 행동에 대한 표면상의 변화를 초래하지만, 꼭 개인의 사적인 의견까지 변화시키는 것은 아니다.

distemper
[distémpər]

ⓝ 상태가 나쁨; 병 ⓥ 탈이 나게 하다

The gentleman I happened to meet seemed a very plain honest man, and would have been a person of good sense, if his head had not been touched with that distemper which Hippocrates calls the Tulippomania. 경찰 2007

→ 내가 우연히 만난 그 신사는 굉장히 평범하고 정직한 사람인 것처럼 보였고, 그의 머리가 Hippocrates가 튤립 애호 광증이라고 부르는 병의 영향을 받지 않았다면 분별 있는 사람이었을 것이다.

allegiance
[əlí:dʒəns]

ⓝ 충성; 충실

allegiant [əlí:dʒənt] ⓐ 충성스러운(≡loyal)

You don't have to go vegan, pledge allegiance to an exercise cult or become a full-time meditator to get the longevity benefits of healthy habits. 경찰 2017

→ 당신은 건강한 습관에서 장수의 이점을 얻기 위해 엄격한 채식주의자가 되거나, 운동 숭배 집단에 충성을 맹세하거나, 하루 종일 명상가가 될 필요는 없다.

impoverish
[impávəriʃ]

ⓥ 가난하게 만들다 (종종 수동태); 저하시키다

impoverishment [impávəriʃmənt] ⓝ 빈곤; 질의 저하

Doctors and lawyers say the sale of organs by impoverished donors is a growing phenomenon. 경찰 2008

→ 의사들과 변호사들은 가난한 증여자들의 장기 판매가 증가하는 현상이라고 말한다.

sardonic
[sɑ:rdánik]

ⓐ 조롱하는; 비웃는; 냉소적인(≡sarcastic; satirical)

sardonically [sɑ:rdánikəli] ⓐⓓ 냉소적으로; 비웃으면서

sardonicism [sɑ:rdánəsìzm] ⓝ 냉소적 성질; 빈정대는 유머

One sardonic review of the play called it a "true masterpiece for the uneducated sophist." 경찰 2013

→ 그 연극의 한 냉소적인 비평은 그 작품을 '교육받지 못한 궤변가를 위한 걸작'이라고 불렀다.

gadget
[gǽdʒit]

ⓝ 장치; 도구; 부속품

Much of our waste problem is to be accounted for by the intentional unrepairability of the labor-savers and gadgets that we have become addicted to. 경찰 2011

→ 우리의 쓰레기 문제 대부분은 노동 절감 장치와 우리가 중독된 기기의 의도적인 수리 불가능성으로 설명된다.

stern
[stəːrn]

ⓐ 엄중한; 강경한

Rawls's sternest critics often tried to cabin him as "relevant only for American or at most Anglo-American audiences." 경찰 2018

→ Rawls의 가장 강경한 비판자들은 그가 "미국인에게만 또는 고작해야 영국계 미국인 청중에게만 관련 있다"라며 그를 한정하려 했다.

patron
[péitrən]

ⓝ 단골; 후원자; 고객

patronage [péitrənidʒ] ⓝ 단골 거래; 후원

People wanted to eat it during the movie, but the theater managers discouraged the practice since the crunching distracted the other patrons. 경찰 2006

→ 사람들은 그것을 영화 중간에 먹고 싶어 했지만, 극장 매니저들은 아작아작 씹는 것이 다른 고객들을 방해했기 때문에 그 실행을 장려하지 않았다.

abdication
[æbdəkéiʃən]

ⓝ 퇴임; 포기

abdicate [æbdəkèit] ⓥ 포기하다(=renounce; relinquish); 버리다

This is perhaps the most important argument against the abdication of the adults. 경찰 2013

→ 이것은 아마도 어른들의 포기에 반대하는 가장 중요한 주장일 것이다.

basin
[béisn]

ⓝ 대야; 구조 분지; 물웅덩이

I was just about to drown the clock in a basin of water when I suddenly noticed that the sound was coming from my travel clock which I had set and then forgotten all about. 경찰 2009

→ 내가 설정해 놓고 완전히 잊어버린 여행 시계로부터 나오는 소리를 급작스럽게 알아차렸을 때 나는 거의 시계를 물웅덩이에 빠뜨리기 직전이었다.

redeem
[ridíːm]

ⓥ 만회하다; 상환하다; 이행하다

redemption [ridémpʃən] ⓝ 만회; 약속의 이행; 구원

To redeem that promise, we need to put the idea of taking turns at the center of our conception of representation. 경찰 2012

→ 그 약속을 이행하기 위해 우리는 우리의 대의제 개념의 중심에 상호 교대 개념을 둘 필요가 있다.

predation
[pridéiʃən]

ⓝ 약탈; 포식; 수렵
predatory [prédətò:ri] ⓐ 약탈하는; 포식성의

However, Dr. Susan Bowman argues that there is no convincing evidence that human predation was the direct cause of the extinction of such a large amount of the Australian megafauna unless the aboriginal population was considerably denser than today.
경찰 2015

→ 그러나 Susan Bowman 박사는 이에 대해서 호주 원주민들의 인구수가 오늘날보다 현저히 더 조밀하지 않은 한 인간의 수렵이 그렇게 많은 수의 호주의 거대 동물들의 멸종에 대한 직접적인 원인이라고 볼 수 있을 만한 설득력 있는 근거는 없다고 주장한다.

ambiguity
[æmbigjú:əti]

ⓝ 애매모호함; 불명확함
ambiguous [æmbígjuəs] ⓐ 애매한; 모호한
unambiguous [ʌnæmbígjuəs] ⓐ 명확한; 애매하지 않은

Uncertainty avoidance is the degree to which a culture feels threatened by ambiguity.
경찰 2010

→ 불확실성의 회피는 한 문화가 모호함에 의해 위협을 느끼는 정도이다.

hegemony
[hidʒéməni]

ⓝ 주도권; 지도권; 헤게모니

Many politicians viewed that nation's economic hegemony as presumptuous.
경찰 2017

→ 많은 정치인들은 그 국가의 경제적 주도권을 주제넘은 것으로 보았다.

slash
[slæʃ]

ⓝ 일격; 삭감 ⓥ 깊이 베다; 난도질하다; 감소시키다(≡ cut down)

Poor driving habits can slash fuel economy by as much as one-third.
경찰 2014

→ 나쁜 운전 습관은 연비를 1/3만큼이나 감소시킬 수 있다.

infrastructure
[ínfrəstrʌktʃə(r)]

ⓝ 기반 시설; 인프라; 하부 구조

That requires substantial preparations, first of all, developing vaccines and so on, but also having the infrastructure — hospitals, doctors, supplies — needed to deal with the pandemic.
경찰 2009

→ 그것은 무엇보다 백신 개발 등과 같은 상당한 준비가 필요하지만, 전염병 대유행에 대처하는 데 필요한 병원, 의사, 비품과 같은 기반 시설도 필요하다.

synchronous
[síŋkrənəs]

ⓐ 동시의(=simultaneous); 동시대의
synchrony [síŋkrəni] ⑪ 동시성

Sudden, silent, synchronous activities — a herd taking a flight for no apparent or audible reason, a mass of scattered animals simultaneously raising ears and freezing in the tracks — such events demand explanation, but none is forthcoming.

경찰 2011

→ 갑작스럽고 조용하며 동시적인 행동들 — 눈에 띄거나 귀에 들리는 이유 없이 비상하는 새떼, 동시에 귀를 세우고 가던 그대로 꼼짝 않는 흩어진 동물 무리 — 이런 일들은 설명을 요하지만 아무 설명도 나타나지 않는다.

at a time

한 번에; 동시에; 한꺼번에

However, she is often away on tour for weeks at a time.

경찰 2010

→ 그러나 그녀는 종종 한 번에 몇 주씩 걸리는 여행을 떠난다.

keep up with

유행을 따르다; ~에 뒤지지 않다

And keeping up with all the innovation is a losing game for regulators.

경찰 2015

→ 그리고 모든 혁신을 따르려고 하는 것은 규제 기관에 있어 승산 없는 게임이다.

call it a day

그만 끝내다

Let's call it a day.

경찰 2009

→ 오늘은 이만 하자.

keep company

친근하게 교제하다; 함께 있다

Perhaps you are one of millions of people who depend on the television to keep you company, or you may have caught yourself actually talking to your computer.

경찰 2013

→ 아마도 당신은 함께 있기 위해 텔레비전에 의존하는 수많은 사람들 중 한 명이거나 또는 실제로 당신의 컴퓨터에게 이야기하는 자신의 모습을 발견했을지도 모른다.

Review Test DAY 21-25

1 다음 우리말을 영어로 쓰시오.

01 동시의, 동시대의

02 굴복하다, 죽다

03 흡입

04 공모하다

05 소대, 집단

06 넘다, 극복하다

07 금전의, 벌금(형)의

08 흥정(하다)

09 발굴, 유적

10 과실이 있는

11 격변, 혐오

12 퇴임, 포기

13 고요, 평안, 냉정

14 충성, 충실

15 망각

16 완고한, 고집 센

17 호전적인

18 열기, 열정

19 부유한, 풍부한

20 ~을 낙담시키다

21 완곡한

22 ~을 얽히게 하다

2 다음 영어를 우리말로 쓰시오.

01 intimidation

02 ulcer

03 distemper

04 meager

05 tractable

06 cower

07 resilience

08 impoverish

09 anachronism

10 doff

11 deploy

12 convergence

13 nary

14 seismic

15 inference

16 philanthropy

17 fickle

18 concourse

19 secrete

20 provision

21 fetter

22 swerve

3 다음 빈칸에 알맞은 단어를 고르시오.

01 For ordinary citizens the electric lights that _____ the gloom of the city at night offered the most dramatic evidence that times had changed.

밤의 도시의 어둠을 떨쳐버린 전등은 평범한 시민들에게 시대가 변했다는 가장 극적인 증거를 제공했다.

① dispelled　　② slashed　　③ harbored　　④ prompted　　⑤ underpinned

02 This sense of security will help improve employee _____ and loyalty.

이 안전감은 피고용인들의 사기와 충성도를 높이는 데 도움을 줄 것이다.

① vantage　　② morale　　③ constraint　　④ ambiguity　　⑤ prospect

03 But heavy containers can give tall plants the foundation needed to prevent _____ in the wind.

그러나 무거운 재질의 용기는 키 큰 식물들에게 바람에 쓰러지는 것을 방지하는 데 필요한 토대를 제공할 수 있다.

① flitting　　② splinting　　③ glaring　　④ toppling　　⑤ ransacked

04 Cancer patients may feel inclined to act upbeat even when they are _____, hide their despair instead of seeking solace or treatment, or blame themselves if their disease progresses.

암환자들은 사실은 마음이 산란할 때에도 낙관적으로 행동하거나, 위로나 치료를 찾는 대신 그들의 절망감을 숨기려고 하거나, 병이 악화될 경우 그들 스스로를 비난하고 싶어 할지도 모른다.

① distraught　　② outward　　③ symbiotic　　④ homely　　⑤ stern

---

1 01 synchronous 02 succumb 03 inhalation 04 collude 05 platoon 06 surmount 07 pecuniary 08 haggle 09 excavation 10 culpable 11 revulsion 12 abdication 13 tranquility 14 allegiance 15 oblivion 16 obdurate 17 pugnacious 18 fervor 19 affluent 20 dispirit 21 circumlocutory 22 ravel

2 01 위협, 으름장 02 궤양, 부패 상태 03 상태가 나쁨, 병, 탈이 나게 하다 04 부족한, 여윈 05 다루기 쉬운, 유순한 06 움츠리다, 위축하다 07 탄성, 복원력, 회복력 08 가난하게 만들다, 저하시키다 09 시대착오적인 것 10 벗다, 버리다 11 배치하다, 전개하다 12 집중성, 수렴 13 하나도 ~없는, 조금도 ~없는 14 지진의, 지진에 의한 15 추론, 추정 16 박애, 자선, 인류애 17 변덕스러운, 진심이 없는 18 집합, 중앙 홀 19 ~을 분비하다, 숨기다 20 조항, 공급, 준비, ~에 식량을 공급하다 21 족쇄, 속박, 속박하다, 구속하다 22 빛나가다, 방향을 바꾸다

3 01 ① 02 ② 03 ④ 04 ①

233

hiccup
[híkʌp]

ⓝ 딸꾹질; 일시적 하락 ⓥ 딸꾹질을 하다

It was once believed a person with hiccups was possessed by the devils. 경찰 2006

→ 한때는 딸꾹질을 하는 사람이 악마에게 사로잡혔다고 믿어지기도 했다.

termination
[tə̀:rmənéiʃən]

ⓝ 종료; 종결; 임신 중절

terminate [tə́:rmənèit] ⓥ 끝내다; 해지하다; 해고하다

A secretary declined to type a referral letter for a termination, claiming that the right to conscientiously object to participation in an abortion protected her refusal. 경찰 2018

→ 한 비서가 임신 중절에 관여하기를 양심적으로 거부할 권리가 그녀의 거부를 보호한다고 주장하며 중절 수술을 위한 위탁 서류를 작성하기를 거부했다.

adherence
[ædhí:ərəns]

ⓝ 밀착; 충실

adhere [ædhíər, əd-] ⓥ 들러붙다, 고집하다
adherent [ædhí:ərənt] ⓝ 지지자; 후원자

During the first year that she and I were neighbors, our conversations turned frequently on two points of poetry: the power of exciting the sympathy of the reader by a faithful adherence to the truth of nature and the power of giving the interest of novelty through imagination. 경찰 2006

→ 그녀와 내가 이웃이었던 첫해 동안, 우리의 대화는 자주, 자연의 진실에 충실한 밀착을 통해 독자의 공감을 자극시키는 힘과 상상을 통한 참신한 재미를 주는 힘이라는 시의 두 가지 요점에 대한 것으로 전환되었다.

speck
[spek]

ⓝ 작은 반점; 얼룩; 알갱이 ⓥ 얼룩이 지게 하다

A speck of coal is little different in composition from a chunk of coal. 경찰 2011

→ 석탄 알갱이는 석탄 덩어리와 구성상 거의 차이가 없다.

jurisdiction
[dʒùərisdíkʃən]

ⓝ 사법권; 관할권

It matters to jurisdictions across the country, mainly for inspection and tax purposes. 경찰 2015
→ 주로 조사와 세금을 목적으로, 그것은 전국의 사법권과 관련해 중요하다.

haste
[heist]

ⓝ 서두름; 성급함 ⓥ 서두르다; 서두르게 하다(= hasten)
hastily [héistili] ⓐ 급히; 서둘러서

"Yuck!" she said, backed out hastily and used another cubicle. 경찰 2009
→ "역겨워!"라고 그녀가 말하고 서둘러 뒤로 물러서 다른 칸을 사용했다.

smatter
[smǽtər]

ⓥ 겉핥기로 하다, 어설프게 알다
smattering [smǽtəriŋ] ⓝ 겉핥기; 어설픈 지식; 소량

Expecting only a smattering of microorganisms, the researchers flew six miles above Earth's surface in a NASA jet plane. 경찰 2014
→ 아주 적은 수의 미생물밖에 없을 것으로 예상하고, 연구자들은 NASA의 제트기를 타고 지구 표면 6마일 위에서 비행했다.

rickety
[ríkiti]

ⓐ 흔들리는(= shaky; unstable); 삐걱거리는; 어색한

The prime minister wants to strengthen the rickety alliance with the United States and stress economic growth over redistribution. 경찰 2013
→ 수상은 미국과의 흔들리는 동맹을 강화하길 원하고 재분배에 앞서 경제적 성장을 강조하기를 바란다.

lawsuit
[lɔ́:su:t]

ⓝ 소송; 고소

Two lawyers try to settle a lawsuit arising from a car accident. 경찰 2010
→ 두 명의 변호사가 자동차 사고로 발생한 소송을 처리하려고 시도한다.

sidekick
[sáidkìk]

ⓝ (미 구어) 친구; 동료(= companion); 조수

It could also be a lucky pen that is out of ink, but has been your trusty sidekick through countless exams. 경찰 2013
→ 그리고 그것은 잉크가 다 떨어진 행운의 펜일 수도 있지만, 수많은 시험을 함께해 온 당신의 믿음직한 동료였다.

poach
[poutʃ]

ⓥ 침입하다; 밀렵하다

Since the ban has not been able to protect the rhinos from illegal poaching, ironically, legalizing a highly regulated trade in rhino horns can end up saving the animals. 경찰 2014
→ 금지는 코뿔소를 불법적인 밀렵에서 보호할 수 없었으므로, 모순적으로, 엄격히 규제된 코뿔소 뿔 거래 합법화가 결국에는 그 동물을 구할 수 있다.

rebuke
[ribjúːk]

ⓝ 심한 비난; 징계 ⓥ 몹시 비난하다; 질책하다(≡reproach)
unrebuked [ʌnribjúːkt] ⓐ 견책되지 않은

Fighting and bullying others bring automatic rebuke from the community. 경찰 2008
→ 싸움과 타인을 괴롭히는 것은 공동체의 자동적인 비난을 부른다.

monarch
[mάnərk]

ⓝ 군주; 거물

In Myanmar, for instance, where all gemstones belonged to the monarch, the belief that anyone who took a stone from a mine would be cursed may have been deliberately cultivated to curb losses of a valuable national asset. 경찰 2016
→ 예를 들어 탄광의 원석들이 전부 군주의 소유였던 미얀마에서는, 국가의 소중한 재산이 손실되는 것을 막기 위해 탄광에서 원석을 가져간 사람은 저주에 걸릴 것이라는 믿음이 의도적으로 키워졌을지도 모른다.

covet
[kʌ́vit]

ⓥ ~을 몹시 원하다; 갈망하다(≡crave)

The oligarchical power of the aristocracy was coveted by the other class of Roman citizens, the plebeians, who included farmers, laborers, and tradesmen. 경찰 2015
→ 귀족정의 과두적 권력은 로마의 시민들 중 다른 계층, 즉 농부, 노동자, 상인들을 포함한 평민들로부터 갈망되었다.

ecstasy
[ékstəsi]

ⓝ 황홀경; 무아의 경지
ecstatic [ekstǽtik] ⓐ 황홀한; 무아지경에 빠진

Ann Lee joined the Shaking Quakers, a name given to them because they trembled when possessed by religious ecstasy. 경찰 2006
→ Ann Lee는 그들이 종교적 황홀경에 빠졌을 때 몸을 떨었기 때문에 붙여진 이름인 'Shaking Quakers'에 합류했다.

fanatical
[fənǽtikəl]

ⓐ 광신적인; 열광적인
fanatic [fənǽtik] ⓝ 광신자; 열광적인 애호가
fanaticism [fənǽtisìzm] ⓝ 광신; 열광

Then too, Hitler's meteoric rise to power and the Third Reich's fanatical obsession with technological efficiency gave many social thinkers second thoughts about the Technocrats' call for a technological dictatorship in the United States. 경찰 2017

→ 그때 또한, Hitler의 권력을 향한 혜성 같은 부상과 기술적인 효율성에 대한 제3제국의 광적인 집착이 사회 사상가들로 하여금 미국 내 기술 관료들의 기술적인 독재에 대한 요청을 재고하게 만들었다.

assort
[əsɔ́:rt]

ⓥ ~을 분류하다; 짜맞추다; 어울리다

Consisting of thick quilts, sheepskin, and assorted blankets, these bed rolls were undone each night. 경찰 2012

→ 두꺼운 누비이불과 양가죽, 갖가지 담요로 짜맞춘 이런 침낭은 밤마다 펼쳐졌다.

offspring
[ɔ́:fspriŋ]

ⓝ 자식; 자손(＝descendant; posterity); 동물의 새끼

It would not let anyone get near its offspring. 경찰 2014
→ 그것은 새끼의 근처로 누구도 가까이 가지 못하게 하곤 했다.

consolidate
[kənsάlədèit]

ⓥ 통합하다; 강화하다
consolidation [kənsὰlidéiʃən] ⓝ 합동; 합병

The FCC recently approved a small broadband subsidy, but the real solution may lie in increased competition for a notoriously consolidated industry. 경찰 2017

→ FCC는 최근에 소규모의 광대역 보조금을 승인했으나, 실제적인 해결책은 악명 높게 합병된 산업에 대한 증대된 경쟁에 있을지도 모른다.

bias
[báiəs]

ⓝ 편견; 성향 ⓐ 비스듬한 ⓥ 남에게 선입관을 품게 하다

They cannot read between the lines, infer meaning, or detect the author's bias, among other things. 경찰 2011

→ 그들은 다른 것들 사이에서 행간을 읽거나, 의미를 추론하거나, 작가의 성향을 감지하지 못한다.

firmament
[fə́:rməmənt]

ⓝ 하늘; 창공; 한계

Hence all stories would have to be set in the moral firmament of the movie Code.　경찰 2012
→ 그러므로 모든 이야기는 영화 Code의 도덕적 한계 안에서 설정되어야 할 것이다.

lift
[lift]

ⓝ (주로 영국) 엘리베이터; ⓥ 들어 올리다(↔lower ⓥ 낮추다); 해제하다

They customarily neither killed nor ate it, but this taboo was lifted once a year, when people assembled for ceremonies dedicated to the totem.　경찰 2011
→ 그들은 관례상 그것을 죽이거나 먹지는 않았지만, 이 금기는 일년에 한 번 사람들이 그 토템에 바쳐지는 의식을 위해 모였을 때 해제되었다.

reed
[ri:d]

ⓝ 갈대

My father says I lean on broken reeds and will get a face full of swamp mud one day.　경찰 2018
→ 나의 아버지는 내가 언젠가 부러진 갈대에 기대어 얼굴은 늪의 진흙 범벅이 될 거라고 말한다.

bereave
[birí:v]

ⓥ 앗아가다; 빼앗다
bereavement [birí:vmənt] ⓝ 사별; 여읨

The human cost of the terrorist attacks on America is clear for all to see: lives lost, people injured, families bereaved, a nation suddenly made to feel vulnerable.　경찰 2007
→ 미국을 향한 테러리스트 공격의 인명 희생은 모두가 볼 수 있을 만큼 분명하다. 이는 희생된 생명, 다친 사람들, 가족을 잃은 사람들, 갑자기 취약함을 느끼게 된 국가이다.

• unexpected bereavement 뜻밖의 사별

companionship
[kəmpǽnjənʃip]

ⓝ 사귐; 교제
companion [kəmpǽnjən] ⓝ 동반자; 친구; 동료
companionate [kəmpǽnjənit] ⓐ 친구의; 친구다운; 우애적인
companionable [kəmpǽnjənəbl] ⓐ 붙임성 있는; 서글서글한

What had brought him to line his walls with the fruits of home shopping? Companionship.　경찰 2010
→ 무엇이 그로 하여금 벽을 따라 홈쇼핑의 결과물을 늘어놓게 했을까? 그것은 바로 교제다.

grim
[grim]

ⓐ 엄격한; 냉혹한; 우울한
grimness [grímnis] ⓝ 잔인함; 엄격함

Today, however, these once self-sufficient people are caught up in a grim fairy tale. 경찰 2011
→ 그러나 오늘날, 한때 자급자족했던 이 사람들은 우울한 동화에 붙들려 있다.

amplify
[ǽmpləfài]

ⓥ ~를 확대하다(＝enlarge); 증폭하다; 상세히 논하다
amplification [æmpləfəkéiʃən] ⓝ 확대; 전개; 부연

In addition, they are commonplace in nuclear reactors, where a speeding subatomic particle slams into a heavy atom and splits it apart, releasing more particles that repeat and amplify the process in bursts of energy. 경찰 2013
→ 게다가 그것들은 원자로에서 아주 흔히 일어나는데, 그곳에서 가속화된 아원자 입자가 무거운 원자와 충돌하고 그것을 쪼개버려, 에너지 폭발의 과정을 반복하고 증폭하는 입자를 더 내놓게 된다.

backlash
[bǽklæʃ]

ⓝ 반발; 반동(＝rebound; kickback)

The political success of Islamic women will lead to a fundamentalist backlash in Islamic countries. 경찰 2006
→ 이슬람 여성의 정치적 성공은 이슬람권 국가 내에서 근본주의자들의 반발로 이어질 것이다.

validation
[vǽlədèiʃən]

ⓝ 확인; 비준; 검증; 척도
valid [vǽlid] ⓐ 유효한; 타당한
validate [vǽlədèit] ⓥ 입증하다; 유효하게 하다
validity [vəlídəti] ⓝ 타당성; 유효성

Over 1.7 billion people on this planet use social networking on the Internet to share and seek validation from others. 경찰 2016
→ 이 지구상 17억 이상의 사람들이 타인의 인정을 공유하고 추구하기 위해 인터넷상에서 소셜 네트워크를 이용하고 있다.

scrimp
[skrimp]

ⓥ ~을 몹시 제한하다; 긴축하다

Scrimping is a must if he's to buy his own place. 경찰 2014
→ 그가 자신만의 공간을 마련하려면 긴축하는 것은 반드시 필요한 일이다.

exploit
[iksplɔ́it]

ⓥ 이용하다; 착취하다

exploitation [èksplɔitéiʃən] **ⓝ** 개척; 개발; 착취

They had to learn to be self-forgiving quickly, for often their exterior exploits were at odds with their interior beliefs. `경찰 2011`

→ 그들이 겪는 외부의 착취는 그들 내면의 신념과 상충했기 때문에, 그들은 신속하게 자기를 용서하는 방법을 배워야 했다.

pellet
[pélit]

ⓝ 알갱이; 돌멩이

The ravens were first taught to use a stone to knock a food pellet out of a puzzle box. `경찰 2018`

→ 까마귀들은 처음에 퍼즐 상자 밖으로 음식 알갱이를 꺼내기 위해 돌을 사용하는 방법을 배웠다.

faucet
[fɔ́:sit]

ⓝ 수도꼭지

I peel my onion, take it to the sink, turn on the faucet, and start slicing it under the flow. `경찰 2018`

→ 나는 내 양파를 벗기고, 그것을 싱크대로 가져가서, 수도꼭지를 틀고, 흐르는 물 아래에서 그것을 썰기 시작한다.

wile
[wail]

ⓝ 책략; 계략 **ⓥ** 속여서 ~하게 하다

In an old edition of the American Heritage Dictionary, examples used to illustrate the meaning of words include "manly courage" and "masculine charm," and "womanish tears" and "feminine wiles." `경찰 2008`

→ 미국 문화유산 사전의 구판을 보면, 단어의 정의를 설명하기 위한 예시에 "남자다운 용기"와 "남성적인 매력", "여자 같은 눈물", 그리고 "여성의 계략" 등이 포함된다.

• wile a person away ~를 꾀어내다

wound
[wu:nd]

ⓝ 상처; 고통 **ⓥ** ~에 부상을 입히다

Music therapy as an explicit set of practices first developed in the West during the twentieth century — especially during the First World War, when doctors and nurses witnessed the effect that music had on the psychological, physiological, cognitive and emotional states of the wounded. `경찰 2018`

→ 명백한 일련의 절차로서 음악치료는 20세기에, 특히 의사와 간호사들이 부상자들의 심리적, 생리적, 인지적, 감정적 상태에 음악이 주는 효과를 목격한 세계 제1차 대전 동안 서양에서 처음 개발되었다.

fidget
[fídʒit]

ⓥ 안절부절못하다; 초조하게 하다; 꼼지락거리다

Researchers have learned that logging hours at the gym cannot counteract the negative effects of sitting for long periods, for instance — but something as simple as fidgeting can. 경찰 2017

→ 예를 들어 연구자들은 체육관에서 기록한 시간은 오랜 시간 앉아 있는 것의 부정적인 효과에 대응하지 못하지만, 꼼지락거리는 것만큼 간단한 것은 그럴 수 있다는 것을 알게 되었다.

run-of-the-mill

평범한

But they found that run-of-the-mill physicists had IQs much higher than Nobel Prize winner and extraordinary genius Richard Feynman, whose IQ was a merely respectable 122. 경찰 2012

→ 그러나 그들은 평범한 물리학자들이 노벨상 수상자이자 보기 드문 천재인 Richard Feynman보다 훨씬 높은 지능지수를 가졌다는 것을 발견했는데, 그(Feynman)의 지능지수는 그저 괜찮은 정도인 122였다.

in vain

헛되이; 효과 없이

Otherwise, you'd be pointing your spear at every tree and rock or, just as annoyingly, you'd be lost in an infinite trail of video links, hoping in vain to find something worthwhile. 경찰 2017

→ 그렇지 않으면 당신은 모든 나무와 돌에 창을 겨누거나, 성가시게도 당신은 헛되이 무엇인가 가치 있는 것을 찾기를 바라며, 끝없는 동영상 링크의 행렬에서 길을 잃을 것이다.

walk away from

~에서 손을 떼다

The country superstar, who ranks behind only The Beatles and Elvis Presley in U.S. album sales, walked away from the music business in 2001 to raise his three daughters. 경찰 2015

→ 미국 음반 판매 순위에서 오직 Beatles와 Elvis Presley에게만 뒤졌던 그 전국적 슈퍼스타는 그의 세 딸을 키우기 위해 2001년 음악 산업에서 손을 뗐다.

get in the way

방해가 되다

Pollution has gotten in the way. 경찰 2013
→ 오염이 방해가 되어 왔다.

inculcate
[inkʌ́lkeit]

ⓥ 가르치다; 주입시키다
inculcation [ìnkʌlkéiʃən] ⓝ 주입 교육

The legend of George Washington and the cherry tree, invented out of whole cloth by Parson Weems, his biographer, has been used to inculcate the virtues of truth telling in generations of American school children. 경찰 2007

→ George Washington의 전기를 쓴 Parson Weems에 의해서 모두 창작된 George Washington과 체리 나무의 신화는, 많은 세대의 미국 학교 학생들에게 진실을 말하는 덕목을 주입시키기 위해서 사용되어 왔다.

commensurate
[kəménsərət]

ⓥ 동등한(≡tantamount); 어울리는; 상응하는
commensurable [kəménsərəbl] ⓐ 같은 수로 나누어지는; 약분 가능한

One of your main competitors offers you a lucrative position, more than commensurate with your present duties and at almost double the salary. 경찰 2013

→ 당신의 주된 경쟁자 중 한 명은 당신에게 현재의 임무에 상응하는 것 이상이면서도, 봉급도 거의 2배에 가까운, 경제적으로 수익성이 좋은 지위를 제공할 것이다.

yearn
[jə:rn]

ⓥ 동경하다; 갈망하다; 몹시 원하다

She's yearning for some more of that pizza. 경찰 2018
→ 그녀는 그 피자를 좀 더 먹기를 몹시 원하고 있다.

crest
[krest]

ⓝ 볏; (산의) 정상

Scientists may not be able to account for the man's presence on the mountain crest, but they know what he was wearing, down to his underwear. 경찰 2012

→ 과학자들은 산 정상에 있는 그 사람의 존재에 대해서는 설명하지 못할 수도 있지만, 그 사람이 무엇을 입고 있었는지는 속옷에 이르기까지 알고 있다.

• wave crest 파고점

dawdle
[dɔ:dl]

ⓥ 꾸물대다; 빈둥대며 시간을 보내다

That morning I did miss the train for school, because I dawdled on my way to the station. 경찰 2013
→ 그날 아침에 나는 꾸물거리며 기차역으로 갔기 때문에 학교로 가는 기차를 놓쳐버렸다.

readily
[rédəli]

ⓐⓓ 쉽게; 기꺼이

People will readily cross a lane of pedestrian traffic to satisfy their hunger but rarely to make an impulse buy of a T-shirt or a magazine. 경찰 2010
→ 사람들은 허기를 채우기 위해 보행자들로 붐비는 통로를 기꺼이 가로질러 가지만, 잡지나 티셔츠를 충동적으로 사기 위해 그러는 경우는 거의 없다.

pulley
[púli]

ⓝ 도르래

In some investigations, athletes curled a bar attached to a pulley system until exhaustion. 경찰 2016
→ 몇몇 연구에서, 운동선수들은 도르래 시스템에 달린 막대기를 지칠 때까지 감았다.

yank
[jæŋk]

ⓥ 홱 잡아당기다

She pulled their noses, yanked their hair, poked needles into them. 경찰 2014
→ 그녀는 코를 당기고 머리채를 홱 잡아당기고 바늘로 그들을 찔렀다.

banter
[bǽntər]

ⓝ 가벼운 농담; 희롱 ⓥ 놀리다; 희롱하다

For the adults, lighthearted bantering and games of checkers were encouraged. 경찰 2014
→ 어른들에게는 가벼운 마음으로 농담을 주고받거나, 체스 게임을 하고 싶게 만들었다.

cowardice
[káuərdis]

ⓝ 겁; 소심
coward [káuərd] ⓝ 겁쟁이; 비겁한 사람 ⓐ 겁 많은(= timid); 소심한

I was a coward; and the thing I feared more than anything in the world was to break up in the battle and give way to that cowardice. 경찰 2009
→ 나는 겁쟁이였고, 내가 그 무엇보다 세상에서 가장 두려워한 것은 싸움에 져서 그 겁에 무너지는 것이었다.

livelihood
[láivlihùd]

ⓝ 생계(수단); 살림살이

Suburban residents had to commute to the central city in order to earn their livelihood. 경찰 2011
→ 교외 거주자들은 생계를 위해 중심 도시로 통근을 해야 했다.

• eke out one's livelihood 생계를 겨우 이어나가다

utensil
[ju:ténsəl]

ⓝ 도구; 기구

The airlines are desperately trying to cut fuel costs by cutting the weight they carry — replacing metal utensils with plastic ones, scrapping heavy magazines. 경찰 2008
→ 항공사들은 금속 도구를 플라스틱으로 대체하거나 무거운 잡지들을 없애는 등, 그들이 운송하는 무게를 줄임으로써 연료비를 삭감하기 위해 절실히 노력하고 있다.

palpable
[pǽlpəbl]

ⓐ 명백한; 만질 수 있는
palp [pælp] ⓥ ~에 손을 대다
palpate [pǽlpeit] ⓥ 만져보다

While observing three Asian elephant mothers and their new calves, I repeatedly noticed a palpable throbbing in the air like distant thunder, yet all around me was silent. 경찰 2011
→ 세 마리의 아시아 코끼리 어미와 그들의 새로운 새끼들을 관찰하는 동안, 나는 먼 곳의 천둥 같은 명백한 공기 중의 떨림을 거듭 느꼈지만 주변은 온통 조용했다.

landfill
[lǽndfil]

ⓝ 쓰레기 매립지

Although many old urban landfills are reaching their capacity, the reality is that there is — and always will be — plenty of room in this country for safe landfill. 경찰 2013
→ 비록 많은 오래된 도시의 쓰레기 매립지는 수용 한계 용량에 근접했지만, 실제로는 안전한 쓰레기 매립지를 위한 공간은 이 나라 안에 충분히 있고, 또 앞으로도 언제나 존재할 것이다.

minister
[mínəstər]

ⓝ 장관; 성직자 ⓥ (식을) 거행하다; ~에 도움이 되다

My friend would then expect not to be left alone but to be ministered to by ambulance drivers, medics, and EMTs. 경찰 2017
→ 그러면 내 친구는 혼자 남겨지는 것이 아니라 구급차 운전자, 의사 그리고 응급 의료진들에게 도움 받기를 기대할 것이다.

qualify
[kwάləfài]

ⓥ 자격을 주다; 기준에 부합하다

The debate got so heated that in 2006, a contract dispute over whether Qdoba Mexican Grill's burritos qualify as sandwiches went to trial.　경찰 2015
→ 그 논쟁은 굉장히 뜨거워져서 2006년에는 Qdoba Mexican Grill의 부리토가 샌드위치의 조건을 충족하는지 여부와 관련된 계약상의 분쟁이 재판에 회부되었다.

glaze
[gleiz]

ⓥ 판유리를 끼우다; 광택제를 먹이다; 눈이 침침해지다

Glazed, fiberglass, and molded-plastic containers hold moisture better than unglazed terra-cotta.　경찰 2015

→ 광택제를 먹였거나, 유리 섬유, 그리고 사출 성형 플라스틱 재질로 된 용기들이 광택제를 먹이지 않은 질그릇에 비해 더욱 수분을 잘 유지한다.

lament
[ləmént]

ⓝ 슬픔; 애가(= elegy; dirge); 한탄 ⓥ 한탄하다; 아쉬워하다; 슬퍼하다(= mourn; deplore)

This lament distracts our attention from the larger challenge of preparing more Americans for better jobs.　경찰 2010
→ 이러한 한탄은 더 많은 미국인들에게 좋은 직장을 마련하려는 더 큰 도전에 대한 우리의 집중을 방해한다.

accountable
[əkáuntəbl]

ⓐ 책임이 있는; 해명할 의무가 있는

A better understanding of the origin of child beating may help us to reduce child abuse and treat offenders, but we can still hold child beaters accountable for their behavior.　경찰 2008
→ 아동 폭력의 기원에 대한 더 나은 이해는 아동 학대를 줄이고 범죄자를 다루는 데 도움을 줄 수 있지만, 우리는 여전히 아동 폭력 가해자들에게 그들의 행동에 대한 책임을 물을 수 있다.

scrubby
[skrΛbi]

ⓐ 왜소한; 초라한; 관목이 무성한

This has created habitats suitable for some species that are adapted to grazing, but hostile to many browsing animals reliant on scrubby vegetation.　경찰 2015

→ 이것은 풀을 뜯는 데 적응한 몇몇 종에는 적합하지만, 관목이 무성한 초목에 의존하던 높은 곳의 잎을 뜯어 먹는 다수의 동물들에게는 적대적인 서식지를 조성했다.

fraternal
[frətə́:rnl]

ⓐ 이란성의; 우애의
fraternity [frətə́:rnəti] ⓝ 형제애; 동포애

Identical twins are more similar than fraternal twins, and biological siblings are more similar than adoptive siblings, whether raised together or apart.

경찰 2017

→ 일란성 쌍둥이는 이란성 쌍둥이보다 더 닮았고, 생물학적인 형제자매는 함께 자랐든 따로 자랐든 간에 입양으로 맺어진 형제자매보다 더 닮았다.

padlock
[pǽdlὰk]

ⓝ 자물쇠 ⓥ 자물쇠를 채우다; 억제하다

Had the police been more in control, few would have dared saw off padlocks and storm into stores to steal everything that wasn't nailed down.

경찰 2006

→ 경찰들이 좀 더 통제했더라면, 자물쇠를 톱으로 자르고 가게들에 돌진하여 못질되지 않은 모든 것을 훔쳐가는 사람들은 거의 없었을 것이다.

attest
[ətést]

ⓥ 증명하다; 증언하다
attestation [ætestéiʃən] ⓝ 증명; 입증; 증거
attestative [ætestéitiv] ⓐ 증명하는; 입증하는

It is now well attested that music with slow, steady tempos, legato passages, gentle rhythms, predictable change, and simple sustained melodies is conducive to relaxation.

경찰 2018

→ 이제는 느리고 안정된 템포, 레가토의 악절, 부드러운 리듬, 예상할 수 있는 변화, 그리고 단순하고 한결같은 멜로디의 음악이 이완에 도움이 된다는 것이 증명되었다.

rattle
[rǽtl]

ⓝ 덜거덕 소리 ⓥ 달그락거리다

Those cats would rub the leg of a burglar if he rattled the cans of their food.

경찰 2008

→ 그 도둑이 고양이 음식 캔을 달그락거린다면 그 고양이들은 도둑의 다리에 문질러댈 것이다.

despotism
[déspətizm]

ⓝ 전제 정치; 독재
despotic [dispátik] ⓐ 독재적인; 횡포한

Despotism comes not just from kings or lords, but from the majority of people as well.

경찰 2012

→ 전제 정치는 왕 혹은 영주뿐만 아니라 다수의 사람들로부터도 나온다.

dismiss
[dismís]

Ⓥ 퇴거를 명령하다; 해임하다; 무시하다; 간과하다

dismissal [dismísəl] ⓝ 퇴거; 해산; 묵살

For years, concerns about the health effects of cellphones have been largely dismissed because the radio frequency waves emitted from the devices are believed to be benign. 경찰 2012
→ 수년 동안, 휴대전화가 건강에 미치는 영향에 대한 우려는 상당히 무시되어 왔는데, 왜냐하면 그 기기에서 방출되는 무선 주파수의 파동이 무해하다고 믿어졌기 때문이다.

worsen
[wə́:rsn]

Ⓥ 악화되다(= deteriorate); 더 나쁘게 하다

Some people intentionally worsen their problems by drinking alcohol. 경찰 2006
→ 어떤 사람들은 음주를 통해 의도적으로 그들의 문제를 악화시킨다.

• worsen a crisis 위기를 심화시키다

panhandle
[pǽnhæ̀ndl]

ⓝ 프라이팬의 손잡이 Ⓥ 길거리에서 구걸하다

There are two types of panhandling: passive and aggressive. 경찰 2009
→ 구걸에는 수동적이거나 공격적인 두 가지 종류가 있다.

cane
[kein]

ⓝ 지팡이; 회초리(= rod) Ⓥ 회초리로 때리다

A good example of this sort of gender gap emerged in 1994, when an American teenager living in Singapore who had vandalized property, was sentenced to a traditional Singaporean punishment of caning. 경찰 2008
→ 이러한 종류의 남녀 성의 차이에 대한 좋은 예는, 싱가포르에 살던, 고의적으로 공공 재산을 파괴한 한 미국인 십대가 전통적인 싱가포르 형벌인 태형에 처해지는 판결을 받았던 1994년에 있었다.

hierarchical
[hàiərá:rkikəl]

ⓐ 계층제의; 계급제의

hierarchy [háiərà:rki] ⓝ 계급제; 지배층

Unlike armies, corporations, and other hierarchical organizations, universities are communities in which authority is widely shared instead of being concentrated in the hands of a few leaders. 경찰 2010
→ 군대나 회사, 그리고 여타 계급에 따른 조직과는 달리, 대학은 권위가 소수 지도자들에게 집중되기보다는 폭넓게 공유되는 공동체이다.

247

excruciate
[ikskrú:ʃièit]

ⓥ 고통을 주다(＝torture; harass)
excruciation [ikskrù:ʃiéiʃən] ⓝ 극도로 괴롭히기; 고문

They've also discovered that cutting down on how much you eat doesn't have to be excruciating — and it can improve your chance for a longer life. 경찰 2017
➜ 그들은 또한 당신이 먹는 양을 줄이는 것이 고통스러울 필요가 없다는 점과 이것이 당신이 더 오래 살 가능성을 높여줄 수 있다는 것을 발견했다.

remedy
[rémədi]

ⓝ 치료법; 구제책 ⓥ 치료하다; 교정하다(＝reform)

Many strange remedies are supposed to stop hiccups, such as scaring the person or having the person hold her nose while drinking water. 경찰 2006
➜ 그 사람을 놀라게 하거나 물을 마시는 동안 그 사람의 코를 잡고 있게 하는 등 딸꾹질을 멈추기 위한 많은 이상한 치료법들이 있다.

• remedy one's error 속죄하다

groan
[groun]

ⓝ 끙끙거리는 소리; 신음 ⓥ 신음하다; 끙끙거리며 말하다

I can remember when I used to awaken in the morning and say with a groan, "Oh god, another day." 경찰 2009
➜ 내가 신음소리와 함께 "오, 신이시여, 또 다른 하루군요."라고 하며 아침에 일어나곤 했던 때를 기억한다.

niggard
[nígərd]

ⓝ 인색한 사람; 구두쇠 ⓐ 인색한 사람의
niggardly [nígərdly] ⓐ 인색한

They have neither the luxuriance that makes man lazy and improvident nor the barrenness that makes him niggardly and takes away his hope. 경찰 2006
➜ 그들에게는 사람을 게으르고 경솔하게 하는 호화로움도, 그를 인색하게 만들고 그의 희망을 빼앗아가는 메마름도 없었다.

distasteful
[distéistfəl]

ⓐ 싫은; 불쾌한

One may say, for instance, "I just love classical music," using a distasteful tone of voice that makes quite clear that one really means just the opposite of what the words alone convey. 경찰 2009
➜ 예를 들어 어떤 사람은 "난 정말 클래식 음악을 사랑해."라고, 사실은 말 자체가 전달하는 바의 정확히 반대를 의미하는 것을 꽤 확실히 하는 불쾌한 어조를 사용하며 말할 것이다.

fraught
[frɔːt]

ⓐ (악의, 위험 등으로) 가득 찬; 걱정하는

People's relationship with animals is fraught with contradictions. 경찰 2016
➜ 사람들이 동물과 맺는 관계는 모순으로 가득 차 있다.

pay a visit

찾아가다; 들르다

Being a diligent young student, I decided to pay a visit to my local library to find books on the topic. 경찰 2017

➜ 나는 부지런한 어린 학생이었기 때문에 그 주제에 관한 책을 찾기 위해 지역 도서관에 가보기로 했다.

in dribs and drabs

조금씩

It's a combination of the technology and the obliqueness of the written word, just as many men will reveal feeling in dribs and drabs while riding in the car or doing something, which they could never talk about sitting face to face. 경찰 2011
➜ 이것은 기술과 쓰인 글의 완곡함의 조합으로, 마치 많은 이들이 차를 타고 있거나 무언가 다른 일을 할 때 얼굴을 맞대고 앉아서 절대 이야기할 수 없는 감정들을 조금씩 드러내려 하는 것과 같다.

in retrospect

돌이켜 보면

In retrospect, it looks as if Massachusetts made a serious mistake in 1994 when it let its two most prestigious and costly hospitals — Massachusetts General Hospital and Brigham & Women's Hospital, both affiliated with Harvard — merge into a single system known as Partners HealthCare. 경찰 2015
➜ 돌이켜 보면 Massachusetts가 1994년에 명망과 경제적 가치가 가장 높았고, 하버드와 제휴가 된 Massachusetts 종합 병원과 Brigham & Women 병원을 Partners HealthCare라는 하나의 의료 시스템으로 합병시킨 것은 심각한 실수로 보인다.

green light

청신호; 정식 허가

Knowing that your short temper is a result, in part, of your unhappy childhood doesn't give you a green light to yell at your family. 경찰 2008
➜ 당신의 급한 성미가 어느 정도는 당신의 불행했던 어린 시절의 결과라는 걸 안다는 것이 당신의 가족에게 소리쳐도 된다는 정식 허가를 내주지는 않는다.

repository
[ripázətò:ri]

ⓝ 창고; 저장소
reposit [ripázit] ⓥ ~을 저장하다; 보존하다
Such stimuli are initially — and briefly — stored in sensory memory, the first repository of the information that the world presents to us. 경찰 2010
→ 그런 자극들은 최초에, 그리고 아주 짧은 순간, 세상이 우리에게 주는 정보의 첫 번째 저장소 "감각 기억" 속에 저장된다.

indispensable
[ìndispénsəbl]

ⓐ 필수적인(↔dispensable ⓐ 불필요한); 불가결한
The psychological mechanisms underlying the Köhler effect are social comparison (particularly when someone thinks that their teammate is more capable) and the feeling that one's effort is indispensable to the group. 경찰 2016
→ Köhler 효과의 기저를 이루는 심리 기제는 사회적 비교(특히 누군가가 그의 팀 구성원들이 더 유능하다고 생각할 때)와 한 사람의 노력이 집단에 필수적이라는 느낌이다.

frigid
[frídʒid]

ⓐ 몹시 찬; 냉담한
The birds leap about excitedly in tight circles, going in and out of the water, perfectly at ease in this frigid sea that surrounds the shores of Antarctica. 경찰 2017
→ 그 새들은 남극 해변을 둘러싼 이 몹시 찬 바다에서 완전히 편안하게 물에 들어갔다 나오며 좁은 원에서 신나게 뛰어오른다.
• frigid zone forest 한대림

pelt
[pelt]

ⓝ 강타; 모피 ⓥ 던져 공격하다; 퍼붓다; 강타하다
Once hunted for their pelts, beavers are back in demand, not for their bodies but for their minds — specifically, for their engineering skills. 경찰 2013
→ 한때 모피 때문에 사냥의 대상이 되었던 비버는 그들의 몸이 아닌 그들의 기질, 특히 그들의 공학적 기술 때문에 다시 수요가 생겼다.

elicit
[ilísit]

ⓥ 이끌어내다

Yet difference alone would not be enough to elicit pleasure, or not for long. 경찰 2018
→ 그러나 변화 그 하나만으로는 기쁨을 이끌어내기에 충분하지 않을 것이며, 그렇다 하더라도 오래가지 않을 것이다.

flap
[flæp]

ⓝ 펄럭임; 흥분 상태; 소동 ⓥ 펄럭이다; 퍼덕거리다; 흥분하다

From behind the trees, a big black hawklike bird with a red head flapped out and away. 경찰 2006
→ 나무들 뒤에서 검은색의 큰 매 같은, 붉은 머리의 새가 퍼덕이며 튀어나와 날아갔다.

denote
[dinóut]

ⓥ ~을 나타내다(↔connote ⓥ ~을 함축하다)

We speak words with our voices, but a voice says more than what the words denote. 경찰 2009
→ 우리는 목소리로 단어를 내뱉지만, 목소리는 단어들이 나타내는 것 이상을 말한다.

vibrant
[váibrənt]

ⓐ 진동하는; 생생한; 활기찬

But vibrant social connections boost our good moods and limit our negative ones, suppressing cortisol and enhancing immune function under stress. 경찰 2016
→ 그러나 활기찬 사회적 관계는 우리의 좋은 기분을 북돋우고 부정적인 기분을 제한하여 스트레스를 받는 상태에서 코르티솔을 억제하고 면역 기능을 향상시킨다.

rear
[riər]

ⓝ 뒤; 후방 ⓐ 후방의(↔front); 배후의 ⓥ 양육하다

The backstage area, between the stage wall and the rear of the building, was known as the 'tiring house.' 경찰 2015
→ 무대 뒤의 공간, 무대의 벽과 건물의 뒤쪽 사이에 있는 그곳은 '분장실'로 알려져 있었다.

cabin
[kǽbin]

ⓝ 객실; 오두막집 ⓥ 가두다; 감금하다(=confine)

But the solution lies directly beneath the floor of the passenger cabin. 경찰 2008
→ 그러나 해결책은 바로 객실 바닥 아래에 있었다.

251

magistrate
[mǽdʒəstrèit]

ⓝ 치안 판사; 행정 장관

Accordingly he went and complained to the magistrate, who fixed a day for the hearing. 경찰 2013
→ 그에 따라 그는 치안 판사에게 가서 불평했고, 그 판사는 심리를 위한 일정을 잡았다.

overlook
[òuvərlúk]

ⓝ 눈감아주기; 간과 ⓥ 간과하다; 눈감아주다

The spiritual dimension is a complex, and controversial area, and is often overlooked within holistic approaches, although it is increasingly being identified as a vital element which can have a large influence on the physical, mental and emotional aspects of work. 경찰 2018
→ 일의 물리적, 정신적, 감정적 측면에 큰 영향을 줄 수 있는 중요한 요소임이 점차 밝혀지고 있음에도 불구하고, 영적인 차원은 복잡하고 논쟁적인 영역이며 자주 전체론적 접근 하에서 간과된다.

bicker
[bíkər]

ⓝ 언쟁; 논쟁 ⓥ 말다툼하다; 언쟁하다

Internal bickering among its leaders led to a splintering of the movement into warring factions. 경찰 2017
→ 지도자들 사이의 내부적인 논쟁은 운동의 분파를 적대적인 당파로 만들었다.

combat
[kəmbǽt]

ⓝ 전투; 투쟁 ⓥ 싸우다
combatant [kəmbǽtənt] ⓝ 전투원; 전투원 부대
combative [kəmbǽtiv] ⓐ 투쟁적인; 호전적인

The distinctions between war and peace and who is a combatant and noncombatant are becoming uncomfortably vague. 경찰 2018
→ 전쟁과 평화, 누가 전투원이고 전투원이 아닌지의 구분이 불편하게 불분명해지고 있다.

cumbersome
[kʌ́mbərsəm]

ⓐ 성가신; 다루기 힘든

The procedure for amending the Constitution is, however, so cumbersome that the judges are under great pressure to use the interpretive process to keep the original document flexible. 경찰 2017
→ 그러나 헌법을 개정하는 과정은 너무 성가시기 때문에 판사들은 본래 내용을 유연하게 유지하는 해석 과정을 이용해야 하는 압박에 놓인다.

ebb
[eb]

ⓝ 썰물; 간조 ⓥ (조수가) 빠지다; 쇠퇴하다

Perhaps tides within our blood cause an ebb and flow in our emotions and self-control. 경찰 2011
→ 아마도 혈액 내의 조류가 우리의 감정과 자기 통제의 밀물과 썰물을 야기할지도 모른다.

confiscate
[kánfəskèit]

ⓥ 몰수하다; 압수하다
confiscation [kànfəskéiʃən] ⓝ 몰수; 압수

If tightly controlled by a single centralized organization, the current demand can be satisfied through legal horn cuttings, along with stockpiles of confiscated black-market horns and those collected from rhinos that die naturally. 경찰 2014
→ 만약 중앙 집중된 단일 조직에 의해 엄격하게 관리가 된다면, 몰수된 암시장 뿔의 비축량과 자연사한 코뿔소로부터 수집한 뿔과 더불어 합법적인 뿔 절단을 통해 현재의 수요는 충족될 수 있을 것이다.

bolster
[bóulstər]

ⓝ 긴 베개 ⓥ 강화하다; 보강하다

Downplaying ethnicity, however, will not bolster national unity. 경찰 2012
→ 그러나 민족성을 경시하는 것은 국가의 단결을 강화하지 않을 것이다.

dubious
[djúːbiəs]

ⓐ 의심스러운(= suspicious); 분명치 않은

This optimism was, however, based on the highly dubious assumption that commercial interchange is invariably a force for peace. 경찰 2010
→ 그러나 이런 낙관론은 상업적인 교류가 반드시 평화를 위한 힘이라는 매우 불분명한 가정에 기초하고 있다.

plummet
[plʌmit]

ⓥ 수직으로 뛰어들다; 곤두박질치다

However, in groups of three, the per-person force dropped to 53 kilograms, and in groups of eight, it plummeted to only 31 kilograms — less than half of the effort exerted by people working alone. 경찰 2016
→ 그러나 3명 집단에서 각자가 내는 힘은 53kg으로 줄어들었고, 8명 집단에서는 혼자 할 때의 힘의 절반도 안 되는 31kg으로 곤두박질쳤다.

illicit
[ilísit]

ⓐ 불법의; 무면허의(↔licit ⓐ 허가받은)

All told, more than half of teens will try an illicit substance at least once, and almost will try alcohol, tobacco, or both.　　　경찰 2009

→ 전체적으로 보면, 십대의 절반 이상이 불법 약물을 최소 한 번 이상 시도할 것이며, 대부분이 술이나 담배 혹은 둘 다를 시도할 것이다.

wretched
[rétʃid]

ⓐ 비참한(=tragic; miserable); 비열한
wretch [retʃ] ⓝ 불행한 사람

"That wretched fellow put my eye out, but I didn't do him any harm."　　　경찰 2013

→ "그 비열한 녀석이 내 눈을 뽑아버렸지만 나는 그에게 어떤 해도 끼치지 않았어."

outlaw
[áutlɔ:]

ⓝ 상습적 범죄자; 무법자 ⓥ 사회에서 매장하다

Sometimes they have been spread over deserted country roads by speeding "outlaw trucks" that simply open their valves and let the chemicals slowly spill out.　　　경찰 2011

→ 혹은 단순히 밸브를 열어 화학 물질들이 천천히 흘러나가게 해놓은, 빠르게 달리는 "무법" 트럭들에 의해 인적 없는 시골길에 뿌려진다.

• outlaw strike 불법 파업

incorporate
[inkɔ́:rpərèit]

ⓥ 포함하다; 결합하다

I've improved this strategy by incorporating the use of the breath.　　　경찰 2009

→ 나는 호흡의 사용을 결합시킴으로써 이 전략을 발전시켰다.

dash
[dæʃ]

ⓝ (물; 파도의) 부딪침; 충돌; 단거리 경주 ⓥ 돌진하다; 던지다; 매진하다

Candace, who finished her second year at Rockdale County High in Georgia last month, is a five-time national champion, and already held Georgia state records in the 100 and 200-meter dash.　　　경찰 2016

→ 지난달 Georgia 주의 Rockdale 카운티 고등학교에서 2학년을 마친 Candace는 국내 선수권 대회 5회 우승자이고 Georgia 주의 100미터와 200미터 단거리 기록을 보유하고 있다.

mummify
[mʌ́məfài]

ⓥ 미라로 만들다

mummy [mʌ́mi] ⓝ 미라

But scientists are now certain of one thing about the naturally mummified Alpine Iceman, whom hikers discovered in September 1991 in the melting ice on the Austrian-Italian border at an elevation of 10,530 feet. <small>경찰 2012</small>

→ 그러나 과학자들은 이제, 1991년 9월 해발 10,530 피트의 오스트리아와 이탈리아의 국경에서 녹아내리는 얼음 속에서 등산객들이 발견한, 자연적으로 미라가 된 빙하 인간에 대해 한 가지는 확신한다.

cram
[kræm]

ⓝ 단기간의 벼락치기 공부 ⓥ 밀어 넣다; 가득 채우다

His home was crammed, floor to ceiling, with possessions they never knew he had: kitchen gadgets, costume jewelry, bed linens, and cleaners, all by the dozens. <small>경찰 2010</small>

→ 그의 집은 바닥에서부터 천장에 이르기까지, 식기, 모조 장신구, 침구와 세제가 수십 개씩, 그들은 그가 가진 줄도 몰랐던 물건들로 가득 차 있었다.

- cram full 가득 찬
- cram course 집중 보충 수업; 단기 집중 강좌

maritime
[mǽrətàim]

ⓐ 바다에 접한; 해양의

In the case of Venice and many other maritime cities, military duties consisted of not only militia but also naval service. <small>경찰 2014</small>

→ Venice와 다른 여러 해양 도시의 경우에, 병역 의무는 민병대뿐만 아니라 해군에 대한 복무로 이루어져 있었다.

asteroid
[ǽstərɔ̀id]

ⓝ 소행성

Asteroids are chunks of rock and metal orbiting the Sun. <small>경찰 2006</small>

→ 소행성들은 태양 주위를 도는 암석과 금속의 덩어리이다.

portent
[pɔ́:rtent]

ⓝ 징후; 전조(=omen)

According to legend, many evil portents preceded his death. <small>경찰 2015</small>

→ 전설에 따르면 그의 죽음에 앞서 불길한 징후들이 많이 있었다.

capacity
[kəpǽsəti]

ⓝ 수용력; 능력; 용량(＝volume) ⓐ 최대한의

But several decades ago, experts described the newborn as a primitive creature who reacted only by reflex, a helpless victim of its environment without capacity to influence it.　　　　　경찰 2008

→ 그러나 수십 년 전, 전문가들은 신생아를 반사 작용으로만 반응하는 원초적인 생명체로, 주변에 영향을 줄 능력이 없는 무력한 주변 환경의 피해자로 묘사했다.

suffrage
[sʌ́fridʒ]

ⓝ 참정권; 찬성표

suffragist [sʌ́frədʒist] ⓝ 여성 참정권론자

Many suffragists had been satisfied with gaining the vote and demanded no more.　　　　　경찰 2006

→ 많은 여성 참정권론자들은 투표권을 얻는 것으로 만족하고 더 이상 요구하지 않았다.

connoisseur
[kɑ̀nəsə́:r]

ⓝ 감정가; 전문가

Now, more than a few verandas later, I have become a connoisseur of the porch.　　　　　경찰 2014

→ 이후로 적지 않은 베란다를 거친 뒤, 나는 이제 현관에 관한 전문가가 되었다.

culminate
[kʌ́lmənèit]

ⓥ 최고점에 달하다; 완결시키다

culmination [kʌ̀lmənéiʃən] ⓝ 최고점; 정점(＝acme)

The advent of cinema in history represents the culmination of technological achievements that helped surpass the boundaries of time and space.

경찰 2015

→ 역사적으로 극장의 출현은 시간과 공간의 경계를 초월하게 하는 기술적 발전의 정점을 나타낸다.

eccentric
[ikséntrik]

ⓝ 괴짜; 기인 ⓐ 별난; 괴짜의

eccentricity [èksəntrísəti] ⓝ 기행; 비정상적임

On public occasions, each listener's understanding is guided by the speaker and by others in the audience, which tends to rule out eccentric, individual reactions in favor of more normative responses.

경찰 2007

→ 공적인 행사에서 청자 각각의 이해는 화자와, 더 평범한 응답을 선호하며 이상하고 개인적인 반응을 배제하는 경향이 있는 다른 청중에 의해 유도된다.

feudal
[fjú:dl]

ⓐ 봉건적인; 영지의
feudalism [fjú:dlìzm] ⓝ 봉건 제도

Augsburg was near one of Europe's major deposits of iron ore, and the demand for metal from feudal states building forces of armored knights soon created a booming mining industry and an equally flourishing armorer business. 경찰 2018

→ Augsburg는 유럽의 주요 철광석 매장지 중 한 곳과 가까웠고, 무장기사 군대를 만드는 봉건 국가들의 철 수요는 곧 급속히 발전하는 광업과 그만큼 번영하는 병기 제조 산업을 창출했다.

make a living

생계를 유지하다; 살림을 꾸리다

Those fears fueled my desire to be financially successful and were, in part, what drove me to make a living out of teaching people how to achieve. 경찰 2016

→ 그런 두려움은 금전적으로 성공하고자 하는 나의 욕구를 자극하였고, 어떤 면에서는, 사람들에게 성취하는 법을 가르치는 것으로 생계를 유지하도록 나를 이끌었다.

give way to

~에 굽히다; ~로 바뀌다; 길을 내주다

That the days of capitalism were numbered, and that the capitalist era must now give way to socialism: these were assumptions widely held by intellectuals on both sides of the Atlantic. 경찰 2017

→ 자본주의 시대가 얼마 남지 않았다는 것, 자본주의 시대는 사회주의에 길을 내주어야 한다는 것. 이것들은 대서양 양측의 지식인들 사이에 널리 퍼졌던 가설이다.

miss out on

~을 놓치다

She doesn't miss out on lessons, though, because she takes her own tutor with her! 경찰 2010

→ 그래도 그녀는 개인 교사를 동반하기에 수업을 놓치지 않는다.

give in

항복하다; 굴복하다

Let's say you've been balancing your plate, adding more fruits and vegetables, but suddenly give in to the urge to eat a fast-food hamburger. 경찰 2015

→ 당신이 접시에 더 많은 과일과 야채를 담으면서 균형을 맞추고 있었지만 갑자기 패스트푸드 햄버거를 먹고 싶은 충동에 굴복했다고 생각해보자.

proponent
[prəpóunənt]

ⓝ 제안자; 지지자

propone [prəpóun] ⓥ 제의하다; 제안하다

Proponents claim that under these conditions a lunar-based telescope could accomplish as much in seventeen days as the replacement for the Hubble telescope will in ten years. 경찰 2014

→ 지지자들은 이러한 조건하에서, 달 기반 망원경은 허블 망원경의 대체품이 10년에 걸쳐 이룰 것을 17일 만에 이룰 수 있다고 주장한다.

utter
[ʌ́tər]

ⓥ 말하다; 발언하다

utterance [ʌ́tərəns] ⓝ 발언; 말

The nonverbal part of the voice — its quality, pitch, rate, intensity, and inflection — is a language in itself, aiding in the interpretation of the words we utter.

경찰 2009

→ 특색, 높이, 속도, 강도 그리고 억양과 같은 목소리의 비언어적인 부분은 그 자체로 언어이며, 그것은 우리가 말하는 단어들의 해석에 기여한다.

quarantine
[kwɔ́:rəntì:n]

ⓝ 검역; 격리 ⓥ 검역하다; 격리하다

On the first day, Cohen's experimental volunteers are quarantined for twenty-four hours before they are exposed, to be sure they have not picked up a cold elsewhere. 경찰 2016

→ 첫째 날, Cohen의 실험 지원자들은 노출에 앞서 그들이 다른 곳에서 감기에 걸리지 않을 것을 확실히 하기 위해 24시간 동안 격리된다.

monolithic
[mànəlíθik]

ⓐ 획일적이고 자유가 없는; 단일체의

The idea of monolithic majority should not be encouraged. 경찰 2012

→ 획일적 다수라는 생각은 권장되지 않아야 한다.

• a monolithic society 획일적인 사회

beware
[biwéər]

ⓥ 주의하다; 경계하다

And, famously, the dictator had been warned by a fortuneteller to "Beware the Ides of March." 경찰 2015
→ 그리고 잘 알려져 있듯이, 그 독재자는 점쟁이로부터 "3월 가운데 날을 주의하시오."라는 경고를 받았었다.

commission
[kəmíʃən]

ⓝ 위원회; 수수료 ⓥ 위임하다; 파견하다

President Thomas Jefferson commissioned an expedition in this area. 경찰 2017
→ Thomas Jefferson 대통령은 이 지역에 원정대를 파견했다.

inverse
[invə́:rs]

ⓝ 전도; 뒤바뀜 ⓐ 역의; 정반대의

Some people even make recommendations that have an inverse relationship with the criterion. 경찰 2010
→ 어떤 사람들은 심지어 기준과 역관계에 있는 추천을 하기도 한다.

prop
[prɑp]

ⓝ 지주; 받침대; 소품 ⓥ 받치다; 지탱하다

Here costumes and props were stored and the players got themselves ready. 경찰 2015
→ 여기에 의상과 소품들이 보관되어 있었고, 연기자들은 스스로 준비했다.

varmint
[vá:rmənt]

ⓝ 해충; 유해 동물

Mr. Halle acknowledged that it was difficult to get people to dig into their pockets to save some of life's more unpleasant varmints. 경찰 2012
→ Halle씨는 사람들이 자신의 주머니를 뒤져서 생물체 중 더욱 불쾌한 유해 동물 몇몇을 구하도록 하는 것이 어려웠다고 인정했다.

remnant
[rémnənt]

ⓝ 나머지; 자투리; 잔해

Isaac Asimov posed the once popular science fiction idea that asteroids are remnants of a small planet whose inhabitants discovered nuclear energy and blew their world to tiny pieces of fragments. 경찰 2014
→ Isaac Asimov는 소행성이 작은 행성에 사는 사람들이 핵에너지를 발견해 그들이 사는 세계를 아주 작은 파편 조각으로 날려 버린 것의 잔해라고 하는, 한때 인기 있던 공상과학 소설의 아이디어를 제시했다.

deprive
[dipráiv]

ⓥ 박탈하다; 빼앗다

deprivation [dèprəvéiʃən] ⓝ 박탈; 결핍; 몰수

Nevertheless, critics of globalization claim that the beneficiaries of IT are those living in the developed nations and that the inhabitants of developing countries are deprived of the advances in IT. 경찰 2007

→ 그럼에도 불구하고, 세계화의 비평가들은 IT의 수혜자들은 선진국에 살고 있는 사람들이며, 개발도상국의 거주자들은 IT의 발전을 박탈당했다고 주장한다.

holistic
[hòulístik]

ⓐ 전체론의; 전체론적 의학의

holistically [houlístikəli] ⓐⓓ 전체론적으로

However, the medical world is now paying more attention to holistic medicine — an approach based on the belief that people's state of mind can make them sick or speed their recovery from sickness.

경찰 2007

→ 그러나 오늘날 의학계는, 인간의 정신 상태가 그들을 아프게 하거나 질병에서 더 빨리 회복하도록 한다는 믿음에 기초한 접근인 전체론적 의학의 의료에 더 주목하고 있다.

attorney
[ətə́:rni]

ⓝ 변호사; 법정 대리인

It was time to devise a new plan of action as the attorneys categorically rejected our offer. 경찰 2017

→ 그 변호사들이 우리의 제안을 딱 잘라 거절했기 때문에 새로운 행동 계획을 생각해 낼 때였다.

discourse
[dískɔːrs]

ⓝ 담론; 담화 ⓥ 이야기를 하다; 담화하다

These films used a discourse of 'Britishness', constructing a notion of the 'British character' that implied that all people in Britain shared 'British' qualities. 경찰 2010

→ 이 영화들은 '영국인다움'의 담론을 이용하였는데, 영국의 모든 사람들이 '영국적인' 특성을 공유한다는 것을 의미하는 '영국적인 인물'의 개념을 구축하였다.

salient
[séiliənt]

ⓐ 두드러진; 현저한

In addition, the absence of the speech act of advice was salient for academic advisers. 경찰 2015

→ 게다가 조언을 말하는 행위의 부재는 지도교수에게서 더욱 두드러진다.

fascia
[fǽʃiə]

ⓝ 간판

It is a bright-yellow sign, one meter high and two meters across, simple in design, a plastic fascia in an illuminated aluminum box suspended on steel struts from a ceiling webbed with cables and air-conditioning ducts. 경찰 2018
→ 그것은 밝은 노란색의 높이 1미터, 너비 2미터의 단순한 디자인의 표지로, 전선과 에어컨 도관으로 뒤덮인 천장에서 나온 철 버팀목에 매달린 반짝이는 알루미늄 상자 안의 플라스틱 간판이다.

cobweb
[kάbwèb]

ⓝ 거미집; (복수형) 개운치 않은 것, 혼란; 낡은 것들 ⓥ 거미가 ～에 집을 짓다

A large table centre-piece was in the middle of this cloth; it was so heavily overhung with cobwebs that its form was quite undistinguishable. 경찰 2007
→ 그 천 한가운데 커다란 테이블 장식이 놓여 있었는데, 그 형태를 구분하기가 꽤 어려울 정도로 거미줄이 잔뜩 달려 있었다.

agile
[ǽdʒəl]

ⓐ 민첩한(↔sluggish); 기민한
agility [ədʒíləti] ⓝ 민첩함; 기민함

Being a stout-hearted and at the same time an agile man, he jumped up and, seizing a boathook, thrust it toward the man's face. 경찰 2013
→ 용감한 동시에 민첩한 남자인 그는 뛰어올라, 갈고리 장대를 움켜쥐고, 그것을 그 남자의 얼굴을 향해 찔렀다.

pound
[paund]

ⓝ 파운드; 강타; 맹공격 ⓥ 세게 두드리다; 마구 때리다

Whereupon the pedestrian leapt off the curb and started pounding the driver with his fists, shouting, "You can't call me a dirty name!" 경찰 2010
→ 이에 그 보행자는 인도에서 뛰어나와 "당신은 나를 그런 더러운 호칭으로 부를 수 없어!"라고 외치며 주먹으로 운전자를 마구 때리기 시작했다.

compulsion
[kəmpΛlʃən]

ⓝ 강제; 강박; 충동
compulsive [kəmpΛlsiv] ⓐ 강제적인(=coercive); 억지의; 충동적인

Ever since John F. Kennedy, there has been the compulsion to fly off some place. 경찰 2013
→ John F. Kennedy 이후로 줄곧 어딘가로 날아가고자 하는 충동이 있어 왔다.

punctuate
[pʌ́ŋktʃuèit]

ⓥ 구두점을 찍다; 중단시키다

punctuation [pʌ̀ŋktʃuéiʃən] **ⓝ** 구두점(= punctuation mark)

He could rectally project a jet of water a distance of 15 feet (4.5 m) and to close, he sang a rhyme about a farm, punctuated with farts that sounded like different animal noises.　경찰 2018

→ 그는 직장으로 15피트(4.5미터) 거리 가까이의 물을 분사할 수 있었고, 닫기 위해서 그는 농장에 관한 시를 노래했고 다양한 동물 소리처럼 들리는 방귀로 구두점을 찍었다.

fraudulent
[frɔ́:dʒulənt]

ⓐ 사기를 치는; 부정직한

fraud [frɔ:d] **ⓝ** 사기; 기만

fraudulence [frɔ́:dʒuləns] **ⓝ** 사기; 배신 행위

There may even be fraudulent claims about products to increase sales.　경찰 2008

→ 판매고를 높이기 위해 심지어 제품에 관한 부정직한 주장도 있을 수 있다.

beckon
[békən]

ⓝ 고갯짓; 손짓 **ⓥ** 손짓하여 부르다

I caught sight of her at the play and in answer to her beckoning I went over during the interval and sat down beside her.　경찰 2007

→ 나는 공연 때 그녀를 보았고 그녀의 손짓에 대한 응답으로 쉬는 시간에 그녀에게 가서 그녀의 옆자리에 앉았다.

dearth
[də:rθ]

ⓝ 부족; 결핍

Critics say student bodies are stultifyingly homogeneous, teaching methods are obsolete, and there's a dearth of courses taught in English, the lingua franca of international education and commerce.　경찰 2009

→ 비평가들은 학생들이 쓸모없을 만큼 개성이 없고, 교수 방법은 시대에 뒤떨어졌으며, 국제적 교육과 무역의 국제어인 영어로 가르치는 수업은 부족하다고 말한다.

fiscal
[fískəl]

ⓐ 국고의; 회계의; 재정상의

There are no more poor people, just "fiscal underachievers."　경찰 2012

→ 가난한 사람들은 더 이상 없고, "재정적 저성취자"가 있을 뿐이다.

• fiscal imbalance 재정 불균형

cub
[kʌb]

ⓝ 육식 포유동물의 새끼 ⓥ 새끼를 낳다

Trevor and Patricia Janz were walking through a light snowfall in Waterton Lakes Park, Canada, when they experienced a hiker's worst nightmare — a grizzly bear mother with cubs, feeding on an animal's body.

경찰 2011

→ 도보 여행자의 최악의 악몽, 새끼를 거느리고 동물 사체를 먹고 있는 어미 회색곰을 마주쳤을 때, Trevor Janz와 Patricia Janz는 가볍게 내리는 눈을 맞으며 캐나다의 Waterton 호수공원을 걷고 있었다.

• a cub reporter 풋내기 기자

camouflage
[kǽməflὰːʒ]

ⓝ 위장; 변장 ⓥ 위장하다; 변장하다

Justine Allen of Brown University was amazed by how fast the fish camouflaged themselves when she saw them in the Caribbean. 경찰 2016

→ Brown 대학교의 Justine Allen은 카리브 해에서 그 물고기들을 보았을 때, 그것들이 스스로 얼마나 빨리 위장하는지에 놀랐다.

cudgel
[kʌ́dʒəl]

ⓝ 곤봉 ⓥ ~을 곤봉으로 때리다; 치다

In everyday life we cheerfully use language as a blunt instrument for cudgelling our way through the cut and thrust of events around us. 경찰 2009

→ 일상적으로 우리는 언어를 우리 주변 사건에 대한 활발한 의견 교환에 맞서 때리며 길을 가기 위한 둔기처럼 신나게 사용한다.

• cudgel one's brains over 머리를 짜내다

loaf
[louf]

ⓝ 덩어리; 빈둥거리기 ⓥ 빈둥거리다; 어슬렁거리다

A more common observation in groups is motivation losses, also known as social loafing. 경찰 2016

→ 집단에서 더 흔하게 관찰되는 것은 동기 상실인데, 이는 사회적 태만이라고도 알려져 있다.

• loaf on the job 일을 게으름 피우며 하다

dreary
[dríəri]

ⓐ 음울한(≡gloomy; dismal); 지루한; 쓸쓸한

He went outside, and the air that had seemed so wet and dreary earlier now held the promise of a new beginning. 경찰 2017

→ 그는 밖으로 나갔고, 이전에 축축하고 쓸쓸해 보였던 공기는 이제 새로운 시작의 기대를 담고 있었다.

evacuate
[ivǽkjuèit]

ⓥ 비우다; 피난시키다; 배설하다

evacuation [ivæ̀kjuéiʃən] ⓝ 비우기; 피난; 배설

It was 1942, and we were evacuated to a farmhouse about 15 miles out of Cardiff, my home town. 경찰 2013
→ 그때는 1942년으로, 우리는 고향이었던 Cardiff로부터 15마일 정도 떨어진 농장으로 피난하였다.

piety
[páiəti]

ⓝ 경건(= godliness); 신앙심(= faith); 경애심

pious [páiəs] ⓐ 독실한; 경건한(↔ secular 세속의; profane 신성 모독적인)

Aristotle does not hector students with some piety against the desire for material goods. 경찰 2014
→ 아리스토텔레스는 물질적인 욕망에 대해서 다소 경애심을 가진 학생들에게 호통치지 않는다.

• filial piety 효도

refinement
[rifáinmənt]

ⓝ 세련; 고상함; 정제

refine [rifáin] ⓥ 정제하다; 제련하다

On the other hand, it is clear that when princes have thought more about the refinements of life than about war, they have lost their positions. 경찰 2007
→ 반면, 왕자들이 전쟁보다 삶의 고상함에 대해서 더 많이 생각했더라면 그들은 그들의 지위를 잃었을 것이 분명하다.

terminology
[tə̀:rmənálədʒi]

ⓝ 전문 용어

terminological [tə̀:rmənəládʒikəl] ⓐ 용어상의

And the common misuse of infer and imply reflects not only a lack of knowledge of terminology but also an unfamiliarity with underlying concepts of logic as well. 경찰 2018
→ 그리고 추론과 암시의 흔한 오용은 전문 용어 지식의 부족함뿐 아니라 논리의 기초를 이루는 개념들에도 생소함을 보여준다.

• legal terminology 법률 용어

vanity
[vǽnəti]

ⓝ 허영심; 공허함

Whether out of curiosity, vanity, or a motive as yet unexplored, people throughout the ages have wanted to see their own reflection. 경찰 2018
→ 궁금함에서든, 허영심에서든, 혹은 아직 알 수 없는 동기 때문이든, 시대를 불문하고 사람들은 그들 자신의 반영을 보고 싶어 했다.

inlet
[ínlet]

ⓝ 후미; 작은 만; 주입구

The extraordinary length and irregularity of its coastline — a veritable lacework of bays, inlets, channels, and internal seas — and a rich system of riverways brought Europeans close to one another and gave them access to the rest of the world.

경찰 2006

→ 그 해안선의 비정상적인 길이와 불규칙함 — 만, 작은 만, 수로 및 내해의 진정한 레이스 형태 — 그리고 다채로운 수로 체계는 유럽인들로 하여금 서로 더 가까워지게 만들었고, 세상의 나머지 지역에 대한 접근을 가능하게 했다.

to a fault

결점이라 할 만큼; 지나치게

She is extremely fastidious about keeping the premises spotless, almost to a fault. 경찰 2016
→ 그녀는 전제들에 결점이 없도록 하는 데 있어서 거의 결점이라 할 만큼 극도로 까다롭다.

on site

현장의; 현지의

In a few years this factory won't have a single employee on site, except for an occasional visiting technician who repairs and upgrades the robots, like the gas man changing your meter. 경찰 2010
→ 계량기를 검침하러 오는 가스 검침원처럼 로봇을 수리하고 개선하려고 가끔씩 방문하는 기술자를 제외한다면, 몇 년 내에 이 공장에는 현장에 상주하는 직원은 단 한 사람도 없을 것이다.

conjure up

~을 상기시키다; 떠올리게 하다

Although the ring no longer serves its purpose as an item of adornment, it can conjure up a memory of a loved one, such as a grandmother who passed away. 경찰 2013
→ 비록 그 반지는 더 이상 장신구로서의 목적을 수행할 수 없지만 그것은 돌아가신 할머니와 같은 사랑하는 사람들에 대한 기억을 떠올리게 할 수는 있다.

long way off

멀리 떨어진 곳에

I was persuaded because the January deadline was still a long way off. 경찰 2012
→ 1월인 기한이 아직 멀었기 때문에 나는 그 말에 설득되었다.

hybrid
[háibrid]

ⓝ 잡종; 합성물 ⓐ 잡종의; 혼종의
hybridize [háibridàiz] ⓥ 잡종을 만들다
hybridity [haibrídəti] ⓝ 잡종성

Modern conflicts are increasingly hybrid in nature, combining traditional battlefield techniques with elements that were previously mostly associated with armed non-state actors. 경찰 2018
→ 현대의 갈등은 전통적인 전장의 기술이 이전에는 주로 비국가 무장 활동세력과 연관되었던 요소들과 결합하면서 그 성격이 점차 혼합되어 가고 있다.

revere
[rivíər]

ⓥ 존경하다(＝venerate; admire); 외경하다
reverence [révərəns] ⓝ 존경; 경외

They have revered it as a symbol of long life, happiness, and good luck. 경찰 2011
→ 그들은 그것을 장수와 행복 그리고 행운의 상징으로 숭배해왔다.

content
[kántent]

ⓝ 내용; 취지 ⓐ 만족하는 ⓥ 만족시키다(↔discontent ⓐ 불만족한 ⓥ 불만을 품게 하다)
contentment [kənténtmənt] ⓝ 만족; 마음의 평온

Because of the visual media, some people may become discontented with the reality of their own lives. 경찰 2008
→ 영상 매체 때문에, 어떤 사람들은 자신의 삶의 현실에 불만족하게 될 수 있다.

longitude
[lándʒətjùːd]

ⓝ 경도(↔latitude ⓝ 위도); 경선
longitudinal [làndʒətjúːdənl] ⓐ 경도의; 세로의

For example, it can make a dark, longitudinal stripe appear on its body that looks like a real edge. 경찰 2016
→ 예를 들면, 그것은 진짜 테두리처럼 보이는 자신의 몸에 어두운 세로 줄무늬를 나타나게 할 수 있다.

pulverize
[pʌ́lvəràiz]

ⓥ ~을 가루로 만들다; 분쇄하다

pulverization [pʌ̀lvərəzéiʃən] **ⓝ** 분쇄

Pulverized rock climbed as a dust cloud into the atmosphere. 경찰 2012

➜ 분쇄된 바위는 먼지 구름이 되어 대기 속으로 올라갔다.

torment
[tɔːrmént]

ⓝ 고통; 고뇌, 고민거리 **ⓥ** 몹시 괴롭히다; 심한 괴로움을 주다

Tormented by the loss of her four children but hopeful of some comfort, she joined the Quakers. 경찰 2006

➜ 네 아이를 잃어서 심한 괴로움을 겪었지만 어떤 위로를 바란 그녀는 Quakers에 합류했다.

obsolete
[àbsəlíːt]

ⓐ 시대에 뒤진; 구식의

With hundreds of millions of computers predicted to become obsolete by next year, more than a dozen state legislatures say that some kind of action is necessary to keep the computers of yesterday from becoming the dangerous trash of tomorrow. 경찰 2008

➜ 수억만 개의 컴퓨터가 다음 해에는 구식이 될 것으로 예측되는 가운데, 12개가 넘는 주 의회에서는 어제의 컴퓨터가 내일의 위험한 폐기물이 되지 않도록 어떠한 조치가 필요하다고 말한다.

enact
[inǽkt]

ⓥ 제정하다; 상연하다

They express love and appreciation for them and have enacted laws to forbid cruelty to them. 경찰 2016

➜ 그들은 그것들에게 사랑과 감사를 표현하고 그것들에 대한 잔인한 행동을 막기 위한 법들을 제정했다.

gusto
[gʌ́stou]

ⓝ 기호; 넘치는 활기; 풍미

For me at the time it was certainly the biggest job I had ever been involved in so I went at it with gusto. 경찰 2009

➜ 당시 내게 그것은 내가 맡았던 것 중 분명히 가장 큰 임무였기 때문에 나는 활기 넘치게 그것을 수행했다.

consent
[kənsént]

ⓝ 동의; 승낙 **ⓥ** 동의하다; 승낙하다

As a rule, law enforcement officials can conduct searches upon consent. 경찰 2015

➜ 일반적으로 경관은 동의를 얻어 수색을 할 수 있다.

fretful
[frétfəl]

ⓐ 안달하는; 초조해하는
fret [frét] ⓝ 초조; 불안 ⓥ 초조해하다; 초조하게 하다; 애타다

Yet surveys have repeatedly shown that people have never been more fretful about their health. 경찰 2016
→ 하지만 설문조사들은 사람들이 그들의 건강에 대해 이보다 더 초조해한 적이 없다는 것을 반복적으로 보여준다.

relent
[rilént]

ⓥ 마음이 부드러워지다; 누그러지다
relentless [riléntlis] ⓐ 사정없는; 가혹한
relentlessly [riléntlisli] ⓐ 가차 없이

Natural selection should have relentlessly eliminated biases in decision making, producing a rational organism that behaves according to the order of real cost-benefit analysis. 경찰 2007
→ 자연 선택은 의사 결정에서 가차 없이 편견을 제거해야 했고, 이는 실제의 비용 편익 분석의 순서에 따라 행동하는 이성적인 유기체를 만들어냈다.

infringe
[infríndʒ]

ⓥ 어기다; 침해하다(= violate; intrude)
infringement [infríndʒmənt] ⓝ 위반(= transgression); 침해

Now a statement, true to fact, may in its context infringe a rule of logic; and a statement, false in fact, may in its context conform to the rules of logic. 경찰 2013
→ 이제 사실과 부합하는 진술이 그 문맥 속에서 논리적 규칙을 어길 수도 있고 사실과 부합하지 않는 서술은 그 문맥 속에서 논리적 규칙을 따를지도 모른다.

• infringement proceedings 침해 소송

offshoot
[ɔ́ːʃuːt]

ⓝ 나뭇가지; 파생물; 자손

Its population, even counting offshoots overseas, has never been more than a minority of mankind. 경찰 2006
→ 그것의 인구는, 해외의 자손까지 센다 해도 인류의 소수 이상이 된 적이 없다.

commemorate
[kəmémərèit]

ⓥ 기념하다(= celebrate); 기리다

To commemorate his achievements, many U.S. hospitals were named after Reed. 경찰 2017
→ 그의 업적을 기리기 위해서 미국의 많은 병원들이 Reed의 이름을 따서 명명되었다.

chivalrous
[ʃívəlrəs]

ⓐ 기사도적인; 용감하고 예의 바른; 여성에게 정중한
chivalry [ʃívəlri] ⓝ 정중함; 기사도

It is a morality play, that isolates, and sets against each other, the qualities which this courteous, passionate, and chivalrous people value most.

경찰 2011

→ 이것은 이 예의 바르고, 열정적이며, 기사도적인 사람들이 가장 소중하게 여기는 가치들을 고립시키고 서로 대립하게 하는 교훈극이다.

preferential
[prèfərénʃəl]

ⓐ 우선의; 차별적인; 특혜인

Some small cultures scattered around the world have what social scientists call preferential marriage.

경찰 2006

→ 전 세계에 분산된 몇몇 작은 문화들은 사회 과학자들이 차별적 결혼이라고 부르는 것을 가지고 있다.

scale
[skeil]

ⓝ 규모; 척도; 비늘 ⓥ (산에) 오르다, 비교하다

Halibut is dark brown on the top side with an off-white underbelly and has very small scales invisible to the naked eye embedded in its skin.　경찰 2017
→ Halibut은 윗부분은 암갈색이며 아랫부분은 황백색이고, 피부에 육안으로는 보이지 않는 아주 작은 비늘들이 박혀 있다.

embark
[imbáːrk]

ⓥ 탑승하다; 싣다; 오르다(↔disembark ⓥ 내리다)

On disembarking at Amsterdam's Schipol Airport, I am struck, only a few steps inside the terminal, by the appearance of a sign hanging from the ceiling, which shows the way to the arrivals hall, the exit and the transfer desks.　경찰 2018
→ Amsterdam의 Schipol 공항에 내리며, 나는 터미널 안으로 고작 몇 발짝만을 내딛고, 입국장, 출구, 환승 데스크로 가는 길을 보여주는 천장에 달린 표지판의 등장에 감동을 받았다.

exercise
[éksərsàiz]

ⓝ 운동; 훈련; 연습 ⓥ 훈련시키다; 발휘하다

To him, concern for money is a good thing, and one of the good things is that people with money can exercise generosity.　경찰 2014
→ 그에게 돈에 대한 관심은 좋은 일이고, 그 좋은 일들 중 한 가지는 바로 돈을 가진 사람들이 관대함을 발휘할 수 있다는 사실이다.

269

congenial
[kəndʒíːnjəl]

ⓐ 마음이 맞는; (직업, 환경 등이) 적합한

He believes that his Evergreen Group — which includes the world's fourth-largest container shipping company, hotels, EVA Airways and long-distance buses to the island's main airport — prospers largely because of congenial staff relations backed by the company culture of morality. 경찰 2014
→ 그는 세계에서 네 번째로 큰 화물 운송 회사와 호텔, EVA 항공, 그리고 그 섬의 주요 공항으로 가는 장거리 버스 회사를 포함하고 있는 그의 Evergreen Group이 주로 회사의 도덕 문화로 뒷받침되는 마음이 맞는 직원 관계 덕분에 번창한다고 믿는다.

abundance
[əbʌ́ndəns]

ⓝ 풍부(↔scarcity ⓝ 부족, 결핍); 부유
abundant [əbʌ́ndənt] ⓐ 풍부한

Power and value now come from abundance.
경찰 2010
→ 힘과 가치는 이제 풍부함에서 나온다.

hoe
[hou]

ⓝ 괭이 ⓥ 괭이질하다

On all the hills I haven't hoed, / And shout from where I am, "What is it?" 경찰 2006
→ 내가 괭이질하지 않은 모든 언덕에 대고, / 내가 있는 곳에서 소리친다. "그것이 무엇일까?"

vista
[vístə]

ⓝ 전망; 경치(=prospect)

The amateur psychologists who travel with Nixon insist that in part he is running from his problems, seeking some vista where solutions will appear.
경찰 2013
→ Nixon과 함께 여행을 하는 아마추어 심리학자들은 그가 어느 정도는 그가 처한 문제들로부터 도피하고 해결책들이 나타날 어떤 경치를 찾는다고 주장한다.

membrane
[mémbrein]

ⓝ 막; 세포막

One of the omega-3s — DHA — is the main constituent of cell membranes in the brain, and a deficiency of it can weaken the brain's architecture and leave it vulnerable to disease. 경찰 2010
→ 오메가3 중 하나인 DHA는 뇌의 세포막의 주성분이고, 이것의 부족은 뇌의 구조를 약화시키고 질병에 취약한 상태로 만들 수도 있다.

whereabout
[wέərəbàut]

ⓝ 소재; 행방

Some unknown capacity beyond memory and the five sense seems to inform elephants, silently and from a distance, of the whereabouts and activities of other elephants. 경찰 2011

→ 기억력과 오감을 초월하는 어떤 알려지지 않은 능력이 코끼리에게, 은밀히 그리고 멀리서, 다른 코끼리들의 소재와 행동에 대해 알려주는 듯하다.

institution
[ìnstətjúːʃən]

ⓝ 기관; 협회; 사회 제도; 관습
institutive [ínstitjùːtiv] ⓐ 제정에 관한; 관습에 의해 확립된
institutional [ìnstətjúːʃənl] ⓐ 제도상의; 기관의

The Hopi tribe stresses the institutions of family. 경찰 2008

→ Hopi족은 가족의 관습을 중요하게 여긴다.

gross
[grous]

ⓐ 총체의; 전체의 ⓐ 천박한; 심한; (구어) 역겨운
grossly [gróusli] ⓐⓓ 지독히; 심하게

Urban unemployment, grossly under-calculated by the government at just 2.9 percent, could soar once huge state-run enterprises are privatized. 경찰 2011

→ 정부에 의해 심하게 과소 추산된 고작 2.9퍼센트의 도시 실업률은 거대 국영 기업들이 일단 사유화되고 나면 치솟을 수도 있었다.

• gross domestic product 국내총생산(GDP)

absolve
[æbzálv, -sálv]

ⓥ 면제하다; 사면하다
absolution [æ̀bsəlúːʃən] ⓝ 사면; 면제

We cannot allow people to absolve themselves of moral responsibility on the grounds of 'medical', 'psychological' or 'social' dysfunction. 경찰 2009

→ 우리는 사람들이 '의학적', '심리학적', '사회적' 기능 장애를 이유로 스스로의 도덕적 책임을 면제하도록 허용할 수 없다.

cadaver
[kədǽvər]

ⓝ 시체; 송장
cadaveric [kədǽvərik] ⓐ 시체의
cadaverous [kədǽvərəs] ⓐ 송장 같은; 새파랗게 질린

Rather than recruiting living, breathing human volunteers for their studies, they work with cadavers. 경찰 2015

→ 그들의 연구를 위해 살아있고 숨을 쉬는 지원자들을 모집하는 것보다, 그들은 시체를 가지고 연구를 진행한다.

inextricable
[inékstrikəbl]

ⓐ 밀접한; 불가분의
inextricably [inékstrikəbli] ⓐⓓ 밀접하게; 불가분하게

Artists past and present understand that manual facility is inextricably bound to observational prowess, and vice versa. 경찰 2012
→ 과거와 현재의 예술가들은 손재주가 관찰력과 불가분하게 엮여 있으며, 그 반대도 마찬가지라고 생각한다.

practical
[prǽktikəl]

ⓐ 실용적인; 실제적인(↔impractical ⓐ 비현실적인)
practicality [prǽktikǽləti] ⓝ 실현 가능성; 실용성
practically [prǽktikəli:] ⓐⓓ 사실상; 실제로

Although literary study is impractical in one sense — few people make their living reading books — in another it is almost as practical as breathing. 경찰 2008
→ 문학 공부는 책을 읽어서 생계를 꾸리는 사람이 거의 없다는 점에서는 실용적이지 않지만, 다른 면에선 거의 숨 쉬는 것만큼이나 실용적인 일이다.

• for all practical purposes 사실상

geyser
[gáizər]

ⓝ 간헐 온천 ⓥ 분출하다; 내뿜다

Yellowstone National Park was created in 1872 to protect its geyser basins. 경찰 2018
→ Yellowstone 국립공원은 그곳의 간헐천 지대를 보호하기 위해 1872년에 설립되었다.

talon
[tǽlən]

ⓝ 발톱

Just then an eagle swooped down from the sky, grabbed him with his talons, and carried him away. 경찰 2007
→ 그러자마자 독수리가 하늘에서 갑자기 덮쳐, 발톱으로 그를 잡아채 그를 데리고 갔다.

grave
[greiv]

ⓝ 무덤 ⓐ 중대한; 심각한
gravely [gréivli] ⓐⓓ 중대하게; 엄숙하게

The mess that surrounds us, then, must be understood as a symptom of a greater and graver problem. 경찰 2011
→ 그렇다면, 우리를 둘러싼 이 혼란은 더 크고 심각한 문제의 증상으로 이해되어야 한다.

• a nameless grave 이름 없는 무덤

pervade
[pərvéid]

ⓥ 만연하다; 퍼지다

pervasive [pərvéisiv] ⓐ 퍼지는; 골고루 미치는

That wouldn't hold, though, if an entire field is pervaded with discrimination, if there's a consensus that women don't belong there and if female candidates are judged more harshly by all potential employers. 경찰 2012

→ 그러나 한 분야 전체에 차별이 만연해 있다면, 그곳에 여자가 속하지 않는다는 합의가 있다면, 또한 여성 후보들이 모든 잠재적 인 고용주들에게 더 가혹하게 평가받는다면 그것은 유지되지 않을 것이다.

pride oneself on

~에 대해 스스로 자부심을 느끼다

No one must pride himself on having chosen the best route nor force his neighbor to follow him. 경찰 2011

→ 누구도 자신이 가장 좋은 길을 선택했다고 스스로 자부심을 느껴서는 안 되며 주변 사람들에게 자신을 따라오라고 강요해서도 안 된다.

non sequitur

불합리한 추론; 무관한 이야기

Having lived as a foreigner for a decade, I was accustomed to non sequitur conversations, but that opener left me speechless. 경찰 2015

→ 10년간 이방인으로 살아왔기 때문에, 나는 비합리적인 대화에는 익숙해져 있었지만 그 첫마디는 내가 할 말을 잃게 만들었다.

at a loss

당황하여

The court was quite at a loss when it came to deciding the rights of the case, but a fool who was present at the time said to them, "Why this hesitation?" 경찰 2013

→ 그 사건의 진상을 밝히는 일에 있어서 법원은 아주 당혹스러워했지만, 그때 그 자리에 있었던 한 바보가 그들에게 말했다. "왜 이렇게 망설이죠?"

to no avail

보람 없이; 헛되이

Karen tried to cajole his friend into driving her to the mall, but to no avail. 경찰 2016

→ Karen은 그의 친구를 부추겨 자동차에 그녀를 태워 쇼핑몰로 데려가도록 애썼지만 헛수고였다.

Review Test DAY 26-30

1 다음 우리말을 영어로 쓰시오.

01 독재

02 기사도적인

03 구두쇠

04 몰수하다, 압수하다

05 고통을 주다

06 창고, 저장소

07 이끌어내다

08 봉건적인, 영지의

09 만연하다, 퍼지다

10 반발, 반동

11 해충, 유해 동물

12 만질 수 있는

13 징후, 전조

14 이란성의, 우애의

15 부족, 결핍

16 밀착, 충실

17 나머지, 자투리

18 분쇄하다

19 어기다, 침해하다

20 앗아가다, 빼앗다

21 겉핥기로 하다

22 가르치다, 주입하다

2 다음 영어를 우리말로 쓰시오.

01 relent

02 obsolete

03 cumbersome

04 fraught

05 fretful

06 utensil

07 scrimp

08 proponent

09 compulsion

10 eccentric

11 fanatical

12 embark

13 commensurate

14 dawdle

15 covet

16 revere

17 torment

18 congenial

19 culminate

20 salient

21 scrubby

22 fraudulent

3 다음 빈칸에 알맞은 단어를 고르시오.

01 The prime minister wants to strengthen the _____ alliance with the United States and stress economic growth over redistribution.

수상은 미국과의 흔들리는 동맹을 강화하길 원하고 재분배에 앞서 경제적 성장을 강조하기를 바란다.

① practical   ② rickety   ③ dubious   ④ fiscal   ⑤ monolithic

02 The psychological mechanisms underlying the Köhler effect are social comparison (particularly when someone thinks that their teammate is more capable) and the feeling that one's effort is _____ to the group.

Köhler 효과의 기저를 이루는 심리 기제는 사회적 비교(특히 누군가가 그의 팀 구성원들이 더 유능하다고 생각할 때)와 한 사람의 노력이 집단에 필수적이라는 느낌이다.

① vibrant   ② illicit   ③ accountable   ④ indispensable   ⑤ preferential

03 As a rule, law enforcement officials can conduct searches upon _____.

일반적으로 경관은 동의를 얻어 수색을 할 수 있다.

① scale   ② consent   ③ capability   ④ jurisdiction   ⑤ compulsion

04 Fighting and bullying others bring automatic _____ from the community.

싸움과 타인을 괴롭히는 것은 공동체의 자동적인 비난을 부른다.

① assort   ② dismiss   ③ rebuke   ④ overlook   ⑤ commemorate

---

1 01 despotism 02 chivalrous 03 niggard 04 confiscate 05 excruciate 06 repository 07 elicit 08 feudal 09 pervade 10 backlash 11 varmint 12 palpable 13 portent 14 fraternal 15 dearth 16 adherence 17 remnant 18 pulverize 19 infringe 20 bereave 21 smatter 22 inculcate

2 01 마음이 부드러워지다, 누그러지다 02 시대에 뒤처진, 구식의 03 성가신, 다루기 힘든 04 (악의로) 가득 찬, 걱정하는 05 안달하는, 초조해하는 06 도구, 기구 07 ~을 몹시 제한하다, 긴축하다 08 제안자, 지지자 09 강제, 강박, 충동 10 괴짜, 기인, 별난, 괴짜의 11 광신적인, 열광적인 12 탑승하다, 싣다, 오르다 13 동등한, 어울리는, 상응하는 14 꾸물대다, 빈둥대며 시간을 보내다 15 ~을 몹시 원하다, 갈망하다 16 존경하다, 외경하다 17 고통, 고뇌, 몹시 괴롭히다 18 마음이 맞는, 적합한 19 최고점에 달하다, 완결시키다 20 두드러진, 현저한 21 왜소한, 관목이 무성한 22 사기를 치는, 부정직한

3 01 ② 02 ④ 03 ② 04 ③

pensive
[pénsiv]

ⓐ 멍하니 생각에 잠긴, 수심에 잠긴(＝melancholy)

Nothing could be firmer than the tone of this letter, in spite of its pensive gentleness.　경찰 2019
→ 이 편지의 어조는 수심에 잠긴 부드러움에도 불구하고 무엇보다 확고했다.

conundrum
[kənʌ́ndrəm]

ⓝ 수수께끼, 난제

This conundrum was like no other that the police officers had faced before.　경찰 2019
→ 이 수수께끼는 경찰들이 이전에 직면한 어떤 문제와도 같지 않았다.

· pose a conundrum 난제를 내놓다

ounce
[auns]

ⓝ 온스, 조금

Now I need to gather every ounce of courage to do so.　경찰 2019
→ 이제 난 그렇게 하기 위해 조금의 용기라도 모두 끌어모아야 해.

perpetrator
[pə́:rpitrèitər]

ⓝ 가해자, 범인

perpetrate [pə́:rpətrèit] ⓥ 저지르다, 범하다

But, I'm sure this is the perpetrator.　경찰 2019
→ 그렇지만, 나는 이 사람이 가해자라고 확신하는 걸요.

· perpetrate fraud 사기를 범하다

practitioner
[præktíʃənər]

ⓝ 개업 의사, 변호사, 실천하는 사람, 실천자

The majority of states favor the experts, holding that physicians are responsible for disclosing only as much as would be considered reasonable by a "reasonable medical practitioner" in the same community and the same specialty. 경찰 2019
→ 대다수의 주들은, 의사들이 같은 공동체, 같은 전공을 가진 "합리적인 의학 실천자"에 의해 합리적이라고 판단될 것이라 여겨지는 정도만을 공개하는 것에 책임이 있다고 생각하여, 전문가를 선호한다.

crackle
[krækl]

ⓝ 탁탁 소리, 잔금 무늬 ⓥ 탁탁 소리를 내다, 잔금이 생기다

From a simple white crackle glaze to a surprising spectrum of color, from humble tea bowls to sculptural forms abstract or figurative, the range of possibility and innovation that resides in raku practice keeps it always young and vibrant. 경찰 2019
→ 단순한 흰색의 잔금 무늬부터 놀라운 범위의 색깔까지, 소박한 차 그릇부터 추상적이거나 조형적인 조각 모양까지, raku 연습 안에 있는 가능성과 혁신의 범위는 그것을 언제나 젊고 생생하게 유지시켜 준다.

vertebra
[vɔ́:rtəbrə]

ⓝ 척추골 ⓟ vertebrae, vertebras

The plates connect to the spinal column's vertebrae with collagen and can glide past one another, keeping the spine safe. 경찰 2019
→ 판들은 콜라겐으로 척추의 척추골에 연결되고 서로를 미끄러지듯 움직일 수 있으며 이는 척추를 안전하게 보호한다.

detonate
[détənèit]

ⓥ 폭발하다
detonator [détənèitər] ⓝ 기폭 장치
detonation [dètənéiʃən] ⓝ 폭발, 폭발음

Ultimately, the researchers would like to build a robotic arm out of 3-D-printed plates that mimic the seahorse's flexible and tough tail and use it for underwater excursions or to detonate bombs. 경찰 2019
→ 결과적으로 연구자들은 해마의 유연하고 강한 꼬리를 모방한 3D 프린트된 판으로 만들어진 로봇 팔을 만들고, 수중 유람이나 폭발물을 폭발시키는 데 이용하고자 한다.

precinct
[príːsiŋkt]

ⓝ 선거구, 전용 구역

A study of voting patterns in precincts of Arizona in 2000 showed that the support for propositions to increase the funding of schools was significantly greater when the polling station was in a school than when it was in a nearby location. 경찰 2019
→ 2000년 Arizona의 선거구에서 나타난 투표 양상 연구는 학교 지원금을 증가하게 하는 제안의 지지가 투표소의 위치가 근처가 아니라 학교 내였을 때 확실히 더 컸다는 것을 보여준다.

tacitly
[tǽsitli]

ⓐ 넌지시, 말없이
tacit [tǽsit] ⓐ 무언의, 암묵의

If we are asking a question, evaluating possible answers, and trying to persuade others of the value of those answers, then we are reasoning, and therefore have tacitly signed on to the validity of reason. 경찰 2019
→ 우리가 질문을 하고, 가능한 답을 평가하고, 그 답들의 가치를 타인에게 설득하려 한다면, 우리는 추론을 하고 있는 것이며, 그러므로 추론의 타당성에 암묵적으로 서명한 것이다 .

• tacit law 관습법

theorem
[θíːərəm]

ⓝ 정리, 공리, 원리

We are also committed to whatever conclusions follow from the careful application of reason, such as the theorems of mathematics and logic. 경찰 2019
→ 우리는 또한, 수학과 논리의 원리와 같은 신중한 추론의 적용에서 따라 나오는 결론이 무엇이든 그것에 전념한다.

albeit
[ɔːlbíːit]

ⓒ 비록 ~이라 할지라도(= even though)

The progress of science, with its dazzling success at explaining and manipulating the world, shows that knowledge of the universe is possible, albeit always probabilistic and subject to revision. 경찰 2019
→ 세상을 설명하고 조작하는 멋진 성공과 함께 과학의 발전은 비록 항상 개연적이며 수정되어야 할지라도 우주에 대한 지식이 가능함을 보여준다.

tentativeness
[tɛntətɪvnəs]

ⓝ 불확실성, 망설임
tentative [téntətiv] ⓐ 잠정적인, 불확실한

Science is thus a paradigm for how we ought to gain knowledge — not the particular methods or institutions of science but its value system, namely to seek to explain the world, to evaluate candidate explanations objectively, and to be cognizant of the tentativeness and uncertainty of our understanding at any time. 경찰 2019
→ 과학은 그렇기에, 우리가 지식을 어떻게 얻어야 하는지에 대한 패러다임이며, 과학의 특정한 방법이나 제도가 아니라 소위 세상을 설명하기를 추구하고, 후보에 있는 설명을 객관적으로 평가하며, 우리의 이해의 불확실성과 확신 없음에 대해 언제든지 인식하고자 하는 가치 체계이다.

plier
[pláiər]

ⓝ 집게

On a boat off Costa Rica, a biologist uses pliers from a Swiss army knife to try to extract a plastic straw from a sea turtle's nostril. 경찰 2019
→ 코스타리카를 떠난 배에서, 한 생물학자는 스위스 군대 칼에서 꺼낸 집게로 바다거북의 콧구멍에서 플라스틱 빨대를 뽑아내기 위해 노력했다.

writhe
[raið]

ⓥ 몸을 비틀다, 몸부림치다

The turtle writhes in agony, bleeding profusely. 경찰 2019
→ 거북이는 괴로움에 몸부림치고, 많은 양의 피를 흘린다.

dislodge
[dislάdʒ]

ⓥ 제거하다, 치우다

At the end the increasingly desperate biologists finally manage to dislodge a four-inch-long straw from the creature's nose. 경찰 2019
→ 마지막 부분에서 매우 필사적이게 된 생물학자들은 생물의 코에서 4인치 길이의 빨대를 마침내 제거하기를 해낸다.

refuse
[réfju:s]

ⓝ 유기물, 폐물, 쓰레기
✚ refuse [rifjú:z] ⓥ 거부하다, 거절하다

Raw scenes like this, which lay bare the toll of plastic on wildlife, have become familiar: The dead albatross, its stomach bursting with refuse. 경찰 2019
→ 야생동물에 대한 플라스틱의 피해를 폭로하는 이러한 날것 그대로의 장면은, 쓰레기로 배가 터져 죽은 알바트로스의 장면과 같이 더 잘 알려지고 있다.

scathe
[skeið]

ⓝ 손상, 상처 ⓥ 상처를 입히다
unscathed [ʌnskeiðd] ⓐ 상처가 없는

The turtle stuck in a six-pack ring, its shell scathed from years of straining against the tough plastic. 경찰 2019
→ 여섯 개 들이 팩 고리에 낀 거북의 등딱지는 수년간 딱딱한 플라스틱의 압력에 의해 변형되어 상처가 생겼다.

microbe
[máikroub]

ⓝ 미생물, 병원균

One so exceptional that it is pretty much alone in hosting a rich diversity of life, with almost all other planets being home to simple microbes at best? 경찰 2019
→ 거의 모든 다른 행성들이 기껏해야 단순한 미생물의 집이 되어줄 때, 지구는 너무 특별해서 아주 다양한 생물들의 숙주가 된 거의 단 하나의 행성이 되었는가?

teem
[ti:m]

ⓥ 충만하다, 가득 차다, 많이 있다(= abound)
✚ teem [ti:m] ⓥ 비우다, 부어넣다, 쏟다, 쏟아지다

Or are we in a universe teeming with living things as complex as those here, meaning that we exist as part of a vast, cosmic zoo? 경찰 2019
→ 또는 여기만큼 복잡한 생물들로 가득 찬 우주 속에 우리가 있어서, 광대한 우주의 동물원에 우리가 부분으로 존재하는 것일까?

sole
[soul]

ⓐ 유일한, 독점적인(= exclusive, unshared)

Its sole habitat was the Yangtze River. 경찰 2019
→ 그것의 유일한 서식지는 양쯔강이었다.

compatibility
[kəmpætəbíləti]

ⓝ 호환성, 친화성

compatible [kəmpætəbl] ⓐ 호환되는, 양립할 수 있는

Laughter is one clue to compatibility.　　경찰 2019
→ 웃음은 친화성에 관한 하나의 단서이다.

dour
[duər]

ⓐ 음침한, 언짢은

Even the most intimate relationships based only on seriousness have a tendency to turn dour.　경찰 2019
→ 진지함만을 기반으로 한 가장 친밀한 관계조차 언짢게 변하는 경향이 있다.

upwelling
[ʌpwéliŋ]

ⓝ 용승, 용솟음

upwell [ʌpwél] ⓥ 분출하다, 솟아오르다

The question of why the plates move gets passed on to the geologists, who appeal to an upwelling of magma that pushes them apart.　경찰 2019
→ 판들이 왜 움직이는지에 관한 질문은 지질학자들에게 이어져왔고, 그들은 마그마의 용솟음이 그것들을 따로 떨어지게 한 것이라고 이야기한다.

foresight
[fɔ́ːrsaɪt]

ⓝ 선견(지명), 통찰(력)

Evolutionary processes with foresight — that is, genetic programs designed and guided by an intelligent human programmer — should be able to achieve a similar outcome with far greater efficiency.
경찰 2019
→ 선견이 있는 진화 과정, 바로 명석한 인간 프로그래머에 의해 고안되고 지도된 유전적인 프로그램은, 훨씬 높은 효율성으로 비슷한 결과를 성취할 수 있어야 한다.

quantum
[kwántəm]

ⓝ 수량, 양자

Because of that, because of the quantum field they are an expression of, electrons cannot be described as one would describe a macroscopic object.
경찰 2019
→ 그 때문에, 그것들이 표현되는 양자 장 때문에, 전자는 거시적인 물체를 묘사하는 것처럼 묘사될 수 없다.

gust
[ɡʌst]

ⓝ 돌풍 ⓥ 급격하게 불다

As long as one does not look, drops and gusts are just like the ocean itself, like the wind. 경찰 2019
→ 보지 않는 이상, 방울과 돌풍은 대양 그 자체, 바람 그 자체와 똑같다.

wean
[wi:n]

ⓥ 젖을 떼다; 이유시키다

The age of weaning averaged over seven hunter-gatherer groups is about three years old, an age at which children finally become capable of fully nourishing themselves by chewing enough firm food. 경찰 2019

→ 일곱 개의 수렵채집자들 그룹에서 젖을 떼는 평균 나이는 약 3세였고, 이는 아이들이 단단한 음식을 충분히 씹어서 스스로에게 영양분을 완전히 공급할 수 있게 되는 나이이다.

sacrosanct
[sǽkrousæŋkt]

ⓐ 신성불가침의

Even the state-owned companies that invest in infrastructure, previously sacrosanct, are seen as risks. 경찰 2019
→ 이전에는 신성불가침이라 여겨졌던 사회 간접 자본에 투자한 국유 회사마저도 위험 요소로 간주된다.

casualty
[kǽʒuəlti]

ⓝ 사상자, 피해자; 손해

This year's casualties amount to a mere 0.1% of the bond market. 경찰 2019
→ 올해의 손해는 채권 시장 전체의 0.1% 정도밖에 달하지 않는다.

expeditious
[èkspədíʃəs]

ⓐ 급속한, 신속한

What we refer to as a great and special talent usually implies superiority that is expeditious rather than qualitative. 경찰 2019
→ 우리가 위대하고 대단한 재능에 대해 말할 때, 그것은 질적이기보다 급속한 우월성을 의미한다.

impediment
[impédəmənt]

ⓝ 장애, 방해

Nor do professionals like bureaucracy, which they often view as an impediment to the free exercise of their specializations. 경찰 2019

→ 관료와 같은 전문가들 또한 관료제를 좋아하지 않으며 그것을 많은 경우 그들이 전문성을 자유롭게 행사하지 못하게 하는 방해로 간주한다.

laceration
[læsəréiʃən]

ⓝ 찢기, 열상
lacerate [læsərèit] ⓥ 괴롭히다, 찢다, 혹독하게 비판하다

It doesn't like rules, or, at least, it assumes that all rules are provisional, subject to the laceration of a smart question nobody has yet thought to ask. 경찰 2019

→ 그것은 규칙을 좋아하지 않고, 혹은 최소한, 모든 규칙은 아무도 질문하려 생각하지 못했던 똑똑한 질문이 낸 열상에 종속된 잠정적인 것이라고 생각한다.

stamp
[stæmp]

ⓝ 우표, 도장 ⓥ 짓밟다

By the time of the Enlightenment, European societies started to see that their future lay with the curious and encouraged probing questions rather than stamping on them. 경찰 2019

→ 계몽 시대의 유럽 사회들은 호기심 많고 장려받은 탐구 질문들을 짓밟기보다 자신들의 미래가 그것들에 있다는 것을 보기 시작했다.

• stamp out 근절하다

congregate
[káŋgrigèit]

ⓥ 모이다, 소집하다
congregation [kàŋgrigéiʃən] ⓝ 모임, 집회

These bats congregate in their thousands inside caves and every night fly out to look for prey. 경찰 2019

→ 이 박쥐들은 수천 마리씩 동굴 내부에 모여 있다가 매일 밤 먹이를 찾아 밖으로 날아간다.

incision
[insíʒən]

ⓝ 절개, 새긴 자국

incise [insáiz] ⓥ 새겨 만들다, 파다

When they find a sleeping bird or careless mammal, they make a small incision in its skin, and suck its blood. 경찰 2019

→ 그들이 자고 있는 새나 조심성 없는 포유류를 발견하면, 그들은 그것의 피부에 작은 절개를 내어 피를 빨아먹는다.

instill
[instíl]

ⓥ 스며들게 하다, 서서히 불어넣다, 주입하다

Two selections from Mendelssohn's 'Songs Without Words' were chosen to instill a soothing mood in one group; Duke Ellington's 'One O'Clock Jump' was played to create feelings of excitement in another; and John Coltrane's 'Meditations' was used to instill negative emotions, of sadness and despondency, in the third group. 경찰 2019

→ Mendelssohn의 Songs Without Words 중 두 곡은 한 그룹에게 진정된 기분을 스며들게 하기 위해, Duke Ellington의 One O'clock Jump는 다른 그룹에 흥분된 감정을 전달하기 위해 재생되었고, John Coltrane의 'Meditations'는 부정적인, 슬픔과 낙담의 감정을 스며들게 하기 위해 세 번째 그룹에게 재생되었다.

distressing
[distrésiŋ]

ⓐ 고통스러운, 괴로움을 주는

distress [distrés] ⓝ 고통, 고난 ⓥ ~을 괴롭히다

Leaving my parents behind when I was only nine years old was deeply distressing. 경찰 2019

→ 아홉 살의 나이에 부모님을 두고 떠나는 일은 매우 고통스러웠다.

• distress call 조난 호출

winnow
[wínou]

ⓥ 키질하다, 구별하다

A great batter winnows out all the extraneous perceptual distractions, seeing only these variations in pitches, and through practice he forms distinct mental models based on a different set of cues for each kind of pitch. 경찰 2019

→ 훌륭한 타자는 모든 관계없는 인지적인 혼란을 구별하고, 투구에서 이러한 변동만을 보며, 연습을 통해 각 투구에 대한 각각 다른 신호 세트를 기반으로 독특한 멘탈 모델을 형성한다.

cull
[kʌl]

ⓥ 고르다, 추려내다

Because he has culled out all but the most important elements for identifying and responding to each kind of pitch, constructed mental models out of that learning, and connected those models to his mastery of the other essential elements of this complex game, an expert player has a better chance of scoring runs than a less experienced one who cannot make sense of the vast and changeable information he faces every time he steps up to the plate. 경찰 2019

→ 그가 각 투구를 확인하고 그에 응답하기 위해 가장 중요한 요소들을 추려냈고, 그 학습을 바탕으로 멘탈 모델을 구성했으며, 이러한 모델을 이 복잡한 게임의 다른 필수 요소들을 숙달하는 것과 연결했기 때문에, 숙련된 선수는 홈 플레이트로 나아갈 때마다 그가 마주하는 방대하고 변화하기 쉬운 정보를 이해하지 못하는 경험이 적은 선수보다 득점할 가능성이 높다.

procrastination
[proukræstənéiʃən]

ⓝ 미루는 버릇, 꾸물거림

Procrastination becomes a major problem in your work life when important tasks or responsibilities are left undone or are completed in a slipshod manner because inadequate time was left to complete the task properly. 경찰 2020

→ 중요한 임무나 책임을 완료하지 못하거나 임무를 충분히 해낼 시간이 없어 대충 완성했을 때, 미루는 버릇은 당신의 직장 생활에서 주요한 문제가 된다.

plummet
[ˈplʌmɪt]

ⓥ 곤두박질치다, 급락하다

A worldwide financial crisis began in the last half of 1997, when the currencies of several Asian economies plummeted in value. 경찰 2020

→ 전 세계적인 금융위기가 1997년 후반에 시작되었고, 그때 몇몇 아시안 국가들의 통화 가치가 급락했다.

deft
[deft]

adj 날랜, 재빠른, 능숙한

If you can't weave quotations deftly into the fabric of your prose, abjure them altogether and paraphrase instead. 경찰 2020

→ 당신의 산문 구조에 인용문을 능숙하게 끼워넣을 수 없다면, 그것들 전부를 포기하고 다른 말로 바꾸어 표현하라.

rudimentary
[ˌruːdɪˈmentri]

adj 가장 기본적인

Anyone who has used a spelling or a grammar checker has experienced this type of application at a very rudimentary level. `경찰 2020`
→ 누구든 맞춤법이나 문법 검사기를 사용해본 사람들은 아주 기초적인 단계에서 이런 종류의 응용 프로그램을 경험해 보았을 것이다.

tenacious
[təˈneɪʃəs]

adj 집요한, 완강한, 오래 계속되는

One reason to think that written languages will look more or less like they do now is the fact that so far they have proved extremely tenacious. `경찰 2020`
→ 문자 언어가 지금 보이는 것과 같이 다소 비슷하게 보인다고 생각하는 한 가지 이유는 문자 언어가 지금까지 굉장히 오랫동안 지속되었다는 게 입증되었기 때문이다.

haphazard
[hæpˈhæzərd]

adj 무계획적인, 되는 대로의

As a result, we haphazardly select approaches that don't support our goals. `경찰 2020`
→ 결과적으로 우리는 우리의 목표를 지원하지 않는 접근 방법을 되는대로 골랐다.

stature
[ˈstætʃə(r)]

ⓝ 지명도, 위상

A CEO, a university president, the head of a union, acquire stature through the quality of their long-term performance. `경찰 2020`
→ CEO, 대학 총장, 노조위원장은 그들의 장기적인 업적의 질을 통해 위상을 얻는다.

veracity
[vəˈræsəti]

ⓝ 진실성

There is a little wiggle room in the veracity of information provided. `경찰 2020`
→ 제공된 정보의 진실성에 대해서 작은 자유재량권이 있다.

vice versa
[váisə-vé:rsə]

adv 반대로, 거꾸로도 같음
Mutations in donkey DNA can therefore never cross over to horses, or vice versa. 경찰 2020
→ 그러므로 당나귀 DNA의 변이는 절대 말의 DNA로 넘어갈 수 없고 그 반대도 불가능하다.

harness
[ˈhɑːrnɪs]

n 하네스, 벨트 v 이용하다
However, there are steps that we can take now — steps that are already being taken in many cases — to ensure that we successfully harness the power of big data. 경찰 2020
→ 그러나 빅 데이터의 힘을 성공적으로 활용할 수 있다는 것을 보장하는, 우리가 지금 적용할 수 있는 단계들 — 이미 여러 사례에서 실행되고 있는 단계들 — 이 있다.

aftermath
[|æftərmæθ]

n 여파, 후유증
But as we write this in the aftermath of the 2006 World Cup, there is a good case for saying that the most famous living African is Zinédene Zidane. 경찰 2020
→ 그러나 2006년 월드컵의 여파 속에서 우리가 이것을 쓰면서, 살아있는 아프리칸 중 가장 유명한 사람은 지네딘 지단이라고 말할 좋은 사례가 있다.

tyrannize
[ˈtɪrənaɪz]

v 압제하다, 포악하게 굴다
While to-do lists serve as a useful collection of our best intentions, they also tyrannize us with trivial, unimportant stuff that we feel obligated to get done — because it's on our list. 경찰 2020
→ 할 일 목록이 우리의 최선의 의도를 모아놓은 유용한 컬렉션 역할을 하지만, 그것은 우리가 완료해야 할 의무가 있다고 느끼는 사소하고 중요하지 않은 것들을 하도록 압제하기도 한다. — 그것이 우리의 목록에 있기 때문이다.

masquerade
[|mæskə|reɪd]

n 가장무도회, 가식 v 가장하다
Most inboxes overflow with unimportant e-mails masquerading as priorities. 경찰 2020
→ 대부분의 받은 메일함은 우선순위처럼 가장한 중요하지 않은 이메일로 넘쳐난다.

repercussion
[|riːpərˈkʌʃn]

ⓝ (보통 안 좋은, 간접적인) 영향

This is fine for computers, but it has serious repercussions in humans. 경찰 2020

→ 이것은 컴퓨터에는 괜찮지만, 사람에게는 심각한 좋지 않은 영향을 준다.

subterranean
[ˌsʌbtəˈreɪniən]

adj 지하의

Some of these subterranean networks can play host to up to 50 or so individuals, though an average colony is about half this size, with two or three families living together communally. 경찰 2020

→ 이러한 지하 네트워크 중 일부는 50명 이상의 사람들을 수용할 수 있지만, 두세 가족이 공동생활을 하는 보통의 집단은 이것의 절반 정도 규모이다.

tawdry
[ˈtɔːdri]

adj 싸구려 티가 나는, 지저분한

The news of the rock star's tawdry affair sent shockwaves across his fans all over the world. 경찰 2021

→ 록 스타의 지저분한 사건은 전 세계의 그의 팬들에게 충격파를 전했다.

irk
[ɜːrk]

ⓥ 귀찮게 하다, 짜증스럽게 하다

Joanne moved to a house in the suburbs because she was easily irked by her apartment neighbors. 경찰 2021

→ 조앤은 아파트 이웃 때문에 쉽게 짜증이 나 교외에 있는 집으로 이사했다.

parsimonious
[|pɑːrsəˈmoʊniəs]

adj 인색한

After the philanthropist passed away, close relatives revealed that he was parsimonious when it came to his own lifestyle. 경찰 2021

→ 자선가가 세상을 떠난 이후, 가까운 친척들은 그가 자신의 생활에 대해서는 인색했다고 밝혔다.

languid
['læŋgwɪd]

adj 힘없는, 나른한

Mr. Brown's favorite pastime was to sit on his porch on languid summer afternoons. 경찰 2021

→ 브라운 씨가 가장 좋아하는 취미는 나른한 여름 오후에 현관에 앉아있는 것이었다.

arcane
[ɑːrˈkeɪn]

adj 신비로운, 불가사의한

Marley's cheesecakes are very popular among New Yorkers, and their recipe has been arcane for generations. 경찰 2021

→ 말리의 치즈케이크는 뉴요커들 사이에서 굉장히 유명하고, 그 조리법은 세대를 넘어 신비롭게 여겨졌다.

diaphragm
[ˈdaɪəfræm]

n 횡격막

Hiccups are caused when the diaphragm becomes irritated and pushes air rapidly up in such a way that it makes an irregular sound. 경찰 2021

→ 딸꾹질은 횡격막이 자극을 받아 불규칙한 소리를 내는 방식으로 공기를 빠르게 밀어 올릴 때 발생한다.

complication
[ˌkɑːmplɪˈkeɪʃn]

n 문제, 합병증

Thomas Eisner, an ecologist and evolutionary biologist at Cornell University, died last week at age 81 of complications from Parkinson's disease. 경찰 2021

→ 코넬 대학교의 생태학자이자 진화생물학자인 토머스 아이스너가 파킨슨병의 합병증으로 인해 81세의 나이로 지난 주 세상을 떠났다.

stagnate
['stægneɪt]

v 침체되다, 부진해지다.

Since 1967, median household income in the United States, adjusted for inflation, has stagnated for the bottom 60 percent of the population, even as wealth and income for the richest Americans have soared. 경찰 2021

→ 1967년부터 인플레이션에 적응한 미국의 중간 가계 소득은 가장 부유한 미국인의 부와 소득이 급증하는 바로 그 순간에도 인구의 하위 60퍼센트 정도로 침체되었다.

spur
[spɜ:(r)]

Ⓝ 박차, 원동력 Ⓥ 자극하다

Failure is important for creating the right incentives, spurring innovation, and promoting efficiency.

경찰 2021

→ 실패는 정당한 장려책을 만들고, 혁신을 자극하며, 효율성을 촉진하는 데에 중요하다.

poise
[pɔɪz]

Ⓝ 침착, 균형 Ⓥ 태세를 취하다

And now the United States, with its 325 million citizens, is poised to join the herd.

경찰 2021

→ 그리고 지금 미국은 3억 2,500만 시민들과 함께 무리에 합류할 태세를 취하고 있다.

contraception
[ǀkɑ:ntrəǀsepʃn]

Ⓝ 피임

Conflicts associated with expanded technological options for contraception and abortion offer one vantage point on these issues.

경찰 2021

→ 피임과 낙태의 확장된 기술적 선택권과 관련된 갈등은 이러한 이슈에 한 가지 좋은 관점을 제공한다.

twitch
[twɪtʃ]

Ⓝ 경련 Ⓥ 씰룩거리다

Your knee may twitch if hit in the right place by a doctor's rubber mallet, but no one would consider this reflex to be a choice.

경찰 2021

→ 의사의 고무망치가 정확한 곳을 친다면 아마 당신의 무릎은 경련할 것이지만, 이러한 반사가 선택일 거라고 생각하는 사람은 없을 것이다.

exodus
['eksədəs]

Ⓝ 탈출, 대이동

The interstate highways were the impetus for a mass exodus of millions of families from urban areas to the newly suburbs popping up off the highway exits.

경찰 2021

→ 주와 주를 교차하는 고속도로는 수백만의 가족들이 도시에서 고속도로 출구에 새로 생기는 교외로 대이동하는 원동력이었다.

nascent
['næsnt]

adj 발생기의, 초기의

To meet the increased demand for fuel, the nascent oil industry revved up exploration and drilling, built oil pipelines across the country, and set up thousands of gasoline stations to power the millions of automobiles coming off the assembly lines. 경찰 2021

→ 연료에 대한 증가한 수요를 맞추기 위해 초기의 석유 산업은 탐사와 시추의 속도를 높이고, 전국에 석유 파이프라인을 만들었으며, 조립 라인에서 나오는 수백만 대의 자동차를 작동시킬 수천 개의 주유소를 세웠다.

derail
[dɪˈreɪl]

v 탈선하다

When people express emotions, they may facilitate relationships or derail them. 경찰 2021

→ 사람들이 감정을 표현할 때, 그들은 관계를 유연하게 하거나 탈선할 수 있다.

congruent
[ˈkɑːŋgruənt]

adj 크기와 형태가 동일한, 적절한

When they are congruent, the emotion fits with the message that is being sent. 경찰 2021

→ 그들이 동일할 때, 감정은 전달되는 메시지와 딱 맞는다.

lurk
[lɜːrk]

v 숨어있다, (위험이) 도사리다

Yet even behind this especially simple and almost miraculously successful procedure, there lurk negatives. 경찰 2021

→ 이렇게 특히나 단순하고 거의 기적에 가까운 성공적인 절차의 뒤편에도, 부정적인 요소가 도사리고 있다.

dissonance
[ˈdɪsənəns]

n 불협화음, 의견 충돌

Stravinsky's score — with its "scandalous dissonances and rhythmic brutality" — caused an uproar among the chic Paris audience. 경찰 2021

→ 스트라빈스키의 곡은 — "가증스러운 불협화음과 리듬의 야만성"과 함께 — 세련된 파리의 청중들 사이에 대소동을 빚었다.

ostracize
[ˈɑːstrəsaɪz]

ⓥ 외면하다, 배척하다

Individuals who took such action risked being *ostracized* by their fellow workers.　　경찰 2022

➔ 그러한 행동을 한 사람들은 동료들에게 외면당할 것을 감수하였다.

nemesis
[ˈneməsɪs]

ⓝ 응당 받아야 할 벌, 천벌

Stuttering was an embarrassing *nemesis* that Timothy struggled with throughout his childhood.　　경찰 2022

➔ 말을 더듬는 일은 티머시가 어린 시절 내내 힘들어한 부끄러운 벌이었다.

banal
[bəˈnɑːl]

ⓐⓓⓙ 따분한, 심심한

As I exchanged *banal* congratulations with the climbers filing past, inwardly I was frantic with worry.　　경찰 2022

➔ 줄지어 지나가는 등반가들과 따분한 축하를 주고받으며, 속으로 나는 걱정으로 제정신이 아니었다.

placid
[ˈplæsɪd]

ⓐⓓⓙ 차분한, 잠잠한

Some people get nervous living *placidly* and safely.　　경찰 2022

➔ 어떤 사람들은 차분하고 안전하게 살면서 불안해한다.

hoof
[huːf]

ⓝ 말발굽, ⓥ 발굽으로 짓밟다

Knowing that lions, leopards, and cheetahs are capable of only short bursts of speed, the *hoofed* residents rarely panic at the sight of a cat as long as they have running room and a head start.　　경찰 2022

➔ 사자, 표범, 치타가 짧게 한바탕 달리는 것만 가능하다는 것을 알고 있기 때문에, 발굽 달린 거주자들은 그들이 달릴 수 있는 공간과 유리함만 있다면 고양잇과 동물을 보아도 거의 당황하지 않는다.

esoteric
[|esə|terɪk; |iːsə|terɪk]

adj 소수만 이해하는, 즐기는

The response is to focus on ever narrower or more esoteric disciplines or interests, or to admit that all that can be done is to sample the field. 경찰 2022

→ (그에 대한) 응답은 훨씬 더 좁거나 소수만 이해하는 학문이나 관심에 집중하거나, 한 분야를 맛보는 정도만 가능하다는 것을 인정하는 것이다.

caveat
['kæviæt]

n (특정 절차를 따르라는) 통고, 경고

Despite the theory that correct material will usually overcome incorrect, there is nevertheless a caveat that knowledge is always relative.

옳은 자료가 일반적으로 틀린 자료를 압도할 것이라는 이론에도 불구하고, 지식은 언제나 상대적이라는 경고가 있다.

boggy
['bɔːgi]

adj 늪 같은

Native to North America, the cobra lily is often found growing in distinct groupings in boggy areas that are devoid of nutrition. 경찰 2022

→ 북아메리카 토종인 코브라 백합은 영양이 결핍된 늪지대에서 특징적인 무리를 지어 자라는 것이 종종 발견된다.

enzyme
['enzaɪm]

n 효소

Once inside, it's difficult for insects to escape, and the plant will also secrete digestive enzymes to help break down the animal matter. 경찰 2022

→ 한 번 들어가면 곤충들이 탈출하는 것이 어려우며, 식물 또한 동물성 물질을 분해하는 것을 돕기 위해 소화 효소를 분비할 것이다.

permeate
[|pɜːrmieɪt]

v 스며들다

Its unmistakable smell permeates Seoul subway carriages during the rush hour, and admirers claim it is the healthiest food on the planet. 경찰 2022

→ 그것의 틀림없는 냄새는 러시아워의 혼잡한 시간대에 서울의 지하철 객차에 스며들고, 그것을 좋아하는 사람들은 그것이 지구상에서 가장 건강한 음식이라고 주장한다.

brawn
[brɔːn]

ⓝ 체력, 머리 고기

These new residents brought more than brawn to the cities, though. 경찰 2022

→ 그러나 이 새로운 거주자들은 도시에 체력만 가져온 것이 아니다.

trivia
[ˈtrɪviə]

ⓝ 사소한 정보, 일반 상식

Depending on which Victorian-age pundit you asked, the telegraph was either going usher in an era of world peace or drown us in a Sargasso of idiotic trivia. 경찰 2022

→ 당신이 어느 빅토리아 시대의 권위자에게 질문했는지에 따라, 전보는 세계 평화 시대의 문을 열거나 바보 같은 사소한 정보의 사르가소 바다에 우리를 빠뜨렸다.

nudge
[nʌdʒ]

ⓥ (팔꿈치로 살짝) 찌르다, (특정 방향으로) 살살 밀다

The one thing that both apocalyptics and utopians understand and agree upon is that every new technology pushes us toward new forms of behavior while nudging us away from older, familiar ones. 경찰 2022

→ 종말론자들과 이상주의자들 모두 이해하고 동의하는 한 가지는 모든 새로운 기술이 우리를 새로운 행동 양식으로 밀어붙이고, 오래되고 친숙한 것들로부터 우리를 살살 밀어낸다는 것이다.

muster
[ˈmʌstə(r)]

ⓥ 모으다, 소집하다

On June 23, 1970, I had just been mustered out of the Army after completing my one-year tour of duty in Vietnam. 경찰 2022

→ 1970년 6월 23일, 나는 베트남에서 1년간 순회하는 임무를 완수하고 군대에서 막 소집 해제되었다.

filial
[ˈfɪliəl]

adj 자식의

The response to mother figure is called filial imprinting. 경찰 2022

→ 어머니상에 대한 응답은 자식의 각인이라고 불린다.

olfactory
[ɑːlˈfæktəri; oʊlˈfæktəri]

adj 후각의

Stimuli for imprinting may be visual, auditory or olfactory. 　경찰 2022

→ 각인의 자극은 시각적, 청각적이거나 후각적일 수 있다.

mottle
[mátl]

n 반점, 얼룩

Through rain mottle windows the mountaintops are obscured in mist. 　경찰 2022

→ 비로 얼룩진 창문 너머 산꼭대기는 안개에 가려져 뿌옇다.

petrol
[ˈpetrəl]

n 휘발유

Drive out onto the highway, though, and the hybrid will have to fall back on its petrol engine because the electric motor simply doesn't have the power to drive the car at lower speeds, nor the energy to run for long distances. 　경찰 2023

→ 그러나 고속도로에서 운전할 때, 전기 모터가 느린 속도로 운전할 힘이 없기도 하고, 장거리를 이동할 에너지도 없기 때문에 하이브리드는 휘발유 엔진에 의존할 수밖에 없을 것이다.

decoy
[ˈdiːkɔɪ]

n 유인하는 물건, 바람잡이

In new experiments off South Africa, researchers dragged a seal decoy behind a boat to entice several sharks to leap out of the water near a specially designed color board with white, gray, and black panels. 　경찰 2023

→ 남아메리카에서 멀리 떨어져 진행된 새로운 실험에서 연구자들은 흰색, 회색, 검정색의 패널들로 특수제작된 컬러 판자 근처로 몇 마리의 상어를 유인하기 위해 선박의 뒤에 물개 모형을 달았다.

snot
[snɑːt]

n 콧물

Left to their own devices, most children won't hesitate to, say, lick a doorknob or wipe snot with their sleeve. 　경찰 2023

→ 마음대로 하게 둔다면, 대부분의 아이들은 문 손잡이를 핥거나 소매로 콧물을 닦는 일을 망설이지 않을 것이다.

eczema
[ɪɡˈziːmə]

ⓝ 습진

However, it didn't gain widespread attention until 1989, when British epidemiologist David Strachan discovered that youngsters with older siblings were less susceptible than other kids to hay fever and eczema. 경찰 2023

→ 그러나 이는 영국인 전염병학자인 데이비드 스트라찬이 나이 많은 형제자매가 있는 아이들이 그렇지 않은 아이들보다 건초열과 습진에 덜 민감하다는 것을 발견한 1989년 이전까지는 광범위한 주목을 받지 못했다.

glisten
[ˈɡlɪsn]

adj 반짝이다

The tower was constructed from white porcelain bricks, which would have glistened in the sunlight, and adorned with vibrant glazed designs of animals, flowers and landscapes in greens, yellows and browns. 경찰 2023

→ 탑은 햇볕에 반짝이는 흰색 자기 벽돌로 지어졌고, 동물, 꽃, 초록색과 노란색 그리고 갈색의 풍경이 담긴 활기차고 윤기가는 디자인으로 장식되었다.

vagrancy
[ˈveɪɡrənsi]

ⓝ 방랑, 부랑죄

Light-rail stations in Portland, Oregon—and other transit hubs like New York's Port Authority bus terminal—have also reported drops in vagrancy thanks to the crime-stopping powers of Baroque maestros like Vivaldi. 경찰 2023

→ 오레곤 주 포틀랜드의 경철도, 그리고 뉴욕의 포트 오소리티 버스 터미널 같은 교통의 중심지는 비발디와 같은 바로크 시대 거장의 범죄를 멈추는 힘 덕에 부랑죄의 감소를 알렸다.

reprimand
[|reprɪmænd]

ⓥ 질책하다

"When they are constantly reprimanded or instructed, they may feel that a parent doesn't care how they feel." 경찰 2023

→ "지속적으로 질책이나 지시를 받으면, 그들은 부모가 자신들이 어떻게 느끼는지 신경쓰지 않는다고 생각할 수도 있다."

lice (pl.)
[lahys]

단수형 louse

ⓝ 이

Healthy people had lice because their body was just the right temperature, a perfect home for bugs. 경찰 2023

→ 건강한 사람들에게도 그들의 몸이 딱 적당한 온도여서 벌레에가 완벽한 집이었기에 이가 있었다.

paleontology
[pèiliəntálcəd3i,pǽl-]

ⓝ 고생물학, 고고학

Paleontologists previously thought the big bird was a flightless species that had adapted to live in an isolated island ecosystem. 경찰 2023

→ 고고학자들은 이전에는 큰 새가 고립된 섬 생태계에 적응한 날 수 없는 종이라고 생각했다.

dub
[dʌb]

ⓥ 별명을 붙이다, 재녹음(더빙)하다

The study's authors dubbed the eyeliner the first large-scale chemical manufacturing process known to us. 경찰 2023

→ 연구자들은 아이라이너에게 우리에게 알려진 첫 대규모 화학물질 제조 과정이라고 별명을 붙였다.

dissipate
['dɪsɪpeɪt]

ⓥ 소멸되다, 소멸하다

Yet the energy dissipated, and what has actually been achieved is this: that in all the European countries and America and Canada middle-class women who were probably young in the sixties and are now middle-aged have done rather well. 경찰 2023

→ 에너지는 소멸되었지만, 이로부터 성취된 것은 1960년대에는 아마도 젊었을, 그리고 지금은 중년이 된 유럽, 미국과 캐나다의 중산층 여성들이 상당히 잘해왔다는 점이었다.

decommission
[di:kə'mɪʃn]

ⓥ (함선 등을) 퇴역시키다, (무기 등을) 해체하다

Then, after they have reached the end of their life—which may be after just a few years—more energy is required to decommission and recycle them. 경찰 2023

→ 그리고, 그것들이 자신의 수명을 다 했을 때 – 아마도 몇 년 정도겠지만 – 그것을 해체하고 재활용 하기 위해 더 많은 에너지를 필요로 한다.

Ⅲ편. 사관학교 기출 어휘

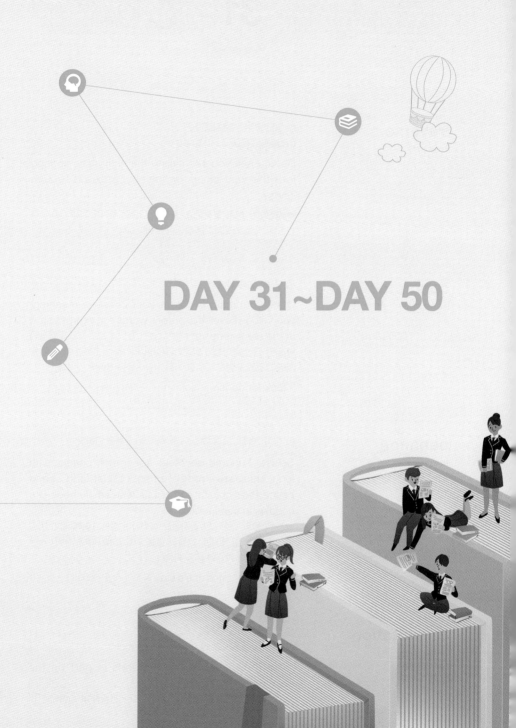

DAY 31~DAY 50

traverse
[trǽvə:rs]

ⓥ 횡단하다; 가로지르다
traversal [trævə́:rsl] ⓝ 횡단

Do you see yourself sailing the high seas, soaring into the vast skies, or traversing exotic foreign lands?　사관 2015

→ 자신이 공해를 항해하고, 광활한 하늘로 날아오르거나, 이국적인 외국 땅을 가로지르는 모습이 보이나요?

concrete
[kánkri:t]

ⓐ 구체적인; 확실한

Once you finally discover your concrete meaning, you will discover the proper words for expressing it at the same time.　사관 2017

→ 일단 당신이 마침내 당신의 확실한 의미를 발견하면, 당신은 동시에 그것을 표현하기 위한 적절한 단어들을 찾아낼 것이다.

• look for concrete solutions 구체적인 해결책을 찾다

penance
[pénəns]

ⓝ 참회; 속죄; 고행 ⓥ ~에게 (속죄의) 고행을 가하다

Several hundred devotees spear their cheeks with long, shiny steel rods — often a meter long — and pierce their chests and backs with small, hook-like needles in penance.　사관 2010

→ 수백 명의 열성적인 신자들은 속죄하며 종종 1미터 길이인 길고 반짝이는 철 막대로 그들의 볼을 찌르고, 고리처럼 생긴 작은 바늘로 그들의 가슴과 등을 찌른다.

• do penance for one's sins 자신의 죄를 속죄하다

connotation
[kὰnətéiʃən]

ⓝ (함축된) 의미; 함축; 내포
connote [kənóut] ⓥ 암시하다; 내포하다

Even then, the answer depends in part on the connotation of "equal."　사관 2004

→ 그렇다고 하더라도, 답은 부분적으로는 '평등함'의 의미에 달려 있다.

spare
[sper]

ⓝ 여분; 비상용품 ⓥ 떼어주다; 할애하다; 아끼다 ⓐ 예비의; 결여된

Here we are sir, at your destination with time to spare. `사관 2018`

→ 도착했습니다. 목적지에 여유 있게요.

• spare no pains 수고를 아끼지 않다
• spare time 여가

absurd
[əbsə́:rd, -zə́:rd]

ⓐ 불합리한; 부조리한

absurdity [əbsə́:rdəti, -zə́:r-] ⓝ 불합리; 논리적 모순; 어리석은 일

You have the advantage of living in an absurd world. `사관 2009`

→ 당신은 불합리한 세상에 사는 이점을 가지고 있다.

enclosure
[inklóuʒər]

ⓝ 울타리; 담

enclose [inklóuz] ⓥ 에워싸다; 둘러싸다; 첨부하다

But they soon grow bored and move on to the lion enclosure next door. `사관 2010`

→ 그러나 그들은 금방 따분해져서 옆의 사자 울타리로 옮겨갔다.

struggle
[strʌgl]

ⓥ 투쟁하다; 분투하다 ⓝ 노력; 분투

Similarly, observe someone struggling to learn a new language. `사관 2002`

→ 마찬가지로, 새로운 언어를 배우기 위해 분투하는 누군가를 관찰해보라.

• class struggle 계급투쟁
• struggle in vain 공연히 애쓰다

limp
[limp]

ⓥ 절뚝거리다 ⓝ 절뚝거리기

Since the accident, she has been limping badly, and that back paw just won't heal completely. `사관 2016`

→ 사고 이후 그녀는 심하게 절뚝거렸고 뒷발이 완벽하게 낫지를 않아요.

enfold
[infóuld]

ⓥ 감싸다; ~을 껴안다

A luminous warmth seems to enfold me. `사관 2005`

→ 밝은 온기가 나를 감싸는 것 같다.

bombard
[bɑmbɑ́:rd]

ⓥ 폭격하다; 공격하다

Elephants are not effective in fighting human wars; if bombarded by arrows, an elephant will simply turn around and retreat, often inflicting more damage on his own army than on the enemy. 사관 2018

→ 코끼리들은 인간 전쟁에서 싸우기에 효과적이지 않다. 만일 퍼붓는 화살에 공격당하면 코끼리는 돌아서서 후퇴하여 종종 적군보다 아군에 더 많은 피해를 입힌다.

· bombard a person with questions 한 사람에게 질문을 퍼붓다

year-round

ⓐ 일 년 내내; 사시사철

You've chosen to open your business in a small village in Alaska where it is winter almost year-round. 사관 2016

→ 당신은 거의 사시사철 겨울인 알래스카의 작은 마을에서 사업을 시작하기로 정하셨습니다.

sensational
[senséiʃənl]

ⓐ 선풍적인; 선정적인

They think that the media's heavy focus on crimes, particularly violent or sensational ones, has led people to believe that crime rates are skyrocketing. 사관 2005

→ 그들은 범죄에 대한, 특히 폭력적이거나 선정적인 범죄에 대한 미디어의 심한 집중이 사람들로 하여금 범죄율이 급상승하고 있다고 믿게 만든다고 생각한다.

· sensational scandal 세상을 떠들썩하게 하는 스캔들
· sensational news 자극적인 보도

longevity
[landʒévəti]

ⓝ 장수; 수명

Longevity comes from an optimistic attitude. 사관 2002
→ 장수는 낙관적인 태도에서 비롯된다.

misaligned
[mìsəláind]

ⓐ 정렬이 안 된; 어긋난

"The misaligned mice showed severe deficits in their recall of the training that they received," Colwell said. 사관 2017

→ "정렬이 안 된 쥐들은 그들이 받은 훈련을 기억하는 데에 심각한 결함이 있었다는 것을 보여준다."라고 Colwell이 말했다.
· misaligned tooth 덧니

eject
[idʒékt]

ⓥ 내쫓다(= expel); 배설하다; 탈출하다

Once, on a combat mission in the Korean War, Armstrong kept a plane shattered by anti-aircraft fire airborne long enough to reach friendly territory, before ejecting over water. 　사관 2009

→ 한 번은, 한국 전쟁 중 전투 임무에서 Armstrong은 물 위로 탈출하기 전까지 대공 포화에 의해 산산이 부서진 비행기가 아군 영토에 도달할 만큼 오래 공중에 떠 있도록 했다.

exhilaration
[igzìləréiʃən]

ⓝ 활기; 명랑; 들뜬 기분

exhilarate [igzìləréit] ⓥ 유쾌하게 하다; 고무하다(= cheer; stimulate)

You will get a feeling of exhilaration from knowing that although the day is only fifteen minutes old, you have already accomplished the most unpleasant thing you have to do all day. 　사관 2006

→ 당신은 하루가 단지 15분 정도밖에 지나지 않았는데도 벌써 하루 종일 해야 하는 일 중 가장 불쾌한 일을 해냈다는 사실에 들뜬 기분을 갖게 될 것이다.

constitute
[kánstətjù:t]

ⓥ 구성하다; 제정하다

constituent [kənstítʃuənt] ⓝ 유권자, 구성 요소 ⓐ 구성하는
constitution [kànstətjú:ʃən] ⓝ 구성; 체질; 헌법(The C~)
unconstitutional [ʌ̀nkɑnstitjú:ʃənl] ⓐ 위헌의; 헌법 위반의

But what exactly constitutes happiness? 　사관 2003

→ 하지만 정확히 무엇이 행복을 구성하는가?

replete
[riplí:t]

ⓐ 풍부한; 가득한 (= abundant)

The disturbing reality is that the Internet is replete with out-of-date, conflicting, and inaccurate information. 　사관 2012

→ 불편한 현실은 인터넷이 시대에 뒤떨어지며, 상충하는 그리고 부정확한 정보들로 가득하다는 것이다.

brewery
[brú:əri]

ⓝ 양조장

brew [bru:] ⓥ 양조하다; 끓이다

Adams had inherited a brewery from his father, but he did not care about business. 　사관 2015

→ Adams는 그의 아버지로부터 양조장을 물려받았지만, 그는 사업에 신경 쓰지 않았다.

faulty
[fɔ́:lti]

ⓐ 흠이 있는; 불완전한; 결함이 있는
fault [fɔ́:lt] ⓝ 고장; 잘못; 결점

I recently bought one of your cellphones and the screen is faulty. 사관 2017
→ 최근 당신 회사의 휴대폰 하나를 샀는데 화면에 결함이 있어요.

• faulty judgement 그릇된 판단

skyrocket
[skáira:kit]

ⓥ 급상승하다; 급등하다 ⓝ 로켓 불꽃

The price of the bowl began to skyrocket, when I realized the problem. 사관 2011
→ 내가 문제를 인식했을 때 그릇의 가격은 급등하기 시작했다.

restriction
[ristríkʃən]

ⓝ 제한(= limitation); 규제
restrict [ristríkt] ⓥ 제한하다
restrictive [ristríktiv] ⓐ 제한적인; 한정적인

The only restriction is you must depart from JFK on a Wednesday and return the same day two weeks later. 사관 2008
→ 유일한 제한 사항은 당신이 수요일에 JFK 공항을 출발해서 2주 후 같은 요일에 돌아와야 한다는 것입니다.

• lay down a restriction on ~에 규제를 가하다
• be subject to restriction 제한을 받다

humiliate
[hju:mílièit]

ⓥ 창피를 주다(= embarrass); ~에게 굴욕을 주다

I don't believe in humiliating children in front of their peers. 사관 2011
→ 나는 또래들 앞에서 아이들에게 창피를 주는 일이 옳다고 생각하지 않는다.

esteem
[istí:m]

ⓥ 존중하다; 중히 여기다; ~라고 생각하다 ⓝ 존중; 존경

He began by considering the efforts involved in pursuing what most people esteemed as the highest good — riches, fame, and the pleasure of the senses. 사관 2013
→ 그는 대부분의 사람들이 최고선이라고 생각했던 부, 명예, 그리고 감각적 쾌락을 추구하는 것과 관련된 노력을 고찰하는 것부터 시작했다.

• self-esteem 자부심; 자긍심

hazardous
[hǽzərdəs]

ⓐ 위험한; 유해한

hazard [hǽzərd] ⓝ 위험; 모험

It was only when they were set in motion by the force of the water that they became hazardous.
사관 2012

→ 물의 힘에 의해 그것들이 움직이게 되었을 때에야 그것들은 위험해졌다.

• hazardous waste 유해 폐기물

commonsense
[kάmənsèns]

ⓝ 상식; 분별 ⓐ 상식적인

There are at least two commonsense arguments against television.
사관 2009

→ TV에 반대하는 최소한 두 가지의 상식적인 주장이 있다.

dangle
[dǽŋgl]

ⓥ 매달리다

Desperate to keep his new job, the actor climbs up the wall and dangles just out of the lion's reach.
사관 2010

→ 새 일자리를 지키는 데 필사적인 나머지, 그 배우는 벽을 타고 올라가 아슬아슬하게 사자가 닿지 않는 곳에 매달린다.

abound
[əbáund]

ⓥ 풍부하다; 넘쳐나다

Theories abound, but some of the latest research holds that genetics is responsible for about half of a person's tendency towards good cheer, with 10 percent more due to life events and life circumstances.
사관 2003

→ 이론들은 넘쳐나지만, 최근의 연구 중 몇몇은 유전적 특징이 기분 좋은 상태를 향하는 한 사람의 경향성의 약 절반 정도에 대한 원인이 되고, 추가 10퍼센트는 인생의 사건과 상황에서 기인한다고 주장한다.

subscription
[səbskrípʃən]

ⓝ 구독; 신청; 가입

subscribe [səbskráib] ⓥ 구독하다; 기부하다; 서명하다

The report says that during the past five years, Africa has seen more growth in mobile subscriptions than any other region in the world.
사관 2007

→ 보고서는 지난 5년간, 세계의 어느 지역보다 아프리카가 이동전화 가입 분야에서 큰 성장을 했다는 것을 보여준다.

• raise a subscription 기부금을 모으다

marital
[mǽrətl]

ⓐ 결혼의; 부부의

Research also shows that good marriages predict good health, whereas marital stress predicts the reverse. 사관 2011

→ 연구는 또한 좋은 결혼이 좋은 건강을 예견하는 반면, 결혼의 스트레스는 그 반대를 예측한다는 것을 보여준다.

• marital status 결혼 여부, 배우자의 유무

commonality
[kɑ̀mənǽləti]

ⓝ 공유성; 공통성; 일반 대중 (≡ commonalty)

They may also survive for longer periods if formed for strategic purposes or based on commonality of interests. 사관 2014

→ 그것들은 전략적 목적을 위해서 혹은 공통의 이해관계에 기반을 두고 형성될 경우에는 더 오랜 기간 동안 지속될 수 있다.

breakthrough
[bréikθru:]

ⓝ 돌파; 타개; 비약적 전진 ⓐ 새로운 지평을 여는

This breakthrough has caught the eye of not only medical professionals, but also insurance companies. 사관 2008

→ 이 비약적인 전진은 의학 전문가들뿐만 아니라 보험사들의 눈까지 사로잡았다.

fester
[féstər]

ⓥ 곪다; 악화되다

It is difficult, if not impossible, to get such things removed or to chase down a trail of negative or false information once it's been able to fester on the Web. 사관 2012

→ 불가능한 것은 아니지만, 인터넷상에서 일단 곪을 수 있게 되면, 그러한 것들을 삭제하는 것 혹은 부정적이거나 틀린 정보의 흔적을 조사하는 것은 어렵다.

registration
[rèdʒistréiʃən]

ⓝ 등록; 접수

register [rédʒistər] ⓥ 등록하다 ⓝ 목록
registry [rédʒistri] ⓝ 등록; 기록

Companies will be able to reply to you via some type of e-mail address or registration number. 사관 2007

→ 회사들은 어떤 종류의 이메일 주소나 등록 번호 등을 통해서 당신에게 답변할 수 있을 것이다.

• a register of birth 출생 신고

acute
[əkjúːt]

ⓐ 날카로운; 격렬한; 심각한; 급성의 (↔chronic)

This problem is especially acute in industry. 사관 2014
→ 이 문제는 산업에서 특히 심각하다.

• acute pain 격렬한 통증

specialize in

~을 전공하다; 전문으로 하다

What kind of vacations does your travel agency specialize in? 사관 2004
→ 당신의 여행사는 어떤 종류의 휴가를 전문으로 하나요?

ups and downs

오르막과 내리막; 기복

Well, my life has had its ups and downs since we last met. 사관 2005
→ 음, 우리가 마지막으로 만난 이후로 내 삶에는 기복이 있었어.

differ from

~와 다르다

Just as verbal languages differ from culture to culture, so do nonverbal languages. 사관 2017
→ 구두 언어가 문화마다 다른 것처럼 비음성 언어도 그렇다.

hand out

분배하다; 나눠주다

For example, inspired by his Aunt Della, Wally Mos began baking as a hobby, handing out cookies to friends and family. 사관 2012
→ 예를 들면, Wally Mos는 그의 이모 Della에게 영감을 받아서 친구들과 가족들에게 쿠키를 나누어주며 취미로 제과를 시작했다.

concern
[kənsə́:rn]

ⓝ 관계; 관심사; 걱정 ⓥ (사람에게)영향을 미치다; (무엇에) 관한 것이다; ~를 걱정스럽게 만들다

I must say I really like this apartment, but I do have some concerns.　　　　사관 2018
→ 저는 이 아파트가 정말 맘에 들지만, 몇 가지 걱정은 있어요.

• a matter of concern 관심사; 문제
• express concern over ~에 중대한 근심을 나타내다

stab
[stæb]

ⓥ 찌르다 ⓝ (비유) 중상

Magankan, the Tunguska shaman, had already demonstrated his powers by catching a bullet shot at him and by stabbing his own chest without leaving a scratch.　　　　사관 2005
→ Tunguska의 주술사인 Magankan은 그에게 쏘아진 총알을 잡은 것과 흠집 없이 그의 가슴팍을 찌르는 것으로 이미 그의 능력을 보여주었다.

• stab in one's back 등에 칼을 꽂다; 배신하다

swell
[swel]

ⓥ 부풀다; 팽창하다 ⓝ 팽창; 파도 ⓐ 멋진; 대단한

For example, the waves running towards an island bounced back, creating a swell pattern different from waves in the open ocean.　　　　사관 2007
→ 예를 들어, 섬을 향해 치는 파도는 되돌아왔고, 광활한 바다의 파도와 다른 멋진 무늬를 만들었다.

ratio
[réiʃou]

ⓝ 비율, 비

In other words, density is the ratio of an object's mass to its volume.　　　　사관 2008
→ 다른 말로, 밀도란 한 물체의 부피에 대한 질량의 비율이다.

• gender ratio 남녀의 성비

syllable
[síləbl]

ⓝ 음절 ⓥ 음절을 발음하다

The wrong word, an extra syllable or misplaced emphasis could ruin a poem or a joke. 사관 2009
→ 틀린 단어, 추가적인 음절이나 위치가 잘못된 강세는 시나 농담을 망칠 수 있다.

notable
[nóutəbl]

ⓐ 주목할 만한; 유명한 ⓝ 저명인사

This also shows another notable difference between the two groups. 사관 2008
→ 또한 이것은 두 집단 사이에 또 다른 주목할 만한 차이를 보여준다.

• a notable success 괄목할 만한 성공

decade
[dékeid, dikéid]

ⓝ 10년간; 10을 단위로 하는 한 그룹

As one of the best pictures in decades, it won four Academy Awards, including Best Picture. 사관 2002
→ 수십 년 동안 (제작된) 최고의 영화들 중 하나로서 그것은 아카데미 시상식에서 작품상을 포함하여 4개 부문에서 수상했다.

sake
[seik]

ⓝ 위함; 동기; 이익

Well, I hope for your sake it won't rain then. 사관 2013
→ 그럼, 당신을 위해서 그때 비가 오지 않기를 바랄게요.

steep
[sti:p]

ⓐ 가파른; 급격한

Will it be a steep climb? 사관 2011
→ 경사가 가파를까?

antidote
[ǽntidòut]

ⓝ 해독제

The piecemeal strategy is the perfect antidote to our natural impatience. 사관 2016
→ 조금씩 하는 전략은 우리의 타고난 조급함에 대한 완벽한 해독제이다.

occasional
[əkéiʒənəl]

ⓐ 때때로의; 임시의
occasion [əkéiʒən] ⓝ (특정한) 때; 행사; 경우; 기회
occasionally [əkéiʒənəli] ⓐⓓ 때때로; 이따금

It is usually quite warm at this time of year in our area, but we must be prepared for occasional bad weather. 　사관 2002
→ 우리 지역은 일 년 중 이 시기에 보통 꽤 따뜻하지만, 우리는 때때로의 안 좋은 날씨를 대비해야만 한다.

• as the occasion arises 필요에 응해서

vandalize
[vǽndəlàiz]

ⓥ [예술(품)·문화를] 파괴하다
vandalism [vǽndəlìzm] ⓝ 예술 문화의 파괴; (공공시설의) 파괴

In a large city, where the chances of being recognized outside of one's own neighborhood are extremely slim, even upstanding citizens can afford a temporary turn at thievery or vandalism. 　사관 2011
→ 자신이 거주하는 지역을 벗어나면 누군가 자신을 알아볼 기회가 극도로 희박한 대도시에서는, 정직한 시민들조차 절도나 공공시설 파괴에 있어서 일시적인 일탈을 할 수도 있다.

diabetes
[dàiəbíːtis]

ⓝ 당뇨병
diabetic [dàiəbétik] ⓐ 당뇨병 환자의 ⓝ 당뇨병 환자

When he got really heavy, his diabetes caused all kinds of serious health problems. 　사관 2012
→ 그가 매우 비만이었을 때, 그의 당뇨병은 모든 종류의 심각한 건강 문제를 유발했다.

manure
[mənjúər]

ⓝ 거름; 비료(＝fertilizer; compost) ⓥ 거름(비료)을 주다

Then he had a truckload of manure stored in the garage for the optimist. 　사관 2003
→ 그리고 나서 그는 그 낙관적인 사람을 위해 차고에 트럭 한 대분의 비료를 보관해두었다.

disgruntle
[disɡrʌ́ntl]

ⓥ 불만을 품게 하다; 언짢게 하다 (↔gruntle ⓥ 만족시키다)

Damage can be intentional, inflicted by a criminal or a disgruntled employee. 　사관 2014
→ 피해는 범죄자나 불만을 품은 직원에 의해 가해지는 의도적인 것일 수 있다.

homicide
[háməsàid]

ⓝ 살인

With innovations at all these levels, Bratton is widely credited with reducing homicides in New York by 44 percent and 'serious crime' by 25 percent in the twenty-seven months of his tenure there. 사관 2012
→ 이런 정도의 혁신으로, Bratton은 뉴욕에서 그의 재임 27개월 동안 살인죄를 44퍼센트까지, '강력 범죄'를 25퍼센트까지 줄인 것으로 널리 인정받았다.

• culpable homicide 과실 치사

clumsy
[klʌ́mzi]

ⓐ 서투른(≒inept; ↔skillful ⓐ 능숙한); 손재주가 없는

While Henry Rolls was walking through his factory in its early days, he overheard one of his employees say, "This part is a little clumsy, isn't it?" 사관 2003
→ Henry Rolls가 초창기에 그의 공장 안을 걸어가고 있을 때, 그는 그의 직원들 중 하나가 "이 부분은 좀 서투르네, 그렇지 않아?"라고 말하는 것을 우연히 들었다.

bureaucracy
[bjuərǽkrəsi]

ⓝ 관료제; (관청의) 번거로운 절차
bureaucrat [bjúərəkræt] ⓝ 관료; 공무원 (종종 부정적인 의미)

One reason you can save time is that you don't have to deal with much bureaucracy everyday. 사관 2005
→ 당신이 시간을 절약할 수 있는 한 가지 이유는 매일 많은 번거로운 절차를 만나지 않아도 된다는 것이다.

munch
[mʌntʃ]

ⓥ ~을 우적우적 먹다 ⓝ 간식

You may wonder if you can eat grass instead of the bowl of lettuce you are munching on. 사관 2010
→ 당신은 지금 당신이 우적우적 먹고 있는 상추 한 접시 대신 잔디를 먹을 수 있는지 궁금할 수도 있다.

flux
[flʌks]

ⓝ 유동; 흐름 ⓥ 대량으로 흐르다; 유출하다

Other explanations are more grounded in science, if not in evidence, such as disruptions in geomagnetic lines of flux. 사관 2014
→ 다른 설명들은, 증거가 없다 하더라도, 지구 자기 흐름의 붕괴와 같은 과학에 더 근거를 두고 있다.

quarrel
[kwɔ́:rəl]

ⓥ 다투다; 언쟁하다 ⓝ 말다툼; 언쟁; 불화

When a big storm came, people who used to quarrel stopped making complaints and fighting. 사관 2005

➜ 커다란 폭풍이 왔을 때, 종종 다투던 사람들은 불평과 싸움을 멈췄다.

• pick a quarrel with a person 남에게 싸움을 걸다
• make up a quarrel 화해하다; 사과하다

supposed
[səpóuzd]

ⓐ 추정된; 가정의; ~ 이라고 여겨진

supposedly [səpóuzidli] ⓐⓓ 아마; 필경

The Italians are not the only ones who might be puzzled by dinner entrees that supposedly originated in their country. 사관 2009

➜ 자국에서 유래했다고 추정되는 저녁식사 앙트레(주요 요리)에 당황하는 것은 이탈리아인들만이 아니다.

nautical
[nɔ́:tikəl]

ⓐ 선원의; 선박의; 해상의

Ships are now warned to stay 200 nautical miles offshore. 사관 2012

➜ 선박들은 이제 해안에서 200해리 떨어진 곳에 머물도록 경고받았다.

• nautical day 항해일
• nautical mile 해리

discharge
[distʃá:rdʒ]

ⓥ 방출하다; 해방하다; 제대하다 ⓝ 방출; 해방; 수행

After her discharge, she wrote a book about her war activities. 사관 2006

➜ 제대한 후, 그녀는 그녀의 전시 활동에 관한 책을 썼다.

• discharge from military service 전역
• discharge one's duties 임무를 수행하다

nuisance
[njú:sns]

ⓝ 성가심; 골칫거리; 불법 방해

For example, it is known that Arthur Connan Doyle believed Sherlock Holmes to be something of a nuisance and thought that his stories about Holmes did not represent his best work. 사관 2007

➜ 예를 들면, Arthur Connan Doyle은 Sherlock Holmes가 어떤 골칫거리라고 믿었고 Holmes에 대한 자신의 글이 자신의 최고 작품이 아니라고 생각했다고 알려져 있다.

• public nuisance 공적 불법 방해; 사회의 골칫거리

antibiotic
[æntibaiátik, -tai-]

ⓝ 항생제 ⓐ 항생 물질의

Antibiotic cream from a tube can prevent your cuts from becoming infected. 사관 2008
→ 튜브의 항생제 크림은 당신의 베인 상처가 감염되는 것을 막을 수 있다.

• antibiotic resistance 항생 물질에 대한 내성

exclaim
[ikskléim]

ⓥ 외치다; 감탄하다

For years afterwards, whenever he was introduced, people would exclaim, "You're the guy who ran the wrong way in the final game!" 사관 2004
→ 이후 몇 년 동안, 그가 소개될 때마다 사람들은 "당신이 결승전에서 잘못된 방향으로 뛰었던 바로 그 사람이군요!"라고 외치곤 했다.

fluid
[flú:id]

ⓝ 액체; 유체; 수분 ⓐ 유동성의; 불안정한

Did you drink plenty of fluids this morning? 사관 2017
→ 오늘 아침에 물을 충분히 드셨나요?

• body fluids 체액

arbitrary
[á:rbətrèri]

ⓐ 임의의; 제멋대로의; 독단적인; 자의적인
arbitrarily [á:rbiətrèrəli] ⓐⓓ 제멋대로; 독단적으로
arbitrariness [á:rbətrèrinis] ⓝ 임의(적인 것); 독단

Because much nonverbal communication is arbitrary and conventional, there is great potential for misunderstanding when people do not share the same meanings for nonverbal messages — that is, when people have learned different conventions. 사관 2018
→ 대부분의 비언어적인 의사소통은 자의적이고 관습적이므로 사람들이 비언어적인 메시지에 대해 공통된 의미를 공유하지 않을 때, 즉 사람들이 다른 관습을 배웠을 때 오해 가능성이 크다.

• arbitrary decision 임의적인 결정

trite
[trait]

ⓐ 흔해 빠진; 진부한(＝mediocre)

The silence of a failed joke and the trite humor will lose the attention and patience of the audience. 사관 2009
→ 실패한 농담의 침묵과 흔해 빠진 유머는 청중의 관심과 인내심을 잃을 것이다.

• a trite expression 진부한 표현

prolong
[prəlɔ́:ŋ]

Ⓥ 연장하다; 늘리다

These improvements combined with progress in medicine to save and prolong human lives.　사관 2013
→ 이러한 개선들은 인간의 생명을 구하고 연장하기 위해 의학의 진보와 결합하였다.

perspiration
[pəːrspəréiʃən]

ⓝ 땀(= sweat); 발한; 수고
perspire [pərspáiər] Ⓥ 땀을 흘리다
perspiratory [pərspáiərətɔːri] ⓐ 땀의; 발한의

The person loses large amounts of body water and salt in perspiration.　사관 2008
→ 인간은 발한으로 많은 양의 체내 수분과 염분을 잃는다.

flatter
[flǽtər]

Ⓥ 아첨하다; 우쭐대다

Almost anyone will feel flattered that you turned to him/her for help and will gladly take you under his/her wing, introducing you to other guests and easing your discomfort.　사관 2010
→ 거의 모든 사람은 당신이 그 혹은 그녀에게 도움을 청했다는 사실에 우쭐한 기분을 느낄 것이고, 당신을 다른 손님들에게 소개해 주고 당신의 불안을 덜어주면서 기꺼이 당신을 감쌀 것이다.

nutritional
[njuːtríʃənl]

ⓐ 영양상의
nutrition [njuːtríʃən] ⓝ 영양

Actually, before we start, do you have any nutritional advice that might help me get in shape?　사관 2017
→ 저기, 우리가 시작하기 전에, 혹시 제가 몸매를 유지하는 데 도움이 될 만한 영양적 조언이 있으신가요?

• nutritional balance 영양 균형

theoretical
[θìːərétikəl]

ⓐ 이론상의
theory [θíːəri] ⓝ 이론; 견해

We can bring together theoretical arguments and empirical evidence from several key researchers in this field to support this framework.　사관 2014
→ 우리는 이러한 틀을 뒷받침하기 위해 이 분야의 여러 핵심 연구자들로부터 이론적 논거와 경험적 증거를 결합시킬 수 있다.

314

justify
[dʒʌstəfài]

ⓥ 정당화하다
justifiable [dʒʌstəfàiəbl] ⓐ 정당하다고 인정되는; 정당한
justification [dʒʌstəfikéiʃən] ⓝ 정당화; 변명

But I was less cautious when George and I walked together from school and shared sugar cakes, and I did not question whether the thing that we shared could justify its claim to the title of friendship.
사관 2004

→ 하지만 나는 George와 내가 학교에서부터 함께 걸으며 설탕 케이크를 나눠 먹었을 때 덜 조심스러웠고, 우리가 나눈 것이 우정이라는 칭호에 대한 그것의 요구를 정당화할 수 있는지 묻지 않았다.

• justifiable homicide 정당 살인

puff up

부어오르다; 자랑하다

The more you try to puff yourself up, the less honest you look in admission officers' eyes. 사관 2012
→ 당신이 스스로를 자랑하려고 하는 만큼, 입학사정관들의 눈에는 당신이 덜 정직해 보일 것이다.

turn down

거절하다

She applied for a new job. She was turned down again. 사관 2008
→ 그녀는 새로운 일자리에 지원했다. 그녀는 다시 거절당했다.

at a stroke

단번에; 즉시

In the entertainment industry, it is possible to be an overnight success, to gain fans and incredible power at a stroke. 사관 2003
→ 연예 산업에서는, 하룻밤 사이에 성공하는 것, 즉 팬과 엄청난 권력을 단번에 얻는 것이 가능하다.

leave out

빠뜨리다; 빼먹다

Tell me the whole story, and don't leave anything out.
→ 하나도 빠뜨리지 말고 다 이야기해 주세요. 사관 2015

accumulate
[əkjúːmjulèit]

ⓥ 모으다; 축적하다

accumulation [əkjùːmjuléiʃən] ⓝ 축적; 누적

In addition, the type of fat that accumulates as a result of this stress-induced appetite will typically locate itself in the abdominal region to be ready for the next stress response. 사관 2017

→ 게다가, 스트레스성 식욕의 결과로 축적되는 이러한 종류의 지방은 다음 스트레스 반응에 준비하기 위해 대체로 복부에 자리 잡을 것이다.

airborne
[érbɔːrn]

ⓐ 공기로 운반되는; 비행 중인

When you are airborne, all you've got is yourself. 사관 2012

→ 당신이 비행 중일 때는, 당신 자신만이 전부다.

• airborne infection 공기 전염

cheat
[tʃiːt]

ⓝ 사기꾼 ⓥ 속이다(≡fool; deceive); 사기를 치다

When I was eighteen, I was complaining to John about something that happened to me — I felt I had been cheated. 사관 2002

→ 내가 18살 때, 나는 John에게 내게 일어난 어떤 일에 대해, 그러니까 내가 사기를 당한 것 같다고 투덜거리고 있었다.

• cheat on someone 바람피우다

humility
[hjuːmíləti]

ⓝ 겸손 (↔conceit ⓝ 자만심)

The humility of a man who was fitted for his position as a college president, but who was not too proud to put on the clothes of a workman and do the job that needed doing so badly, had opened the wealthy man's purse strings. 사관 2018

→ 대학 총장으로서 그의 위치에 맞지만, 작업자의 옷을 입고 몹시 해야 할 필요가 있던 일을 할 만큼 한 남자의 겸손함은 그 부유한 남자의 돈주머니 끈을 열었다.

possession
[pəzéʃən]

ⓝ 소유; 소유물; 재산; 사로잡힌 감정
possess [pəzés] ⓥ 보유하다; 가지다; 홀리다

People think only about making money and buying more and more possessions. 　사관 2006
→ 사람들은 돈을 벌고 더 많은 소유물을 사는 것만 생각한다.

retain
[ritéin]

ⓥ 유지하다; 보유하다

In addition, soil with compost added to it retains water for a longer period of time. 　사관 2013
→ 게다가 퇴비를 넣은 토양은 더 오랜 시간 동안 물을 보유한다.

· retain freshness 신선도를 유지하다

overcome
[ouvərkʌ́m]

ⓥ 극복하다; 압도하다; 정복하다

Some experts believe Japan could also have overcome China. 　사관 2010
→ 어떤 전문가들은 일본이 중국도 정복할 수 있었다고 믿는다.

· overcome physical disability 신체장애를 극복하다

trifle
[tráifl]

ⓝ 사소한 일; 약간 ⓥ 아무렇게나 다루다

I saw that he was frightened by the way he held on to his father's hand, and I felt a trifle sorry for him.
　사관 2004
→ 나는 그가 자기 아버지의 손을 꼭 붙들었던 방식에 놀란 것을 보았고, 그에게 약간 안쓰러움을 느꼈다.

tribute
[tríbjuːt]

ⓝ 감사의 표시; 찬사; 헌사

It's a fitting tribute to the brave sacrifices of those in uniform. 　사관 2014
→ 그것은 제복을 입은 사람들의 용감한 희생에 딱 맞는 헌사입니다.

snuggle
[snʌɡl]

ⓥ 바싹 달라붙다; (따뜻하고 안락한 곳에) 파묻다

He's snuggling right up to you. 　사관 2018
→ 당신 바로 옆에 달라붙어 있네요.

machinery
[məʃí:nəri]

ⓝ 기계(= machine); 기구, 조직

Has the inventor of the improved machinery patented it, so that other firms and workers can't share its benefits? 사관 2015
→ 다른 회사들과 근로자들이 그 이익을 공유할 수 없게 하려고 개선된 기계를 발명한 사람들이 특허를 신청했는가?

distort
[distɔ́:rt]

ⓥ 왜곡하다; 뒤틀다
distortion [distɔ́:rʃən] ⓝ 왜곡; 곡해

It's as if the radio waves have distorted our ability to concentrate on the road. 사관 2013
→ 마치 라디오 전파가 도로에 집중하는 우리의 능력을 왜곡하는 것처럼 말이다.

hypocrisy
[hipákrəsi]

ⓝ 위선; 가장
hypocritical [hìpəkrítikəl] ⓐ 위선(자)적인
hypocrite [hípəkrit] ⓝ 위선자

Our men are too intelligent and too high-spirited to extend respect and loyalty to men of hypocrisy, insincerity and deceit. 사관 2004
→ 우리 사람들은 위선적이고 불성실하고 속임수를 쓰는 병사들에게 존경과 충성을 보이기엔 너무 똑똑하고 활기차다.

hydration
[haidréiʃən]

ⓝ 수화 작용; 수분 공급
hydrate [háidreit] ⓥ 수화시키다 (↔dehydrate ⓥ 탈수하다; 활력을 없애다)

You told me how important hydration is during your last lesson. 사관 2017
→ 당신은 지난 수업에서 수분 공급이 얼마나 중요한지 내게 말했다.

eligible
[élidʒəbl]

ⓐ 자격이 있는; 권한이 있는
eligibility [èlidʒəbíləti] ⓝ 적격; 적임

Qualified candidates should have a Bachelor's or Master's degree in Industrial Engineering, experience in a related field, and proof of eligibility for full-time employment within the United States on a permanent basis. 사관 2009
→ 조건을 갖춘 지원자들은 산업 공학의 학사 혹은 석사 학위, 관련 분야의 경험, 그리고 미국에서 영구적인 전일제 고용 자격에 대한 증거가 있어야 한다.

facilitate
[fəsílətèit]

ⓥ 수월하게 하다; 촉진하다

Consequently, facilitating the development of network ties, particularly weak ties, will have a positive impact on creativity. 사관 2015
→ 따라서 네트워크 유대, 특히 약한 유대의 발달을 촉진하는 것은 창의력에 긍정적인 영향을 끼치게 될 것이다.

persuasive
[pərswéisiv]

ⓐ 설득력 있는, 설득적인

persuade [pərswéid] ⓥ 설득하다; ~을 하게 만들다(↔dissuade ⓥ ~을 만류하다)

Traditional advertisements are typically defined as persuasive, nonpersonal communications delivered to consumers via the mass media on behalf of identifiable sponsors, and humor is often a key tool employed. 사관 2016
→ 전통적인 광고는 특정 스폰서 입장에서 대중매체를 통해 소비자들에게 전달되는 설득력 있고 비개인적인 소통 수단으로 보통 정의되며, 유머는 자주 이용되는 중요한 도구이다.

attainment
[ətéinmənt]

ⓝ 달성; 학식; 도달

attain [ətéin] ⓥ 달성하다

The combination of the two elements of loyalty in an organization will result in a strong desire to further the attainment of a general plan. 사관 2005
→ 한 단체에서 충성심의 두 요소의 결합은 결과적으로 기본 계획의 달성을 추진하고자 하는 강한 욕구를 낳을 것이다.

occupant
[ákjupənt]

ⓝ 점유자; 임차인; 거주자(=resident)

He would sit in it and hear the occupants of the other cubicles tested in turn, and each would give a wrong answer. 사관 2009
→ 그는 그 속에 앉아서 차례로 시험 받는 다른 칸막이 속에 앉은 거주자의 이야기를 들었을 것이고, 각각은 틀린 답을 했을 것이다.

salesmanship
[séilzmənʃip]

ⓝ 판매 기술; 판매 수완

I haven't met one single CEO of a major corporation who didn't pride himself on his powers of persuasion — in other words, his salesmanship. 사관 2010
→ 나는 자신의 설득력, 다른 말로 하면 그의 판매 수완을 자랑으로 여기지 않는 대기업의 CEO를 한 번도 만나지 못했다.

319

opt
[apt]

ⓥ 선택하다; 고르다

option [ápʃən] **ⓝ** 선택; 옵션; 방안

By opting to use the mobile technologies and apps that enable our locations and movements to be recorded, we are agreeing, either explicitly or implicitly, to allow others to benefit from our personal information. 사관 2013

→ 우리의 위치와 이동이 기록되도록 하는 모바일 기술과 어플리케이션을 사용하기로 선택함으로써, 우리는 명시적으로 혹은 은연 중에, 다른 사람들이 우리의 개인 정보로 이득을 얻도록 허용하는 데 동의하고 있다.

barometer
[bərámitər]

ⓝ 기압계; 지표; 바로미터

You can apply the same barometer to your attempts at communication. 사관 2016

→ 당신은 대화를 시도할 때에도 같은 지표를 적용할 수 있다.

immune
[imjú:n]

ⓥ 면역성이 있는; 면역이 된; 면제된

She seemed to be immune to stress. 사관 2002

→ 그녀는 스트레스에 면역이 된 것처럼 보였다.

inflammation
[ìnfləméiʃən]

ⓝ 연소; 염증

inflame [infléim] **ⓥ** 자극하다; 흥분시키다; 타오르게 하다

Once, doctors were confident that a diet with low fiber was the best treatment for an inflammation of the colon, but a few decades later they urged sufferers instead to eat plenty of fiber. 사관 2009

→ 한때 의사들은 대장의 염증에는 섬유질이 적은 식단이 최고의 치료라고 확신했지만, 수십 년이 지난 후 대신 그들은 환자들에게 섬유질을 충분히 먹으라고 강권했다.

undertake
[ʌndərtéik]

ⓥ (undertook-undertaken) 착수하다; 떠맡다; 시작하다

You wouldn't undertake the smallest action, from eating a meal to playing a game or riding a bicycle, if this predictability based on past patterns recurring could not be relied on. 사관 2012

→ 만약 되풀이되는 과거의 패턴에 기초한 이런 예측 가능성이 믿을 수 없는 것이라면, 당신은 식사를 하는 것부터 게임을 하는 것 혹은 자전거를 타는 것 등 가장 작은 행동을 시작하지 않을 것이다.

· undertake responsibility 책임을 떠맡다

drastic
[drǽstik]

ⓐ 강렬한; 철저한

drastically [drǽstikəli] ㉞ 과감하게; 대폭; 크게 (≡sharply, significantly)

Learning motivation for children with brown eyes dropped, and the blue-eyed children became drastically better in class.　사관 2017

→ 갈색 눈을 가진 아이들의 학습 동기는 감소했고, 푸른 눈의 아이들은 수업에서 크게 나은 성과를 보였다.

joint
[dʒɔint]

ⓝ 이음매; 관절 ⓐ 공통의; 합동의 ⓥ ~를 (이음매로) 접합하다

Additionally, their muscles, bones, and joints get weaker, which make easier to get seriously hurt and harder to recover from a fall.　사관 2008

→ 더욱이, 그들의 근육, 뼈, 관절은 더 약해지는데, 이것은 심하게 상처를 입기 쉽고 넘어지면 회복하기가 어렵게 만든다.

humanize
[hjúːmənàiz]

ⓥ 인간답게 하다; 교화하다

Meanwhile, they make up all kinds of favorable details to create a better story and humanize Columbus so that readers will identify with him.　사관 2012

→ 반면, 그들은 독자들이 Columbus와 동일시하도록 더 나은 이야기를 만들고 Columbus를 인간답게 하기 위해 많은 종류의 호감 가는 상세한 설명들을 지어냈다.

trigger
[trígər]

ⓝ 촉발; 방아쇠 ⓥ 유발하다; 일으키다

Triggered by low blood calcium levels, cells called osteoclasts break down bone to release calcium into the blood, potentially causing bone mass reduction.　사관 2017

→ 낮은 혈중 칼슘 농도에 의해 유발된 파골 세포라 불리는 세포들은 뼈를 부수어서 혈액 속으로 칼슘을 방출하며, 잠재적으로 뼈의 질량 손실을 야기한다.

evasive
[ivéisiv]

ⓐ 회피하는

No evasive action will allow the target to escape destruction.　사관 2011

→ 어떤 회피하는 행동도 목표물이 파멸에서 벗어나는 것을 허용하지 않는다.

sacrifice

[sǽkrəfàis]

ⓝ 희생; 제물 ⓥ 바치다; 희생하다

In wars between national, ethnic, or religious groups, individuals sacrifice and sometimes die for the sake of their group identity. 　사관 2008

→ 국가적, 민족적 혹은 종교적 집단 간의 전쟁에서 개인들은 자신의 집단 정체성을 위해 희생하고 때로는 죽기도 한다.

tedious

[tíːdiəs]

ⓐ 지루한; (≡dull) 장황한

Caught up in the emotions of our dreams and the vastness of our desires, we find it very difficult to focus on the small, tedious steps usually necessary to attain them. 　사관 2016

→ 우리는 우리의 꿈의 감정과 욕망의 광대함에 사로잡혀서, 그것들을 이루기에 일반적으로 필요한 작고 지루한 단계들에 집중하는 것을 매우 어렵게 생각한다.

admiral

[ǽdmərəl]

ⓝ 해군 대장; 제독

Yi commanded a frontier post on the Yalu River and fought the northern nomads before being appointed as an admiral by the king. 　사관 2010

→ 이순신은 왕에게 제독으로 임명받기 전 압록강의 변경 주둔지를 지휘하며 북쪽의 유목민과 싸웠다.

interracial

[intəréiʃl]

ⓐ 다른 인종간의

Moreover, with about 40% of Asian Americans marrying someone from another racial group, they have the highest interracial marriage rate of any group. 　사관 2008

→ 게다가, 약 40%의 아시아계 미국인이 다른 인종 집단의 누군가와 결혼하기에, 그들은 어떤 집단보다 높은 다른 인종 간의 결혼 비율을 가지고 있다.

enroll

[inróul]

ⓥ 등록하다; 입학하다; 입대하다

Compared with students who did not take the test, more students in the experimental group enrolled in math or science courses for the following quarter or selected a math or science major. 　사관 2014

→ 시험을 치지 않은 학생들과 비교했을 때, 실험 집단에 있던 학생들이 더 많이 다음 학기에 수학이나 과학 강좌에 등록했거나 수학이나 과학을 전공으로 선택했다.

obligation
[ὰbləɡéiʃən]

ⓝ 의무; 책무(= responsibility)
obligate [ábləɡèit] ⓥ ~에게 의무를 지우다 ⓐ 의무를 진; 강제된
oblige [əbláidʒ] ⓥ ~에게 강요하다
obligatory [əblíɡətɔːri] ⓐ 의무적인; 강제적인; 필수의

As security, I am willing to offer a life insurance policy, and of course will allow you to inspect my accounts, from which you will see that I have promptly met all my obligations.   사관 2007
→ 담보로, 저는 생명 보험 증권을 기꺼이 제공할 의향이 있고, 당연히 당신이 저의 계좌를 검사하도록 허락할 것이며 거기서 당신은 제가 신속히 제 의무를 다했다는 것을 알게 될 것입니다.

at ease

편안히; 여유롭게

Will it change your life? Probably not, but you'll probably feel at ease.   사관 2012
→ 그것이 당신의 인생을 바꿀까? 아마도 그러진 않겠지만, 당신은 편안하게 느낄 것이다.

look up to

존경하다; 우러러보다

He was in prison from 2005 to 2007, and according to all reports he was a person the other prisoners looked up to.   사관 2010
→ 그는 2005년부터 2007년까지 감옥에 있었고, 모든 보고에 따르면 그는 다른 수감자들이 존경하는 사람이었다고 한다.

crack down

엄중히 단속하다

His most publicized innovation was implementation of the 'broken window' policy, which directed police to crack down even on minor crimes like breaking windows, scrawling graffiti or bothering motorists.   사관 2012
→ 그의 가장 잘 알려진 혁신은, 창 깨트리기, 그라피티 낙서 혹은 자동차 운전자들을 괴롭히는 것과 같은 경범죄조차도 엄중히 단속하도록 경찰을 지도한 '깨진 유리창' 정책의 실행이었다.

blow away

감동시키다

I'm blown away by how informative your tour has been.   사관 2014
→ 당신의 투어가 너무 유익해서 저는 감동받았어요.

inhibition
[ìnhəbíʃən]

ⓝ 억제; 억압; 금지; 거리낌
inhibit [inhíbit] ⓥ 억제하다; 억누르다

They find it easier to learn and also have far fewer inhibitions, so it's far less likely that they'll feel insecure or embarrassed about performing a particular move. 사관 2014
→ 그들은 배움을 더 쉽게 생각하고 거리낌이 훨씬 적어서, 특정한 동작을 해 보이는 것에 대해 자신감 없어 하거나 당황하는 일이 덜한 경향이 있다.

lush
[lʌʃ]

ⓐ (풀이) 무성한; 호화로운 (≡luxuriant)
lushly [lʌʃli] ⓐⓓ 무성하게

When it began growing lushly, he had flower boxes planted with geraniums and placed on the grass. 사관 2010
→ 그것이 무성하게 자라기 시작했을 때, 그는 간이화단에 제라늄을 심어 잔디 위에 두었다.

· lush vegetation 무성한 초목들

circumstance
[sə̀:rkəmstæns]

ⓝ 상황; 환경
circumstantial [sə̀:rkəmstǽnʃəl] ⓐ 상황의; 부수적인

He meant that if my circumstances had been different, I too could have been a scientist. 사관 2006
→ 그는 혹시 내 상황이 달랐다면, 나도 과학자가 될 수 있었을 거라고 말했다.

nectar
[néktər]

ⓝ (꽃의) 꿀; 과즙; 넥타

These birds feed on sweet nectar which is produced in many types of flowers. 사관 2008
→ 이 새들은 다양한 종류의 꽃들에서 만들어지는 달콤한 꿀을 먹이로 삼았다.

stale
[steil]

ⓐ 신선하지 않은(↔fresh ⓐ 신선한); 진부한

A stale joke will ruin the speaker and the speech.

사관 2009

→ 진부한 농담은 말하는 사람과 이야기를 망칠 것이다.

ripple
[rípl]

ⓝ 잔물결 ⓥ 잔물결을 일으키다; 파문을 만들다

It is likely that the effects of this may ripple outwards over time, substantially changing the very direction of human development, our society, our laws and our ethics, etc. 사관 2016

→ 이러한 효과는 실질적으로 인간의 발전, 우리의 사회와 법 그리고 윤리의 방향을 바꾸며, 시간이 흐를수록 파문을 일으킬 것이다.

citadel
[sítədl]

ⓝ 성채; 요새; 최후의 거점

Machu Picchu is surrounded by the Urubamba River located 2,000 feet below the citadel. 사관 2018

→ Machu Picchu는 요새의 2000피트 아래에 위치해 있는 Urubamba 강으로 둘러싸여 있다.

causality
[kɔ:zǽləti]

ⓝ 인과 관계; 원인 작용

causal [kɔ́:zəl] ⓐ 원인의; 인과 관계의

Moreover, establishing directional causality among these factors is difficult. 사관 2017

→ 게다가, 이러한 요인들 사이의 방향적인 인과 관계를 세우는 것은 어렵다.

wistful
[wístfəl]

ⓐ 간절한 마음의; 생각에 잠긴(≡meditative; pensive)

Watching the beautiful scene, I felt wistful. 사관 2005

→ 아름다운 풍경을 보며 나는 생각에 잠겼다.

crave
[kreiv]

ⓥ 갈망하다; 몹시 원하다

craving [kréiviŋ] ⓝ 갈망; 열망

This is tough to accept, particularly for the human brain that craves certainty. 사관 2013

→ 이것은 특히 확실함을 갈망하는 인간의 뇌가 받아들이기 어렵다.

gratify
[grǽtəfài]

ⓥ 만족시키다(= satisfy); 기쁘게 하다(= delight; entertain)

Since most websites represent a tremendous amount of work, asking permission to use the material therein is usually quite gratifying to the authors. 사관 2007

→ 대부분의 웹사이트들은 엄청난 양의 작업을 상징하기 때문에, 그중의 자료를 사용하기 위한 허락을 구하는 것은 보통 작가들에게 매우 만족스러운 일이다.

• gratify one's curiosity 호기심을 만족시키다

subjective
[səbdʒéktiv]

ⓐ 주관적인(↔ objective ⓐ 객관적인); 개인적인; 종속적인

Being connected to others seems to be very important to subjective well-being. 사관 2009

→ 타인과 연결되어 있다는 것은 주관적인 행복에 굉장히 중요한 것으로 보인다.

• subjective symptom 자각 증상

empower
[impáuər]

ⓥ 권한을 주다; 권력을 위임하다

But questions can obviously be tremendously empowering if we use them to examine the validity of beliefs we may have just blindly accepted. 사관 2017

→ 그러나 질문들은, 우리가 맹목적으로 수용했을지도 모르는 믿음의 타당성을 검토하는 데에 그것들을 사용한다면 확실히 엄청나게 힘을 실어줄 수 있다.

retinal
[rétənəl]

ⓐ 망막의
retina [rétənə] ⓝ 망막

However, it is known that perception of size does not vary as much as would be expected from the change in size of the retinal image. 사관 2018

→ 하지만 크기의 인식은 망막 이미지의 크기 변화로부터 예상되는 것만큼 변하지 않는다고 알려져 있다.

predicament
[pridíkəmənt]

ⓝ 상태; 곤경; 궁지 (= quandary)

In the early history of warfare, military leaders were faced with the following predicament. 사관 2016

→ 전쟁의 초기 역사에서 군대의 수장은 다음과 같은 곤경에 맞닥뜨렸다.

supervise
[súːpərvàiz]

ⓥ 감독하다; 관리하다
supervisor [súːpərvàizər] ⓝ 관리자; 감독자
supervision [sùːpərvíʒən] ⓝ 감독; 관리

Let's imagine that you were the supervisor responsible for the success of this office. 사관 2010
→ 당신이 이 사무실의 성공에 책임이 있는 관리자라고 상상해보자.

steer
[stiər]

ⓥ 키를 잡다; 조종하다 ⓝ 조언; 충고

To reach his destination the navigator would steer towards the star on the horizon that rose over the island to which he wished to go. 사관 2007
→ 목적지에 이르기 위해 항해사는 자기가 가고 싶었던 섬 위로 떠올랐던 수평선에 있는 별을 향해 조종하곤 했다.

· steer clear of trouble 분쟁을 피하다

literacy
[lítərəsi]

ⓝ 읽고 쓰는 능력 (↔illiteracy ⓝ 문맹)
literary [lítərèri] ⓐ 문학의; 문예의
literate [lítərət] ⓐ 읽고 쓸 줄 아는 (↔illiterate ⓐ 문맹인); 교육받은

Studies show no significant impact of TV watching on tests of literacy and school performance, unless the amount of TV watching is excessive. 사관 2009
→ 연구들은 TV 시청량이 과도하지 않은 이상, 읽기·쓰기 능력 시험과 학교 성적에서 TV 시청의 뚜렷한 영향이 없음을 보여준다.

miscellaneous
[mìsəléiniəs]

ⓐ 잡동사니의; 갖가지 주제를 다루는; 다재다능한; 여러가지 종류의

Six of the 23 executives worked in the area of sales, five in production, four in accounting, and eight in miscellaneous functions. 사관 2015
→ 23명의 관리직들 중 6명은 판매 부서, 5명은 생산 부서, 4명은 회계 부서, 그리고 8명은 다른 여러 부서에서 일하고 있었다.

exert
[igzɔ́ːrt]

ⓥ 영향을 미치다; 강력히 발휘하다
exertion [igzɔ́ːrʃən] ⓝ 노력; 분투; 행사

This is clear from Figure 2, which shows the forces exerted by the walls of the chamber on the water above them. 사관 2008
→ 이것은 그 방의 벽들이 그 위의 물에 가하는 힘을 보여주는 그림 2에서 분명하다.

juvenile
[dʒúːvənl]

ⓐ 젊은; 청소년의; 어린애 같은(= childish) ⓝ 연소자; 소년소녀

juvenility [dʒùːvəníləti] ⓝ 젊음; 연소함

Your taste in music is juvenile. 사관 2006
→ 네 음악 취향은 어린애 같아.

thrift
[θrift]

ⓝ 절약; 검소

Most grow up in close-knit families that stress self-discipline, thrift, and hard work. 사관 2008
→ 대부분은 자기 수양, 절약 그리고 노력을 강조하는 긴밀한 가족들 사이에서 자란다.

• thrift store 중고품 할인점

erect
[irékt]

ⓥ (똑바로) 세우다; 곤두세우다 ⓐ 똑바로 선; 곤두선

Next, they had to move the statues a long distance, in some cases more than ten miles, to erect them in their present positions. 사관 2002
→ 다음으로, 그들은 동상들을 멀리 옮겨야 했고, 어떤 경우에는 현재 위치에 동상들을 세우기 위해서 10마일 이상 옮겨야 했다.

• an erect posture 직립 자세

severe
[sivíər]

ⓐ 심각한; 맹렬한

severity [səvérəti] ⓝ 엄격; 가혹함

The famous editor and writer, Norman Cousins, explained in his best-seller, *Anatomy of an Illness*, how laughter helped him overcome the pain of his severe disease. 사관 2013
→ 저명한 편집자이자 작가인 Norman Cousins는 그의 베스트셀러 '질병의 해부'에서, 어떻게 웃음이 그가 심각한 질병의 고통을 극복하게 도왔는지 설명했다.

cornerstone
[kɔ́ːrnərstoun]

ⓝ 주춧돌; 초석; 토대

We have been inclined, in our wild industrial development, to forget that agriculture is the base of our whole economy and that in the economic structure of the nation it is always the cornerstone. 사관 2004
→ 우리의 거친 산업 개발에서, 우리는 농업이 우리의 경제 전반의 기초이며 국가의 경제 구조에서 그것이 언제나 주춧돌이라는 사실을 잊는 경향이 있다.

pedagogy
[pédəgòudʒi]

ⓝ 교육학; 교직

pedagogical [pèdəgádʒikəl] ⓐ 교육학의; 교육적인
(= educational)

Computers, in particular, have dramatically influenced the way we live, and as a natural consequence, have also had an impact on pedagogical applications.

사관 2013

→ 특히 컴퓨터는 우리가 사는 방식에 극적인 영향을 주었고, 그에 대한 자연스러운 결과로 교육적인 적용에도 영향을 미쳤다.

bully
[búli]

ⓥ 괴롭히다 ⓝ 불량배

A grade school child who says that a caged gorilla looks sad or who gets upset when another child is bullied shows this natural kindness.

사관 2011

→ 우리에 갇힌 고릴라가 슬퍼 보인다고 말하거나, 다른 아이가 괴롭힘 당할 때 화를 내는 초등학교 학생은 이런 천부적인 선함을 보여준다.

pertinent
[pə́:rtənənt]

ⓐ 적절한; 타당한 ⓝ 부속물

impertinent [impə́:rtənənt] ⓐ 주제넘은; 무례한; 부적절한

Noise is the most impertinent of all forms of interruption.

사관 2012

→ 소음은 모든 종류의 방해 중에서도 가장 무례한 것이다.

calculable
[kǽlkjuləbl]

ⓐ 계산할 수 있는 (↔ incalculable ⓐ 헤아릴 수 없이 많은); 신뢰할 수 있는

calculate [kǽlkjulèit] ⓥ 계산하다; 산출하다

Hail is one of the cruelest weapons in Nature's armory and one of the most incalculable.

사관 2012

→ 우박은 대자연의 무기류 중 가장 잔혹한 무기이며 가장 헤아릴 수 없는 것 중 하나이다.

venom
[vénəm]

ⓝ 독; 독액; 악의 (= poison)

Combined with radioactive iodine and injected into the body, the venom targets and destroys the offending cells.

사관 2010

→ 방사성 요오드와 결합되어 체내에 주입되었을 때, 독은 공격하는 세포들을 표적으로 삼고 파괴한다.

• neutralize snake venom 뱀의 독을 해독하다

psychological
[sàikəládʒikəl]

ⓐ 심리학의; 정신의

psychologically [sàikəládʒikəli] ⓐⓓ 심리학적으로; 심리적으로

Even people who have experienced devastating losses report feeling better psychologically and emotionally when they forgive. 사관 2008

→ 충격적인 상실을 겪은 사람들조차도 그들이 용서할 때 심리적으로 그리고 감정적으로 더 나은 기분을 느낀다고 전한다.

• psychological dependance 정신적 의존

trustworthy
[trʌ́stwə:ði]

ⓐ 신뢰할 수 있는

Rumor mills abound, and even trustworthy sites are often slow at updating facts and figures, leaving both the information givers and users exasperated. 사관 2012

→ 소문의 출처는 무성하고, 신뢰할 만한 사이트들조차도 사실과 수치를 업데이트하는 데 느리며, 이는 정보 제공자들과 사용자들 모두를 분노하게 만든다.

divert
[divə́:rt]

ⓥ 딴 데로 돌리다; 우회시키다

Instead you can use flexible pipes and divert this water in a safe manner. 사관 2014

→ 당신은 대신에 유연성이 있는 파이프를 이용해서 안전하게 이 물의 방향을 돌릴 수 있다.

• divert oneself in 기분 전환을 하다

analogy
[ənǽlədʒi]

ⓝ 비유; 유추; 유사성

And even if you don't buy the analogy between the shift to democracy and the evolution of corporations, the great charismatic leader model has one fundamental flaw. 사관 2016

→ 그리고 당신이 민주주의로 이동과 자치체 발전 간의 유사성을 받아들이지 않더라도, 위대한 카리스마적 지도자 모델은 한 가지 근본적인 결함을 가진다.

prove
[pru:v]

ⓥ 입증하다; 드러나다; 밝혀지다

proven [prú:vən] ⓐ 증명된; 입증된

One summer when he was in high school, Colin attended church camp and made some new friends who proved to be a bad influence. 사관 2017

→ 그가 고등학교에 다니던 어떤 여름날, Colin은 교회 캠프에 참석했고 나쁜 영향을 주게 될 새로운 친구들을 사귀었다.

evaporate
[ivǽpərèit]

ⓥ 증발하다; 기화하다; 사라지다
evaporation [ivæpəréiʃən] **ⓝ** 증발
evaporative [ivǽpərèitiv] **ⓐ** 증발의

As environmental temperatures rise, or as increased activity or fever raise internal temperatures, evaporative cooling (perspiration) on the surface of the skin increases to remove additional body heat.
사관 2016
➔ 주위의 온도가 올라가거나, 증가된 활동이나 열이 내부 온도를 높이면, 추가된 체열을 제거하려고 피부 표면에서 증발 냉각(발한)이 증가한다.

keep off

차단하다; 손대지 않도록 하다; 가까이 못 오게 하다

They got furious when they found a sign telling them to keep off the grass. 사관 2010
➔ 그들은 잔디에 들어가지 못하게 하는 표지판을 발견했을 때 크게 분노했다.

count on

의지하다; 믿다

I really shouldn't count on getting those things until the book is actually published. 사관 2002
➔ 실제로 책이 출판되기 전까지 난 정말 그런 것들을 가진다고 믿어서는 안 된다.

give credit for

~에게 ~한 자질이 있음을 인정하다

Our gut knows far more than we give it credit for.
사관 2008
➔ 우리의 직감은 우리가 인정하는 것보다 훨씬 더 많이 안다.

pertain to

~와 관계가 있다.

Secondly, outsiders are often ignorant of local behavioral norms that serve as barriers to germ transmission (e.g., norms pertaining to hygiene, food-preparation). 사관 2017
➔ 두 번째로, 외부인들은 종종 세균 전파에 장벽으로 작용하는 현지의 행동 규범(예를 들면 위생과 관련된 규범, 음식 준비)을 무시한다.

maneuver
[mənúːvər]

ⓥ 교묘히 다루다, 조종하다; (군대·군함이) 기동하다 ⓝ 작전 행동

The wind and rain made it tough for the heavier and slower Spanish warships to maneuver, and they became separated in the storm and thus were easily picked off one by one by the more nimble British warships. 사관 2010
→ 비바람은 더 무겁고 더 느린 스페인 군함들이 기동하는 것을 더 힘들게 만들었고, 그들은 폭풍 속에 흩어져서 더 재빠른 영국 군함들에 의해 쉽게 하나씩 제거되었다.

grasp
[græsp]

ⓥ 이해하다; 파악하다 ⓝ 꽉 쥐기; 이해; 파악

No one can be expected to grasp all the implications of such a wide range of differences, so leaders especially must show they are willing and able to learn. 사관 2013
→ 그렇게 다양한 차이의 모든 함의를 이해할 수 있는 사람은 없을 것이기에, 지도자들은 특히나 그들이 배울 의사가 있고 배우는 것이 가능하다는 것을 보여주어야만 한다.

invade
[invéid]

ⓥ 침입하다; 침해하다
invasion [invéiʒən] ⓝ 침략; 침입

Some claim that they are an invasion of privacy. 사관 2012

→ 몇몇 사람들은 그것들이 사생활의 침해라고 주장한다.
· invade somebody's right ~의 권리를 침해하다

dismay
[disméi]

ⓝ 실망; 당황

To the residents' dismay, the original ruling was overturned. 사관 2012
→ 거주민들로서는 당황스럽게도 원래의 판결이 뒤집어졌다.

surrogate
[sə́:rəgèit]

ⓝ 대리인; 대행자 ⓐ 대리의
surrogacy [sə́:rəgəsi] ⓝ 대리 출산
Just who are these surrogate parents that care for
the young? 사관 2018
→ 새끼 동물들을 돌보는 대리 부모는 대체 누구일까?

exaggerate
[igzǽdʒərèit]

ⓥ 과장하다
When you are fearful, know you are going to exaggerate
the dangers you face. 사관 2015
→ 두려울 때, 맞닥뜨릴 위험들을 당신은 과장할 것이라는 것을 의
식하라.

stationary
[stéiʃənèri]

ⓐ 정지된; 변동이 없는
Those over land tended to be large and stationary,
while those over the ocean were usually smaller and
moved with the wind. 사관 2007
→ 땅 위에 있는 그것들은 더 크고 정지된 경향이 있는 반면, 바다
위에 있는 그것들은 보통 더 작고 바람과 함께 움직였다.

viable
[váiəbl]

ⓐ 살아갈 수 있는; 실행 가능한
We just don't think an ice-cream shop is a viable
business in such a place. 사관 2016
→ 저희는 단지 그런 장소에서 아이스크림 가게가 실행 가능한 사
업이라고 생각하지 않습니다.

worthwhile
[wə̀:rθwáil]

ⓐ 가치 있는, ~할 만한 (↔worthless ⓐ 가치 없는)
worth [wə:rθ] ⓝ 가치
Theoretically, international trade is every bit as
logical and worthwhile as interstate trade between,
say, California and Washington. 사관 2017
→ 이론적으로, 국제 무역은 캘리포니아와 워싱턴 같은 지역 사이
의 주간 무역만큼 전적으로 논리적이고 가치 있다.
· a worthwhile book 읽을 만한 책

bolt
[boult]

ⓝ 빗장; 걸쇠 ⓥ 달리기 시작하다; 벗어나다
I bolted for the ladies' room to cry. 사관 2006
→ 나는 울기 위해 여자화장실로 달려갔다.
· make a bolt for it (약속 따위에) 맞추기 위해 서두르다

sullen
[sʌ́lən]

ⓐ 시무룩한; 음침한

We sense when someone seems sullen, or nervous, or happy, or any other mood because that's how he or she looks. ^{사관 2013}

→ 우리는 누군가가 시무룩하거나, 초조하거나, 행복하거나, 혹은 다른 어떤 기분인 것 같은 때를 느끼는데, 그것은 그 또는 그녀가 그렇게 보이기 때문이다.

discard
[diskáːrd]

ⓥ 버리다; 포기하다 ⓝ 버리기; 버려진 것

Thousands of discarded computers from Western Europe and the US arrive in the ports of west Africa every day, ending up in massive toxic dumps where children burn and pull them apart to extract metals for cash. ^{사관 2009}

→ 서유럽과 미국에서 버려진 수천 대의 컴퓨터는 매일 서아프리카의 항구들에 도착하고, 결국 아이들이 돈을 목적으로 금속을 추출하기 위해 태우고 분해하는 거대한 유독성 쓰레기장에 버려지고 만다.

swampy
[swɑ́mpi]

ⓐ 습지가 많은; 습지의

swamp [swɑmp] ⓝ 늪 ⓥ 가라앉히다; 압도당하다

On the swampy land, people put buildings and streets. ^{사관 2005}

→ 습지가 많은 땅에 사람들이 빌딩과 도로를 짓는다.

exhale
[ekshéil]

ⓥ 발산하다; 숨을 내쉬다(↔inhale ⓥ 흡입하다, 숨을 들이쉬다)

Environmental tobacco smoke, also called passive or secondhand smoke, includes exhaled smoke as well as smoke from burning cigarettes. ^{사관 2008}

→ 수동적 혹은 간접흡연으로도 불리는, 환경상의 담배 흡연은 타고 있는 담배에서 나온 연기뿐 아니라 내쉰 연기도 포함한다.

provocative
[prəvákətiv]

ⓐ 도발적인; 자극적인

However, the implications of their research have not entered public consciousness, and so the denial of mind/body dualism is still a highly provocative claim that most people find objectionable and even threatening. ^{사관 2016}

→ 그러나 그들의 연구의 의미는 대중의 의식에 받아들여지지 못했고, 정신/육체 이원론의 부정은 여전히 많은 사람들이 이의를 제기하고 심지어 위협적이라고 받아들이는 매우 도발적인 주장이다.

numerous
[njúːmərəs]

ⓐ 매우 많은; 엄청난

innumerable [injúːmərəbl] ⓐ 셀 수 없는; 무수한

Grafeille has worked on numerous interesting cases since he became a crime scene investigator. 사관 2009
→ Grafeille은 그가 범죄 현장 수사관이 된 이후로 매우 많은 흥미로운 사건들을 수사해왔다.

purport
[pərpɔ́ːrt]

ⓥ (종종 거짓으로) 칭하다; 주장하다 [pɔ́ːrpɔːrt] ⓝ 뜻; 요지

Long-term happiness studies clearly purport that, rather than judging themselves in relation to others, happy people simply clarify what's important to them and then focus on achieving and fulfilling their priorities. 사관 2017
→ 행복에 관한 장기 연구는, 행복한 사람들은 타인과 비교해서 자신을 판단하기보다 단순히 자신에게 중요한 것이 무엇인지 분명히 하고 그들의 우선순위를 이루고 성취하는 것에 집중한다고 명확히 주장한다.

debris
[dəbríː]

ⓝ 파편; 잔해

A flash flood proceeded to send masses of mining debris tumbling into the swollen river. 사관 2012
→ 이어서 돌발적인 홍수는 불어난 강물에 굴러떨어진 광산의 파편 덩어리들을 흘려보내기 시작했다.

draft
[dræft]

ⓥ 밑그림을 그리다; 징병하다 ⓝ 밑그림; 징병

When he was my age, my great-grandfather was drafted to fight overseas. 사관 2014
→ 나의 증조부는 내 나이이셨을 때 해외로 징병되셨다.

empathic
[empǽθik]

ⓐ 감정 이입의(= empathetic)

When she was still distressed, we would hold her and repeat over and over in our most empathic tones — "Honey, honey, honey," or "I know, I know" — nodding our heads as if we really did know.

사관 2011

→ 그녀가 여전히 힘들어할 때, 우리는 그녀를 안고 우리의 가장 감정 이입적인 어조로, "아가야, 아가야, 아가야." 혹은 "나도 알아, 나도 알아"라며 우리가 진짜로 아는 것처럼 머리를 끄덕이며 끊임없이 반복하곤 했다.

handle
[hǽndl]

ⓥ 다루다(= deal with; manage); 처리하다

My friend said something to me that day, and it changed the way I handled my anger. 사관 2002
→ 그날 내 친구는 내게 무언가 말해주었고, 그것이 내가 분노를 다루는 방식을 바꿨다.

• go off the handle 자제력을 잃다

interplay
[íntərplei]

ⓝ 상호 작용 ⓥ 상호 영향을 미치다

That includes their differences in personality and work styles, their lifestyle as it affects their effort, and the interplay of such factors as age, race, religion, and gender. 사관 2013
→ 그것은 성격, 업무 방식, 그들의 노력에 영향을 주는 생활 방식의 차이, 그리고 나이, 인종, 종교, 젠더와 같은 요인의 상호작용을 포함한다.

attribute
[ətríbju:t]

ⓝ 특성(= feature); 특질 ⓥ ~을 원인으로 여기다
attribution [ætrəbjú:ʃən] ⓝ (원인, 성질 등을) ~에게 돌리기; 속성

But of his good attributes, that which shone brightest in Lee was this. 사관 2002
→ 하지만 Lee 씨의 좋은 특성들 중에서도 가장 빛난 것은 이것이었다.

• attribute blame to somebody ~에게 책임을 돌리다

leak
[li:k]

ⓝ 새는 곳; 누설; 누출 ⓥ 새다; 누설하다

We have a leak in our roof, so when we woke up this morning there was water all over the kitchen. 사관 2009
→ 우리 지붕에 새는 곳이 있어서, 오늘 아침에 일어났을 때 부엌 전체가 물바다였다.

• leak confidential information 비밀 정보를 누설하다

dissolve
[dizάlv]

ⓥ 녹이다; 분리되다; 없어지다(= disappear)
indissoluble [ìndisάljubl] ⓐ 분해할 수 없는; 확고한

The continents likewise dissolve into the sea in tiny pieces of eroded land. 사관 2006
→ 육지는 마찬가지로 침식된 땅의 작은 조각이 되어 바다 속으로 녹아든다.

• dissolve the national assembly 의회를 해산하다

determinant
[ditə́:rmənənt]

ⓝ 결정 요인 ⓐ 결정하는
determinate [ditə́:rmənət] ⓐ 확정적인; 한정된

One group, sometimes referred to as technological determinists, views technology as the primary determinant of an organization's structure. 사관 2011
→ 때로 기술적 결정론자들로 불리는 한 그룹은 기술이 한 단체의 구조를 결정하는 1차적인 요인이라고 본다.

managerial
[mænidʒíəriəl]

ⓐ 경영상의; 경영자의
manage [mǽnidʒ] ⓥ 관리하다; 잘 해내다
management [mǽnidʒmənt] ⓝ 관리; 경영

Online privacy has become a hot issue as companies sort out the ethical and managerial issues. 사관 2008
→ 온라인 사생활은 회사들이 도덕상의 그리고 경영상의 쟁점들을 해결하는 과정에서 뜨거운 쟁점이 되었다.

susceptible
[səséptəbl]

ⓐ 영향을 받기 쉬운(＝vulnerable); 민감한
susceptibility [səsèptəbíləti] ⓝ 민감성; 감정; 감수성

These children are much more susceptible to having their sleep patterns disrupted. 사관 2007
→ 이 아이들은 수면 패턴이 방해를 받기 훨씬 더 쉬울 수 있다.

violate
[váiəlèit]

ⓥ 위반하다; 침해하다; 어기다; 위배하다
violation [vàiəléiʃən] ⓝ 위반; 침해; 위법
violator [váiəlèitər] ⓝ 위반자; 위법자; 침해자

Cameras were also placed at 11 intersections to photograph red light violators. 사관 2008
→ 빨간불을 위반하는 사람들을 찍기 위해 11개의 교차로에 카메라가 또한 설치되어 있다.

dilute
[dilú:t]

ⓥ 희석하다; 묽게 하다 ⓐ 희석된

We use the idea of the melting pot as a way to blend different ingredients, but we should recognize that the result of this melting pot is a homogeneous product wherein distinctive features are diluted. 사관 2016
→ 우리는 다양한 재료를 섞는 방식으로 용광로의 개념을 사용하지만, 이 용광로의 결과는 독특한 특징들이 희석된 동질적인 산물이라는 것을 인정해야 한다.

taboo
[təbú:]

ⓝ 금기; 터부 ⓥ 금기하다

And they traveled alone, for women were taboo on a fishing trip.　　사관 2004
→ 그리고 여자들은 낚시 여행을 가는 것이 금기였기 때문에, 그들은 혼자 여행했다.

• be under taboo 금기로 되어있다

strengthen
[stréŋkθən]

ⓥ 강화하다; 격려하다
strength [streŋkθ] ⓝ 힘; 능력

Saying 'no' only strengthens his desire to drive.
　　사관 2010
→ '안 된다'라고 말하는 것은 운전하고 싶은 그의 욕망을 더 강화할 뿐이다.

• strengthen defense 방어를 강화하다

obstructive
[əbstrʌ́ktiv]

ⓐ 방해하는; 의사 방해의
obstructively [əbstrʌ́ktivli] ⓐⓓ 방해하여

After a while he abandoned this one as well as being obstructively cynical and decided he quite liked human beings after all.　　사관 2014
→ 얼마 후 그는 이것은 물론, 방해가 될 정도로 냉소적인 태도까지 버리고, 어쨌거나 인간을 꽤 좋아하기로 결심했다.

force
[fɔ:rs]

ⓥ 강요하다; 억지로 시키다 ⓝ 힘; 세력

Now, despite that image, I admit that when my Korean friend eventually forced me to try *Juk*, I did find it delicious.　　사관 2010
→ 이제, 그런 이미지에도 불구하고, 나는 내 한국인 친구가 결국 내게 죽을 먹어보라고 억지로 시켰을 때, 그것을 맛있다고 생각했음을 인정한다.

presume
[prizú:m]

ⓥ 추정하다; 여기다; 감히 ~하다
presumably [prizú:məbli] ⓐⓓ 추정하건대; 아마; 짐작하건대
presumption [prizʌ́mpʃən] ⓝ 추정; 짐작
presumptuous [prizʌ́mptʃuəs] ⓐ 주제넘은; 건방진

There is some truth to this, but to presume that management skills are more important than sales skills is a dangerous form of self-deception.　　사관 2010
→ 이것은 어느 정도 사실이긴 하지만, 경영 기술이 판매 기술보다 더 중요하다고 여기는 것은 자기기만의 위험한 형태이다.

stability
[stəbíləti]

ⓝ 안정(성); 지속(성)
stable [stéibl] ⓐ 안정적인 ⓝ 마구간
stabilize [stéibəlàiz] ⓥ 안정시키다
instability [ìnstəbíləti] ⓝ 불안정한 성질; 변하기 쉬움

We are apt to forget that the man who owns land and cherishes it and works it well is the source of our stability as a nation, not only in the economic but also in the social sense. 사관 2004
→ 우리는 땅을 소유하고 그것을 소중히 여기며 잘 경작하는 사람이 경제적인 의미에서뿐만 아니라 사회적인 의미에서도 한 국가로서의 우리의 안정의 근원이라는 사실을 잊는 경향이 있다.

• financial stability 재정적 안정

scratch out

~을 지우다

If a sentence, no matter how excellent, does not illuminate your subject matter in some clever and efficient way, scratch it out. 사관 2011
→ 얼마나 훌륭한지와 상관없이, 만약 한 문장이 당신의 주제를 현명하고 효율적인 방식으로 분명히 하지 못한다면 그것을 지워라.

at the cost of

~의 대가로, ~을 희생하고

In that split second, his instinct was to protect his phone from damage at the cost of his own physical well-being. 사관 2015
→ 그 짧은 순간, 그의 본능은 자신의 신체적인 건강을 희생하여 그의 휴대전화가 망가지는 것을 막는 것이었다.

stir up

불러일으키다

Cleaning stirs up dust, hair, and other powerful allergens. 사관 2007
→ 청소는 먼지, 머리카락 그리고 다른 강력한 알레르기 유발 항원들을 불러일으킨다.

be accustomed to

~에 익숙하다

What he had not thought of, or bothered to find out, was that the workers had been accustomed to sitting out in the yard to have their breaks as well as lunch. 사관 2010
→ 그가 생각하지 못했던, 혹은 찾으려고 하지 않았던 것은, 직원들이 마당에 앉아서 점심을 먹는 것뿐만 아니라 휴식을 취하는 데 익숙했다는 것이다.

Review Test DAY 31-35

1 다음 우리말을 영어로 쓰시오.

01 횡단하다

02 자격[권한]이 있는

03 시무룩한

04 넘쳐나다

05 (함축된) 의미, 내포

06 불만을 품게 하다

07 위선, 가장

08 잡동사니의

09 가득한

10 활기, 들뜬 기분

11 음절

12 생각에 잠긴

13 영향을 받기 쉬운

14 희석하다, 희석한

15 아첨하다, 우쭐대다

16 지루한, 장황한

17 억압, 거리낌

18 살아갈 수 있는

19 조종하다, 기동하다

20 서투른

21 회피하는

22 선박의

2 다음 영어를 우리말로 쓰시오.

01 trifle

02 fester

03 perspiration

04 nuisance

05 munch

06 limp

07 undertake

08 enfold

09 airborne

10 erect

11 notable

12 purport

13 occupant

14 pertinent

15 penance

16 traverse

17 vandalize

18 predicament

19 stale

20 surrogate

21 enclosure

22 causality

3 다음 빈칸에 알맞은 단어를 고르시오.

01 It is likely that the effects of this may _____ outwards over time, substantially changing the very direction of human development, our society, our laws and our ethics, etc.
이러한 효과는 실질적으로 인간의 발전, 우리의 사회와 법 그리고 윤리 등의 방향을 바꾸며, 시간이 흐를수록 파문을 일으킬 것이다.

① ripple ② spare ③ homicide ④ cornerstone ⑤ flux

02 The continents likewise _____ into the sea in tiny pieces of eroded land.
육지는 마찬가지로 침식된 땅의 작은 조각이 되어 바다 속으로 녹아든다.

① exclaim ② snuggle ③ evaporate ④ dissolve ⑤ eject

03 Once, doctors were confident that a diet with low fiber was the best treatment for an _____ of the colon, but a few decades later they urged sufferers instead to eat plenty of fiber.
한때 의사들은 대장의 염증에는 섬유질이 적은 식단이 최고의 치료라고 확신했지만, 수십 년이 지난 후 대신 그들은 환자들에게 섬유질을 충분히 먹으라고 강권했다.

① venom ② analogy ③ inflammation ④ registration ⑤ manure

04 It is usually quite warm at this time of year in our area, but we must be prepared for _____ bad weather.
우리 지역은 일 년 중 이 시기에 보통 꽤 따뜻하지만, 우리는 때때로의 안 좋은 날씨를 대비해야만 한다.

① interracial ② occasional ③ stationary ④ drastic ⑤ trustworthy

---

1 01 traverse 02 eligible 03 sullen 04 abound 05 connotation 06 disgruntle 07 hypocrisy 08 miscellaneous 09 replete 10 exhilaration 11 syllable 12 wistful 13 susceptible 14 dilute 15 flatter 16 tedious 17 inhibition 18 viable 19 maneuver 20 clumsy 21 evasive 22 nautical

2 01 약간, 아무렇게나 다루다 02 곪다, 악화되다 03 땀, 수고 04 성가심 05 ~을 우적우적 먹다, 간식 06 절뚝거리다, 절뚝거림 07 착수하다, 떠맡다 08 감싸다, 껴안다 09 공기로 운반되는, 비행 중인 10 세우다, 똑바로 선 11 주목할 만한, 유명한, 저명인사 12 칭하다, 주장하다, 요지 13 점유자, 임차인, 거주자 14 적절한, 부속물 15 참회, 고행, ~에게 고행을 가하다 16 가로지르다 17 파괴하다 18 상태, 곤경, 궁지 19 신선하지 않은, 진부한 20 대리인, 대리의 21 울타리, 담 22 인과 관계

3 01 ① 02 ④ 03 ③ 04 ②

341

adequate
[ǽdikwət]

ⓐ 적당한; 충분한; 알맞은
adequately [ǽdikwitli] ⓐⓓ 적절히; 충분히

During the century that it has existed in adequate English translation, the Russian canon of novels and plays has acquired a reputation and a certain "tone."
사관 2016

→ 그것(러시아 소설과 희곡의 작품 목록)이 알맞은 영어 번역 가운데 존재했던 그 세기 동안, 러시아 소설과 희곡의 작품 목록은 명성과 특정한 "분위기"를 얻었다.

lagoon
[ləgúːn]

ⓝ 석호; (강 · 호수와 이어지는) 작은 늪

Swim in a special lagoon with a wetsuit, mask and snorkel provided for free.
사관 2003
→ 잠수복, (수중) 마스크 그리고 스노클이 무료로 제공되는 특별한 석호에서 수영하세요.

fabricate
[fǽbrikèit]

ⓥ 제작하다; 위조하다; 조작하다
fabrication [fæbrikéiʃən] ⓝ 조립, 구성; 위조물

Memories can be easily fabricated so people become convinced of the reality of something that never happened.
사관 2015
→ 기억들은 쉽게 조작될 수 있어서 사람들은 일어나지 않은 어떤 일의 현실성을 확신하게 된다.

• fabricate counterfeit money 지폐를 위조하다

impart
[impáːrt]

ⓥ 주다; 알리다; (성질 등을) 더하다

When beer is added to your recipe, it leaves behind its unmistakable aroma, the flavor imparted by the hops used to brew it.
사관 2004
→ 맥주가 당신의 요리법에 더해졌을 때, 그것은 명백한 향기, 즉 그것을 양조하는 데 쓰였던 홉 열매에 의해 더해진 향미를 남긴다.

• impart secret information to the enemy 적에게 기밀 정보를 알리다

purge
[pəːrdʒ]

ⓥ ~을 깨끗이 하다; 추방하다; 제거하다

It makes it more difficult to purge infections from the body. 사관 2016
→ 그것은 신체에서 전염병을 제거하는 것을 더 어렵게 한다.

scold
[skould]

ⓥ 꾸짖다; 혼내다

So he scolded the employees, saying, "That may do for anyone else, but it will not do for us." 사관 2003
→ 그래서 그는 직원들에게 이렇게 말하며 꾸짖었다. "다른 사람에게는 그것이 괜찮을지 모르지만, 우리에게는 괜찮지 않습니다."

witness
[wítnis]

ⓥ 목격하다(＝observe); 증명하다 ⓝ 목격자; 증언

The younger son had witnessed the event from the top of the stairs. 사관 2008
→ 더 어린 아들은 계단 맨 위에서 그 사건을 목격했다.

• stand as witness for 증인으로 서다

roam
[roum]

ⓥ 돌아다니다(＝wander; stroll); 배회하다 ⓝ 산책; 방랑

Wild animals used to roam the United States in countless numbers. 사관 2002
→ 수없이 많은 야생 동물들이 미국을 배회하곤 했다.

• roam from place to place 이곳저곳을 배회하다

penalize
[píːnəlàiz]

ⓥ 유죄로 하다; 페널티를 주다

Of course, there are rules in all sports to penalize cheating. 사관 2011
→ 당연히도, 모든 스포츠에서 반칙에 페널티를 주기 위한 규칙이 있다.

tangible
[tǽndʒəbl]

ⓐ 유형의; 만질 수 있는; 명백한

In a tangible way, one person's time is not another's. 사관 2013
→ 만질 수 있는 방식으로는, 한 사람의 시간은 다른 사람의 그것(시간)이 아니다.

scrutinize
[skrú:tənàiz]

ⓥ 세심히 살피다; 면밀하게 조사하다 (= look into closely)

If we scrutinize them, we may find that what we've unconsciously believed for years may be based on a false set of presuppositions. 사관 2017

➔ 우리가 그것을 면밀하게 조사한다면, 우리는 우리가 수년 동안 무의식적으로 믿어온 것들이 잘못된 여러 가정들에 근거하고 있다는 것을 발견할 수도 있다.

medium
[mí:diəm]

ⓝ 중간; 매체; 매개 (ⓟ media, mediums) ⓐ 중간의

And there are many reasons why the Internet, which started as a long-distance, global communications medium, is now serving much more local interests. 사관 2009

➔ 그리고 장거리의, 전 세계에 걸친 의사소통 매체로 출발한 인터넷이 현재는 훨씬 더 지역적인 이익에 공헌하고 있는 이유에는 여러 가지가 있다.

• medium of exchange 교환 매개물; 유통 화폐

optimal
[áptəməl]

ⓐ 최선의; 가장 바람직한
optimum [áptəməm] ⓝ 최적 조건 ⓐ 최고의
optimize [áptəmàiz] ⓥ 최적화하다; 낙관하다

Contact with nature is thought by many experts to contribute to optimal moods. 사관 2007

➔ 자연과의 접촉은 기분을 최적화하는 데 도움을 준다고 많은 전문가들은 생각한다.

ponder
[pándər]

ⓥ 숙고하다; 곰곰이 생각하다 (= contemplate)

Tiger was sitting at the top of the stairs and Smudge was down in the garden pondering his dilemma. 사관 2010

➔ Tiger는 계단 맨 위에 앉아있었고 Smudge는 그의 딜레마에 대해 곰곰이 생각하며 아래 정원에 있었다.

melt
[melt]

ⓥ 녹이다 ⓝ 용해
molten [móultən] ⓐ 녹은; 용해된

When there is too much molten lava under the earth or in a volcano, molten rock is forced through the layers of sediment. 사관 2014

➔ 땅 밑 또는 화산 안에 녹아있는 용암이 너무 많을 때, 녹은 바위는 퇴적물 층을 통과하도록 물리적 힘을 받는다.

ingenious
[indʒíːnjəs]

ⓐ 독창적인 (≡ original)
ingenuity [ìndʒənjúːəti] ⓝ 발명의 재간; 창의력

Yet some coaches and players have come up with ingenious ways to bend the rules. 　사관 2011
→ 그러나 몇몇 코치들과 선수들은 규칙을 왜곡하기 위한 독창적인 방법을 생각해냈다.

obstacle
[ɑ́bstəkl]

ⓝ 장애; 방해물

The greatest obstacle to the development of dedicated young leaders is a system that encourages our young officers to be yes men and not to "rock the boat." 　사관 2006
→ 헌신적인 젊은 지도자의 발전에 있어 가장 큰 장애는 우리의 젊은 관리들이 무조건 복종만 하는 사람이 되고 "평온을 깨트리지" 않도록 장려하는 체계이다.

• surmount an obstacle 장애를 극복하다

unsightly
[ʌnsáitli]

ⓐ 보기 흉한; 꼴불견의

The easiest way to sell people something is to convince them they need it, so the advertisements insult the most common shape of women as unsightly or unwanted. 　사관 2009
→ 사람들에게 무언가를 파는 가장 쉬운 방법은 그들에게 그것이 필요하다고 설득하는 것이기에, 광고들은 가장 흔한 여성의 몸매를 보기 흉하거나 바람직하지 않은 것이라고 모욕한다.

photosynthesis
[fòutəsínθəsis]

ⓝ 광합성
photosynthesize [fòutousínθəsàiz] ⓥ 광합성하다

Even photosynthesis has to be modified continually to cope with changing illumination. 　사관 2015
→ 광합성마저 빛의 변화에 대응하기 위하여 끊임없이 조정되어야만 한다.

successive
[səksésiv]

ⓐ 연속적인(≡ continuous); 계속적인

In the experiment, subjects were merely asked to state which of two successive sounds lasted longer. 　사관 2009
→ 실험에서 피험자들은 단지 연속적인 두 가지 소리 중 어느 것이 더 오래 지속되었는지 진술하도록 요청받았을 뿐이다.

verdict
[vɔ́ːrdikt]

ⓝ 평결; 판결; 판단

When the valley residents sued the mining company, they won a verdict for a substantial compensation package. 사관 2012

→ 계곡 주민들이 광산 회사를 고소했을 때, 그들은 상당한 보상 패키지에 대한 평결을 얻어냈다.

pledge
[pledʒ]

ⓝ 서약(＝vow; oath); 표시 ⓥ 맹세하다; 서약하다

The present system takes months to put forces in the field, and these forces are often inadequate to the tasks at hand as member states sometimes pledge fewer troops than are requested. 사관 2010

→ 현재의 체계는 현장에 군대를 보내는 데 수개월이 걸리고, 이러한 군대는 회원국들이 필요한 것보다 더 적은 군대를 서약하기 때문에 종종 긴박한 문제들에는 적합하지 않다.

• pledge of allegiance 충성의 맹세

discrete
[diskríːt]

ⓐ 분리된; 별개의 (↔indiscrete ⓐ 밀착한, 연속적인)
discretion [diskréʃən] ⓝ 결정권; 분별 (↔indiscretion 무분별; 경솔함)

In their native land, fire ants form discrete colonies with just one or a few queen ants at the center of each. 사관 2013

→ 야생지에서 불개미들은 한 마리 혹은 몇몇의 여왕개미들을 각각의 중심에 둔 분리된 집단을 형성한다.

averse
[əvɔ́ːrs]

ⓐ 몹시 싫어하여
aversion [əvɔ́ːrʒən] ⓝ 혐오; 반감
aversive [əvɔ́ːrsiv] ⓐ 싫은 것을 피하는; 유해한

Above all, they have been averse to that violent interruption that comes from noise. 사관 2012

→ 무엇보다도 그들은 소음에서 비롯된 지독한 방해를 몹시 싫어해왔다.

superstition
[sùːpərstíʃən]

ⓝ 미신
superstitious [sùːpərstíʃəs] ⓐ 미신적인; 미신을 믿는

Every culture has its own superstitions, and now anthropologists and psychologists think they know why. 사관 2017

→ 모든 문화는 각자의 미신이 있고, 이제 인류학자들과 심리학자들은 그들이 그 이유를 안다고 생각한다.

altruism
[ǽltruːìzm]

ⓝ 이타주의(↔egoism ⓝ 자기중심주의); 애타심
altruist [ǽltruist] ⓝ 이타주의자; 애타주의자
altruistic [æltruːístik] ⓐ 이타주의적인; 애타적인

Though it may look like altruism, the sitters are merely promoting their own genes tied up in the young nieces, nephews, or siblings that they are caring for. 　사관 2018
→ 이타주의처럼 보일 수도 있지만, 돌봄이는 단지 그들이 돌보고 있는 어린 질녀와 조카, 또는 형제자매와 연관된 자신의 유전자를 촉진시키고 있는 것뿐이다.

sewage
[súːidʒ]

ⓝ 오수; 하수

Sewage flowed into the rivers, spreading diseases such as cholera. 　사관 2006
→ 하수가 강으로 흘러들어 콜레라와 같은 질병을 퍼뜨렸다.

• sewage disposal plant 하수 종말 처리장

overdose
[óuvərdous]

ⓝ 과다 복용 ⓥ 과다 복용하다

Some other risks associated with teeth whitening are overdose or overuse, addiction, and use of unhygienic or improper instruments. 　사관 2008
→ 치아 미백과 관련된 또 다른 위험은 과다 복용 혹은 남용, 중독, 그리고 비위생적이거나 부적당한 기구의 사용이다.

• overdose on a medication 약을 과다하게 투여하다

tendency
[téndənsi]

ⓝ 경향; 추세

There are no absolute laws, but there are probabilities and tendencies. 　사관 2012
→ 절대적인 법칙은 없지만, 확률과 경향은 있다.

• tendency to escape from reality 현실 도피 경향

pawn
[pɔːn]

ⓥ ~을 저당잡히다; 전당포에 맡기다
pawnshop [pɔ́ːnʃὰp] ⓝ 전당포

The detective found Peirce's watch at a pawnshop the next day, and Peirce asked the proprietor to describe the man who'd pawned it. 　사관 2014
→ 수사관은 다음 날 전당포에서 Peirce의 시계를 발견했고, Peirce는 주인에게 그것을 전당포에 맡긴 사람을 묘사해 달라고 부탁했다.

disparity
[dispǽrəti]

ⓝ 불균형; 불일치

Although most of us realize the disparity between our individual requirements, it is easy to fall into the trap of looking over the fence, seeing what the neighbors have and thinking that we need that too.

사관 2017

→ 우리 중 대부분은 우리의 개인적 필요 간 불일치를 인지하지만, 울타리 너머를 바라보며, 이웃들이 가지고 있는 것을 보고, 우리도 그것이 필요하다고 생각하는 함정에 빠지기는 쉽다.

resolve
[rizάlv]

ⓥ 결심하다; 해결하다(＝settle; solve) ⓝ 결심; 결의

As time passes, the issue will fade away, resolve itself, and we can go on with our lives.

사관 2002

→ 시간이 흐르면서 그 문제는 서서히 사라질 것이며, 스스로 해결될 것이고, 우리는 우리 삶을 살아갈 수 있다.

weather
[wéðər]

ⓝ 날씨; 기상 ⓥ 뚫고 나가다; 풍화시키다

Earth is created as rocks in the ground are broken down into smaller particles by weathering and erosion.

사관 2007

→ 대지는 땅의 암석들이 풍화와 침식에 의해 더 작은 입자들로 부서지면서 만들어졌다.

• weather a crisis 위기를 극복하다
• inclement weather 악천후

exasperate
[igzǽspərèit]

ⓥ 악화시키다; 분노하게 하다

Parents who recognize this emerging autonomous question as a sign that their teenagers are healthy, normal and "right on schedule" will rejoice and feel relief, even if they find their adolescent's challenges exasperating at times.

사관 2013

→ 이러한 자발적으로 생겨나는 질문을 그들의 10대 자녀들이 건강하고 평범하며, "예정대로"라는 신호로 이해하는 부모들은, 그들의 청소년 자녀들의 이의 제기가 때로 분노하게 만들지라도 기뻐하며 안도할 것이다.

hull
[hʌl]

ⓝ 겉껍질; (배의) 선체 ⓥ ~의 겉껍질을 벗기다

This marking on a ship's hull became known as the Plimsoll line.

사관 2010

→ 배의 선체의 이러한 표시는 만재 흘수선으로 알려지게 되었다.

obnoxious
[əbnάkʃəs]

ⓐ 아주 싫은; 불쾌한 (= disgusting)

For you are born and raised with desires, preferences, and goals, and if you had no anxiety whatever, and were totally unconcerned about achieving your desires, you would tolerate all kinds of obnoxious things and would do nothing to ward them off or escape from them. 사관 2016
→ 당신은 욕구와 선호 그리고 목표와 함께 자라나는데, 만약 당신이 어떤 불안도 없고 욕망을 실현하는 데 전혀 관심이 없다면, 당신은 모든 종류의 불쾌한 일들을 참을 것이며 그것들을 없애거나 그것들로부터 벗어나기 위해 아무것도 하지 않을 것이다.

stumble along

비틀거리며 걷다

After my son and I had covered 3 miles on our 4-mile hike, my 6-year-old son Mike was tired out and stumbling along. 사관 2003
→ 내 아들과 내가 4마일 도보 여행에서 3마일을 이동한 후, 내 6살 난 아들 Mike는 기진맥진하여 비틀거리며 걷고 있었다.

major in

~을 전공하다

I'm majoring in International Business. 사관 2004
→ 저는 국제 비즈니스를 전공하고 있습니다.

under way

진행 중인

Early results show that the treatment is safe and extends life in some patients, so a larger study is now under way. 사관 2010
→ 초기의 결과들이 치료가 안전하고 몇몇 환자들의 수명을 연장한다는 것을 보여주어, 더 큰 규모의 연구가 현재 진행 중이다.

set aside

떼어 놓다; 제쳐놓다; 제외하다

One approach is the cafeteria benefit plan, where a certain dollar amount of benefits per employee is set aside so that each employee can choose from a variety of alternatives. 사관 2011
→ 한 가지 접근은, 직원 한 명당 특정한 금액의 이득을 떼어 놓아 각 직원이 다양한 대안 중에서 고를 수 있게 하는 카페테리아식 복리후생제도이다.

intellect
[íntəlèkt]

ⓝ 지성; 지식인
intellectual [ìntəléktʃuəl] ⓝ 지식인 ⓐ 지적인

His encouragement gives me confidence in my intellect. 　　　　사관 2006
→ 그의 격려는 내게 나의 지성에 대한 자신감을 준다.

• the intellect of the age 당대의 지성인들

current
[kə́:rənt]

ⓐ 현행의; 통용되는 ⓝ 흐름; 전류; 해류
currency [kə́:rənsi] ⓝ 통화; 화폐

Radio-equipped buoys can be operated by remote control in order to transmit information back to land-based laboratories, including data about water temperature, currents and weather. 　사관 2006
→ 라디오 장비를 갖춘 부표들은 지상의 연구소로 다시 수온, 해류 그리고 날씨 자료를 포함한 정보를 보내기 위해 리모컨으로 작동될 수 있다.

hearth
[hɑ:rθ]

ⓝ 난로; 가정

With this adaptability and bold nature, along with the harmonious relationship they developed with their new 'neighbors,' cats have forever since been welcomed at the human hearth. 　사관 2012
→ 이러한 적응력과 대담한 성격으로, 그들이 새로운 '이웃'과 이룬 조화로운 관계와 더불어 고양이들은 인간의 난로 곁에서 영원히 환영받게 되었다.

doubtful
[dáutfəl]

ⓐ 의심스러운(≡questionable); 회의적인
doubt [daut] ⓥ 의심하다 ⓝ 의심
undoubtedly [ʌndáutidli] ⓪ 의심할 여지 없이; 분명히

How long this can continue to be so is, however, doubtful. 　　　　사관 2003
→ 하지만, 얼마나 오랫동안 이것이 그렇게 지속될 수 있는지는 회의적이다.

axiomatic
[æksiəmætik]

ⓐ 공리와 같은; 자명한

The axiomatic method rules, not only in mathematics but also in economics, linguistics, and sometimes even music. _{사관 2014}
→ 공리적인 방법은 수학에서뿐만 아니라 경제학, 언어학, 때로는 음악에서조차 지배적이다.

handiwork
[hǽndiwə̀:rk]

ⓝ 공예, 수공품; (사람·자연 등에 의한) 일

From his belief that nature was the handiwork of the Creator, he readily concluded that nature was simple. _{사관 2015}
→ 자연은 창조주의 작품이라는 그의 믿음에서, 그는 자연은 단순하다고 쉽게 결론지었다.

replenish
[ripléniʃ]

ⓥ 덧붙이다; 보충하다(= supplement)

They replenish underground water supplies. _{사관 2005}
→ 그들은 지하수 공급을 보충한다.

isolate
[áisəlèit]

ⓥ 고립시키다; 격리하다 (= segregate)
isolation [àisəléiʃən] ⓝ 소외; 격리

Working in a large company such as this can be oddly isolating. _{사관 2012}
→ 이처럼 큰 회사에서 일하는 것은 이상하게 고립적이다.

spank
[spæŋk]

ⓥ 찰싹 때리다

Then she said looking at the closet, "If I hear any more about you monsters, I will spank you!" _{사관 2002}
→ 그리고 그녀는 그 옷장을 바라보며, "한 번만 더 너희 괴물들에 대해 듣게 된다면 찰싹 때려 줄 거야!"라고 말했다.

wage
[weidʒ]

ⓝ 임금; 급여 ⓥ (전쟁·투쟁 등을) 하다

Thrilled, the zoo manager increases his wage to 500 dollars. _{사관 2010}
→ 신이 난 동물원 관리인은 자기 임금을 500달러로 올린다.

• minimum wage 최저 임금
• wage freeze 임금 동결

postpone
[poustpóun]

ⓥ 연기하다; 미루다

It could not be postponed without the probability of serious damage to the cause. 사관 2012

→ 대의를 심각하게 손상시킬 확률이 없이 그것은 미뤄질 수 없었다.

• postpone payment 지불을 연기하다

hatred
[héitrid]

ⓝ 증오; 혐오

In other words, not only is it normal, it is also essential for teenagers to ask things like "Can a truly good person feel hatred?" 사관 2013

→ 다시 말하면, 십대들이 "정말 선한 사람이 증오를 느낄 수 있나요?"와 같은 것을 질문하는 것은 평범하면서도 필수적이다.

establish
[istǽbliʃ]

ⓥ 설립하다; 세우다; 제정하다
establishment [istǽbliʃmənt] ⓝ 설립; 기관; 시설
disestablish [dìsistǽbliʃ] ⓥ 폐지하다; 면직시키다

However, as the Europeans established towns and cities, they pushed the Indians back. 사관 2002

→ 그러나 유럽인들이 마을과 도시를 세우면서, 그들은 인디언들을 밀어냈다.

decay
[dikéi]

ⓥ 부패하다; 상하다; 쇠퇴하다 ⓝ 부패; 쇠퇴
decayable [dikéiəbl] ⓐ 썩기 쉬운

This change is continued by plant decay and by worms, which convert organic matter to soil with their digestive systems. 사관 2007

→ 이러한 변화는 식물의 부패와 벌레에 의해 지속되며, 그것들은 그들의 소화 기관으로 유기물을 토양으로 변화시킨다.

• have a tooth decay 충치가 생기다

peculiarity
[pikjù:liǽrəti]

ⓝ 기발함; 특수성; 특성
peculiar [pikjú:ljər] ⓐ 특이한; 고유한

If your peculiarity is authentic enough, it will bring you attention and respect — the kind the crowd always has for the unconventional and extraordinary. 사관 2015

→ 만약 당신의 기발함이 충분히 진정성을 지니고 있다면, 그것으로 인해 당신은, 관습에 얽매이지 않고 비범한 것에 대해 대중이 언제나 가지는 그런 주목과 존중을 받게 될 것이다.

surround
[səráund]

ⓥ 둘러싸다; 포위하다

That's even worse, surrounded by bugs and closer to any wild animals stalking around in the dark.

→ 벌레에 둘러싸인 데다 야생동물이 밤에 어슬렁거리는 곳에서 가깝다니, 그건 더 심각해.

ornament
[ɔ́:rnəmənt]

ⓝ 장식품(＝decoration) ⓥ ~을 장식하다

Intended primarily to terrify the enemy, elephants were elaborately decorated with ornaments, such as headpieces and clanging bells.

→ 주로 적을 겁주려는 목적으로, 코끼리는 부분 가발과 땡그랑 소리를 내는 종 같은 장식품으로 정교하게 꾸며졌다.

morality
[mərǽləti]

ⓝ 도덕성(↔immorality 부도덕); 교훈
immoral [imɔ́:rəl] ⓐ 비도덕적인; 부도덕한
amoral [eimɔ́(:)rəl, æ-] ⓐ 도덕관념이 없는

Maybe I think about morality more than most men do.

→ 아마 저는 대부분의 사람들보다 도덕성에 대해 더 생각하나 봐요.

wrong
[rɔ́:ŋ]

ⓐ 나쁜; 그릇된(↔right ⓐ 옳은) ⓥ ~에게 해를 끼치다; 오해하다
wrongful [rɔ́:ŋfəl] ⓐ 나쁜; 불법인
wrongdoer [rɔ́:ŋdu:ər] ⓝ 범법자; 부정행위자

People who imagine not forgiving someone who has wronged them show negative changes in blood pressure, muscle tension, and immune response.

→ 자신에게 해를 끼친 누군가를 용서하지 않는 것을 상상한 사람들은 혈압, 근육 긴장 그리고 면역 반응에서 부정적인 변화를 보였다.

frustrate
[frʌ́streit]

ⓥ 좌절시키다; 망치다
frustration [frʌstréiʃən] ⓝ 좌절; 실패; 욕구불만

Frustration over the inability to express thoughts in words often results in physical aggressiveness.

→ 생각을 말로 표현할 수 없는 좌절은 종종 물리적인 공격성으로 이어진다.

imitate
[ímətèit]

ⓥ 모방하다; 흉내 내다
imitation [ìmətéiʃən] ⓝ 모방; 모조품
imitative [ímətèitiv] ⓐ 흉내를 내는; 모사하는

We imitate the behavior of people we admire. 사관 2011
→ 우리는 우리가 존경하는 사람들의 행동을 모방한다.

urinate
[júərənèit]

ⓥ 소변을 누다

While the victim tried to catch her breath, she lost control of herself and urinated all over the bathroom.
사관 2009
→ 피해자는 숨을 쉬려고 노력했지만, 그녀는 자기통제력을 잃고 화장실 전체에 소변을 누었다.

conjecture
[kəndʒéktʃər]

ⓝ 추측; 짐작; 억측 ⓥ 추측하다; 억측하다

Ms. Ball asked the class to figure out if Nancy's conjecture was right. 사관 2013
→ Ball 선생님은 학생들에게 Nancy의 추측이 맞았는지 생각해 보라고 요청했다.

strive
[straiv]

ⓥ 노력하다, 애쓰다 (= struggle)

Parenting usually involves some level of self-sacrifice, but you need to strive for a healthy balance that works for you and your family. 사관 2017
→ 육아는 보통 어느 정도의 자기희생을 수반하지만, 당신은 당신 그리고 당신의 가족에게 잘 맞는 건강한 균형을 위해 노력할 필요가 있다.

exuberance
[igzú:bərəns]

ⓝ 풍부; 윤택; 넘쳐흐름
exuberant [igzú:bərənt] ⓐ 풍부한; 넘쳐흐르는; 무성한

Those moments in which you took a leap of faith and expanded beyond your comfort zone are precious gifts, as they can remind you of the joy that is available to you when you embrace life with exuberance. 사관 2014
→ 당신이 신념을 가지고 도약하여 당신의 안락지대를 벗어났던 그런 순간들은 귀중한 선물이다. 왜냐하면 그것들은 당신이 삶을 풍부함으로 포용할 때 당신이 누릴 수 있는 즐거움을 상기시켜줄 수 있기 때문이다.

captivity
[kæptívəti]

ⓝ 포로; 속박; 감금(≡confinement)
captive [kǽptiv] ⓝ 포로(↔captor 포획자) ⓐ 포로가 된; 사로잡힌

The young orphan girl carefully released the butterfly from its captivity. 사관 2008
→ 어린 고아 소녀는 조심스럽게 나비를 속박에서 풀어주었다.

tumble
[tʌ́mbl]

ⓝ 넘어지기; 추락 ⓥ 굴러떨어지다

He quickly pulled himself up and looked around to make sure no one had seen his embarrassing tumble. 사관 2015
→ 그는 재빨리 몸을 일으키고 아무도 자신이 굴러떨어지는 쑥스러운 모습을 보지 않았는지 확인하기 위해 주변을 둘러보았다.

perpendicular
[pə̀:rpəndíkjulər]

ⓐ 수직의, 직각인; 곧은 ⓝ 수직선; 수직면

The forces are perpendicular to the walls, but their vertical components support the water. 사관 2008
→ 힘은 벽과 직각이지만, 그것들의 수직 분력이 물을 지탱한다.

unconscious
[ʌnkɑ́nʃəs]

ⓐ 무의식의; 의식 불명의
unconsciously [ʌnkɑ́nʃəsli] ⓐⓓ 무의식적으로
conscious [kɑ́nʃəs] ⓐ 자각하고 있는; 인식한
consciousness [kɑ́nʃəsnis] ⓝ 의식; 지각
subconscious [subkɑ́nʃəs] ⓐ 잠재의식의

Although we receive no formal training in how to send or receive nonverbal messages and signals, by adulthood we have become so skilled at it that we do so unconsciously and automatically. 사관 2017
→ 우리는 비언어적인 메시지와 신호를 어떻게 보내거나 받는지에 대해 아무런 정식 훈련도 받지 않았지만, 성년기가 되면 그것에 매우 능숙해져서 우리는 무의식적이고 자동적으로 그렇게 한다.

mandatory
[mǽndətɔ̀:ri]

ⓐ 의무적인; 강제적인

They also waved to the fans and promised to come back after the mandatory drug testing. 사관 2016
→ 또한 그들은 팬들에게 손을 흔들며 의무적인 약물 테스트 후에 돌아오기로 약속했다.

· mandatory retirement 정년 퇴직제

immemorial
[ìməmɔ́:riəl]

ⓐ 먼 옛날의; 태고의

From time immemorial, the island had been a haven for Polynesian fishermen where they could rest from their long voyages and resupply their food and water. 사관 2004

→ 태곳적부터 그 섬은 폴리네시아인 어부에게 안식처였었고, 그곳에서 그들은 긴 여정에서 벗어나 휴식을 취할 수 있었고 그들의 식량과 물을 재공급할 수 있었다.

entangle
[intǽŋgl]

ⓥ 얽히게 하다; 말려들게 하다

According to him, such compromising helps you face and solve the real problem so it doesn't get entangled in emotional issues. 사관 2010

→ 그의 말에 따르면, 그런 타협은 당신이 진짜 문제를 마주하고 해결하여 그것이 감정적인 문제에 말려들지 않도록 돕는다.

handful
[hǽndfùl]

ⓝ 한 줌; 소수

I know only a handful of Chinese characters by heart — among them are the three words I love you, the words that please us the most. 사관 2010

→ 내가 외운 한자는 소수에 불과하고, 그것들 중에는 우리를 가장 기쁘게 하는 '사랑해'라는 세 단어가 있다.

barren
[bǽrən]

ⓐ 메마른; 불모의; 불임의 (↔fertile 풍요로운); 무미건조한

Although we may not be aware of it, each day we make choices that determine whether we will be happy or unhappy, healthy or ill, creative or barren. 사관 2016

→ 우리가 잘 의식하고 있지 않다 하더라도, 우리는 매일 우리가 행복할지 불행할지, 건강할지 아플지, 창의적일지 무미건조할지를 결정하는 선택을 한다.

feasibility
[fì:zəbíləti]

ⓝ 타당성; 가능성
feasible [fí:zəbl] ⓐ 실현 가능한; 적당한

I would like you to conduct a one-month feasibility study on our proposal to extend our operations to include the Pacific Rim markets. 사관 2011

→ 저는 당신이 환태평양 시장을 포함하여 사업을 확장시키기 위한 우리의 제안에 관해 1개월간의 타당성 조사를 수행했으면 해요.

veneer
[vəníər]

ⓝ 겉치레; 허식

Knowing that probability underlies everything we do does not necessarily make the outcomes any easier to swallow, but there is satisfaction in accepting the truth as it is without a veneer of mystification. 사관 2013
→ 우리가 하는 모든 일에 확률이 밑바탕이 된다는 것을 아는 것이 반드시 조금이라도 더 결과를 받아들이기 쉽게 하는 것은 아니지만, 어떤 신비화의 허식도 없이 사실을 있는 그대로 받아들이는 것의 만족감이 있다.

catch up

따라잡다; 뒤진 것을 만회하다

I had to catch up on that class afterward with Hannah in the study center, so I don't have any notes from that lecture. 사관 2014
→ 나중에 Hannah와 함께 스터디 센터에서 그 수업을 보충해야 했기 때문에 나는 그 강의 필기가 하나도 없어.

nod off

꾸벅꾸벅 졸다

I've seen you nod off a couple of times during class. 사관 2011
→ 나는 네가 수업 시간에 꾸벅꾸벅 조는 것을 몇 번 봤어.

at odds with

~와 불화하여

Acknowledging that every aspect of the human mind is grounded in specific forms of bodily engagement with an environment requires a far-reaching rethinking of who and what we are, in a way that is largely at odds with many of our inherited Western philosophical and religious traditions. 사관 2016
→ 인간 정신의 모든 측면이 어떤 환경에 대한 특정 형태의 신체적 관련성에 기반을 둔다는 것을 인정하는 것은, 우리가 물려받은 많은 서양 철학 및 종교 전통과 불화하는 방식으로 우리가 누구이고 무엇인지에 관해 광범위한 재고를 요구한다.

hold up

견디다; (의복 등이) 오래가다; 내구성이 좋다

Though heavy and stiff, the pants held up so well that Strauss was in demand as a tailor. 사관 2017
→ 무겁고 뻣뻣했지만, 그 바지는 내구성이 아주 좋아서 Strauss는 재단사로서 수요가 많았다.

357

candidate
[kǽndidèit]

ⓝ 입후보자; 지원자; 수험생

I personally know both of these candidates, and they usually stick to their promises. 사관 2010

→ 나는 두 입후보자들을 개인적으로 다 아는데, 둘 다 약속을 잘 지키는 편이야.

impend
[impénd]

ⓥ (불쾌한 일이) 임박하다; (물건이) 걸리다

impendent [impéndənt] ⓐ 절박한; 임박한(≡impending)

Now when they hear about an impending storm, they are not worried because they know how to meet it. 사관 2005

→ 이제 그들은 폭풍이 임박했다는 이야기를 들으면, 어떻게 대면해야 하는지 알기 때문에 걱정하지 않는다.

enigmatic
[ènigmǽtik]

ⓐ 수수께끼 같은; 불가사의한 (≡mysterious)

Since Midgette knew nothing about art, his answers to students' questions tended to be as short and enigmatic as Warhol's own. 사관 2017

→ Midgette는 예술에 대해 아무것도 몰랐기 때문에, 학생들의 질문에 대한 그의 답은 Warhol의 그것처럼 짧고 불가사의한 경향이 있었다.

guise
[gaiz]

ⓝ 외관; 겉치레; 가장

Campaigners believe that dishonest waste merchants are illegally dumping millions of tons of dangerous waste on the developing world under the guise of exporting it for use in schools and hospitals. 사관 2009

→ 운동가들은 부정직한 폐기물 상인들이 학교와 병원에서의 사용을 위한 수출로 가장하여 개발도상국에 위험한 폐기물 수백만 톤을 불법적으로 버리고 있다고 믿는다.

representative
[rèprizéntətiv]

(n) 대표 (=delegate) (a) 대표적인; 대리의
represent [rèprizént] (v) 대표하다; 나타내다
representation [rèprizentéiʃən] (n) 표현; 표상

The representative of the workers rushed to him.

→ 직원들의 대표가 그에게 들이닥쳤다.

leeway
[líːwei]

(n) 자유; 재량; 여유

I know the deadline was last week, but can't you give me some leeway?
→ 마감 기한이 지난주였다는 건 알고 있지만, 제게 여유를 좀 주실 수는 없나요?

bridesmaid
[bráidzmeid]

(n) 신부 들러리 (+best man (n) 신랑 들러리)

Should you seat the groom's college roommate next to your bridesmaid at the wedding?
→ 당신은 결혼식에서 신랑의 대학 시절 룸메이트를 당신의 신부 들러리 옆에 앉혀야 하는가?

pundit
[pʌ́ndit]

(n) 전문가; 권위자

Recently, the case of a power blogger reveals the ugly side of online pundits.
→ 최근 한 파워블로거의 사례는 온라인 전문가의 추한 면을 보여준다.

confine
[kənfáin]

(v) 한정하다(=limit); 국한하다; 가두다 (n) 경계

He would've confined me to my room and not allowed me to eat.
→ 그는 나를 내 방에 가두고 먹지 못하게 했을 수도 있다.

defrost
[difrɔ́ːst]

(v) 녹다(=melt; thaw); 해동시키다

Therefore we assume that the defrosting process started after the cargo had been moved to the storehouse in the harbor.
→ 그러므로 우리는 화물이 항구에 있는 창고로 옮겨진 후에 해동 과정이 시작됐다고 추측한다.

succeed
[səksíːd]

ⓥ 성공하다(↔fail); 뒤를 잇다; 물려받다
successor [səksésər] ⓝ 후계자; 후임자
succession [səkséʃən] ⓝ 승계; 상속

When the duke dies, his eldest son will succeed to the title. 사관 2006
→ 공작이 죽으면, 그의 가장 나이 많은 아들이 그 작위를 물려받을 것이다.

satellite
[sǽtəlàit]

ⓝ 위성; 추종자 ⓐ 위성의 ⓥ 위성 중계를 하다

To gather information, they use satellites and robots as well as collect data at sea from ships. 사관 2008
→ 정보를 모으기 위해, 그들은 바다에서 배로 자료를 수집할 뿐만 아니라 위성과 로봇을 이용한다.

• communication satellite 통신 위성

conduct
[kándʌkt]

ⓥ 수행하다(=carry out); 지도하다; 지휘하다 ⓝ 행위; 처신
conductor [kəndʌ́ktər] ⓝ 지휘자; 전도체
conductive [kəndʌ́ktiv] ⓐ 전도성의

To find the answer, an international team of researchers conducted a test using hummingbirds.
사관 2008
→ 해답을 찾기 위해 국제적인 연구팀은 벌새를 이용한 실험을 수행했다.
• conduct state affairs 국정을 수행하다

guarantee
[gærəntíː]

ⓥ 보증하다 ⓝ 보증

Absolutely, our orders are guaranteed to be delivered in one week or less, depending on your location.
사관 2016
→ 당연히, 저희 주문은 고객님의 위치에 따라 일주일 또는 그 이하로 배달이 보증됩니다.
• guarantee equal opportunity 동등한 기회를 보장하다

foul
[faul]

ⓐ 더러운; 악취가 나는; (날씨가) 나쁜

The ocean has always been a mysterious place to humans, and when foul weather or poor navigation is involved, it can be a very deadly place. 사관 2014
→ 바다는 항상 인간에게 신비로운 장소로 존재해 왔고, 날씨가 나쁘거나 형편없는 항해술이 관련될 때에는 매우 치명적인 장소가 될 수 있다.

liberate
[líbərèit]

ⓥ 해방하다; 자유롭게 하다; 〈화학〉 유리시키다
liberation [lìbəréiʃən] ⓝ 해방; 광복; 독립
liberal [líbərəl] ⓐ 진보적인; 개방적인

They argue that MSG is no different from the glutamate that is liberated by our bodies when we eat food protein, and that MSG added to food represents only a small fraction of the glutamate contained naturally in most foods. 　사관 2016
→ 그들은 우리가 단백질을 먹을 때 신체에 의해 유리되는 글루타민산염과 MSG는 차이가 없고, 그 음식에 들어간 MSG는 대부분의 음식에 원래 있는 글루타민산염에 비해서 적은 양에 불과하다고 주장한다.

median
[mí:diən]

ⓐ 중앙의 ⓝ 중앙값; 중앙분리대

He was on the expressway, and his car traveled about 80 feet into a wide median, narrowly missing several large obstacles. 　사관 2009
→ 그는 고속도로 위에 있었고, 그의 차는 몇몇 큰 장애물을 가까스로 피하며 넓은 중앙분리대 방향으로 80피트 가량 이동했다.

relay
[rí:lei]

ⓥ 중계하다; ~을 교대시키다 ⓝ 교대; 교체

By relaying this signal back to researchers when a flood-causing storm is likely to occur, they can attempt to predict the magnitude of the event within specific geographic areas. 　사관 2010
→ 홍수를 일으키는 폭풍이 발생할 것 같을 때 이 신호를 연구자들에게 다시 중계함으로써, 그들은 특정한 지리적 지역 내에서 그 사건의 규모를 예측하려고 시도할 수 있다.

exquisite
[ikskwízit]

ⓐ 정교한; 절묘한; 예리한
exquisitely [ikskwízitli] ⓐⓓ 정교하게; 우아하게

Piaget's memory of the frightening event was exquisitely detailed. 　사관 2015
→ 공포스러운 사건에 대한 Piaget의 기억은 정교하게 자세했다.

stoop
[stu:p]

ⓥ 몸을 구부리다; 웅크리다 ⓝ 몸을 굽히기

However, it is of course old people who buy them, the shoppers least able to stoop. 　사관 2012
→ 그러나 그것들을 사는 것은 당연히도 가장 몸을 구부리기 힘든 쇼핑객인 노인들이다.

curative
[kjúərətiv]

ⓐ 치유력이 있는; 치료의 ⓝ 치유력

The curative and preventive treatments for rabies we know today are based on Pasteur's vaccination, which has allowed officials to control the spread of the disease. 사관 2013

→ 오늘날 우리가 알고 있는 광견병에 치유력이 있고 예방적인 치료법은 Pasteur의 백신 접종에 기반을 두고 있는데, 이를 통해 공무원들이 그 질병의 확산을 통제할 수 있었다.

drudgery
[drʌ́dʒəri]

ⓝ (단조로운)고된 일; 고역

They are ready to spend on their body because they easily feel that they are "losing their looks" through drudgery and age. 사관 2009

→ 그들은 고된 일과 노화를 통해 그들이 '미모를 잃고 있다'고 쉽게 느끼기 때문에, 그들의 몸에 돈을 쓸 준비가 되어있다.

analytical
[ænəlítikl]

ⓐ 분석적인(≡analytic)
analyze [ǽnəlàiz] ⓥ 분석하다
analysis [ənǽləsis] ⓝ 분석; 해석

The most successful new platforms are the subway dailies given to younger readers who are more interested in headlines than analytical stories.
사관 2006

→ 가장 성공적인 새로운 플랫폼들은 분석적인 이야기보다 헤드라인에 더 관심을 갖는 젊은 독자들에게 주어지는 지하철 일간 신문이다.

decisive
[disáisiv]

ⓥ 결정적인; 단호한
indecisive [ìndisáisiv] ⓐ 우유부단한; 결단력이 없는

It is actually quite difficult to help indecisive people plan a vacation. 사관 2004

→ 사실 우유부단한 사람들이 휴가를 계획하는 것을 돕는 것은 꽤 어렵습니다.

inflict
[inflíkt]

ⓥ 주다; 가하다; 입히다
infliction [inflíkʃən] ⓝ (고통 · 타격 등을) 주기; 가하기

The man struggled with the nanny, who successfully fought him off, but not before he inflicted scratches on her face. 사관 2015

→ 그 남자는 유모와 몸싸움을 벌였고, 유모는 그를 격퇴하는 데 성공했지만 그가 유모의 얼굴에 상처를 입힌 뒤였다.

ridiculous
[ridíkjuləs]

ⓐ 말도 안 되는; 우스운

ridicule [rídikjù:l] ⓥ 조롱하다; 놀리다 ⓝ 조롱

Sometimes the settlers bought land from the Indians, usually for a ridiculous price. 　사관 2002

→ 때때로 정착민들은 인디언들에게서 땅을 샀는데, 대개 말도 안 되는 가격으로 그랬다.

contagious
[kəntéidʒəs]

ⓐ 전염성의; 접촉 전염성의

contagion [kəntéidʒən] ⓝ 감염; 접촉 전염

First, historically, contact with exotic peoples increased exposure to exotic germs, which tend to be especially contagious when introduced to the local population. 　사관 2017

→ 우선, 역사적으로, 외국 사람들과의 접촉은 외래병균에 대한 노출을 증가시켰고, 이는 현지 사람들에게 전해졌을 때 특히 전염성이 강한 경향이 있었다.

• contagious disease 접촉 전염병

blunder
[blʌ́ndər]

ⓝ 큰 실수 ⓥ 잘못하다; 실수를 저지르다

Just as Serkin's audience did not attend his recital for the purpose of catching him in a blunder, so it is audience will have gathered for the express purpose of seeing you make a mistake. 　사관 2015

→ Serkin의 청중이 그의 실수를 찾아내려는 목적으로 연주회에 참석하지 않았던 것처럼, 당신이 실수하는 것을 보려는 분명한 목적으로 청중이 모였을 가능성은 거의 없다.

• make a grave blunder 심각한 실수를 저지르다

audible
[ɔ́:dəbl]

ⓐ 들리는; 들을 수 있는

Just yell at the guy, loudly enough so that you're audible over the music. 　사관 2012

→ 음악보다 당신 목소리가 잘 들릴 만큼 크게, 그저 그 남자에게 소리쳐라.

galvanize
[gǽlvənàiz]

ⓥ 전류를 통하여 자극하다; 기운을 북돋우다; ～을 자극하여 (어떤 행동을) 취하게 하다

Stung by the criticism, aid agencies have been galvanized into action. 　사관 2011

→ 비판에 자극받아, 원조 기관들은 행동에 나서게 되었다.

consistent
[kənsístənt]

ⓐ 일치하는; 지속적인 (↔inconsistent ⓐ 불일치하는, 모순되는)

consistency [kənsístənsi] ⓝ 일관성; 일치

We could have expressed them as a list of things you should do, but a system of questions is more consistent with the spirit of curiosity, wonder, and intellectual adventure essential to critical thinking.
사관 2017

→ 우리는 그것들을 당신이 해야 하는 일들의 목록으로 나타냈을 수도 있지만, 질문의 체계가 호기심, 놀라움, 그리고 비판적 사고에 필수적인 지적 모험의 정신과 더 일치한다.

treacherous
[trétʃərəs]

ⓐ 배신하는; 불성실한; 불안정한

Love and affection will blind you to the treacherous actions of those apparently on your side.
사관 2015

→ 사랑과 애착은 겉보기로는 당신의 편에 있는 사람들의 배신하는 행동들을 당신이 보지 못하게 할 것이다.

screw
[skru:]

ⓝ 나사 ⓥ 나사로 죄다; ~을 비틀어 돌리다

After we put the shelves in, and screwed the backs on all of the bookcases, Fred sanded the wood to make it smooth while I made lunch.
사관 2003

→ 우리가 선반을 안으로 넣고 모든 책장의 뒷부분을 나사로 조인 후, 내가 점심을 만드는 동안 Fred는 목재를 부드럽게 만들기 위해 사포질을 했다.

ease
[i:z]

ⓝ 편함; 안락함 ⓥ 완화하다; 덜어주다; 느슨해지다

We have to register at the hospital to see a doctor, but the registration process does nothing to ease a patient's pain.
사관 2002

→ 우리는 진료를 받기 위해 병원에서 등록해야 하지만, 등록 절차는 환자의 고통을 덜어주는 데 아무것도 하지 못한다.

• ill at ease 불쾌한; 거북한

controversy
[kántrəvə̀:rsi]

ⓝ 논란; 논쟁

controversial [kántrəvə́:rʃəl] ⓐ 논란의; 논쟁의

Perhaps because of the amalgam controversy, plastic composite fillings are gaining popularity.
사관 2013

→ 아마도 아말감 논쟁 때문에, 플라스틱 합성 충전재가 인기를 얻고 있다.

vector
[véktər]

ⓝ 진로; 벡터; (질병의) 매개체 **ⓥ** (비행기, 미사일 등의) 전파로 진로를 인도하다

One of the main ways in which disease ecology has been useful in explaining disease patterns is by considering how characteristics of the environment influence where disease-causing organisms, or the vectors that carry them, can live. 사관 2018

→ 질병 생태학이 질병의 양상을 설명하는 데 유용성이 있었던 주요한 방식 중 하나는 질병을 야기하는 유기체들, 혹은 그것들을 옮기는 매개 동물이 사는 곳에 환경의 특성이 어떻게 영향을 주는지 고려하는 것이다.

bounce off the walls

몹시 흥분해 있다

I'm bouncing off the walls with excitement. 사관 2012

→ 나는 신이 나서 몹시 흥분해 있어.

out of date

시대에 뒤떨어진; 구식인

It is a bit out of date, but may still prove useful as a model. 사관 2011

→ 약간 구식이긴 하지만, 아마 견본으로서 아직 유용하긴 할 것이다.

bundle up

껴입다; 따뜻하게 두르다; ~을 꾸리다

The wife of an American professor in Europe bundled up her washing every week to send to the local laundry. 사관 2004

→ 유럽에 간 미국 교수의 아내는 근처 세탁소에 보내기 위해 매주 그녀의 빨랫감을 꾸렸다.

turn out

~인 것으로 드러나다

The disorder turns out to be largely a developmental problem. 사관 2017

→ 이 장애는 대체로 발달상의 문제인 것으로 드러났다.

fluctuate
[flʌ́ktʃuèit]

ⓥ 변동하다; 오르내리다
fluctuation [flʌktʃuéiʃən] ⓝ 동요; 변동

There were some significant fluctuations in the number of forest fires, such as in 2006 when there was a high of nearly 10,000 and a low of less than 5,000 in 2011. 사관 2016
→ 만 번에 가까운 최고치가 나타난 2006년과 오천 번보다 적은 최저치가 나타난 2011년처럼 산불의 횟수에는 현저한 변동이 있었다.

reliable
[riláiəbl]

ⓐ 신뢰할 만한; 믿을 만한 (= dependable; trustworthy)
reliance [riláiəns] ⓝ 신뢰; 의존
reliant [riláiənt] ⓐ 의지하고 있는; 믿고 있는

Well, if you part with your old car, we can find a reliable compact car that will suit your needs. 사관 2009
→ 음, 당신이 당신의 오래된 차를 버린다면, 우리가 당신의 필요에 맞는 믿을 만한 소형차를 찾아줄 수 있어요.

warranty
[wɔ́:rənti]

ⓝ 보증; 담보

Your phone is still within its warranty. 사관 2017
→ 당신의 휴대폰은 아직 보증기간 중이에요.

maternal
[mətə́:rnl]

ⓐ 어머니의(↔paternal ⓐ 아버지의); 어머니다운
maternity [mətə́:rnl] ⓝ 모성; 어머니임

My dream about freeing the baby fox is, I think, about my desire to have a child because in the dream I felt protective and maternal toward the fox. 사관 2006
→ 여우 새끼를 놓아주는 내 꿈은, 꿈속에서 내가 여우에 대해 보호본능과 모성애를 느꼈기 때문에, 아이를 갖기 원하는 내 욕구에 대한 꿈이라고 생각한다.

transient
[trǽnʃənt]

ⓐ 덧없는; 일시적인

If we love transient attractions and values, our happiness will be fleeting and transitory as well.

사관 2013

→ 우리가 덧없는 매혹과 가치들을 사랑한다면, 우리의 행복은 그처럼 일시적이고 순간적이게 될 것이다.

adjacent
[ədʒéisnt]

ⓐ 인접한 (= neighboring)

One summer, the Klines and the Wieners had adjacent cottages on a lake in New Hampshire.

사관 2017

→ 어느 여름, Kline 가족과 Wiener 가족은 뉴햄프셔의 한 호수 위에 서로 인접한 오두막을 갖고 있었다.

confer
[kənfə́:r]

ⓥ 수여하다; 주다

They also confer the advantage of being tooth-colored, rendering them practically invisible. 사관 2013

→ 그들은 또한 이와 같은 색깔이라는 이점을 주어, 그들이 사실상 보이지 않도록 하고 있다.

initiative
[iníʃiətiv]

ⓝ 창시; 주도권; 새로운 계획

The history of other health initiatives, from treating malnutrition to distributing bed nets, tells a similar story.

사관 2011

→ 영양실조를 대하는 것부터 모기장을 나눠주는 것까지, 다른 건강 계획의 역사도 비슷한 이야기를 들려준다.

bond
[bá:nd]

ⓝ 채권; 결속; 계약 ⓥ 담보로 잡히다; 접착하다; ~와 친밀한 인연을 맺다

He's adorable, and he seems to have bonded with you already. 사관 2018

→ 그는 귀엽고, 당신과 이미 유대감을 형성한 것처럼 보여요.

likelihood
[láiklihùd]

ⓝ 가능성; 기회(= likeliness)

Once, physicians assured older women that hormone replacement therapy did not increase the likelihood of breast cancer. 사관 2009

→ 한때 내과 의사들은 호르몬을 대체하는 치료는 유방암의 가능성을 증가시키지 않는다고 나이 든 여성들에게 장담했다.

prototype
[próutətaip]

ⓝ 견본; 표준; 시범

Some researchers have already started experimenting with a prototype electric vehicle with an energy-storing trunk floor, whose extra energy storage could reduce the battery's weight by 15 percent. 사관 2015
→ 일부 연구원들은 이미 에너지를 저장하는 트렁크 플로어를 장착한 시범 전기 자동차를 가지고 실험하기 시작했는데, 여분의 에너지 저장은 배터리의 무게를 15퍼센트까지 줄일 수 있다.

inhabit
[inhǽbit]

ⓥ 거주하다; 서식하다
inhabitant [inhǽbətənt] ⓝ 주민; 특정 장소에 서식하는 동물
inhabitable [inhǽbitəbl] ⓐ 거주에 적합한

Earlier inhabitants of Easter Island carved the statues from the rocks. 사관 2002
→ 이스터섬의 초기 주민들은 암석으로부터 동상을 조각했다.

vacancy
[véikənsi]

ⓝ 빈자리; 방심; 공석
vacant [véikənt] ⓐ 텅 빈; 공석인; 한가한; 멍한

Oceanographers are employed in a lot of places but many of the vacancies are initially short-term contracts of three years or less, so you are likely to move around a great deal in your career. 사관 2008
→ 해양학자들은 여러 곳에 고용되지만 많은 공석은 기본적으로 3년 정도의 단기 계약이기 때문에, 당신은 당신의 직장 생활 중 아주 많이 이동할 가능성이 있다.

intoxicate
[intáksikèit]

ⓥ 취하게 하다; 도취시키다; 중독시키다
toxic [táksik] ⓐ 유독한; 중독성이 있는

In weak systems, they can be seduced by the lack of structure and discipline, get used to it, and even intoxicated by it. 사관 2012
→ 취약한 시스템에서 그들은 체계와 규율의 결핍에 현혹될 수 있고 익숙해지면 심지어 도취될 수도 있다.

defend
[difénd]

ⓥ 방어하다; 지키다
defensive [difénsiv] ⓐ 방어적인; 수비적인
defense [diféns] ⓝ 방어

We must defend our homeland and our way of life. 사관 2003
→ 우리는 우리의 조국과 우리 삶의 방식을 지켜야만 한다.

differentiate
[dìfərénʃièit]

Ⓥ 구별하다 (=distinguish)
differential [dìfərénʃəl] ⓐ 차별적인 ⓝ 차이; 차액

But what truly differentiates Montemagno from the majority of presenters is his unbelievable number of props and demonstrations. 사관 2015
→ 그러나 Montemagno가 다른 대부분의 발표자들과 정말로 구별되는 점은 그의 믿을 수 없을 정도로 많은 소품들과 설명들이다.

potent
[póutnt]

ⓐ 유력한; 강력한 (↔impotent ⓐ 무력한)
omnipotent [ɑmnípətənt] ⓐ 전능한 ⓝ 전능자

In fact, creating an environment in which learning and its natural by-product, mistakes, are okay can be a potent tool to unite a group and inspire creativity, risk taking, and effort. 사관 2013
→ 실제로, 배움과 그것의 자연적인 부산물인 실수가 허용되는 환경을 만드는 것이 집단을 단결시키고 창의성, 위험 감수, 노력을 북돋는 강력한 도구가 될 수 있다.

polish
[pɑ́liʃ]

Ⓥ 다듬다; 윤을 내다 ⓝ 광택제

Lu proposed that the ancient Chinese must have used diamond to shape and polish their axes. 사관 2008
→ Lu는 고대의 중국인들은 그들의 도끼를 모양내고 윤을 내기 위해 틀림없이 다이아몬드를 사용했을 것이라고 주장했다.

counter
[káuntər]

ⓝ 카운터 ⓐ 반대의 Ⓥ 반박하다; 대응하다

Just sitting quietly slows the heart rate and reduces blood pressure, countering two of the most obvious effects of stress. 사관 2009
→ 단지 가만히 앉아있는 것도 가장 분명한 스트레스의 영향 중 두 가지에 대응하여, 심장 박동을 느리게 하고 혈압을 낮춘다.

outskirt
[áutskə̀:rt]

ⓝ 변두리; 교외

Trash heaps on the outskirts of these settlements proved a big attraction for cats, which found a great source of food not only in the garbage itself, but also in the mice lured in by the enticing aroma. 사관 2012
→ 이러한 정착지의 변두리에 있는 쓰레기 더미는 쓰레기 자체뿐 아니라 매혹적인 향기에 끌린 쥐들에게서도 엄청난 음식의 원천을 찾은 고양이들에게 큰 유혹임이 드러났다.

embody
[imbádi]

ⓥ 구체화하다; 구현하다; (≡represent) 포함하다
embodiment [imbádimənt] **ⓝ** 구체화; 형상화

For at least the past three decades, scholars and researchers in many disciplines have piled up arguments and evidence for the embodiment of mind and meaning.　사관 2016
→ 최소 지난 30년간, 많은 분야의 학자들과 연구자들은 정신과 의미의 구체화에 관한 주장과 증거들을 쌓아왔다.

cardiovascular
[kà:rdiəvǽskjulər]

ⓐ 심혈관의

People who imagine forgiving their offenders note immediate improvement in their cardiovascular, muscular, and nervous systems.　사관 2008
→ 그들의 기분을 상하게 하는 사람을 용서하는 상상을 한 사람들은 그들의 심장 혈관, 근육, 그리고 신경 체계의 즉각적인 개선을 보였다.

mundane
[mʌndéin]

ⓐ 평범한; (≡ordinary) 세속의

His point is that the Internet can instruct on a deep, intellectual level, but it can also make the most mundane tasks easier.　사관 2015
→ 그의 요점은 인터넷이 깊이 있고 지적인 수준으로 가르칠 수 있지만 가장 일상적인 작업을 더 쉽게 만들 수도 있다는 것이다.

huddle
[hʌdl]

ⓥ 모이다; 몸을 움츠리다

Since what you make of your life is up to you, you can either create a life filled with miraculous adventures or stay huddled and safe, never experiencing the joyful rush of journeying outside your world with boldness.　사관 2014
→ 당신이 당신의 삶을 무엇으로 만들지는 당신에게 달려있기 때문에, 당신은 기발한 모험으로 가득 찬 인생을 만들 수도 있고, 대담하게 당신의 세상 밖으로 나가 여행하는 즐거운 기쁨을 전혀 경험하지 못한 채 움츠리고 안전을 도모하는 데 그칠 수도 있다.

one-off
[wʌnɔ́(:)f]

ⓐ 한 사람만의; 한 번만의 **ⓝ** 한 사람만의 것; 한 번만의 것

This type of sponsorship doesn't involve just a one-off gift, but rather a long-term commitment to making monthly donations.　사관 2010
→ 이러한 종류의 후원은 단순히 한 번만의 선물이 아니라, 매달 기부를 하는 장기간의 헌신을 포함한다.

pavement
[péivmənt]

ⓝ 포장도로; 인도

He held his arm up to keep his phone from hitting the pavement, instead using his face to brake his fall.
사관 2015

→ 그는 넘어지는 것을 늦추기 위해 그의 얼굴을 사용하는 대신, 팔을 치켜들어 휴대전화가 포장도로에 부딪히는 것을 막았다.

unfounded
[ʌnfáundid]

ⓐ 근거 없는; 사실 무근의
found [faund] ⓥ 기초를 쌓다; 세우다

The fear that information stored on the chips might be used for our benefit is unfounded.
사관 2008

→ 칩에 저장된 정보들이 우리의 이득을 위해 이용될 수도 있다는 두려움은 사실 무근이다.

sap
[sæp]

ⓝ 수액; 활력 ⓥ (나무 등에서) 수액을 짜내다; (활력 등을) 서서히 빼앗다

The sugar maple is commercially valued for its sap, which is used in the making of maple syrup.
사관 2004

→ 사탕단풍은 메이플 시럽을 만드는 데 쓰이는 수액 때문에 상업적으로 가치 있다고 여겨진다.

compute
[kəmpjú:t]

ⓥ 계산하다; 산출하다
computation [kὰmpjutéiʃən] 계산; 산정 수치
computable [kəmpjú:təbl] 산정할 수 있는; 계산할 수 있는

A recent variation on cafeteria plans permits employees to choose whether their portion of benefits comes from their salaries before or after taxes are computed.
사관 2011

→ 카페테리아 계획의 최근 한 변형된 형태는 직원들이 그들 몫의 수당을 세금이 계산되기 이전 급여에서 나오도록 할 것인지, 세금이 계산된 이후 급여에서 나오도록 할 것인지를 선택할 수 있게 한다.

nursery
[nə́:rsəri]

ⓐ 유치원의 ⓝ 탁아소; 보육원
nurse [nə:rs] ⓥ 간호하다; 양육하다 ⓝ 간호사

Popular nursery rhymes have their origins in European history and often refer to military victories and defeats.
사관 2010

→ 잘 알려진 전래 동요는 유럽 역사에 그 유래가 있고, 종종 군대의 승리와 패배를 언급하곤 한다.

- a nursery story 옛날이야기, 동화
- nursery rhyme (전래)동요

emergence
[imə́:rdʒəns]

ⓝ 출현; 발생
emerge [imə́:rdʒ] ⓥ 떠오르다; 나타나다
emergent [imə́:rdʒənt] ⓐ 신흥의; 나타나는

Twentieth-century medicine has been marked by the emergence of medical specialties and the focus on an organ systems approach to treat disease. 사관 2017
→ 20세기의 약은 의료 전공의 출현과 질병을 치료하기 위한 기관 체계 접근법에 대한 초점으로 특징지어진다.

calf
[kæf]

ⓝ 송아지; (포유동물의) 새끼

Nursing a newborn is no "small" feat for the whale, whose calf, after 10 to 12 months in the womb, emerges about a third of the mother's length in size. 사관 2010
→ 갓 태어난 새끼를 돌보는 것은, 자궁에서 10~12개월이 지나면 새끼가 크기 면에서 어미 몸길이의 약 1/3까지 자라는 고래에게 '작은' 기술이 아니다.

herald
[hérəld]

ⓥ ~를 보도하다; 예고하다

Thus, people find themselves bound to their jobs around the clock by the same nomadic tools — cell phones, tablets, wireless e-mail — that were heralded first as instruments of liberation. 사관 2016
→ 그러므로 사람들은 휴대폰, 태블릿, 무선 이메일 등, 처음에는 해방의 도구로 알려진 바로 그 이동 가능한 도구들에 의해 24시간 내내 일에 얽매이게 되었음을 깨닫는다.

justice
[dʒʌ́stis]

ⓝ 정의; 사법; 정당성
injustice [indʒʌ́stis] ⓝ 불공평; 부당한 처사; 부정행위

I felt furious; in fact, I got angry at the injustice of it all. 사관 2002
→ 나는 격분했다. 사실 나는 그 모든 일의 부당함에 화가 났다.

instinctive
[instíŋktiv]

ⓐ 본능적인; 직관적인
instinct [ínstiŋkt] ⓝ 본능; 직관

Some psychologists think that the origin of jealousy lies in biology, i.e., that jealousy is an instinctive response in humans. 사관 2006
→ 몇몇 심리학자들은 질투의 근원이 생물학에 존재한다고 생각한다. 예를 들면, 인간의 질투는 본능적인 반응이라는 것이다.

skeptical
[sképtikəl]

ⓐ 회의적인

Print ads permitted the company to describe in great detail the many features of the new product and to back up the description with the almost encyclopedic details that appealed to German consumers, who would otherwise have been skeptical because of its newness. 사관 2014

→ 인쇄 광고는 이 회사가 신제품의 여러 가지 특징을 매우 자세하게 설명할 수 있게 하였고, 거의 백과사전 같은 상세한 정보로 그 설명을 뒷받침할 수 있게 하였는데, 이것은 그렇게 하지 않았다면 생소함 때문에 회의적이었을 독일 소비자들에게 호소력이 컸다.

up to

~까지

Gold fillings can last up to 20 years — much longer than the others. 사관 2013

→ 금 충전재는 20년까지 견뎌낼 수 있으며 이는 다른 것보다 훨씬 오랜 기간이다.

coincide with

부합하다; 동시에 일어나다

The trend to more and more thinness as an ideal has coincided with the rise of women as an economically powerful group. 사관 2009

→ 더욱 더 날씬함을 이상으로 보는 경향은 경제적으로 영향력을 가진 집단으로서 여성의 부상과 동시에 일어났다.

far-seeing

ⓐ 선견지명이 있는; 먼 곳을 잘 보는

Not long ago, though, a few far-seeing scientists and engineers began to believe it was the old dream of creating machines in man's image that had caused so much trouble. 사관 2010

→ 그러나 그리 멀지 않은 옛날에, 몇몇의 선견지명이 있는 과학자들과 기술자들은 이렇게 많은 문제를 야기한 것이 인간의 형상을 한 기계를 만드는 오래된 꿈이라는 것을 믿기 시작했다.

dawn on somebody

~가 깨닫게 되다; ~에게 분명해지다

As she worked on this, she came to think about her favorite subject, and it dawned on her why she found marine biology so fascinating. 사관 2011

→ 그녀가 이것을 작업하면서 그녀가 가장 좋아하는 주제에 대해 생각하게 되었고, 왜 그녀가 해양생물학을 그토록 매력적이라고 생각했는지 깨닫게 되었다.

paramount
[pǽrəmàunt]

ⓐ 최고의(= supreme); 지상의 ⓝ 최고권자; 대군주

Because the dignity of all human beings was of paramount importance to them, they believed that no matter what kind of work a person did, everyone's contribution to society was of equal value. 사관 2006
→ 모든 인간의 존엄성은 그들에게 최고로 중요한 것이었기 때문에, 그 사람이 어떤 일을 하는가에 상관없이 모든 사람의 사회에 대한 기여는 똑같이 가치 있다고 그들은 믿었다.

sentimentality
[sèntəmentǽləti]

ⓝ 감상성; 감상적 행위
sentimental [sèntəméntl] ⓐ 감상적인; 감정적인
sentiment [séntəmənt] ⓝ 감정; 정조

This kind of sentimentality adds to the image I have of not being a very neat or well-dressed person. 사관 2003
→ 이러한 종류의 감상적 행위는 아주 단정하거나 옷을 잘 차려입은 사람이 아닌 것에 대해 내가 가지고 있는 이미지에 더해진다.

uneasy
[ʌníːzi]

ⓐ 거북한; 불편한
unease [ʌníːz] ⓝ 불안; 걱정(= uneasiness)

But if you feel uneasy about what you once strongly believed in, don't try to be assertive. 사관 2005
→ 그러나 만약 당신이 한때 열심히 믿었던 것에 대해 불편함을 느낀다면, 고집하려고 노력하지 마라.

miserable
[mízərəbl]

ⓐ 비참한; 불행한; 절망적인 ⓝ 곤궁한 사람

However, it is clear that miserable people are surely less likely than happy people to have close friends, devoted family, and enduring marriages. 사관 2009
→ 그러나 비참한 사람들은 행복한 사람들보다 가까운 친구들, 헌신적인 가족들, 그리고 오래 지속되는 결혼생활을 가지고 있는 경향이 확실히 적다는 것은 분명하다.

strand
[strænd]

Ⓥ 좌초시키다; (보통 수동태로) 오도 가도 못하게 되다

I don't want to be stranded here. 사관 2013
➔ 난 여기서 오도 가도 못하게 되고 싶지 않아.

inferior
[infíəriər]

ⓐ 열등한(↔superior ⓐ 우월한); 품질이 낮은 ⓝ 손아랫사람; 후배

Are men and women equal? If not, which is inferior; which, superior? 사관 2004
➔ 남자와 여자는 평등한가? 만약 그렇지 않다면 누가 열등하고 누가 더 우월한가?

courthouse
[kɔ́:rthaus]

ⓝ 법원 청사; 법원

I have to drop these papers off at the courthouse no later than nine. 사관 2008
➔ 저는 9시 이전에 법원에 이 서류들을 갖다 놓아야 해요.

impersonate
[impə́:rsənèit]

Ⓥ 흉내를 내다; 대역을 하다 ⓐ [impə́:rsənət] 구체화된; 인격화된

His solution was simple: he asked an actor, Allen Midgette, to impersonate him. 사관 2017
➔ 그의 해결책은 간단했다. 그는 Allen Midgette라는 배우에게 자기의 대역을 하도록 부탁했다.

partake
[pa:rtéik]

Ⓥ 참가하다; 함께 하다 (=participate)

The teacher who partook in the experiment told her students. 사관 2017
➔ 실험에 참가한 선생님은 그녀의 제자들에게 말했다.

• partake in each other's joys 기쁨을 함께 나누다

modulation
[mɑ̀dʒuléiʃən]

ⓝ 조절; 조정; 변조
modulate [mɑ́dʒulèit] Ⓥ 조절하다; 바꾸다

For the first lesson, let us examine this quartet and you tell me the reasons for some modulations and certain progressions that are contrary to all rules of composition. 사관 2015
➔ 첫 번째 수업으로 먼저 이 4중주곡을 살펴본 후 작곡의 모든 규칙에 상반되는 몇 가지 변조의 이유와 일부 화성의 진행에 대해서 이야기해주세요.

stage
[steidʒ]

ⓝ 단계; 무대 ⓥ 전개하다

To illustrate, while both groups initially supported America's military action in Vietnam, the higher-educated changed their attitudes and began staging antiwar demonstrations. 사관 2008

→ 설명하자면, 두 집단 모두 처음에는 베트남에서의 미국의 군사적 행동을 지지했지만, 더 고학력인 사람들은 그들의 태도를 바꾸고 반전 시위를 전개하기 시작했다.

gear
[giər]

ⓝ 기어; 톱니바퀴 ⓥ 기어를 넣다; 적응시키다; (계획, 요구 등에) 맞추다

Furthermore, Greek sports and games were too individualistic, too geared to the participants rather than to spectator appeal. 사관 2018

→ 게다가, 그리스의 스포츠와 경기는 너무 개인주의적이었고, 관객의 관심을 끌기보다는 참여자들에게 너무 맞춰져 있었다.

• slip out of gear 통제할 수 없게 되다

rust
[rʌst]

ⓝ 녹 ⓥ 녹슬다 ⓐ 녹빛의

And it is often called the "red planet" because of the rust in its soil. 사관 2003

→ 그리고 토양 속의 녹 때문에 그것은 종종 '붉은 행성'이라고 불린다.

• rub off the rust 녹을 문질러 벗겨내다

tow
[tou]

ⓥ 끌다; 견인하다 ⓝ 견인차

This morning, after the car was towed, we went over his cell phone records for the past month and learned that he hasn't gone more than three hours without receiving a call! 사관 2009

→ 오늘 아침, 차가 견인된 후, 우리는 그의 지난달 휴대폰 기록을 살펴보았고 그가 전화를 받지 않고 세 시간 이상 보낸 적이 없음을 확인했다!

erode
[iróud]

ⓥ 침식하다(=corrode); 부식하다
erosion [iróuʒən] ⓝ 침식; 부식

If a ruin is in a river valley or a field, where there are lots of plants and eroding water, this process can happen much faster. 사관 2007

→ 많은 식물과 침식시키는 물이 있는 계곡이나 들판의 강가에 유적지가 있다면 이러한 과정은 훨씬 빨리 진행될 것이다.

superficial

[sù:pərfíʃəl]

ⓐ 피상적인; 외부의

However, Susan Swithers of Purdue University claims that this superficial behavioral explanation does not address the health problems caused by unfounded faith in diet drinks. 사관 2015

→ 그러나 Purdue 대학교의 Susan Swithers 교수는 이러한 피상적인 행동 설명으로는 다이어트 음료에 대한 근거 없는 믿음에서 야기된 건강 문제들을 바르게 파악할 수 없다고 주장한다.

• bring superficial judgment 피상적인 판단을 내리다

commodity

[kəmάdəti]

ⓝ 상품; 필수품; 유용한 것

Personal information has always been a commodity to be bought and sold by untrustworthy people. 사관 2008

→ 개인 정보는 언제나 신뢰할 수 없는 사람들에 의해 구매되고 팔릴 수 있는 상품이었다.

• duty free commodity 면세품

reasonable

[rí:zənəbl]

ⓐ 합리적인; 합당한(↔unreasonable ⓐ 비합리적인)

If you allow the person to pay a reasonable sum of money, the inequality is reduced. 사관 2013

→ 당신이 누군가에게 합리적인 금액의 돈을 지불하도록 허락한다면, 불평등은 감소한다.

cohesive

[kouhí:siv]

ⓐ 응집력 있는; 화합하는

When national interests converge in alliances, they tend to be a little more cohesive and organized. 사관 2014

→ 국가의 이익이 동맹에서 수렴할 때, 그 동맹은 조금 더 응집력 있게 되고 조직화되는 경향이 있다.

avert

[əvə́:rt]

ⓥ 돌리다; 피하다; 막다

This has meant the UN has often acted too late, with too little force, and has thereby failed to avert humanitarian disasters in such places as Central Africa, Bosnia, Sierra Leone, and Somalia. 사관 2010

→ 이것은 종종 UN이 너무 적은 군사력을 가지고 너무 늦게 행동했고, 그렇기 때문에 중앙아프리카, 보스니아, 시에라리온 그리고 소말리아 같은 지역에서의 인도주의적 재앙들을 막지 못했다는 것을 의미한다.

377

milestone
[máilstoun]

ⓝ 이정표; 획기적인 사건; 중요한 시점

On the contrary, parents who don't understand that this is healthy and normal may find themselves anxious about it, which may cause them to try to control or even prevent this exciting milestone, resulting in unfortunate consequences. 사관 2013

→ 반대로, 이것이 건강하며 평범하다는 것을 이해하지 못하는 부모들은 그것에 대해 불안해할 것이며, 이는 그들이 이런 신나는 중요한 시점들을 통제하고 심지어는 금지하게 할 수도 있으며, 그것은 불행한 결과로 이어질 것이다.

transcend
[trænsénd]

ⓥ 초월하다; 능가하다

To transcend this unchanging reality of human mortality, the focus must be first and foremost on building the characteristics of the organization, instead of being a great charismatic leader. 사관 2016

→ 인간이 반드시 죽는다는 이 변하지 않는 현실을 초월하려면, 초점은 위대한 카리스마적 지도자가 되는 것 대신, 다른 무엇보다도 조직의 특성을 세우는 것에 있어야 한다.

bypass
[báipɑːs]

ⓥ 우회하다; 우회하며 흐르다 **ⓝ** 우회 도로

A protein in the venom selectively binds itself to cancerous cells while bypassing surrounding healthy cells. 사관 2010

→ 독에 들어있는 한 단백질은 둘러싸고 있는 건강한 세포들을 우회하며 흐르면서 암세포에 그 자신을 선택적으로 묶는다.

escalate
[éskəlèit]

ⓥ 단계적으로 확대되다[시키다]; 증가하다

Soon after, the Cold War escalated with confrontation over the construction of the Berlin Wall and over the Cuban missile crisis. 사관 2014

→ 곧 냉전은 베를린 장벽의 건설과 쿠바 미사일 위기를 둘러싼 대립과 더불어 확대되었다.

toll
[toul]

ⓥ (종을) 울리다; 치다 **ⓝ** 대가; 피해; 통행료

When applying a road tolling system, we should make it account for the route and time of day traveled rather than simply for the distance traveled. 사관 2010

→ 도로 통행료 징수 시스템을 적용할 때, 우리는 단순히 운행한 거리보다 운행한 경로와 시간을 계산에 고려해야 한다.

engender
[indʒéndər]

Ⓥ 발생시키다; 일으키다; 낳다

Making life easy on older shoppers engenders warm feelings among a group that is often badly served by retailers. 사관 2012

→ 나이가 많은 쇼핑객들의 삶을 편하게 해주는 것은 종종 소매업자들에게 나쁜 대우를 받는 집단 사이에 따뜻한 감정을 불러일으킨다.

gruesome
[grú:səm]

ⓐ 소름끼치는; 무시무시한

I might throw up if I watch something too gruesome. 사관 2014

→ 너무 소름끼치는 걸 보면 나는 토할지도 몰라.

orthodox
[ɔ́:rθədὰks]

ⓝ 정통파의 사람 ⓐ 정통의; 정설의 (↔unorthodox; heterodox ⓐ 정통이 아닌; 이교의)
orthodoxy [ɔ́:rθədὰksi] ⓝ 통설; 정설; 정통 신앙

To illustrate, orthodox Hindu beliefs, based on the notion that one's present condition in life is determined by deeds in past lives, have had the effect of making people so fatalistic that they accept their present situations as unchangeable. 사관 2018

→ 예를 들면, 삶의 현재 상태가 과거 삶의 행동에 의해 결정된다는 개념에 기반하는 힌두교 정통파의 신념은 사람들을 심하게 운명론적으로 만드는 효과가 있어서 그들은 현재 상황을 변할 수 없는 것으로 받아들인다.

restore
[ristɔ́:r]

Ⓥ 복원하다; 되찾다
restoration [rèstəréiʃən] ⓝ 복원; 복구

They found that the rats' memories could be fully restored using this technique. 사관 2017

→ 그들은 이 기술을 이용해서 쥐들의 기억이 완전히 복원될 수 있다는 것을 발견했다.

prehistoric
[prì:hístɔ:rik]

ⓐ 선사 시대의; 유사 이전의

These fossils provide rare samples of prehistoric life, and are highly valued by scientists, collectors and museums. 사관 2002

→ 이 화석들은 선사 시대 생명체의 희귀한 표본들을 제공하고, 과학자들, 수집가들 그리고 박물관에 의해 높이 평가된다.

dilemma
[dilémə], [dailemə]

ⓝ 딜레마; 진퇴양난
dilemmatic [dìləmǽtik] ⓐ 딜레마의; 진퇴양난이 된

The ultimate dilemma for teachers and children, when it comes to this issue, is that they both care about each other, and yet they both need structure and rules. 사관 2012
➡ 이러한 문제에 관한 한 선생님과 아이들에게 궁극적인 딜레마는 그들이 서로에게 마음을 쓰면서도 둘 다 체계와 규칙이 필요하다는 점이다.

heighten
[háitn]

ⓥ 강화하다; 고조시키다; 높이다 (↔lower ⓥ 낮추다)

And it heightens the risk of acquiring infections in a hospital. 사관 2016
➡ 그리고 이는 병원에서 전염병을 얻을 위험을 높인다.

manufacture
[mænjufǽktʃər]

ⓥ 생산하다; 지어내다 ⓝ 제조; 생산
manufacturer [mænjufǽktʃərər] ⓝ 제조업자; 생산자

But if the stress continues, they can weaken your body's disease defense system by blocking the manufacture of other chemicals. 사관 2006
➡ 하지만 스트레스가 지속된다면, 그것들은 다른 화학물질의 생산을 막음으로써 당신의 신체의 질병 방어 체계를 약화시킬 수 있다.

static
[stǽtik]

ⓐ 정적인; 정지된 ⓝ 정전기

One thing that these two schools of thought originally had in common was that no matter what the origin or the ending of the universe, the universe itself was static. 사관 2011
➡ 이 두 가지 학파가 원래 공통적으로 가지고 있었던 한 가지는, 우주의 시작과 끝이 어떻든지 상관없이 우주 자체는 정적이라는 것이다.

outcome
[áutkʌm]

ⓝ 결과, (≡result) 소산

A recent study conducted by Mueller and Oppenheimer points to new evidence that people have better learning outcomes when they have taken handwritten notes, rather than typed ones. 사관 2015
➡ Mueller와 Oppenheimer가 수행한 최근의 연구는 사람들이 타자를 쳐서 필기할 때보다 오히려 손으로 필기를 할 때 더 나은 학습 결과를 얻는다는 새로운 증거를 보여 준다.

enthusiastic
[inθù:ziǽstik]

ⓐ 열정적인; 열렬한
enthusiasm [inθú:ziæzm] ⓝ 열정; 열광
enthuse [inθú:z] ⓥ 열중하다; 열광시키다
enthusiast [inθú:ziæst] ⓝ 열심인 사람; 팬

In a 1988 study, Stephen Kaplan and his wife Rachel found that workers whose offices fronted a natural setting were more enthusiastic about their jobs, had fewer symptoms of illness, and felt less pressured than those whose offices overlooked a parking lot.

사관 2007

→ 1988년도 연구에서, Stephen Kaplan과 그의 아내 Rachel은 자연적인 배경들을 앞에 둔 사무실에 있는 직원들이 주차장을 바라보는 사무실에 있는 사람들보다 그들의 업무에 대해 더 열정적이었고, 질병 증상을 더 적게 가졌고, 압박감도 더 적게 느꼈다는 것을 발견했다.

date back to

～까지 거슬러 올라가다

The axes dated back to between 4000 and 2500 B.C.

사관 2008

→ 도끼들은 기원전 4000년부터 2500년 사이로 거슬러 올라간다.

throw away

버리다; 던지다

I hate to throw it away after it's seen its best days.

사관 2003

→ 그것이 전성기를 보인 이후에 그것을 버리는 것을 나는 아주 싫어한다.

bleat out

매애 하고 울다; 힘없는 소리로 말하다

On one such day, near the end of the swim, he bleated out, "Kline, who are the five greatest living mathematicians?"

사관 2017

→ 그런 어느 날, 수영이 거의 끝나갈 무렵 그는 힘없이 말했다. "Kline, 살아있는 가장 위대한 수학자 다섯 명은 누구야?"

fill out

작성하다; 기입하다; 더 커지다

Once he or she reaches the registration desk, the long and painful process of filling out forms and answering questions begins.

사관 2002

→ 그 혹은 그녀가 접수처에 도착하는 즉시, 양식을 작성하고 질문에 답하는 길고 고통스러운 과정이 시작된다.

Review Test DAY 36 - 40

1 다음 우리말을 영어로 쓰시오.

01 먼 옛날의, 태고의

02 응집력 있는

03 ~을 저당잡히다

04 불균형, 불일치

05 수여하다

06 자유, 재량, 여유

07 조작하다

08 평결, 판결, 판단

09 수직의, 수직선[면]

10 장식품, 장식하다

11 보충하다

12 지성, 지식인

13 고역

14 침식하다, 부식하다

15 견인하다, 견인차

16 독창적인

17 전문가, 권위자

18 외관, 겉치레, 가장

19 인접한

20 자극하다, 북돋우다

21 평범한, 세속의

22 덧없는, 일시적인

2 다음 영어를 우리말로 쓰시오.

01 ponder

02 paramount

03 likelihood

04 peculiarity

05 discrete

06 inflict

07 stoop

08 strand

09 exasperate

10 impersonate

11 avert

12 veneer

13 exquisite

14 engender

15 averse

16 impend

17 fluctuate

18 entangle

19 conjecture

20 blunder

21 photosynthesis

22 treacherous

3 다음 빈칸에 알맞은 단어를 고르시오.

01 Yet some coaches and players have come up with _____ ways to bend the rules.

그러나 몇몇 코치들과 선수들은 규칙을 왜곡하기 위한 독창적인 방법을 생각해냈다.

① gruesome   ② doubtful   ③ unsightly   ④ ingenious   ⑤ miserable

02 I would like you to conduct a one-month _____ study on our proposal to extend our operations to include the Pacific Rim markets.

저는 당신이 환태평양 시장을 포함하여 사업을 확장시키기 위한 우리의 제안에 관해 1개월간의 타당성 조사를 수행했으면 해요.

① feasibility   ② outcome   ③ captivity   ④ optimal   ⑤ successive

03 The fear that information stored on the chips might be used for our benefit is _____.

칩에 저장된 정보들이 우리의 이득을 위해 이용될 수도 있다는 두려움은 사실 무근이다.

① purged   ② obnoxious   ③ postponed   ④ replenished   ⑤ unfounded

04 The _____ method rules, not only in mathematics but also in economics, linguistics, and sometimes even music.

공리적인 방법은 수학에서뿐만 아니라 경제학, 언어학, 때로는 음악에서조차 지배적이다.

① enigmatic   ② axiomatic   ③ nursery   ④ decisive   ⑤ mandatory

---

1   01 immemorial   02 cohesive   03 pawn   04 disparity   05 confer   06 leeway   07 fabricate 08 verdict   09 perpendicular   10 ornament   11 replenish   12 intellect   13 drudgery 14 erode   15 tow   16 ingenious   17 pundit   18 guise   19 adjacent   20 galvanize 21 mundane   22 transient

2   01 숙고하다   02 최고의, 최고권자   03 가능성, 기회   04 기발함, 특수성   05 분리된, 별개의   06 주다, 가하다   07 몸을 구부리다, 웅크리다   08 좌초시키다, 오도 가도 못하게 되다   09 악화시키다, 분노하게 하다 10 흉내를 내다, 대역을 하다, 구체화된   11 돌리다, 피하다, 막다   12 겉치레, 허식   13 정교한, 예리한 14 발생시키다, 낳다   15 몹시 싫어하여   16 임박하다, 걸리다   17 변동하다, 오르내리다   18 얽히게 하다 19 추측, 억측, 추측하다   20 큰 실수, 잘못하다   21 광합성   22 배신하는, 불안정한

3   01 ④ 02 ① 03 ⑤ 04 ②

resign
[rizáin]

ⓥ 사임하다; 포기하다; 복종하다
resignation [rèzignéiʃən] ⓝ 사직, 사임
I'd have to resign from work.   사관 2015
→ 직장을 사직해야 하겠군요.

prosper
[práspər]

ⓥ 번영하다(= thrive; flourish); 성공하다
prosperous [prá:spərəs] ⓐ 번영하는; 성공한
prosperity [prɑ:spérəti] ⓝ 번영; 번창

Despite criticism by newspaper groups, these free dailies are prospering and have shaken up the newspaper industry by changing the perception of how news should be presented and delivered.
사관 2006

→ 신문사 그룹의 비판에도 불구하고, 이 무료 일간 신문들은 번영하고 있고 뉴스가 어떻게 제시되고 전달되어야 하는지에 관한 인식을 변화시킴으로써 신문 산업을 뒤흔들었다.

extinguish
[ikstíŋgwiʃ]

ⓥ 끄다; 진화하다; 소멸시키다; 없애다
extinguisher [ikstíŋgwiʃər] ⓝ 소화기; 불을 끄는 사람

At the end of the class, still the disagreement was not extinguished, but she could teach students to think mathematically and reason for themselves.
사관 2013

→ 수업이 끝날 무렵에도 의견 차이는 없어지지 않았지만, 그녀는 학생들이 수학적으로 생각하고 스스로 판단하도록 가르칠 수 있었다.

fool-proof
[fú:lpru:f]

ⓐ 실패할 염려가 없는

It's fool-proof. Everyone loves ice cream, and there is not another ice cream store around for hundreds of miles.   사관 2016

→ 이건 실패할 염려가 없어요. 모두가 아이스크림을 좋아하고, 수백 마일 근처에 다른 아이스크림 가게가 하나도 없는걸요.

punctuation
[pʌŋktʃuéiʃən]

ⓝ 구두법; 구두점

When punctuation began, it was mainly to help people read aloud. 사관 2011

→ 구두법이 시작되었을 때, 그것은 주로 사람들이 소리 내어 읽을 수 있도록 돕기 위한 것이었다.

succinct
[səksíŋkt]

ⓐ 간결한(≡ brief, concise); 간명한

Humor is quite similar to poetry. They both require the creative and succinct use of words. 사관 2009

→ 유머는 시와 비슷하다. 그것들은 모두 창의적이고 간결한 단어의 사용을 요한다.

transfer
[trænsfə́:r]

ⓥ 옮기다; 양도하다 ⓝ [trǽnsfər] 이적; 이전

It's a great opportunity and I'm excited, but it means being transferred to Sweden for a few years. 사관 2015

→ 이것은 굉장한 기회이고 신나긴 하지만, 이건 스웨덴으로 몇 년 동안 옮기는 것을 의미해요.

martyr
[mɑ́:rtər]

ⓝ 순교자; (신앙 · 대의 등을 위해) 목숨을 바치는 사람

You're modeling adulthood for your children — don't create a martyr model of parenthood. 사관 2017

→ 당신은 당신의 자녀들에게 성인의 본보기를 형성하고 있다. 부모의 순교자적 본보기를 만들지 마라.

overstate
[òuvərstéit]

ⓥ 과장하여 말하다 (↔ understate ⓥ 축소해서 말하다)
overstatement [ouvərstéitmənt] ⓝ 과장

The overstatement is "I could sleep for a week." 사관 2011

→ "나는 일주일 동안도 잘 수 있어."는 과장이다.

commute
[kəmjú:t]

ⓥ 교환하다; 통근하다 ⓝ 통근; 통근 거리(시간)

I just need something to commute to and from work. 사관 2009

→ 나는 단지 직장에 통근할 무언가가 필요한 것뿐이다.

damp
[dæmp]

ⓐ 축축한; 습기 있는 ⓝ 습기; 실망; 낙담 ⓥ 축축하게 하다
(＝moisten)

Clean with a damp cloth only. 사관 2003

→ 습기 있는 천으로만 닦으세요.

travelogue
[trǽvəlɔ̀:g]

ⓝ 여행담, 여행기

National Geographic is located in a long tradition of
travelogue as it sends its staff on expeditions to
bring back stories and photos of faraway people
and places. 사관 2015

→ '내셔널 지오그래픽'은 멀리 떨어진 곳의 사람들과 장소의 이야
기와 사진들을 가지고 돌아오도록 직원들을 원정 보냈기 때문에
여행담의 오랜 전통을 이어가고 있다.

embellish
[imbéliʃ]

ⓥ 아름답게 꾸미다; 장식하다 (＝decorate)
embellishment [imbéliʃmənt] ⓝ 장식

Stick with 'factual writing,' and you can create a
more impressive, memorable essay without
embellishing your experiences. 사관 2012

→ "사실적인 글쓰기"를 고수하라. 그러면 당신은 당신의 경험을
꾸미지 않고도 더 인상적이고 기억에 남는 에세이를 쓸 수 있다.

malicious
[məlíʃəs]

ⓐ 악의적인; 심술궂은

We constantly hear of damage done by computer
viruses and other malicious programs, but even the
best virus protection software cannot prevent a
home personal computer from being stolen. 사관 2014

→ 우리는 컴퓨터 바이러스와 다른 악성 프로그램에 의한 피해에
대해 끊임없이 듣고 있지만, 최고의 바이러스 방지 소프트웨어조
차도 가정용 개인 컴퓨터가 도난당하는 것을 막을 수는 없다.

acquaintance
[əkwéintəns]

ⓝ 아는 사람; 친지; 지식

Remember the old saying: "Our House is Your House,"
and let me reassure you that we would love to host
visits from all of your friends and acquaintances here
in Mansfield. 사관 2010

→ "우리 집이 곧 네 집이다"라는 오래된 속담을 기억하고, 이곳
Mansfield에서는 우리가 네 모든 친구와 친지의 방문을 기쁘게
맞이하리란 것을 걱정하지 말거라.

wit
[wit]

ⓝ 재치; 현명함; 분별력

But she still had a wit and said, "When you are 115, you'll see if you remember everything." 사관 2002

→ 하지만 그녀는 여전히 재치가 있었고, "당신이 115세일 때, 당신은 당신이 모든 것을 기억하는지 확인할 수 있을 거예요."라고 말했다.

figurative
[fígjurətiv]

ⓐ 비유적인

figuratively [fígjurətivli] ⓐⓓ 비유적으로

Figuratively speaking, we all could suppose that successful people come from hardy seeds. 사관 2013

→ 비유적으로 말하면, 우리는 모두 성공하는 사람들이 딱딱한 씨앗에서 온다는 것을 가정할 수 있다.

stylus
[stáiləs]

ⓝ 철필; 바늘 (ⓟ styli)

In Ancient Rome, messages sent over short distances, for which a quick reply was expected, were written with a stylus on wax tablets mounted in wooden frames that folded together like a book. 사관 2018

→ 고대 로마에서는, 빠른 답장이 요구되는, 단거리로 보내지는 전갈들은 책처럼 하나로 접히는 목재틀에 고정된 밀랍 명판 위에 철필로 쓰였다.

foresee
[fɔːrsíː]

ⓥ 예견하다(＝predict); 내다보다

unforeseen [ʌ́nfɔːrsíːn] ⓐ 예측하지 못한

These small offerings might help out in unforeseen ways or maybe even give a homeless person a cup of coffee. 사관 2008

→ 이러한 작은 선물들은 예기치 않은 방식으로 도움을 주거나 심지어 노숙자 한 사람에게 커피 한 잔을 줄 수도 있다.

fibrous
[fáibrəs]

ⓐ 섬유 모양의; 섬유질의

fiber [fáibər] ⓝ 섬유; 섬유질; 근성

Cardamom seeds are borne in clusters of fibrous capsules that ripen at different times, so the capsules must be picked by hand one by one. 사관 2012

→ 카다멈 씨앗은 각각 다른 시기에 익는 섬유질의 캡슐 송이를 이루어 맺히므로, 캡슐들은 손으로 하나하나 따야 한다.

furrow
[fə́:rou]

ⓝ 밭고랑; 깊은 주름살 ⓥ 밭고랑을 내다; 주름살이 잡히다

When you were a child and your mother greeted you at the door with her arms folded across her chest, her foot tapping, her brow furrowed, and her lips in a straight line, you probably said to yourself: "Mom's angry." 사관 2013

→ 당신이 어린아이였고 당신의 어머니가 문 앞에서 가슴에 팔짱을 끼고 발을 살짝 구르며, 눈썹에 주름이 잡히고 입술이 일자인 채로 당신을 쳐다봤을 때, 당신은 아마 스스로에게 "엄마가 화났군."이라고 말했을 것이다.

blockade
[blɑkéid]

ⓝ 봉쇄 ⓥ 폐쇄하다

It consisted of a tightly linked blockade of soldiers that stationed itself in a rectangular offensive posture. 사관 2011

→ 그것은 직사각형의 공격적인 자세로 주둔하던, 단단하게 연결된 군인들의 봉쇄로 구성되어 있었다.

tadpole
[tǽdpòul]

ⓝ 올챙이

But they do contain genes for making tadpoles. 사관 2018

→ 그러나 그들은 올챙이를 만들기 위한 유전자를 가지고 있다.

vigilant
[vídʒələnt]

ⓐ 방심하지 않는, 경계하는

But you would probably do none of these things unless you were concerned, watchful, anxious, tense, cautious, vigilant, or panicked. 사관 2016

→ 그러나 당신은 우려하거나, 주의하거나, 두려워하거나, 긴장하거나, 신중하거나, 경계하거나 충격받지 않으면 이러한 것들을 아마도 전혀 하지 않을 것이다.

density
[dénsəti]

ⓝ 밀도; 농도
dense [dens] ⓐ 밀집한; 고밀도의

A 2009 study on elderly women, for example, showed that the loss of hip bone density over two years was related to the 24-hour urinary sodium excretion at the start of the study. 사관 2017

→ 예를 들어, 노년 여성에 관한 2009년의 한 연구는 2년에 걸친 골반뼈 밀도의 손실이 연구 초기의 24시간 소변 나트륨 배설과 관련이 있었음을 보여주었다.

commercial
[kəmə́ːrʃəl]

ⓝ 광고 ⓐ 상업용의; 상업적인

commerce [káməːrs] ⓝ 상업; 무역

I just completed a two-week internship producing TV commercials. 　　사관 2014

→ 저는 TV 광고를 제작하는 2주 인턴십 과정을 막 마쳤어요.

· commercial art 상업적 미술

affair
[əféər]

ⓝ 일; 사건; 사무

The higher-educated tend to be much more aware of the country's foreign affairs than those who are less educated. 　　사관 2008

→ 고학력자들은 덜 교육받은 사람들보다 국가의 대외적인 사건들에 대해 더 잘 아는 경향이 있다.

· unheard of affair 전례 없는 사건

punctuality
[pʌ̀ŋktʃuǽləti]

ⓝ 꼼꼼함; 시간 엄수

punctual [pʌ́ŋktʃuəl] ⓐ 시간을 엄수하는

They value flexibility over punctuality and tend to change plans often and easily. 　　사관 2006

→ 그들은 시간 엄수보다 유연성에 더 가치를 두고 계획을 자주 쉽게 바꾼다.

· punctual to the minute 1분도 어기지 않는

outdate
[àutdéit]

ⓥ ~을 진부하게 하다

outdated [àutdéitid] ⓐ 시대에 뒤진; 구식의

The standard 2.4 kids and a dog scenario, which goes back to the 1970s, is outdated. 　　사관 2003

→ 일반적으로 2.4명의 아이와 한 마리의 개가 있을 것이라는 시나리오는 1970년대로 거슬러 올라가는 것으로서, 구식이다.

· an outdated passport 기한이 지난 여권

persist
[pərsíst]

ⓥ 고집하다; 지속하다

persistent [pərsístənt] ⓐ 지속하는; 끈기 있는; 끊임없는

If your symptoms persist after three days, call us and we'll bring you in for another appointment. 　　사관 2011

→ 3일 후에도 증상이 지속될 경우 저희에게 전화해 주시면 저희가 다른 예약을 잡아드릴게요.

venture
[véntʃər]

ⓥ 위험을 무릅쓰고 ~하다 ⓝ 모험

If you never venture forth, you can never expand and grow. 사관 2014

→ 당신이 위험을 무릅쓰고 앞으로 나아가지 않는다면, 결코 발전하거나 성장할 수 없다.

• venture one's fortune on ~에 재산을 내걸다

record
[rikɔ́:rd]

ⓥ 기록하다; 녹음하다 ⓝ [rékərd] 기록; 음반

At 122 she was the oldest person whose age had been recorded in official documents. 사관 2002

→ 122세에 그녀는 공식 문서에 기록되어 왔었던 사람 중 가장 나이가 많은 사람이었다.

literal
[lítərəl]

ⓐ 글자 그대로의(↔figurative ⓐ 비유적인; 회화적인); 문자의
literally [lítərəli] ⓪ 글자 뜻대로; 과장 없이

Although there is some basis for this statement, *Because* is far from being merely a reversed version of a Beethoven work in the literal sense. 사관 2005

→ 이 진술에는 어떤 근거가 있지만, 'Because'는 베토벤 작품을 문자 그대로 단순히 거꾸로 한 버전과는 거리가 멀다.

cognitive
[kɑ́gnitiv]

ⓐ 인식의; 인지의
cognition [kagníʃən] ⓝ 인식; 인지

After 12 years of follow-up, there were no differences between the multivitamin and placebo groups in overall cognitive performance or verbal memory. 사관 2017

→ 12년 간의 후속 조사 후, 멀티 비타민과 위약 그룹 사이에서 전반적인 인지 수행 혹은 언어적 기억에 관한 차이는 하나도 없었다.

• cognitive development 인지 발달

freight
[freit]

ⓝ 화물; 수송

When the ships were loaded with freight and reached the level where the line hit the water, the ships were not allowed to load any more freight. 사관 2010

→ 선박들이 화물을 싣고 그 선이 물에 닿는 수준에 이르렀을 때, 선박들은 화물을 더 싣지 못하게 되었다.

• air freight 항공 화물

absorbent

[æbsɔ́ːrbənt, -zɔ́ːr-]

ⓐ 흡수하는 ⓝ 흡수성 물질

absorb [æbsɔ́ːrb, -zɔ́ːrb] ⓥ 흡수하다; 받아들이다

absorbency [æbsɔ́ːrbənsi, -zɔ́ːr-] ⓝ 흡수력

absorption [æbsɔ́ːrpʃən] ⓝ 흡수; 몰두; 전념

Finally, new materials make these walls both sound-absorbent and lightweight, so they provide the privacy of built-in walls with the advantage of flexible space.　　　　　　　　　　　　　　　사관 2004

→ 끝으로, 새로운 재료들은 이 벽들로 하여금 소리를 흡수하면서도 가벼워지게 하기에, 탄력적인 공간이라는 장점과 함께 붙박이 벽의 프라이버시를 제공한다.

• absorbent cotton 탈지면

call for

요구하다; 필요로 하다; (날씨를) 예보하다

Well, you'd better get it repaired soon because the forecast calls for more wet weather later this week.　　　　　　　　　　　　　　　사관 2009

→ 음, 기상 예보가 이번 주 후반엔 더 습한 날씨를 예보하기 때문에 당신은 얼른 그것을 수리하는 것이 좋을 거예요.

go into bankruptcy

파산하다 (≡ go bankrupt)

While the brewery went into bankruptcy, he spent his time writing articles on the ideas of Locke and the need for independence.　　　　　　　　　사관 2015

→ 양조장이 파산하는 동안, 그는 Locke의 주장과 독립의 필요성에 대해 글을 쓰며 시간을 보냈다.

hook up

연결하다

Afterwards, the collected sap is transferred into tubes that are hooked up to a tank kept in the sugar house.　　　　　　　　　　　　　　　사관 2004

→ 그 뒤에, 모아진 수액은 제당 공장 안의 탱크로 연결된 관을 통해 옮겨진다.

spring up

갑자기 나타나다

The Aborigines believe that the spirits' essence caused life to spring up.　　　　　　　　　사관 2011

→ 원주민들은 영의 본질이 생명을 나타나게 했다고 믿는다.

exorbitant
[igzɔ́:rbətənt]

ⓐ (수량·정도가) 터무니없는; 과도한

The price of the new edition was very exorbitant, so I figured I could just save a few bucks and rely on the lectures. 사관 2014

→ 최신판 책값이 너무 터무니없어서 나는 그냥 돈을 아끼고 강의에 의존해도 될 거라고 판단했어.

circulate
[sə́:rkjulèit]

ⓥ 순환하다; 회람시키다
circulation [sə̀:rkjuléiʃən] ⓝ 순환; 유통

In addition, agenda items are usually circulated prior to the meeting, and this in itself is a form of cognitive set, allowing individuals to prepare themselves for the main areas to be discussed. 사관 2016

→ 게다가, 의제 안건들은 보통 회의 전에 회람되고, 그것 자체가 인식의 틀로서 개인이 논의할 주된 영역에 대해 스스로 준비할 수 있게 한다.

bold
[bould]

ⓐ 용감한; 대담한; 뻔뻔한; 뚜렷한
boldness [bóuldnis] ⓝ 대담함; 뻔뻔함
boldly [bóuldli] ⓐⓓ 대담하게; 뻔뻔하게; 뚜렷이

Angered by Prometheus's boldness, the gods damned him to endless grief. 사관 2002

→ Prometheus의 뻔뻔함에 화가 나서, 그 신들은 그가 끝없는 고뇌에 빠지도록 저주했다.

monologue
[mǽnəlɔ̀:g]

ⓝ 독백; (혼자서 하는) 긴 이야기

A publisher who accidently printed Hamlet's monologue as, "To be sure, or not to be believed, that is their question..." would be charged with a similar error. 사관 2013

→ Hamlet의 독백을 "확실할 것이냐, 믿음을 얻지 못할 것이냐, 그것이 그들의 문제로다..."라고 실수로 인쇄한 발행인은 이와 비슷한 오류로 비난받을 것이다.

chase
[ʧeis]

ⓥ 쫓다; 추구하다 ⓝ 추적; 추구

It chases him round the cage until he starts screaming, "Help me! Help me!" 사관 2010

→ 그것은 우리를 돌며 그가 "도와주세요! 도와주세요!"라고 외칠 때까지 그를 쫓아다닌다.

clog
[klɑg]

ⓝ 장애물 ⓥ 방해하다; 막다

There's major construction clogging up the expressway, and I know all the short cuts. 사관 2018

→ 고속도로를 막고 있는 큰 공사가 있고, 저는 모든 지름길을 다 알아요.

summon
[sʌ́mən]

ⓥ 소환하다; 불러내다

But his greatest feat was summoning a huge flock of birds that produced thunder. 사관 2005

→ 하지만 그의 가장 대단한 재주는 천둥을 만들어내는 거대한 무리의 새들을 소환하는 것이었다.

therapeutic
[θèrəpjú:tik]

ⓐ 치료상의; 치료의 힘이 있는

There is nothing more therapeutic than action. 사관 2016

→ 실행보다 더 치료의 힘이 있는 것은 없다.

pupil
[pjú:pl]

ⓝ 학생, 제자; 눈동자

Then Haydn suggested that the pupil rewrite the music to his own taste. 사관 2015

→ 그 후 Haydn은 제자에게 그 자신의 취향대로 곡을 다시 작곡하도록 제안했다.

plunder
[plʌ́ndər]

ⓥ 약탈하다 ⓝ 약탈; 강탈

In the 16th and 17th centuries, piracy enjoyed its golden age, when outlaws like Blackbeard roamed the sun-splashed islands, plundering gold and silver. 사관 2012

→ Blackbeard 같은 무법자들이 금과 은을 약탈하며 햇빛이 빛나는 섬들을 배회하던 16세기와 17세기에 해적 행위는 황금기를 누렸다.

sacred
[séikrid]

ⓐ 신성한; 종교적인

Simplicity of language is not only admirable, but perhaps even sacred. 사관 2011

→ 언어의 단순함은 감탄할 만한 것일 뿐 아니라 심지어 신성한 것일 수도 있다.

aptitude
[ǽptətjùːd]

ⓝ 적성; 소질; 경향

"According to a recent study, children with blue eyes have a higher learning aptitude than children with brown eyes." 사관 2017

→ "최근 연구에 따르면, 푸른 눈을 가진 아이들이 갈색 눈을 가진 아이들보다 더 높은 학습 소질이 있다고 해요."

suggest
[sədʒést]

ⓥ 제안하다; 암시하다

suggestion [sədʒéstʃən] ⓝ 제안; 암시; 명제

Investment counselors listen to clients' accounts of how they currently manage their financial portfolios before suggesting any changes. 사관 2008

→ 투자 고문들은 어떤 변화를 제안하기 전에, 현재 어떻게 그들이 재정적 포트폴리오를 관리하는지에 대한 의뢰인의 설명을 듣는다.

splendid
[spléndid]

ⓐ 화려한; 훌륭한

Fortunately, this splendid dog and his companion were reunited with their worried master the next day. 사관 2011

→ 다행스럽게도, 이 훌륭한 개와 그의 친구는 그 다음 날 그의 걱정하던 주인과 다시 만났다.

expenditure
[ikspénditʃər]

ⓝ 지출(↔revenue ⓝ 수익); 비용

One study shows that if NASA spent $1 billion per year more for the next twelve years, $144 billion would be returned to the economy over the same time span, so that taxes from this additional income would make the federal government's expenditure financially worthwhile. 사관 2006

→ 한 연구는 NASA가 앞으로 12년 동안 매년 10억 달러를 쓴다면, 1440억 달러가 같은 기간 동안 경제로 돌아올 것이고, 이 추가적인 수입에서 오는 세금은 연방 정부의 지출을 재정적으로 가치 있게 만들 것이라고 한다.

startle
[stáːrtl]

ⓥ 깜짝 놀라게 하다(≡surprise)

startling [stάːrtliŋ] ⓐ 깜짝 놀라게 하는 (≡astonishing)

In mathematics, physics, music, the arts, and the social sciences, human knowledge and its progress seem to have been reduced in startling and powerful ways to a matter of essential formal structures and their transformations. 사관 2014

→ 수학, 물리학, 음악, 미술, 그리고 사회과학에서 인간의 지식, 그리고 지식의 진보는 아주 놀랍고도 강력한 방식으로 본질적인 형식 구조와 그 변형의 문제로 축소되어 온 것으로 보인다.

column
[kάləm]

ⓝ 기둥; 세로단; 칼럼

Only the column of water directly above the bottom opening contributes to the pressure at the base of the vessel. 사관 2008

→ 바닥의 구멍에서 바로 위에 있는 물기둥만이 그릇 바닥의 압력에 기여한다.

seeming
[síːmiŋ]

ⓐ 외관상의; 표면의

seemingly [síːmiŋli] ⓐⓓ 겉보기에는

The seemingly simple question of "what defines a sport?" has been the subject of argument and conversation for years, among professional and armchair athletes alike. 사관 2017

→ 겉보기에는 단순한 질문인 "무엇이 스포츠를 규정하는가?"는 전문적인 운동선수와 스포츠 보는 것만 좋아하는 사람 모두에게 수년간 논쟁과 대화의 주제가 되어왔다.

preach
[priːʧ]

ⓥ 설교하다(≡sermonize); 전도하다 ⓝ 설교

In fact, it is no exaggeration to say that the truly desirable brand of discipline can neither be instilled nor maintained unless the officers practice what they preach. 사관 2004

→ 사실, 실로 바람직한 종류의 규율은 장교들이 그들이 설교하는 것을 실행하지 않는다면 주입되지도 유지되지도 않는다고 말하는 것은 과장이 아니다.

hoist
[hɔist]

ⓥ 들어 올리다(≡lift) ⓝ 들어 올리기

So I hoisted him onto my shoulders. 사관 2003

→ 그래서 나는 그를 내 어깨 위로 들어 올렸다.

potential
[pəténʃəl]

ⓐ 잠재적인; 가능성 있는 ⓝ 가능성; 잠재성

We've reviewed your small business loan application, but we are not entirely convinced of the potential of your plan. 사관 2016

→ 저희가 고객님의 소규모 사업 대출 신청서를 검토해보았지만, 고객님 계획의 잠재력은 저희를 완벽히 납득시키지 못했습니다.

convict
[kənvíkt]

ⓥ 유죄를 선고하다 ⓝ 죄수

conviction [kənvíkʃən] ⓝ 유죄 판결; 확신

At this time, the judge tells the convicted person what his punishment will be. 사관 2006

→ 이때에 판사는 그의 처벌이 어떤 것일지 유죄를 선고받은 사람에게 말해준다.

spin
[spin]

ⓥ (spun-spun) 회전시키다; 빙빙 돌다 ⓝ 회전

The model currently in favor suggests that the moon was formed when a large planetary body struck Earth's surface and broke off a chunk, which spun into orbit. 사관 2012

→ 현재 인기 있는 모델은 큰 행성이 지구의 표면에 부딪혀 한 덩어리를 떨어져 나가게 했는데, 이것이 궤도로 빙빙 돌았을 때 달이 형성되었다고 주장한다.

trample
[træmpl]

ⓝ 짓밟기 ⓥ 짓밟다; 유린하다

Further, a female elephant will refuse to fight if separated from her young, and she would immediately refuse all military duties and rush to the rescue if her offspring cried out when wounded or trampled upon. 사관 2018

→ 더 나아가, 암컷 코끼리는 그녀의 어린 새끼와 헤어지면 싸우기를 거부하고, 만일 그녀의 새끼가 부상당하거나 짓밟혀 울부짖으면 즉각 모든 군대의 의무를 거부하며 구출하러 달려갈 것이다.

irritate
[írətèit]

ⓥ 짜증나게 하다; 화나게 하다

irritation [ìrətéiʃən] ⓝ 초조; 자극; 염증

irritative [íritèitiv] ⓐ 안달 나게 하는; 자극성의

The two most common side effects are temporary increase of tooth sensitivity and irritation of the gums. 사관 2008

→ 부작용 중에서 가장 흔한 두 가지는 일시적인 치아의 민감성 증가와 잇몸의 염증이다.

considerate
[kənsídərət]

ⓐ 배려하는; 동정심 많은; 사려 깊은
consideration [kənsìdəréiʃən] ⓝ 동정; 배려; 고려 사항
considerable [kənsídərəbl] ⓐ 상당한; 중요한

I thought that it was so considerate to be respectful of the little girl's feelings.　　　사관 2011

→ 나는 그 어린 소녀의 감정을 존중하는 것이 매우 사려 깊다고 생각했다.

transfusion
[trænsfjú:ʒən]

ⓝ 수혈; 주입
transfuse [trænsfjú:z] ⓥ 수혈하다; 주입하다

As the transfusion progressed, he lay in bed and smiled seeing the color returning to her cheeks.　　사관 2005

→ 수혈이 진행되면서, 그는 침대에 누워 그녀의 두 볼에 혈색이 돌아오는 것을 보며 미소 지었다.

originality
[ərìdʒənǽləti]

ⓝ 독창성; 진품
original [ərídʒənl] ⓐ 최초의; 독창적인
origin [ɔ́:rədʒin] ⓝ 기원; 근원

Humor demands originality.　　　사관 2009

→ 유머는 독창성을 요구한다.

breeze
[bri:z]

ⓝ 순풍; 쉬운 일 ⓥ 산들바람이 불다; (구어) 수월하게 해치우다

Professor Willis always talks straight from the text, so if you just look over that chapter again then the test will be a breeze.　　　사관 2014

→ Willis 교수님은 항상 교과서 내용을 그대로 강의하시니까 그 장을 다시 잘 살펴보면 시험은 식은 죽 먹기일 거야.

abstinence
[ǽbstənəns]

ⓝ 금욕; 절제; 자제
abstinent [ǽbstənənt] ⓐ 절제하는; 금욕적인

Tourists watch in awe as metal pierces the skin, causing hardly any bleeding and, apparently, no pain as the devotee stands in a trance in the dawn light after weeks of rigorous abstinence.　　　사관 2010

→ 관광객들은 금속이 피부를 찌름에도, 열성적인 신자가 수 주간의 엄격한 금욕 후의 새벽빛 아래 무아의 경지에 서있을 때, 외관상으로는 거의 출혈도 일으키지 않고 고통도 유발하지 않는 것을 경이롭게 바라본다.

• abstinence symptom 금단 증상

overestimate
[òuvəréstimeit]

Ⓥ 과대평가하다 (= overrate) (↔ underestimate Ⓥ 과소평가하다)

estimate [éstəmèit] Ⓥ 예상하다; 평가하다

Fear will make you overestimate a problem and act too passively. 사관 2015

→ 두려움은 당신이 문제를 과대평가하고 지나치게 수동적으로 행동하게 만들 것이다.

assemble
[əsémbl]

Ⓥ 모으다; 조립하다 (↔ disassemble Ⓥ 해체하다)

Martin stood in front of the assembled crowd. 사관 2013

→ Martin은 결집한 군중 앞에 섰다.

spur
[spə:r]

Ⓝ 박차; 자극 Ⓥ 박차를 가하다; 자극하다; ~의 원동력이 되다

Widespread use of antibiotics is thought to have spurred evolutionary changes in bacteria that allow them to survive these powerful drugs. 사관 2016

→ 항생제의 광범위한 사용은 박테리아가 이러한 강한 약품에도 살아남을 수 있게 하는 점진적 변화의 원동력이 되었다고 여겨진다.

descendant
[diséndənt]

Ⓝ 후손; 자손(= successor)(↔ ancestor Ⓝ 조상) ⓐ 강하하는

descend [disénd] Ⓥ 강하하다; 전해지다 (↔ ascend Ⓥ 올라가다)

Between 4 and 5 percent of the present population of Britain are either immigrants or the descendants of immigrants from former British colonial territories in the Caribbean or in South Asia. 사관 2009

→ 현재 영국 인구의 4~5퍼센트 사이의 사람들은 이전에 영국 식민지 영토였던 카리브 해나 남아시아 지역에서 온 이민자들이거나 이민자들의 후손들이다.

intake
[ínteik]

Ⓝ 섭취; 수용

Other studies have shown that reducing sodium intake helps maintain calcium balance, suggesting that eating less salt could slow the calcium loss from your bones that occurs with aging. 사관 2017

→ 다른 연구들은 나트륨 섭취를 줄이는 것이 칼슘의 균형을 유지하는 데에 도움이 됨을 보여주었고, 이는 소금을 적게 먹는 것이 노화와 함께 발생하는 뼈의 칼슘 손실을 늦출 수 있음을 암시한다.

propagate
[prápəgèit]

ⓥ 선전하다; 번식하다; 유전하다
propaganda [prȧpəgǽndə] ⓝ 선전

Among this variety, those coded combinations that become more numerous in the world will obviously and automatically be the ones that, when decoded and obeyed inside bodies, make those bodies take active steps to preserve and propagate those same DNA messages. 사관 2015

→ 이러한 다양성 가운데, 그 세계 안에서 더 다양해진 암호화된 결합들은 체내에서 해독(解讀)되고 작용될 때 신체가 동일한 DNA 메시지를 보존하고 유전시키기 위한 활동적 조치를 취하게 하는 명백하고 무조건적인 결합일 것이다.

pitch in

기부하다; 협력하다

Neighbors who had barely said hello to each other before the storm pitched in to clean up. 사관 2005

→ 폭풍 이전에는 서로에게 거의 인사도 하지 않았던 이웃들이 청소하기 위해 협력했다.

in an effort to

~해보려는 노력으로

Someone who is arguing with you can be viewed as giving you his or her time, a valuable commodity, in an effort to achieve mutual understanding. 사관 2017

→ 당신과 논쟁하고 있는 누군가는 상호적 이해를 이루기 위해 가치 있는 재화인 그 혹은 그녀의 시간을 당신에게 주는 것으로 보일 수 있다.

ring up

기록하다

The comparable estimate for Japan, where houses are much smaller and more sparsely furnished, exceeds $30 billion and in Germany D-I-Y companies ring up $33 billion. 사관 2012

→ 집이 훨씬 더 작고 드문드문 가구가 배치된 편인 일본의 비교할 만한 추산은 300억 달러를 초과하며, 독일에서 D-I-Y 회사는 330억 달러를 기록한다.

to the minute

1분도 어김없이; 정확히 제시간에

My entire day is planned almost to the minute. 사관 2005

→ 나의 모든 하루는 거의 1분도 어김없이 계획되어 있어.

infuriate
[infjúərièit]

ⓥ 격분시키다; 격앙시키다
fury [fjúəri] ⓝ 격노; 격분; 맹렬함
This infuriates the lion but delights the visitors.
사관 2010

→ 이것은 사자를 격분시키지만 방문객들을 즐겁게 한다.

rationale
[ræʃənǽl]

ⓝ 근본적 이유(＝reason); 합리; 이성
Intuition, as opposed to logic, reasoning, and rationale, is a gentler source of information that often opposes logic, challenges reason, and is strongly connected to feelings in the body rather than in the mind or head.
사관 2008

→ 논리, 추론 그리고 합리와 반대된 직관은 종종 논리에 반대하고 합리에 도전하는 정보의 더 관대한 원천이며, 정신이나 머리보다 신체의 느낌과 강하게 연결되어 있다.

neutral
[njú:trəl]

ⓐ 중립의; 중성의 ⓝ 중립국
neutralize [njú:trəlàiz] ⓥ ～을 중립으로 하다; 중화하다
neutrality [nju:trǽləti] ⓝ (국가의) 중립 상태; 중립 (정책)

Unable to force a smile during his introduction or even a neutral relaxed facial expression, he looked tense, uncomfortable, and anxious.
사관 2013

→ 소개 중에 미소도, 심지어 중립적인 편안한 얼굴 표정도 억지로 지을 수 없어서, 그는 긴장되고 불편하며 불안해 보였다.

• take a neutral attitude 중립적인 태도를 취하다

disguise
[disgáiz]

ⓥ 변장시키다; 숨기다(＝conceal) ⓝ 위장(＝camouflage); 변장

She disguised herself and entered Confederate territory as a black laborer.
사관 2006

→ 그녀는 스스로를 숨기고 흑인 노동자의 모습으로 연합국 영토에 들어갔다.

• throw off a disguise 정체를 드러내다

shade
[ʃeid]

ⓝ 그늘; 명암; 극소 ⓥ 그늘지게 하다

The report said many different kinds of foods, from blueberries to beans, can be grown in the shade.

사관 2008

→ 보고서는 블루베리부터 콩까지 다양한 종류의 음식들이 그늘 아래서 자란다고 전했다.

conceive
[kənsíːv]

ⓥ 생각하다; 상상하다; 임신하다

It seems almost impossible to conceive of what our world of experience might be like in the absence of time.

사관 2016

→ 시간이 부재할 때 우리가 경험할 세상이 어떠할지 상상하기란 거의 불가능해 보인다.

wary
[wéəri]

ⓐ 경계하는; 신중한 (= cautious)

When you have success, be extra wary.

사관 2015

→ 당신이 성공했을 때, 각별히 경계하라.

arithmetic
[əríθmətik]

ⓝ 산술; 산수; 계산

Yet we recognized and made some primitive use of numerals long before we knew how to perform simple arithmetic.

사관 2013

→ 그러나 우리는 간단한 계산을 하는 방법을 알기 오래전에 숫자 의 원시적인 몇몇 사용을 인식하고 만들었다.

dodge
[dɑdʒ]

ⓥ 피하다; 면하다

Suddenly, a German shepherd appeared from nowhere, dodging the cars on the busy road, and stopped to stand guard over the smaller, wounded dog.

사관 2011

→ 갑자기 독일 셰퍼드 한 마리가 혼잡한 도로의 차들을 피하며 불 쑥 나타나 부상당한 작은 강아지를 보호하려고 멈춰 섰다.

eddy
[édi]

ⓝ 소용돌이 ⓥ 소용돌이치다(= swirl)

The map is likely to be an accurate representation of the ocean eddy current found to the south and east of Iceland.

사관 2014

→ 이 지도는 아이슬란드의 남쪽과 동쪽에서 발견되는 소용돌이 해류를 정확히 나타낸 것으로 보인다.

withstand
[wiθstǽnd]

ⓥ 견디다(= endure); 이겨내다

Unlike "natural" plants, these plants were developed to withstand pollution, drought, dirty soil and poor light. 사관 2006

→ '자연적인' 식물들과 달리, 이 식물들은 오염, 가뭄, 더러운 토양과 부족한 햇빛을 견디도록 만들어졌다.

implant
[implǽnt]

ⓥ 이식하다; 심다; 불어넣다 ⓝ 이식 조직편; 임플란트

It is now possible to store a person's complete medical history on microchips that can be implanted under the skin. 사관 2008

→ 현재는 피부 아래에 이식될 수 있는 마이크로칩에 한 사람의 완전한 의료 기록을 저장하는 것이 가능하다.

serve
[sə:rv]

ⓥ 제공하다; 복무하다; 대접하다

service [sə́:rvis] ⓝ 서비스; 봉사; 복무

Well, let me ask you to close your eyes and imagine yourself proudly wearing a uniform and serving your nation.

→ 그럼, 눈을 감고, 제복을 입고 나라를 위해 복무하는 자신의 모습을 상상해 보세요. 사관 2015

• serve a prison sentence 형을 복역하다

complexity
[kəmpléksəti]

ⓝ 복잡함

complex [kəmpléks] ⓐ 복잡한; 복합적인

Part of the problem is the size and complexity of the job market itself. 사관 2002

→ 문제의 일부는 취업 시장 자체의 크기와 복잡성이다.

vicarious
[vaikɛ́əriəs]

ⓐ 대리의; 대행의

To a professional tennis player tennis is a job; to a club player, however competitive, tennis is essentially a recreation; to a spectator at Wimbledon, tennis may be a temporary diversion or an all consuming vicarious passion. 사관 2018

→ 프로 테니스 선수에게 테니스는 직업이다. 클럽 선수에게, 얼마나 경쟁력이 있든지 간에, 테니스는 본질적으로 취미이다. 윔블던 관중에게 테니스는 일시적인 기분 전환이나 온통 마음을 다 뺏긴 대리 열정일지도 모른다.

• vicarious exercise of authority 권한 대행

socialize
[sóuʃəlàiz]

ⓥ 사회화하다; 어울리다

However, if you love to socialize and you are not doing a good job, inform your friends of the problem and remove from your office those things which create a social atmosphere. 　사관 2009

→ 그러나 만약 당신이 사람들과 어울리기를 좋아하고 좋은 성과를 내고 있지 않다면, 친구들에게 그 문제에 대해 알려주고 사교적인 분위기를 만드는 것들을 당신의 사무실에서 치워라.

assistance
[əsístəns]

ⓝ 도움; 지원
assist [əsíst] ⓥ 도움을 주다; 지원하다
assistant [əsístənt] ⓝ 보조; 조수

I wish to offer you whatever assistance we may while you are here organizing the final details of selling their Mansfield house. 　사관 2010

→ 나는 네가 그들의 Mansfield 주택 판매의 마지막 세부 사항을 정리하기 위해 여기 있는 동안 우리가 줄 수 있는 어떤 도움이든지 제공하고 싶다.

demonstrate
[démənstrèit]

ⓥ 증명하다; 입증하다; 시위운동을 하다

The link between expectations of success and career choice has been demonstrated in the laboratory with college students who were undecided about their choice of a major. 　사관 2014

→ 전공 선택을 결정하지 못한 대학생들을 대상으로 한 실험에서 성공에 대한 기대와 진로 선택 간의 관계가 증명되었다.

honorable
[ánərəbl]

ⓐ 훌륭한; 명예로운; 고귀한

Are you decent and honorable in your performance of duty and in your way of life? 　사관 2003

→ 당신은 당신의 의무 수행과 삶의 방식에 있어 품위 있고 훌륭한가?

afflict
[əflíkt]

ⓥ 몹시 괴롭히다(≡torment); 학대하다
affliction [əflíkʃən] ⓝ 고통; 고뇌(↔relief ⓝ 안도, 안정)

Depression afflicts more than 19 million people in the United States at any given time, and almost one in five over the course of a lifetime. 　사관 2009

→ 우울증은 미국에서 어느 시점에서든 1900만 명 이상의 사람을, 전 생애에 걸쳐서는 5명 중 1명 가까이를 괴롭히고 있다.

brittle
[brítl]

ⓐ 부서지기 쉬운(= fragile); 덧없는; 불안정한

The melting has led to coastal ice in parts of Canada and Alaska becoming quite brittle. 사관 2015

→ 이 융해는 캐나다와 알래스카의 몇몇 지역의 해안가 빙하들을 상당히 불안정한 상태로 만들었다.

signal
[sígnəl]

ⓥ 신호를 알리다; 나타내다 ⓝ 신호 ⓐ 신호의

The possibility of closing or opening doors and curtains is a device for signalling availability. 사관 2016

→ 문과 커튼을 닫거나 열 가능성은 이용 가능성을 나타내는 도구이다.

• distress signal 조난 신호

continual
[kəntínjuəl]

ⓐ 계속적인; 끊임없는
continue [kəntínju:] ⓥ 계속하다; 지속시키다
continuation [kəntìnjuéiʃən] ⓝ 연속; 지속

Critical questions provide a stimulus and direction for critical thinking; they move us forward toward a continual, ongoing search for better opinions, decisions, or judgments. 사관 2017

→ 비판적인 질문들은 비판적인 사고를 위한 자극과 방향을 제공한다. 그것들은 더 나은 의견, 결정 혹은 판단에 대한 계속적이며 진행 중인 추구를 향해 우리를 전진시킨다.

elaborate
[ilǽbərət]

ⓐ 정교한(= sophisticated); 복잡한 ⓥ 상세히 말하다; 설명하다

Preparation can be as simple as opening the shell, while cooking can be as spare as adding butter or salt, or can be very elaborate. 사관 2007

→ 준비는 껍질을 까는 것처럼 간단할 수 있는 반면, 요리는 버터나 소금을 넣는 것처럼 간소하거나 매우 정교할 수 있다.

proportion
[prəpó:rʃən]

ⓝ 비율; 비례 ⓥ 비례시키다; 조화시키다

With these proportions, the MSG in a serving of chicken would constitute less than 10 percent of the glutamate already found in the chicken. 사관 2016

→ 이러한 비율에 따르면, 1인분의 치킨에 들어가는 MSG는 원래 치킨에 들어있는 글루타민산염의 10%보다 적을 것이다.

• direct proportion 정비례

shrill
[ʃril]

ⓐ 날카로운; 귀가 째지는 듯한 ⓥ 날카로운 소리를 내다

Audiences had never heard his high-pitched and shrill voice which did not go with his manly face.

사관 2005

→ 관객들은 그의 남자다운 얼굴과 어울리지 않는, 그의 높고 날카로운 목소리를 들어본 적이 없었다.

transitory
[trǽnsətɔ̀:ri]

ⓐ 일시적인; 덧없는

The articles have been selected to present a broad overview of aspects of life in the United States — both the positive and the negative, the permanent and the transitory.

사관 2012

→ 기사들은 미국에서의 삶의 양상들에 대한 폭넓은 개관, 즉 긍정적이고 부정적이며, 영속적이고 일시적인 양 측면들을 모두 보여주도록 선택되었다.

devastate
[dévəstèit]

ⓥ 황폐화하다; (사람 등을) 망연자실하게 하다

These systems helped solve the cholera outbreaks that devastated so many urban populations in the growing industrial-commercial cities of the early nineteenth century.

사관 2017

→ 이 시스템들은 19세기 초 성장하는 산업적이며 상업적인 도시들에서 아주 많은 도시 사람들을 황폐하게 만든 콜레라 창궐을 해결하는 데 도움을 주었다.

offense
[əféns]

ⓝ 위반, 범죄; 공격 (↔defense ⓝ 방어, 변호)

Our client is a man who has been in trouble for minor offenses, but I do not believe that he is a thief, which is why I feel comfortable defending him.

사관 2010

→ 우리의 의뢰인은 경범죄로 어려움을 겪고 있던 분인데, 저는 그가 도둑이라고 믿지 않고, 그렇기에 그를 변호하는 것이 불편하지 않습니다.

requisite
[rékwəzit]

ⓐ 필수의; 불가결한 ⓝ 필수품; 필수 조건

Setting a good example on the part of officers is a primary requisite both in the building up of discipline and in its maintenance.

사관 2004

→ 장교 부문의 좋은 예시를 마련하는 것은 규율을 세우는 것과 그것의 유지 모두에 기본적인 필수 조건이다.

welfare
[wélfɛər]

ⓝ 복지; 행복

The advances of modern medicine have done much to relieve suffering and advance human welfare, but modern medicine does not guarantee good health.
사관 2014

→ 현대 의학의 진보는 고통을 완화하고 인간의 복지를 진전시키는 데 많은 일을 해왔지만, 현대 의학이 건강을 보장하지는 못한다.

perpetuate
[pərpétʃuèit]

ⓥ 영속하게 하다; 불멸하게 하다; 끊이지 않게 하다

The more they see, the slower they drive; and, in a neatly perpetuating cycle, the more slowly they drive, the more pedestrians they effectually see because those pedestrians stay within sight for a longer period.
사관 2013

→ 더 많이 볼수록 그들은 더 느리게 달렸고, 이 순환이 차근차근 끊이지 않고 계속되어, 그들이 더 느리게 달릴수록 보행자들이 시야에 더 오랫동안 머물렀기 때문에 그들은 보행자들을 더 잘 보았다.

doctorate
[dáktərət]

ⓝ 박사 학위

Upon his return to France, Rolland earned a doctorate in the study of early European opera in 1895. 사관 2018

→ 프랑스로 돌아온 후, Rolland는 1895년에 유럽의 초기 오페라 연구로 박사 학위를 받았다.

courteous
[kə́:rtiəs]

ⓐ 예의 바른(= polite); 정중한

This is not only courteous, but may get rid of problems later.
사관 2007

→ 이것은 예의 바를 뿐만 아니라, 이후의 문제를 없앨 수도 있다.

mainstream
[méinstrì:m]

ⓐ 주류의; 정통파의 ⓝ 주류; 대세

Her appearance on the cover of *Ladies' Home Journal* in 1968 broke the color barrier of mainstream women's magazines, and she went on to grace the covers of *Cosmopolitan*, *Essence* and *Life*.
사관 2011

→ 1968년 Ladies' Home Journal 표지에 등장한 그녀는 주류 여성 잡지의 피부색 장벽을 무너뜨렸고, 그녀는 Cosmopolitan과 Essence 그리고 Life의 표지를 장식하는 영광으로 나아갔다.

ambush

[ǽmbuʃ]

ⓝ 매복; 습격

A recent example of ambush marketing occurred during a World Cup match. 사관 2012

→ 습격 마케팅의 최근 사례는 월드컵 경기 중에 일어났다.

cling to

~에 매달리다; ~을 고수하다

It was a bold view, and he clung to it though people shook their heads in disbelief. 사관 2015

→ 그것은 대담한 관점이었고, 그는 사람들이 믿지 못하여 고개를 내저었음에도 그것에 매달렸다.

wing off

날아가 버리다

About the time I was finishing my training, he told me that I had met all of the requirements, and could certainly go get my license and wing happily off. 사관 2012

→ 내가 훈련을 끝낼 무렵, 그는 내가 모든 요구 조건을 충족시켰고, 분명히 내 면허증을 받으러 가고 행복하게 날아갈 수 있다고 말했다.

call a meeting

회의를 소집하다

When the British learned that Hitler was ready to invade England, Prime Minister Winston Churchill quickly called a meeting of the British War Ministry. 사관 2006

→ Hitler가 영국을 침략할 준비가 되었다는 사실을 영국인들이 알았을 때, Winston Churchill 총리는 영국의 전쟁 부처 회의를 신속히 소집했다.

blurt out

불쑥 말하다; 아무 생각 없이 말하다

It is this same lack of conscious monitoring of behavior that causes children with AD/HD to blurt out embarrassing and outrageous statements or to be reported for having their hands all over other children. 사관 2014

→ AD/HD를 가진 아이들이 당황스럽고 충격적인 말을 불쑥 말하거나 손으로 다른 아이들의 온몸을 만진다고 보고되는 사태를 일으키는 것도 바로 행동을 의식적으로 관찰하는 능력이 부족한 데서 온다.

ensue
[insú:]

ⓥ 뒤이어 일어나다(= follow), 계속되다(= succeed)

If there is disagreement or confusion at this stage, it is unlikely that the ensuing encounter will be fruitful.
　　　　　　　　　　　　　　　　　　　사관 2016

→ 만약 이 단계에서 불화나 혼동이 있다면, 뒤이어 일어나는 만남이 생산적일 가능성은 적다.

discriminate
[diskrímənèit]

ⓥ 차별하다; 정확히 구별하다(= distinguish) ⓐ 식별력 있는 discrimination [diskrìmənéiʃən] ⓝ 식별; 차별; 차이

However, defining ourselves in terms of a group identity can foster an "us versus them" mentality that sets the stage for prejudice, discrimination, and intergroup conflict.
　　　　　　　　　　　　　　　　　　　사관 2008

→ 그러나 집단정체성으로 우리 자신들을 정의하는 것은 편견, 차별, 그리고 그룹 간의 갈등의 장을 만드는 "우리 대 그들"의 사고방식을 조장할 수 있다.

• reverse discrimination 역차별

ancestor
[ǽnsestər]

ⓝ (특히 남자) 조상(= forefather); (기계의) 원형(= prototype) ancestry [ǽnsèstri] ⓝ 조상; 가문; 혈통

Thousands of years ago, our distant ancestors were so hungry that they had to go out to find something to eat.
　　　　　　　　　　　　　　　　　　　사관 2003

→ 수천 년 전, 우리의 먼 조상들은 너무 배가 고파서 무언가 먹을 것을 찾기 위해 밖으로 나가야만 했었다.

swarm
[swɔ:rm]

ⓝ 떼; 군중 ⓥ 떼를 지어 움직이다

Mr. Miller, his wife and his two-year-old daughter were walking along Crestview Road when a swarm of bees flew towards them.
　　　　　　　　　　　　　　　　　　　사관 2004

→ Miller 씨와 그의 아내, 그리고 두 살배기 딸이 Crestview 거리를 따라 걷고 있었는데, 벌 떼가 그들을 향해 날아갔다.

• swarm intelligence 집단 지성

head
[hed]

ⓝ 머리; 지도자 ⓥ 나아가다; 향하다; ~을 이끌다

"I don't need to write it down," he insists, heading to the kitchen.　사관 2009

→ "나는 그걸 받아쓸 필요 없어." 그가 부엌으로 향하며 우긴다.

droplet
[dráplit]

ⓝ 작은 물방울

The wind currents force the droplets up and down against each other and they grow bigger.　사관 2005

→ 이 바람의 흐름이 작은 물방울들을 서로 충돌하면서 위아래로 움직이게 강제하여 그것들은 더 커진다.

leafy
[líːfi]

ⓐ 잎이 많은; 잎 같은

But leafy vegetables, such as lettuce and spinach, need only six hours of sunlight a day.　사관 2008

→ 그러나 상추와 시금치같이 잎이 많은 야채들은 하루에 6시간의 일광만을 필요로 한다.

soothe
[suːð]

ⓥ 달래다; 진정시키다 (= ease)

I'll prescribe something to help soothe your stomach and bring the fever down.　사관 2011

→ 속을 진정시키고 열을 내릴 수 있는 것을 처방해 드릴게요.

liable
[láiəbl]

ⓐ 법적 책임이 있는; ~하기 쉬운
liability [làiəbíləti] ⓝ 의무; 책임; 부채

Lend money to a friend, and you're liable to lose both.　사관 2010

→ 친구에게 돈을 빌려준다면, 당신은 친구와 돈 둘 다 잃기 쉽다.

offset
[ɔ́ːfset]

ⓝ 상쇄하는 것; 보상 ⓥ 상쇄하다

During the 1800s, the birth rate, which in earlier times had been offset by the death rate, became a concern to many who worried that population growth would outstrip the planet's ability to provide adequate resources to sustain life.　사관 2013

→ 출생률은, 이전까지는 사망률에 의해 상쇄되었으나, 1800년대에는 인구 성장이 생명을 유지하는 데 풍부한 자원을 제공하는 지구의 능력을 능가할 것이라고 우려했던 많은 이들의 근심거리가 되었다.

resource
[rí:sɔ:rs]

ⓝ 자원; 원천

Because we are aware of the differences between verbal languages, we do not hesitate to use dictionaries and other resources to help us understand different languages. 사관 2017

→ 우리는 음성 언어 간의 차이들을 알고 있기 때문에, 우리는 다양한 언어를 이해하기 위해 사전 및 다른 자원들을 사용하기를 망설이지 않는다.

duplicate
[djú:plikət]

ⓥ 복제하다; (≡copy) 되풀이하다 ⓐ 복제한 ⓝ 사본, 복사물
duplication [djù:plikéiʃən] ⓝ 복제, 복사

Montemagno then duplicates it as the audience cheer. 사관 2015

→ 그러고 나서 Montemagno는 청중이 환호하는 동안 그것을 되풀이한다.

abdominal
[æbdámənl]

ⓐ 복부의
abdomen [ǽbdəmən, æbdóu-] ⓝ 배, 복부

The major problem with abdominal fat is that this type of fat is also highly associated with the development of heart disease, diabetes, and cancer. 사관 2017

→ 복부 지방과 관련된 중요한 문제는 이러한 종류의 지방이 심장병, 당뇨병 그리고 암의 발병과 크게 연관된다는 점이다.

perpetrator
[pə́:rpitrèitər]

ⓝ 가해자; 범인
perpetrate [pə́:rpətrèit] ⓥ (범죄를) 저지르다; 범하다

He decided to guess who the perpetrator was, even though he had nothing to base his suspicions on. 사관 2014

→ 비록 혐의를 둘 근거는 아무것도 없었지만, 그는 범인이 누구인지 추측해 보기로 결정했다.

selectivity
[silèktívəti]

ⓝ 선택성
selective [siléktiv] ⓐ 선택할 수 있는; 선별적인

This initial selectivity is regarded as the reason for better long-term grasp of the lecture materials. 사관 2015

→ 이러한 초기의 선택은 강의 자료를 장기간 더 잘 이해하는 이유로 간주된다.

ragtag
[rǽgtæg]

ⓐ 지저분한; 초라한 ⓝ 어중이떠중이; 오합지졸

The latter was comprised of only thirty-four small naval boats and a ragtag collection of armed merchant ships, but stormy weather came to the aid of the British. 사관 2010

→ 후자는 겨우 34대의 작은 해군 선박과 무장한 무역상 배들의 오합지졸 무리로 구성되었지만, 사나운 날씨가 영국을 도와주었다.

finite
[fáinait]

ⓐ 한계가 있는; 한정적인 (↔infinite ⓐ 무한한)

Life in all its richness and complexity is said to be fundamentally explainable as combinations and recombinations of a finite genetic code. 사관 2014

→ 풍부함과 복잡성을 갖는 삶은 본질적으로 한정된 유전적 코드의 조합과 재조합으로 설명 가능하다고 한다.

gender
[dʒéndər]

ⓝ 성; 성별

There were general increases in the prescription antidepressant medication use across both genders and age groups between those two time frames. 사관 2015

→ 두 기간 사이에 성별과 연령대 전체에 걸쳐 우울증 치료제 처방이 전반적으로 증가하였다.

colony
[kɑ́ləni]

ⓝ 식민지
colonial [kəlóuniəl] ⓐ 식민지의 ⓝ 식민지 사람
colonization [kɑ̀lənizéiʃən] ⓝ 식민지 건설
colonize [kɑ́lənàiz] ⓥ 식민지로 만들다

A century later, there were more slaves in New York City than anywhere else in the colonies except Charleston, South Carolina. 사관 2008

→ 한 세기 이후, South Carolina의 Charleston을 제외하고 어느 식민지들보다 New York 시에 많은 노예들이 있었다.

cherish
[tʃériʃ]

ⓥ 소중히 여기다(=treasure, enshrine); 마음에 품다

There must be a willingness to challenge cherished beliefs without hesitation. 사관 2006

→ 소중히 여기는 믿음에 망설임 없이 도전하려는 의향이 있어야 한다.

411

disposable
[dispóuzəbl]

ⓐ 처분할 수 있는; 자유롭게 이용할 수 있는

There are more young, single women with "disposable income" to spend money on themselves. 사관 2009

→ 그들 자신을 위해 돈을 소비하는 '가처분소득'을 가진 더 젊은 독신 여성들이 많다.

· disposable income 가처분소득

triumph
[tráiəmf]

ⓝ 승리; 성공 ⓥ 승리를 거두다
triumphant [traiʌ́mfənt] ⓐ 큰 승리를 거둔; 의기양양한

The triumph of antibiotics over disease-causing bacteria is one of modern medicine's greatest success stories. 사관 2016

→ 질병을 일으키는 박테리아에 맞선 항생제의 승리는 현대 의학의 가장 위대한 성공 이야기 중 하나이다.

lofty
[lɔ́:fti]

ⓐ 높은; 숭고한
loft [lɔ(:)ft] ⓝ 다락방; 위층 ⓥ 높이 솟다

Romain Rolland was a French dramatist, novelist, and art historian who was awarded the Nobel Prize for Literature in 1915 as a tribute to the lofty idealism of his literary production. 사관 2018

→ Romain Rolland은 그의 문학작품의 숭고한 이상주의에 대한 헌사로 1915년 노벨 문학상을 수상한 프랑스 극작가, 소설가이자 미술사학자였다.

publicity
[pʌblísəti]

ⓝ 홍보; 광고
public [pʌ́blik] ⓝ 대중 ⓐ 공공의; 공중의

But what can you do if you aren't an official sponsor, but you'd still like to benefit from the publicity surrounding the event? 사관 2012

→ 그러나 당신이 공식 스폰서가 아닌데도 이벤트를 둘러싼 홍보를 통해 이득을 얻고 싶다면 당신은 무엇을 할 수 있겠는가?

turbulence
[tə́:rbjuləns]

ⓝ 대란(=turmoil); 동요; 난기류
turbulent [tə́:rbjulənt] ⓐ 사나운; 소란한

There is much less turbulence in these clouds. 사관 2005

→ 이 구름들에는 훨씬 적은 난기류가 있다.

yield
[ji:ld]

Ⓥ 산출하다; 양도하다; 가져오다 Ⓝ 산출; 수확

However, advances in plastics technology have yielded some excellent alternatives to these old standbys. 사관 2013

→ 그러나 플라스틱 기술의 발전은 이러한 구식 예비품에 어떤 엄청난 대안을 가져왔다.

marvel
[máːrvəl]

Ⓥ ~에 놀라다(=be amazed; be awed); 경탄하다 Ⓝ 경이; 놀라운 일(=miracle)

Instead, she marvels at the treasures before her. 사관 2007

→ 대신, 그녀는 그녀의 앞에 있는 보물에 경탄한다.

suppress
[səprés]

Ⓥ 억제하다; 억압하다(↔relieve Ⓥ 덜어주다, 안도하게 하다)
suppression [səpréʃən] Ⓝ 진압; 억압; 은폐

Doctors are learning that people who express their emotions by occasionally shouting when they're angry or crying when they're sad might be healthier than people who suppress their feelings. 사관 2006

→ 의사들은 사람들이 화났을 때 종종 소리를 지르거나 슬플 때 울기를 통해 그들의 감정을 표현하는 사람들은 그들의 감정을 억압하는 사람들보다 더 건강할 수도 있다는 사실을 배우고 있다.

adversary
[ǽdvərsèri]

Ⓝ 적; 상대 ⓐ 적의
adverse [ædvə́ːrs] ⓐ 반대하는; 부정적인 (=negative)

Most alliances are formed on the basis of converging interests, threats from common adversaries, or similar ideological orientations. 사관 2014

→ 대부분의 동맹들은 이해관계, 공통의 적대국으로부터의 위협이나 유사한 이념적인 성향을 수렴하는 것을 기초로 형성된다.

rim
[rim]

Ⓝ 테두리; 가장자리(=border; edge) Ⓥ 가장자리를 두르다

By the end of the first century B.C., the Roman empire covered the entire rim of the Mediterranean, extending to the northern reaches of Britain, to the Danube in Europe, and east to the Caspian Sea. 사관 2018

→ 기원전 1세기 말 무렵에, 로마 제국은 지중해의 온 가장자리에 이르러, 북쪽으로는 영국, 유럽으로는 다뉴브 강, 동쪽으로는 카스피 해까지 뻗었다.

partition
[pɑːrtíʃən]

ⓝ 칸막이; 분할 ⓥ 분할하다(＝divide; apportion)

Second, you can change the positions of the partitions as your business needs change. 사관 2004

→ 두 번째로, 당신은 당신의 업무가 변화를 필요로 할 때 칸막이의 위치를 바꿀 수 있다.

boost
[buːst]

ⓥ 신장시키다; 북돋우다 ⓝ 격려; 증가; 부양책

It also stimulates local economies, offering a boost to farmers and small businesses, whereas food donations can have the effect of reducing local sales. 사관 2011

→ 그것이 또한 농부들과 소규모 사업체를 북돋아 지역 경제를 활성화하는 반면 식량 기부는 지역 판매를 감소시키는 효과를 가질 수 있다.

edge
[edʒ]

ⓝ 가장자리; 우위

Getting an unfair competitive edge is seen as a "strategy" rather than cheating. 사관 2011

→ 불공정한 경쟁적 우위를 얻는 것은 부정행위보다는 "전략"으로 간주된다.

inquisitive
[inkwízətiv]

ⓐ 탐구적인; 캐묻기 좋아하는

Early settlements in the Fertile Crescent, between nine and ten thousand years ago, created a completely new environment for many of the wild animal species in the area that were sufficiently adaptable and inquisitive. 사관 2012

→ 9,000년~10,000년 전 사이 비옥한 초승달 지대에서 이른 정착은 그 지역에 있는 충분히 적응력 있고 탐구적인 많은 야생동물 종들에게 완전히 다른 새로운 환경을 만들어 주었다.

liberal
[líbərəl]

ⓐ 진보적인; 편견이 없는; 자유주의의 ⓝ 진보주의자
liberation [lìbəréiʃən] ⓝ 해방; 광복
liberate [líbərèit] ⓥ 해방시키다; 자유롭게 하다(＝liberalize)

There is no one in our society who doesn't have this attitude to some degree, no matter how liberal and open-minded he or she might be. 사관 2002

→ 우리 사회에는 그 혹은 그녀가 아무리 진보적이고 편견이 없을지라도, 어느 정도 이런 태도를 갖고 있지 않은 사람은 없다.

renovate
[rénəvèit]

Ⓥ ~을 새롭게 하다(= renew); 개조하다(= reform)
renovation [renəvéiʃən] ⓝ 혁신(= innovation); 쇄신; 수리

Demanding that the present pool be renovated to its former beauty would protect an important part of our civic heritage, save a great deal of money and send a message to our city council that the past represents who we are. 사관 2007

→ 현재의 수영장을 이전의 아름다움에 맞추어 개조하길 요구하는 것은, 우리의 도시 유산의 중요한 부분을 지킬 것이고 많은 돈을 절약하며 시의회에 과거가 우리가 누구인지를 나타낸다는 메시지를 보낼 것이다.

crop up

나타나다; 생기다

These questions are central to any writing project, and they will crop up again and again. 사관 2006

→ 이러한 질문들은 어떤 글쓰기 계획에서도 중심이 되며, 그것들은 몇 번이고 다시 나타날 것이다.

hand in hand

협력하여; 동반하여

They usually went hand in hand and evidenced equally well the role of faith for science. 사관 2015

→ 그들은 대체로 협력했고 과학에 대한 신념의 역할을 동등하게 잘 입증했다.

see the light of day

출생하다; 햇빛을 보다; 생겨나다

Likewise, that staple of Chinese meals, the fortune cookie, first saw the light of day, not in Beijing but in Los Angeles. 사관 2009

→ 마찬가지로, 중국 식사의 주요 요소인 포춘 쿠키는 베이징이 아닌 로스앤젤레스에서 처음 생겨났다.

come up with

내놓다; 제안하다; 생각해내다

Smudge came up with the most amazing solution. 사관 2010

→ Smudge는 가장 놀라운 해결책을 생각해냈다.

probation
[proubéiʃən]

ⓝ 시험; 보호 관찰; 집행 유예

The judge may sentence him to prison, order him to pay a fine, or place him on probation. 사관 2006

→ 판사는 그에게 수감의 처벌을 내리거나, 벌금을 내도록 명령하거나 그에게 보호 관찰 처분을 내릴 수도 있다.

summit
[sʌ́mit]

ⓝ 최고봉; 정상; 정상회담

It's two hours to the summit, so I'm sure we'll get thirsty. 사관 2011

→ 정상까지는 두 시간 걸리니까, 우리가 목마르게 될 거라고 생각해.

• hold a summit conference 정상회담을 열다

naval
[néivəl]

ⓐ 해군의; 해상의
navy [néivi] ⓝ 해군

The failure to win the battle triggered the British government to build more powerful warships that could help it win naval battles. 사관 2010

→ 그 전투에서의 패배는 영국 정부가 해상 전투를 이기도록 도울 수 있을 더 강력한 군함을 짓도록 자극했다.

respiratory
[réspərətɔ̀:ri]

ⓐ 호흡의; 호흡 기관의
respire [rispáiər] ⓥ 호흡하다; 숨 쉬다(＝breathe)
respirate [réspərèit] ⓥ 인공호흡시키다
respiration [rèspəréiʃən] ⓝ 호흡; 한 호흡

Babies and children raised in a household where there is smoking have more ear infections, colds, bronchitis, and other respiratory problems than do children from nonsmoking families. 사관 2008

→ 흡연 가정에서 길러지는 아기와 어린이는 비흡연 가정의 아이보다 더 많은 귀 염증, 감기, 기관지염, 그리고 다른 호흡기 질환을 겪는다.

stalk
[stɔ:k]

ⓝ 줄기 ⓥ 접근하다; 몰래 다가가다

With stalks 25 feet high, they're the largest plant on earth without a woody stem. 사관 2005

→ 줄기가 25피트 길이로, 그것들은 나무줄기를 갖지 않는 식물 중 지구상에서 가장 거대한 식물이다.

archaeology
[ὰ:rkiálədʒi]

ⓝ 고고학

He leapt from physics, archaeology and history to biology, chemistry and human ecology in his college days. 사관 2009

→ 그는 대학 시절에 물리학, 고고학, 역사학에서 생물학, 화학 그리고 인간 생태학으로 건너뛰었다.

hack
[hæk]

ⓥ 난도질하다; 파다; 헛기침을 하다 ⓝ 잘린 자국

I have a runny nose, hacking cough, and the worst headache. 사관 2012

→ 나는 콧물이 나고, 헛기침이 나고 최악의 두통을 겪고 있어.

batch
[bætʃ]

ⓝ 한 묶음[다발, 무리]; 1회분 ⓥ 일괄 처리하다

Try to make telephone calls and write letters in batches. 사관 2010

→ 전화 연락과 편지 쓰기를 한꺼번에 처리하도록 시도해보라.

grip
[grip]

ⓝ 단단히 쥠; 악력; 지배력 ⓥ 꼭 붙잡다

Then one day, the actor loses his grip and lands at the lion's feet. 사관 2010

→ 그러던 어느 날, 그 배우는 붙잡았던 손을 놓치고 사자의 발 앞에 떨어진다.

gutter
[gΛtər]

ⓝ 도랑

The foremost thing to do is to divert the discharge water away from slopes by constructing gutters and using sandbags. 사관 2014

→ 가장 먼저 해야 할 일은 도랑을 만들고 모래주머니를 이용하여 방류수의 방향을 비탈에서 다른 곳으로 돌리는 것이다.

wicked
[wíkid]

ⓐ 사악한; 심술궂은
wickedness [wíkidnis] ⓝ 사악함; 심술궂음

An essential element of African-American literature is that the literature as a whole — not the work of occasional authors — is a movement against concrete wickedness.　　　　사관 2014

→ 아프리카계 미국인 문학의 본질적인 요소는, 이따금 등장하는 작가의 작품이 아니라 문학 전체가 구체적인 악에 항거하는 운동이라는 점이다.

flatten
[flǽtn]

ⓥ 평평하게 하다; 낙담시키다

It nearly flattened a forest and started a fire that burned for weeks, sending ash so high that it circled the Northern Hemisphere, making sunsets bright.　　사관 2005

→ 그것은 숲을 거의 평평하게 만들었고, 수주일 동안 타오른 불길이 시작되게 했으며, 재를 매우 높이 날려서 그것이 북반구를 에워싸고 일몰을 밝게 하도록 만들었다.

embrace
[imbréis]

ⓥ 포옹하다; 받아들이다 ⓝ 포옹

And she made it possible for girls of all color to embrace their own inner beauty.　　　　사관 2011

→ 그리고 그녀는 모든 피부색의 소녀들이 자신 내면의 아름다움을 받아들일 수 있게 했다.

compost
[kámpoust]

ⓝ 비료; 퇴비

Compost is an organic substance which can be added to garden soil or dirt to improve its overall quality.　　　　사관 2013

→ 비료는 정원의 토양이나 흙의 전체적인 질을 개선하기 위해 거기에 더해질 수 있는 유기물이다.

contemporary
[kəntémpərèri]

ⓝ 동시대의 사람 ⓐ 동시대의

Galileo revolutionized science by making his thought graphically visible while his contemporaries used only conventional mathematical and verbal approaches.　　　　사관 2014

→ 그의 동시대인들이 단지 전통적인 수학 접근법과 언어 접근법을 사용한 반면, Galileo는 자신의 생각을 도표로 시각화하여 과학을 혁신적으로 바꿨다.

gasp
[gæsp]

ⓥ 숨이 차다; 헐떡거리다

Wiener always tried to keep control of the conversation, even as he was puffing and gasping towards the small land mass. 사관 2017

→ Wiener는 작은 땅을 향해 씩씩거리고 숨을 헐떡이며 나아가면서도, 항상 대화의 주도를 잡으려고 노력했다.

• gasp for (특히 술이나 담배를) 갈망하다

miser
[máizər]

ⓝ 구두쇠; 수전노

And those who thought in a more calculating way became equal-opportunity misers by giving a similarly small amount to both causes. 사관 2013

→ 그리고 더 계산적인 방식으로 생각한 사람들은 두 사안 모두에 비슷하게 적은 금액을 줌으로써 기회 균등을 주장하는 구두쇠가 되었다.

gigantic
[dʒaigǽntik]

ⓐ 거대한(= immense; mammoth); 막대한

Wouldn't it be sensational if we were all born with a gigantic vocabulary and knew instantly the meaning of every word we saw or heard? 사관 2002

→ 우리가 모두 막대한 어휘를 가지고 태어나고, 우리가 보거나 들은 모든 단어의 뜻을 즉시 안다면 정말 놀랍지 않을까?

autotrophic
[ɔ̀:tətráfik]

ⓐ 자가 영양의 (+ heterotrophic 종속 영양의)
autotroph [ɔ́:tətràf] 자가 영양 생물

The autotrophic nature of plants makes them very dependent upon light and there are only a few plant species that cannot photosynthesize. 사관 2015

→ 식물의 자가 영양적 본성은 그것들이 빛에 매우 의존하게 만들고, 광합성을 할 수 없는 식물의 종은 매우 드물다.

converse
[kənvə́:rs]

ⓝ 담화 ⓥ 대화하다

When two people from different cultures converse, both generally know that they do not understand the other's language, so at least each person is aware of his or her own ignorance. 사관 2018

→ 다른 문화권에서 온 두 사람이 대화를 나눌 때, 두 사람 모두 서로의 언어를 이해하지 못한다는 것을 대개 알고 있으므로, 최소한 각각의 개인은 자기 자신의 무지를 알고 있다.

regulate
[régjulèit]

ⓥ 규제하다; 조정하다

regulation [règjuléiʃən] ⓝ 규칙; 조정 ⓐ 규정의; 정규의

However, such a system could never be completely and safely regulated. 　사관 2008

→ 그러나 그러한 체계는 절대로 완전하고 안전하게 조정될 수 없었다.

· safety regulation 보안 규정

slumber
[slʌ́mbər]

ⓝ 선잠, 얕은 잠 ⓥ 잠시 졸다

Truck drivers or airline employees are especially prone to such regular disruptions to their slumber. 　사관 2014

→ 트럭 운전사나 항공사 종사자들은 선잠에 의해 그런 주기적인 혼란 상태에 특히 빠지기 쉽다.

mislead
[mislíːd]

ⓥ 잘못된 방향으로 이끌다(오도하다); 오해하게 하다

It will be a digital fog, and, as computers crash, mislead and even change sides, there will be no alternative but to surrender. 　사관 2004

→ 그것은 디지털 안개가 될 것이며, 컴퓨터가 고장 나고 오도하며 심지어 편을 바꿀 때, 항복하는 것 이외에는 대안이 없을 것이다.

· mislead public opinion 여론을 호도하다

impose
[impóuz]

ⓥ 부과하다; 강요하다; 도입하다

Crises are not only inevitable but also necessary, for when imbalances develop, people have to impose some order on a situation of collapse and chaos. 　사관 2016

→ 위기들은 피할 수도 없지만 필요하기도 한데, 불균형이 일어날 때 사람들은 붕괴와 혼란의 상황에 어느 정도 질서를 도입해야 하기 때문이다.

· impose heavy taxes 중세를 부과하다

infrared
[infrəréd]

ⓐ 적외(선)의 (✚ultraviolet 자외선의)

The heat of the sun is absorbed by the earth and then it goes into the atmosphere in the form of infrared rays. 　사관 2004

→ 태양열은 지구에 의해 흡수되고 난 후 적외선의 형태로 대기 속으로 들어간다.

artifact
[ɑ́:rtəfækt]

ⓝ 인공물; 인공 유물; 가공품

More typically, however, museums will purchase or trade for artifacts or receive them as donations.

사관 2007

→ 그러나 더 일반적으로, 박물관들은 인공 유물을 구매하거나 교환하고 혹은 기부로 그것들을 받을 것이다.

tongue
[tʌŋ]

ⓝ 혀; 말; 언어

But educated men brought back the ancient tongue ten centuries later and used it for most formal speech.

사관 2015

→ 하지만 10세기 후에 학식 있는 사람들이 고대의 언어를 가져와 가장 격식을 갖춘 담화에 사용했다.

garment
[gɑ́:rmənt]

ⓝ 의류; 옷; 복장(= attire; apparel)

That became a little tiresome, so I started counting how many people wore their clothes untidily or had garment labels sticking out above the backs of their collars.

사관 2003

→ 그것이 약간 지겨워져서, 나는 얼마나 많은 사람들이 옷을 단정하지 못하게 입었는지, 혹은 그들의 옷깃 뒷부분 위로 의류 상표를 튀어나오게 했는지 세기 시작했다.

beneficiary
[bènəfíʃièri]

ⓝ 수혜자; 수취인

benefit [bénəfit] ⓥ 이익을 얻다 ⓝ 이익; 혜택

But in fact, they are invariably beneficiary of hidden advantages and extraordinary opportunities and cultural legacies that allow them to learn and work hard and make sense of the world in ways others cannot.

사관 2013

→ 하지만 사실, 그들은 언제나, 그들이 열심히 배우고 일하며 다른 사람들은 할 수 없는 방식으로 세상을 이해할 수 있게 하는 숨겨진 편의와 특별한 기회, 문화적 유산의 수혜자이다.

substitute
[sʌ́bstətjùːt]

ⓥ 대체하다 ⓝ 대체물(= replacement); 대안 ⓐ 대체의; 대리의

Using a nectar substitute, the researchers wanted to see if they could train the birds to feed from them.

사관 2008

→ 꿀의 대체물을 사용하여, 연구자들은 그들이 새들을 그것들에서 먹도록 훈련시킬 수 있는지 확인하고 싶어 했다.

seductive
[sidʎktiv]

ⓐ 유혹적인; 매혹적인
seduction [sidʎkʃən] ⓝ 유혹; 매력

It is often quite seductive to a people to see an outsider adopting their ways. 사관 2017

→ 외부인이 그들의 방식을 취하는 것을 보는 것은 한 민족에게 종종 꽤 매혹적이다.

antidepressant
[æntidiprésnt]

ⓐ 항우울의 ⓝ 항우울제

In the period 2005-2008, for those 45-64 years old, over twice as many males took prescription antidepressant medication as females. 사관 2015

→ 2005~2008년의 기간 동안 45~64세의 경우, 여성보다 두 배 이상 많은 남성들이 우울증 치료제를 처방받았다.

conventional
[kənvénʃənl]

ⓐ 전통적인(＝traditional); 틀에 박힌
convention [kənvénʃən] ⓝ 집회; 관습
unconventional [ʌnkənvénʃənl] ⓐ 인습에 얽매이지 않는; 자유로운

It takes a lot longer than a conventional lawnmower to get the job done, but at least it frees weekends for its owner. 사관 2006

→ 그것은 전통적인 잔디 깎는 기계가 일을 마치는 것보다 더 오래 걸리지만, 최소한 주인에게는 주말을 해방시켜 준다.

· conventional wisdom 통념

whimper
[hwímpər]

ⓥ 흐느껴 울다; (동물이) 낑낑거리다

Of course, we know that animals can whimper and whine when they are hurt. 사관 2003

→ 물론, 우리는 동물들이 다쳤을 때 흐느껴 울고 낑낑거릴 수 있다는 것을 안다.

rotate
[róuteit]

ⓥ 회전하다; 돌다

Uniquely among kangaroos, they can rotate their feet to turn the soles inwards, letting them adjust the angle of their legs and feet to whatever surface they are gripping. 사관 2009

→ 캥거루 중에서 유일하게, 그들은 발바닥이 안쪽으로 향하게 발을 돌릴 수 있고, 이는 그들이 잡고 있는 표면이 어떤 것이든 그들의 다리와 발의 각도를 맞출 수 있게 해 준다.

develop
[divéləp]

ⓥ 발달시키다; 개발하다; (병에) 걸리다
development [divéləpmənt] **ⓝ** 개발; 발전

If so, there is a high chance that you could develop the disease as well if you are not careful. 사관 2012

→ 그렇다면, 당신이 부주의할 경우 당신도 그 병에 걸릴 확률이 높다.

- develop photos 사진을 인화하다
- develop a new drug 신약을 개발하다

be apt to

적절한; ~하는 경향이 있는

D-I-Y products are apt to cause a lot of health problems among infants due to the toxic chemicals introduced into the home. 사관 2012

→ D-I-Y 제품들은 집에 새로 전해진 독성 화학물질 때문에 유아들 사이에 많은 건강 문제를 일으키는 경향이 있다.

all of a sudden

갑자기

People who find good fortune all of a sudden, who gain unexpected power and fame and popularity all at once, are the most insecure. 사관 2003

→ 예기치 못한 권력과 명예 그리고 명성을 한꺼번에 얻는 사람들, 행운을 갑자기 발견한 사람들이 가장 위태롭다.

take ~ for granted

~을 당연한 것으로 여기다

Until now, most people have taken it for granted that aid should be composed of what victims of a disaster actually need, such as food and blankets. 사관 2011

→ 지금까지도 대부분의 사람들은, 재난의 희생자들이 실제로 필요한, 예를 들면 식량이나 담요 같은 것으로 구호품이 구성되어야 한다는 것을 당연한 것으로 여겨왔다.

catch a glimpse of

~을 언뜻 보다

Tuesday and Wednesday were the same, but by Thursday the swelling had gone down enough for him to catch a glimpse of her from his left eye. 사관 2005

→ 화요일과 수요일은 똑같았지만, 목요일에 그의 왼쪽 눈으로 그녀를 언뜻 볼 수 있을 정도로 부기가 가라앉았다.

Review Test DAY 41-45

1 다음 우리말을 영어로 쓰시오.

01 금욕, 절제, 자제

02 견디다, 이겨내다

03 수혈, 주입

04 화물, 수송

05 터무니없는, 과도한

06 꼼꼼함, 시간 엄수

07 예의 바른, 정중한

08 가해자, 범인

09 선전하다, 번식하다

10 봉쇄, 폐쇄하다

11 간결한, 간명한

12 수혜자, 수취인

13 매복, 습격

14 구두쇠, 수전노

15 여행담

16 위반, 범죄

17 실패할 염려가 없는

18 약탈하다, 약탈

19 비료, 퇴비

20 소용돌이(치다)

21 괴롭히다, 학대하다

22 방심하지 않는

2 다음 영어를 우리말로 쓰시오.

01 inquisitive

02 respiratory

03 furrow

04 absorbent

05 brittle

06 perpetuate

07 infuriate

08 elaborate

09 malicious

10 hoist

11 slumber

12 offset

13 seductive

14 ensue

15 embellish

16 impose

17 requisite

18 persist

19 figurative

20 probation

21 propagate

22 whimper

3 다음 빈칸에 알맞은 단어를 고르시오.

01 Most alliances are formed on the basis of converging interests, threats from common _____, or similar ideological orientations.

대부분의 동맹들은 이해관계, 공통의 적대국으로부터의 위협이나 유사한 이념적인 성향을 수렴하는 것을 기초로 형성된다.

① adversaries ② potential ③ turbulence ④ regulations ⑤ considerations

02 Further, a female elephant will refuse to fight if separated from her young, and she would immediately refuse all military duties and rush to the rescue if her offspring cried out when wounded or _____ upon.

더 나아가, 암컷 코끼리는 그녀의 어린 새끼와 헤어지면 싸우기를 거부하고, 만일 그녀의 새끼가 부상당하거나 짓밟혀 울부짖으면 즉각 모든 군대의 의무를 거부하며 구출하러 달려갈 것이다.

① trampled ② chased ③ prospered ④ misled ⑤ gasped

03 Try to make telephone calls and write letters in _____.

전화 연락과 편지 쓰기를 한꺼번에 처리하도록 시도해보라.

① monologue ② columns ③ transfer ④ grip ⑤ batches

04 Yet we recognized and made some primitive use of numerals long before we knew how to perform simple _____.

그러나 우리는 간단한 계산을 하는 방법을 알기 오래전에 숫자의 원시적인 몇몇 사용을 인식하고 만들었다.

① artifact ② punctuation ③ triumph ④ signal ⑤ arithmetic

---

1 01 abstinence 02 withstand 03 transfusion 04 freight 05 exorbitant 06 punctuality 07 courteous 08 perpetrator 09 propagate 10 blockade 11 succinct 12 beneficiary 13 ambush 14 miser 15 travelogue 16 offense 17 fool-proof 18 plunder 19 compost 20 eddy 21 afflict 22 vigilant

2 01 탐구적인, 캐묻기 좋아하는 02 호흡(기관)의 03 발고랑(을 내다), 주름살(이 생기다) 04 흡수하는 (물질) 05 부서지기 쉬운, 덧없는, 불안정한 06 영속[불멸]하게 하다 07 격분시키다, 격앙시키다 08 정교한, 복잡한, 설명하다 09 악의적인 10 들어 올리다 11 선잠, 잠시 졸다 12 보상, 상쇄하다 13 유혹적인, 매혹적인 14 뒤이어 일어나다, 계속되다 15 아름답게 꾸미다, 장식하다 16 부과하다, 강요하다 17 필수의, 필수 조건 18 고집하다, 지속하다 19 비유적인 20 보호 관찰, 집행유예 21 선전하다, 번식하다 22 흐느껴 울다, 낑낑거리다

3 01 ① 02 ① 03 ⑤ 04 ⑤

425

overachieve
[ðuvərətʃíːv]

ⓥ 기대 이상의 성과를 내다; 강한 성취욕을 보이다
overachiever [ðuvərətʃíːvər] ⓝ 기대 이상의 성공을 거두는 사람; 수완가
achieve [ətʃíːv] ⓥ 달성하다; 성취하다
I must admit that I can be an overachiever at times.

사관 2004

→ 나는 때때로 강한 성취욕을 보이는 사람이 될 수 있다는 것을 인정해야만 합니다.

aversive
[əvə́ːrsiv]

ⓐ 혐오감을 갖게 하는; 싫은 것을 피하는; 유해한
Such nagging not only is aversive in the extreme, but also a constant reminder to the child of his or her lack of self control.

사관 2014

→ 이런 잔소리는 극도로 유해할 뿐만 아니라 아이에게 자신의 자제력 부족을 지속적으로 상기시켜 주는 것이 되기도 한다.

minimize
[mínəmàiz]

ⓥ 최소로 줄이다(↔maximize ⓥ 최대화하다); 과소평가하다
minimum [mínəməm] ⓝ 최소한도; 최저
The Internet minimizes the differences people face when they look for certain information, whether they are rich or poor, whether they have access to a terrific library or none at all.

사관 2012

→ 인터넷은 사람들이 부유하든 가난하든, 그들이 훌륭한 도서관에 접근할 수 있든 전혀 그렇지 않든 상관없이, 그들이 특정한 정보를 찾을 때 마주하는 차이들을 최소화한다.

subsidiary
[səbsídièri]

ⓝ 보조물; 자회사 ⓐ 부차적인; 보조금의
A French manufacturer of automotive accessories kept urging the German managing director of its subsidiary in Germany to advertise their product on German television.

사관 2014

→ 프랑스의 한 자동차 부대 용품 제조회사가 독일 자회사의 독일인 관리 이사에게, 독일 텔레비전에 그들의 제품을 광고할 것을 계속 종용했다.

cunning
[kʌ́niŋ]

ⓐ 교활한; 교묘한 ⓝ 교활함; 간사함

To the meteorologist, its behavior is even more cunning than that of a thunderstorm. 사관 2012

→ 기상학자들에게 그것의 행동은 뇌우의 그것보다도 교묘하다.

itinerary
[aitínərèri]

ⓝ 여행 계획; 일정표

Are you finished with our itinerary? 사관 2011

→ 우리 일정표 다 짰니?

vendor
[véndər]

ⓝ 행상인; 노점상

On an adjacent side of the field a street vendor with a food cart is playing a loud, repetitive jingle. 사관 2018

→ 인접한 광장의 한 쪽에서는 음식 수레를 가진 노점 상인이 시끄럽고 반복적인 짤랑짤랑 소리를 내고 있다.

outwit
[àutwít]

ⓥ ~을 계략으로 앞서다; ~보다 한 수 위이다

Over time, some bacteria have developed ways to outwit the effects of antibiotics. 사관 2016

→ 시간이 지나면서, 몇몇 박테리아들은 항생제의 효과보다 한 수 앞서는 방법들을 발전시켰다.

layover
[léiouvər]

ⓝ 도중하차; 일시적인 체류

It departs at 10 a.m., arriving in Paris at noon on Tuesday, with a two-hour layover before the London flight. 사관 2011

→ 이건 오전 10시에 출발하고, 화요일 정오에 파리에 도착하며, 런던 비행 전에 일시적으로 2시간 체류합니다.

correspond
[kɔ̀:rəspánd]

ⓥ 해당하다; 일치하다; 편지 왕래하다
correspondent [kɔ̀:rəspándənt] ⓝ 통신자; 특파원
correspondence [kɔ̀:rəspándəns] ⓝ 일치; 편지 왕래

Seen from this point of view, intelligence corresponds to the ability to solve complex problems, from the accurate autonomous movement of a robot arm to the understanding of a natural language sentence. 사관 2016

→ 이러한 관점에서 봤을 때, 지능은 로봇 팔의 정밀한 자동적 움직임부터 자연 언어 문장의 이해까지 복잡한 문제를 푸는 능력과 일치한다.

prime
[praim]

ⓥ 준비하다 ⓐ 가장 중요한

The result showed that those who were primed to feel emotion gave much more money to the African girl than to help fight the general food shortage. 사관 2013

→ 그 결과는, 감정을 느끼도록 준비된 사람들이 일반적 식량 부족과 싸우는 데 도움을 주기보다는 그 아프리카 소녀에게 더 많은 돈을 주었다는 것을 보여주었다.

attire
[ətáiər]

ⓝ 의상; 복장 ⓥ 차려입히다

At the designated time the visitor knocked at the president's door and was admitted by the same man he had talked to on the grounds, though now he was attired differently. 사관 2018

→ 지정된 시간에 방문자는 총장실의 문을 두드렸고, 그가 구내에서 대화를 했던 바로 그 남자에 의해 들여보내졌다. 그래도 그는 다르게 차려입기는 했다.

din
[din]

ⓝ 소음 ⓥ (시끄러운 소리를) 내다

Before long I would be back in the din of New York City; the gentle sounds of birds singing and insects buzzing replaced by the clang and clatter of the city. 사관 2005

→ 조만간 나는 뉴욕 시의 소음 속으로 돌아갈 것이며, 노래하는 새들과 윙윙거리는 곤충들의 부드러운 소리는 도시의 소란스러운 소리로 대체될 것이다.

overdue
[òuvərdú:]

ⓐ 연체된; 늦어진(≡ belated)
due [dju:] ⓐ 예정인 ⓝ 지불되어야 하는 것

Often it will be a small matter: an overdue apology; a confrontation with a fellow worker; an annoying chore you know you should tackle. 사관 2006

→ 종종 그것들은 늦어진 사과나 동료 직원과의 대면, 혹은 당신이 처리해야 한다고 알고 있는 짜증나는 일 등, 사소한 일일 것이다.

legitimize
[lidʒítəmàiz]

ⓥ 정당화하다; 합법화하다
legitimate [lidʒítəmət] ⓐ 합법의; 정당한 ⓥ 정당화하다; 합법화하다

For big amounts, a repayment schedule helps to legitimize the loan. 사관 2010

→ 큰 액수의 경우, 상환 계획이 대출을 합법화하는 데 도움을 준다.

withdraw
[wiðdrɔ́:, wiθ-]

Ⓥ 철수하다; 철회하다; 인출하다

Using Vietnam again as an example, between 1964, when there was great support for the war, and 1968, most of the highereducated withdrew their support.

사관 2008

→ 베트남을 다시 예로 들자면, 전쟁에 대한 엄청난 지지가 있었던 1964년과 1968년 사이에 대부분의 고학력자들은 그들의 지지를 철회했다.

probe
[proub]

Ⓝ 조사; 우주 탐사기 Ⓥ 조사하다

However, samples collected from the moon's surface by lunar probes show that moon rocks do not contain iron, an element common in Earth samples.

사관 2012

→ 그러나 달 탐사기에 의해 달 표면에서 수집된 샘플들은 월석이 지구의 샘플에서 흔한 성분인 철을 함유하고 있지 않다는 것을 보여준다.

witty
[wíti]

ⓐ 재치 있는, 익살맞은

Serkin was able to evoke laughter from the audience with his witty action.

사관 2015

→ Serkin은 그의 재치 있는 행동으로 관객에게서 웃음을 자아낼 수 있었다.

pessimist
[pésəmist]

Ⓝ 비관론자(↔optimist 낙관론자); 염세주의자
pessimism [pésəmìzm] Ⓝ 비관론; 비관주의

Even though technology provides us with these sorts of amazing services, pessimists have a different perspective.

사관 2009

→ 기술이 우리에게 이런 종류의 놀라운 서비스를 제공한다 해도, 비관론자들은 다른 관점을 가지고 있다.

derange
[diréindʒ]

Ⓥ 어지럽히다; 흩뜨리다

His poetic program involved upsetting conventional orders of perception, deranging habitual ways of seeing, hearing, smelling, touching, and tasting, and rearranging them in novel combinations.

사관 2016

→ 그의 시(詩) 강좌는 일반적인 인지 과정을 뒤집고, 보고, 듣고, 냄새를 맡고, 만지고, 맛보는 습관적인 방식을 흩뜨리며, 그것들을 다시 새로운 결합으로 재배열하는 것을 포함했다.

endurance
[indjúərəns]

ⓝ 인내; 지구력
endure [indjúər] ⓥ 견디다; 지속하다

In modern days, the oak is a common symbol of strength and endurance and has been chosen as the national tree of England, France, Germany, Poland, and the United States. 사관 2010

→ 현대에 참나무는 힘과 인내의 보편적 상징이며, 영국, 프랑스, 독일, 폴란드 그리고 미국의 국가 나무로 선택되었다.

fatal
[féitl]

ⓐ 치명적인; 결정적인; 숙명적인
fatality [feitǽləti] ⓝ 사망자 (수); 운명

The earliest and most primitive link was surely that of hunter and prey — with humans possibly playing the fatal role of victim. 사관 2002

→ 가장 초기의 그리고 가장 원시적인 연결고리는 분명히, 사냥꾼과 먹잇감의 그것이었는데 인간이 아마도 희생자라는 숙명적인 역할을 맡았을 것이다.

attentive
[əténtiv]

ⓐ 주의 깊은; 세심한
attentiveness [əténtivnis] ⓝ 친절함

They want me to succeed, which shows in their attentiveness and the nonverbal cues they give me like nodding and making eye contact. 사관 2009

→ 그들은 내가 성공하기를 원하고, 이는 그들의 친절함과 그들이 내게 주는 끄덕임이나 시선을 마주치는 등의 비언어적인 신호에서 드러난다.

correlation
[kɔ̀:rəléiʃən]

ⓝ 상호 관계; 상관 관계
correlate [kɔ́:rəlèit] ⓥ 서로 연관시키다

Researchers have noted a correlation between diet drink consumption and poor health for years. 사관 2015

→ 연구자들은 다이어트 음료 소비와 좋지 않은 건강 사이의 상관 관계를 수년간 주목해왔다.

confuse
[kənfjú:z]

ⓥ 혼란시키다; 당황하게 하다

Those two roads have been confusing people around here for years. 사관 2008

→ 그 두 개의 길은 이 근처 사람들을 수년간 혼란스럽게 했다.

proficiency
[prəfíʃənsi]

ⓝ 능숙함; 숙달; 능력
proficient [prəfíʃənt] ⓐ 능숙한; 숙련된 ⓝ 숙련자

Intensive reading is a way of reading relatively short passages prepared by instructors with the focus on vocabulary and grammar, and the level of the passages is more difficult than the students' language proficiency.　　　　사관 2009

→ 정독은 교사들이 준비한 상대적으로 짧은 단락들을 단어와 문법 중심으로 읽는 방식이고, 단락들의 수준은 학생들의 언어 능력보다 더 어렵다.

border
[bɔ́ːrdər]

ⓝ 경계; 가장자리 ⓥ ~에 접하다

The Gulf Coastal Plain is divided into two parts: one part with thousands of trees that borders the Sabin River, and the second part which contains the beaches along the coast.　　　사관 2003

→ 걸프 해안 평야는, 세이빈 강에 접한 수천 그루의 나무들이 있는 한 부분, 그리고 해안가에 있는 여러 해변들을 포함하는 두 번째 부분, 이렇게 두 부분으로 나뉘어 있다.

oncoming
[ɑ́ːnkʌmiŋ]

ⓐ 다가오는

Some researchers believe they have found a way to detect the severity of an oncoming flood in any given location using data from the area's network of cell towers.　　　　사관 2010

→ 몇몇 연구자들은 그 지역 기지국의 네트워크에서 얻은 정보를 사용하여 어느 지역에서든지 다가오는 홍수의 심각한 정도를 측정할 방법을 찾았다고 믿는다.

hesitation
[hèzətéiʃən]

ⓝ 망설임; 주저
hesitate [hézətèit] ⓥ 망설이다; 주저하다

Most of these women felt little hesitation in this decision.　　　사관 2007

→ 이 여성들 중 대다수는 이 결정에 주저하지 않았다.

rash
[ræʃ]

ⓐ 경솔한; 무분별한 ⓝ 발진

Anger and impatience will draw you into rash actions that will cut off your options.　　　사관 2015

→ 분노와 성급함은 당신의 선택권을 제한하게 될 경솔한 행동들로 당신을 이끌 것이다.

input
[ínput]

ⓝ 입력(↔output ⓝ 출력, 결과물); 투입 ⓥ 입력하다

These devices consist of a standard notebook PC with a screen (tablet/slate), acting as both a display device as well as an input device.　사관 2009

→ 이러한 장치들은 화면(태블릿/슬레이트)이 있는 표준 노트북 PC로 구성되어 디스플레이 장치와 입력 장치 모두로 기능한다.

irate
[airéit]

ⓐ (부당한 대우에) 성난; 분노한

When he finally returned on Sunday night, having spent his week's wages on habit and beer, his wife was understandably irate.　사관 2005

→ 마침내 그가 그의 주급을 습관적인 탐닉과 맥주에 쓴 채로 일요일 밤에 돌아왔을 때, 그의 아내는 당연히도 분노했다.

appreciate
[əprí:ʃièit]

ⓥ 이해하다; ~의 진가를 인정하다; 감사하다 (↔depreciate ⓥ 비하하다)
appreciation [əprì:ʃiéiʃən] ⓝ 이해; 감사

Research strongly indicates that those who are happiest appreciate what they have and focus less on what they don't have.　사관 2017

→ 연구는 가장 행복한 사람들이 그들이 가진 것에 감사하고 그들이 가지지 않은 것에는 덜 집중한다는 것을 강력하게 시사한다.

sicken
[síkən]

ⓥ ~을 구역질나게 하다; 병들다
sickening [síkəniŋ] ⓐ 구역질나게 하는; 불쾌한

Then about 11 p.m., they heard a sickening crash, and they knew that it was the freight train going down with the bridge over Honey Creek.　사관 2004

→ 그 이후 오후 11시쯤 그들은 불쾌한 굉음을 들었고, 그들은 그것이 Honey Creek 너머의 다리와 함께 침수되고 있던 화물 열차였다는 것을 알게 되었다.

verbal
[vá:rbəl]

ⓐ 말의; 구두의
verbally [vá:rbəli] ⓐⓓ 말로; 구두로

Communication in its broadest sense occurs both verbally (via language) and nonverbally.　사관 2017

→ 가장 넓은 의미에서의 의사소통은 언어적으로(말을 통해) 그리고 비언어적으로 일어난다.

coalesce
[kòuəlés]

ⓥ 합체하다; 연합하다

With territorial boundaries erased, local populations now coalesce into a single sheet of coexisting ants spread across the inhabited landscape.   사관 2013

→ 영토의 경계가 사라지면서, 지역의 개체군들은 이제 거주 지역 전체에 걸쳐 공존하는 개미들과 하나의 무리로 합체한다.

prior to

~보다 먼저; ~에 앞서서

Prior to registering, a patient has to sit in a crowded waiting room for a long time until his or her name or number is called.   사관 2002

→ 등록에 앞서, 환자는 그 혹은 그녀의 이름이, 혹은 번호가 불릴 때까지 붐비는 대기실에 앉아 오랜 시간 기다려야 한다.

at any cost

무슨 일이 있어도

One is the obsession with winning at any cost.

사관 2011

→ 한 가지는 무슨 일이 있어도 승리하겠다는 집착이다.

first and foremost

무엇보다 먼저

They would go on to claim a true sport first and foremost requires some form of physical exertion.

사관 2017

→ 그들은 진정한 스포츠라면 무엇보다 먼저 어떤 형태의 육체적인 노력을 필요로 한다고 주장해 나갈 것이다.

bring up

제기하다; 이야기하다

Is there any way for me to bring it up?   사관 2014

→ 이에 대해 제가 이의 제기할 방법이 없을까요?

endear
[indíər]

Ⓥ 귀엽게 여기게 하다; 따르게 하다

While mice, due to their propensity to carry disease and crawl into every corner of the home, may not have endeared themselves to humans, cats received a much warmer welcome. 사관 2012

→ 질병을 옮기고 집의 모든 구석으로 기어들어가는 습성 때문에 사람들에게 귀엽게 여김을 받지 못했던 쥐들과 달리, 고양이들은 훨씬 더 따뜻한 환영을 받았다.

paddy
[pǽdi]

ⓝ 논(= paddy field)

If such a problem occurs, as for Asia, rice paddies stretching along the coastal plains will produce less crops because of the rising sea level. 사관 2004

→ 그런 문제가 발생한다면, 아시아에서는, 해안가의 평원을 따라 펼쳐진 논은 상승하는 해수면 때문에 더 적은 작물을 생산할 것이다.

conscience
[kánʃəns]

ⓝ 양심

conscientious [kànʃiénʃəs] ⓐ 양심적인; 성실한

The literature of an oppressed people reflects the conscience of man, and nowhere is this seen with more intense clarity than in the literature of African-Americans. 사관 2014

→ 억압받는 민중의 문학은 인간의 양심을 반영하는데, 아프리카계 미국인 문학보다 이를 더 명확하게 보여주는 것은 어디에도 없다.

• guilty conscience 양심의 가책, 죄책감

annex
[ənéks]

Ⓥ 덧붙이다; (특히 무력으로) 합병하다 ⓝ 부가물; 부속물

And if the Japanese had conquered Korea, nothing could have stopped them from annexing the Philippines. 사관 2010

→ 그리고 만약 일본이 한국을 정복했다면, 어떤 것도 그들이 필리핀을 무력으로 합병하는 것을 막지 못했을 것이다.

exhaust
[igzɔ́:st]

ⓥ 다 써버리다; 고갈시키다 ⓝ 배출; 배기가스

He believed about 90 percent of the lead came from automobile exhaust pipes, but couldn't prove it.

→ 그는 대략 90퍼센트의 납이 자동차의 배기관에서 나왔다고 믿었지만, 그것을 입증할 수 없었다.

outlook
[áutluk]

ⓝ 전망; 시야; 태도

And what about the job outlook?　

→ 그리고 그 직업의 전망은 어떠한가?

encode
[inkóud]

ⓥ 부호화하다; 암호화하다 (↔decode ⓥ 해독하다)

Genes are pure information — information that can be encoded, recoded, and decoded, without any change of meaning.　

→ 유전자는 순수한 정보, 즉 의미의 변화가 전혀 없는 상태에서 부호화하고 재부호화하며 해독할 수 있는 정보이다.

vocal
[vóukəl]

ⓐ 목소리의; (거침없이) 의견을 말하는 ⓝ 가창

To that end, he became a constant and often vocal critic of the lead industry and its interests.　

→ 그 목적을 이루기 위해서 그는 납 산업과 그것의 이익에 대해 지속적이고 종종 거침없이 의견을 말하는 비판가가 되었다.

monitor
[mánətər]

ⓥ 감시하다; 감독하다; 관찰하다 ⓝ 모니터; 감시 장치

The children were monitored for a week and the results were as follows.　

→ 아이들은 일주일 동안 관찰되었고 그 결과는 다음과 같았다.

onset
[ɔ́:nset]

ⓝ (보통 불쾌한 일의) 개시; 출발; 공격; 시작

Difficult as it undoubtedly is for him to forecast the onset of a thunderstorm, he knows pretty well what its course and duration will be once it has started.

→ 그가 뇌우의 시작을 예측하는 것은 의심할 여지없이 어려운 것이지만, 뇌우가 일단 시작한 후로 그는 그것의 진로와 지속 기간이 어떻게 될지 꽤 잘 안다.

imperative
[impérətiv]

ⓝ 긴급한 일; 명령 ⓐ 필수의; 긴급한

This notion is frequently referred to as the technological imperative. 사관 2011

→ 이 개념은 종종 기술적인 명령이라고 불린다.

affectionate
[əfékʃənət]

ⓐ 따뜻한; 애정 어린; 다정한

affection [əfékʃən] ⓝ 애정; 애착

And I do have a cat, but she's quiet, well-trained and very affectionate. 사관 2017

→ 나에게 고양이가 한 마리 있긴 하지만, 그녀는 조용하고 잘 훈련되었으며 아주 다정합니다.

plunge
[plʌndʒ]

ⓥ 떨어지다; 급락하다; 뛰어들다; 밀어 넣다 ⓝ 낙하; 뛰어듦, 돌진

The passenger train from the west was due through at midnight, and unless someone got a message through, it too would plunge into the river. 사관 2004

→ 서쪽에서 온 여객 열차는 자정에 통과할 예정이었으며, 누군가 통과하며 메시지를 받지 않는 이상 그것 또한 강에 떨어질 것이다.

• plunge into severe economic recession 심각한 경기 침체에 빠지다

elusive
[ilú:siv]

ⓐ 손에 잡히지 않는; 파악하기 어려운

elude [ilú:d] ⓥ 피하다; 이해되지 않다

Healthy sleeping habits remain elusive for many employees, some of whom work seemingly interminable night shifts or change their work schedules frequently. 사관 2014

→ 끝없이 계속될 것 같은 야간 교대 근무를 하거나 업무 일정을 자주 바꾸는 많은 직원들에게 건강한 수면 습관은 손에 잡히지 않는 채로 남는다.

bygone
[báigɔ:n]

ⓝ 지나간 일 ⓐ 과거의; 옛날의

It can end its days as a piece of junk, a "bygone object," to be disposed of somehow, either by literally throwing it away, or by resale, or by passing it on to someone else, or by keeping it somewhere out of sight. 사관 2018

→ 말 그대로 그것을 버리거나, 다시 팔거나, 다른 사람에게 넘기거나 또는 어딘가에 보이지 않게 둠으로써, 그것은 어떻게든 처분될 옛날 물건, 즉 한 조각의 쓰레기로서 그것의 수명을 다할 수 있다.

autocratic
[ɔ̀:təkrǽtik]

ⓐ 독재적인(≡dictatorial); 전제의
autocratically [ɔ̀:təkrǽtikəli] ⓐⓓ 독재적으로
Members of the English gentry inherited their positions from their fathers, and English political and military leaders tended to rule autocratically. 사관 2008
→ 영국 신사 계급의 구성원들은 그들의 아버지로부터 그 지위를 물려받았고, 영국의 정치적이고 군사적인 지도자들은 독재적으로 통치하는 경향이 있었다.

enable
[inéibl]

ⓥ 가능하게 하다(↔disable ⓥ 무능하게 하다); 할 수 있게 하다
Using Tablet PCs enables instructors to increase their effectiveness by making more dynamic presentations and by including active exercises into their classroom environments. 사관 2009
→ 태블릿 PC를 사용하는 것은 훨씬 역동적인 발표를 만들고 그들의 교실 환경에 능동적인 활동을 관련시켜 교사들이 효과성을 높일 수 있도록 한다.

staple
[stéipl]

ⓝ 기본 식품; 주요한 품목 ⓐ 주요한
In the old days, before cash registers became a staple in almost every store, merchants used to add up the bill by writing the price of each item on the outside of the bag. 사관 2013
→ 옛날에, 금전 등록기가 거의 모든 상점의 주요 품목이 되기 전에, 상인들은 가방 바깥에 물건 각각의 가격을 적어놓는 방식으로 계산서를 더하곤 했다.
• staple ingredient 주요 원료, 주재료

colleague
[káli:g]

ⓝ 동료; 동업자 (≡co-worker)
It is also clear that within the workplace, both informational and emotional support from colleagues is related to higher levels of creativity. 사관 2015
→ 또한 직장 안에서, 동료들로부터 정보를 제공받는, 그리고 정서적인 지지를 얻는 것도 높은 수준의 창의성과 관련이 있음이 분명하다.

separable
[sépərəbl]

ⓐ 분리할 수 있는
inseparable [insépərəbl] ⓐ 분리할 수 없는; 불가분의
separately [sépərətli] ⓐⓓ 따로따로; 별도로
Society and the individual are inseparable. 사관 2003
→ 사회와 개인은 분리할 수 없다.

wilderness
[wíldərnis]

ⓝ 황야; 자연

No well-prepared Boy Scout troop would wander into the wilderness without a compass. 사관 2006

→ 잘 준비된 보이 스카우트 단은 나침반 없이 황야를 헤매지 않을 것이다.

· go into the wilderness 정권을 잃다; 하야하다

unanimous
[ju:nǽnəməs]

ⓐ 만장일치의

Faced with the unanimous opinion of the group that they were in, the subjects tended to feel pressure to conform with the group and deny what they actually heard. 사관 2009

→ 그들이 속한 그룹의 만장일치 의견에 직면하여, 피험자들은 그 그룹에 순응하라는 압박을 느끼고 그들이 실제로 들은 것을 부인 하는 경향이 있었다.

· reach unanimous agreement 만장일치로 찬성하다

autonomy
[ɔ:tánəmi]

ⓝ 자율성 (↔heteronomy)

autonomous [ɔ:tánəməs] ⓐ 자율적인; 자치권이 있는

It may be difficult for adults to learn not to interfere but rather to support a child's desire for freedom and autonomy. 사관 2014

→ 아이의 자유와 자율성에 대한 욕구를 간섭하지 않고 오히려 지 지해주는 것을 배우는 것은 어른들에게 어려운 일일지도 모른다.

· local autonomy act 지방자치법

odor
[óudər]

ⓝ 냄새; 악취; 낌새

Still most people do not find wetlands beautiful, for swamps can have a bad odor. 사관 2005

→ 늪은 악취가 날 수 있기에, 아직도 대부분의 사람들은 늪이 아 름답다고 생각하지 않는다.

· an odor of suspicion 의혹의 낌새

unrest
[ʌnrést]

ⓝ 불안; (사회·정치적인) 동요

Eventually, however, the very life of the Empire was threatened by economic unrest and a series of rapid changes in government. 사관 2015

→ 그러나 결국 그 제국의 목숨은 경제 불안과 일련의 급격한 정권 교체로 위협받았다.

· dispel social unrest 사회 불안을 제거하다

periphery
[pərífəri]

ⓝ 주변; 둘레(= circumference)
peripheral [pərífərəl] ⓐ 주변의; 지엽적인

As with education, sport has a common core of shared meaning and a periphery of additional meanings that are very much context-dependent.
사관 2018

→ 교육과 마찬가지로, 스포츠는 공유된 의미라는 공통 핵심과 매우 맥락 의존적인 추가적인 의미라는 주변부를 가지고 있다.

emphasize
[émfəsàiz]

ⓥ 강조하다; 역설하다
ⓝ emphasis [émfəsis] ⓝ 강조; 중점

These points told readers when to pause or take a breath, and what to emphasize.
사관 2011

→ 이러한 점들은 독자들에게 언제 멈추거나 숨을 쉴지, 그리고 무엇을 강조할지 알려주었다.

misuse
[mìsjúːs]

ⓝ 오용(= abuse); 악용 ⓥ 오용하다; 잘못 쓰다

Further, it is ridiculous to believe that these chips would store more than just a person's medical history and that any information could easily be misused.
사관 2008

→ 게다가, 이러한 칩들이 단지 한 사람의 의료 기록 이상의 것을 저장할 것이라고 믿는 것과 어떠한 정보라도 쉽게 악용될 것이라고 믿는 것은 말도 안 된다.

• misuse of authority 직권 남용

altitude
[ǽltətjùːd]

ⓝ 높이; 고도

Pilots, therefore, try to maintain a flight altitude at which winds will carry them in a planned direction.
사관 2007

→ 그러므로 비행사들은 바람이 계획된 방향으로 그들을 나를 수 있는 비행 고도를 유지하려고 노력한다.

• altitude sickness 고산병

deteriorate
[ditíəriərèit]

ⓥ 악화되다 (↔ ameliorate ⓥ 개선하다)

His physician feared that without glasses, his vision would deteriorate permanently.
사관 2011

→ 그의 담당 의사는 안경 없는 그의 시력이 지속적으로 악화될 것이라고 걱정했다.

municipal
[mju:nísəpəl]

ⓐ 시의; 지방자치의

Recently, the city decided to construct a new municipal swimming pool and demolish the existing one.　　　　　사관 2007

→ 최근에 시는 현존하는 수영장을 철거하고 새로운 시립 수영장을 건설하기로 결정했다.

tempt
[tempt]

ⓥ 유혹하다

This lag was most obvious in the prefrontal cortex, which meant that these children literally lacked the mental muscles needed to resist tempting stimuli.　　　　　사관 2017

→ 이 지체는 뇌의 전전두엽 피질에서 가장 뚜렷했고, 이는 이 아이들이 말 그대로 유혹적인 자극에 저항하는 데 필요한 정신적인 근육이 부족하다는 것을 의미했다.

idiom
[ídiəm]

ⓝ 숙어; 관용구

This can create some quite funny problems, particularly when it comes to the use of idioms.　　　　　사관 2012

→ 이는 특히 숙어의 사용에 관한 한 꽤 재미있는 몇몇 문제들을 발생시킬 수 있다.

profound
[prəfáund]

ⓐ 심오한; 해박한

As for your use of language, remember that two great masters, William Shakespeare and James Joyce, wrote sentences which seemed almost childlike when their subject matter was most profound.　　　　　사관 2011

→ 당신의 언어 사용에 관해서는, 두 명의 대가 William Shakespeare와 James Joyce가 그들의 주제가 가장 심오할 때 거의 어린아이 같아 보이는 문장들을 썼던 것을 기억하라.

• profound effect 지대한 영향

intuitive
[intjú:ətiv]

ⓐ 직관력 있는; 통찰력이 있는(↔counterintuitive ⓐ 직관에 반대되는)
intuition [ìntju:íʃən] ⓝ 직관; 통찰

With this we have taken the first crucial step to accessing our intuitive self.　　　　　사관 2008

→ 이것으로 우리는 우리의 직관력 있는 자아에 접근하는 데 중요한 첫 단계를 밟았다.

inquiry
[inkwáiəri, ínkwəri]

ⓝ 조사; 문의(＝enquiry)
inquire [inkwáiər] ⓥ 문의하다; 조사하다 (＝query)

Action research is defined as any systematic inquiry conducted by teachers, administrators, or others with a special interest in the teaching and learning process or environment for the purpose of gathering information about how their particular schools operate, how they teach, and how their students learn. `사관 2009`

→ 실천 연구는 그들의 특정 학교가 어떻게 운영되는지, 그들이 어떻게 가르치는지 그리고 학생이 어떻게 배우는지에 대한 정보를 얻기 위한 목적으로 교사, 관리자 혹은 가르치고 배우는 과정이나 환경에 특별한 관심을 갖고 있는 사람들에 의해 실시되는 모든 체계적인 조사로 정의된다.

in keeping with

～와 일치하여; ～와 조화되어

In keeping with the nature of the occasion, after-dinner speeches should not be too difficult to digest. `사관 2011`

→ 이러한 경우의 특징과 일치하여, 저녁 식사 후의 연설은 소화하기 너무 어려워서는 안 된다.

in sickness and in health

아플 때나 건강할 때나

Well, now we have our entire lives to spend together, in sickness and in health. `사관 2013`

→ 음, 우리는 이제 아플 때나 건강할 때나 평생을 함께 보낼 거야.

devoid of

～이 없는

A life devoid of adventure may be secure, but it is one that lacks texture and color. `사관 2014`

→ 모험이 없는 삶은 안전할 수 있지만, 질감과 색깔이 부족한 삶이다.

on-the-spot

즉석의, 현장의

In front of a rolling camera, most people feel so on-the-spot that they'll do whatever you say if you bark orders at them. `사관 2012`

→ 돌아가는 카메라 앞에서, 대부분의 사람들은 굉장히 현장감을 느껴서 당신이 그들에게 소리치며 명령한다면 무엇이든 당신이 말하는 대로 할 것이다.

siege
[siːdʒ]

ⓝ 포위 공격 ⓥ 포위 공격하다

The Prussians who had laid siege to the city had cut all telegraph lines and weren't about to let the mail go through. 사관 2012

→ 그 도시를 포위 공격한 프로이센 사람들은 모든 전신선을 끊었고 우편물이 통과하지 못하게 할 참이었다.

aisle
[ail]

ⓝ 통로; 복도

Whenever possible, I walk the aisles before a speech, shaking hands with members of the audience. 사관 2009

→ 가능할 때마다, 나는 연설 전에 청중의 일원들과 악수를 하며 복도를 걷는다.

marginal
[máːrdʒinl]

ⓐ 가장자리의; 보잘것없는; 간신히 수지 맞추는
margin [máːrdʒin] ⓝ 가장자리; 여백; 수익
marginalize [máːrdʒinəlàiz] ⓥ (특히 사회의 진보에서) 처지게 하다; 내버려 두다

Rather than be forced into a marginal nesting site, they might hold off for a year, learning tricks in the meantime that will make them better parents. 사관 2018

→ 그들은 둥지를 트는 가장자리의 장소에 비집고 들어가기보다는 1년을 연기하여 그동안에 그들을 더 나은 부모로 만들어 줄 기술들을 배울 수 있다.

endorse
[indɔ́ːrs]

ⓥ 지지하다; 통과시키다
endorsement [indɔ́ːrsmənt] ⓝ 지지; 승인

The interactive school of theorists — which most researchers currently endorse — argues that both top-down and bottom-up processes are occurring, either alternately or simultaneously. 사관 2012

→ 현재 대부분의 연구자들이 지지하는, 상호작용(을 주장하는) 이론가들의 학파는 하향식과 상향식 과정 모두 번갈아 혹은 동시에 발생한다고 주장한다.

encompass
[inkʌmpəs]

Ⓥ ~을 둘러싸다(≡ surround); 포함하다(≡ include)

It encompasses many religious rituals that widely vary in practice, as well as many diverse sects and philosophies. 사관 2007

→ 그것은 여러 다양한 종파와 철학들뿐만 아니라 실제로는 매우 다양한 여러 종교적 의식을 포함한다.

shimmer
[ʃímər]

Ⓥ 희미하게 빛나다 ⓝ 미광(≡ glimmer)

"But," she continues, "I know she is there because her garments shimmer as she passes." 사관 2005

→ "하지만," 그녀가 이어 말한다. "그녀가 지나갈 때 그녀의 옷이 희미하게 빛나기 때문에 나는 그녀가 거기에 있는 줄 알아요."

affiliate
[əfílièit]

Ⓥ 합병하다; 제휴하다 ⓝ 지부; 관련 회사

In return for vast amounts of money, it has permission to affiliate itself with the event. 사관 2012

→ 엄청난 양의 돈에 대한 대가로, 그것은 그 이벤트와 제휴할 허가를 얻는다.

dedication
[dèdikéiʃən]

ⓝ 헌신(≡ commitment; allegiance); 전념; 봉납
dedicate [dédikèit] Ⓥ 헌신하다; 바치다

To succeed at anything worthwhile requires patience and dedication. 사관 2002

→ 어떤 가치 있는 일에서 성공하는 것은 인내와 헌신을 필요로 한다.

downturn
[dáuntɛ:rn]

ⓝ 하락; 침체

This response creates a problem if a downturn is not temporary. 사관 2011

→ 하락이 일시적이지 않다면 이러한 반응은 문제를 발생시킨다.

encircle
[insə́:rkl]

Ⓥ 둘러싸다; ~의 둘레를 돌다 (≡ revolve)

When Johannes Kepler heard about the strange bodies revolving about Jupiter, he thought of guards and courtiers encircling the king. 사관 2015

→ Johannes Kepler가 목성 주변을 돌고 있는 이상한 천체들에 대해 들었을 때, 그는 왕의 주변을 둘러싸고 있는 경호원들과 신하들을 떠올렸다.

subordinate
[səbɔ́:rdənət]

ⓐ 하위의; 종속의(= subject) ⓝ 부속물; 하급자

ⓥ [səbɔ́:rdəneit] ~에 종속시키다

subordination [səbɔ̀:rdənéiʃən] ⓝ 종속; 하위; 복종

The wise manager listens to subordinates' concerns and ideas before moving forward with some bold, potentially costly ventures. 사관 2008

→ 지혜로운 매니저는 대담하고 잠재적으로 비용이 드는 모험을 추진하기 전 하급자들의 염려와 의견을 듣는다.

optimal
[áptəməl]

ⓐ 최선의; 최적의

After he returned to Ethiopia, he set his sight on an isolated region as an optimal place to look for new fossils. 사관 2015

→ 에티오피아로 돌아간 후 그는 새로운 화석들을 찾기 위한 최적의 장소로 한 고립된 지역에 눈길을 주었다.

deception
[disépʃən]

ⓝ 기만; 사기

deceive [disí:v] ⓥ 기만하다

A total of 4,983 people staged a cyber protest against an online homemaking pundit, calling for an apology and compensation for the blogger's public deception. 사관 2013

→ 총 4,983명의 사람들이 그 블로거의 대중적 기만에 대한 사과와 보상을 요구하며 온라인 가사 전문가에 대한 사이버 항의를 전개했다.

instruction
[instrʌ́kʃən]

ⓝ 교육; 지시

instruct [instrʌ́kt] ⓥ 지시하다; 교육하다

She definitely looked like a lady who had her act together, and I am sure his good manners came from her instructions and guidance. 사관 2006

→ 그녀는 확실하게 할 일을 한 것 같은 숙녀로 보였고, 나는 그 아이의 훌륭한 예절이 그녀의 교육과 지도에서 온 것이라고 확신한다.

manifest
[mǽnəfèst]

ⓥ 분명히 나타내다 ⓐ 명백한

While time may itself be "imperceptible," it is nonetheless real, manifesting tangible consequences. 사관 2016

→ 시간 그 자체는 "감지할 수 없을" 지도 모르지만, 그럼에도 그것은 실재하고, 명백한 결과들을 분명히 나타낸다.

appal
[əpɔ́:l]

ⓥ 간담을 서늘하게 하다; 끔찍한 충격을 주다

appalling [əpɔ́:liŋ] ⓐ 간담을 서늘케 하는; 끔찍한

For example, the British and Americans spread rumors about the appalling behavior of the Germans, such as making soap out of enemy soldiers. 사관 2018

→ 예를 들면, 영국인과 미국인은 적군 병사들을 사용해 비누를 만드는 것과 같은 독일인의 충격적인 행동에 관한 소문을 퍼뜨렸다.

deaden
[dédn]

ⓥ 약하게 하다; 줄이다 (≡ease)

For many of the same reasons, a number of chefs dislike MSG, believing that it deadens the taste of foods and is too often used to compensate for inferior products. 사관 2016

→ 이와 같은 여러 이유로, 몇몇 요리사들은 그것(MSG)이 음식의 맛을 약하게 하고 질 낮은 상품들을 보완하는 데 너무 자주 이용된다고 믿기 때문에 MSG를 싫어한다.

colloquial
[kəlóukwiəl]

ⓐ 구어체의

As opposed to the colloquial usage, the terms "in-group" and "out-group" in this technical sense refer not to the popularity of those in the groups but simply to the "us-them" distinction. 사관 2014

→ 구어체 쓰임과는 대조적으로 이러한 전문적인 의미에서의 "내집단"과 "외집단"이라는 용어는 집단 내에서의 그들의 인기를 언급하는 것이 아니라 단순히 '우리와 그들'의 구분을 가리키는 것이다.

keen
[ki:n]

ⓐ 예리한; 예민한(↔dull ⓐ 둔한); 열정적인

Bluejackets or soldiers are clever and possess a very keen insight into human nature. 사관 2004

→ 해군 병사나 육군 병사들은 영리하고 인간의 본성에 대해 매우 예리한 통찰력을 가지고 있다.

warfare
[wɔ́:rfɛər]

ⓝ 전쟁; 전투

They must consider how technology is useful in weather forecasting, medical treatment, warfare, and so many other ways. 사관 2009

→ 그들은 기술이 기상 예보, 치료, 전쟁 그리고 다른 많은 방법에서 얼마나 유용한지 고려해야만 한다.

445

starch
[stɑːrʧ]

ⓝ 녹말

It requires a starch, but that could be derived from a potato or wheat or a number of other grains. 사관 2017

→ 이것은 녹말을 필요로 하지만, 그것은 감자 혹은 밀, 혹은 다른 여러 곡물들에서 얻을 수 있다.

reassure
[riːəʃúr]

ⓥ 안심시키다; 재확인하다

Unfortunately, the words were not reassuring. 사관 2009

→ 불행하게도 그 말들은 안심되지 않았다.

alternative
[ɔːltɔ́ːrnətiv]

ⓐ 양자택일인; 대체의 ⓝ 대안
alternate [ɔ́ːltərnèit] ⓥ 대체하다; 번갈아 하다
alter [ɔ́ːltər] ⓥ 바꾸다; 변경하다

Furthermore, it can be very difficult to find alternative activities that children will find fun. 사관 2014

→ 게다가 아이들이 재미를 찾을 수 있는 대안이 되는 활동들을 찾는 것이 매우 어려울 수 있다.

pressing
[présiŋ]

ⓐ 긴급한; 절박한

There is a pressing need for reform of the way the United Nations (UN) raises military missions. 사관 2010

→ UN이 군사 사절단을 모으는 방식의 개혁에 대한 긴급한 필요가 있다.

congestion
[kəndʒésʧən]

ⓝ 혼잡; 정체; 충혈
congest [kəndʒést] ⓥ 혼잡하게 하다; 충혈시키다

Road tolling is vital to solving the problem of congestion, for it is only through this way that motorists will realize the true social costs of their demands on the environment and make an informed decision about whether or not to pay the tolls. 사관 2010

→ 도로 통행료 징수는 (교통) 정체의 문제를 해결하는 데 필수적이다. 왜냐하면 이 방법을 통해서만 자동차 운전자들이 환경에 대한 그들의 수요가 만드는 진정한 사회적 비용을 깨닫고 도로 통행료를 낼지 내지 않을지에 관해 정보에 근거한 결정을 할 수 있기 때문이다.

impulsive
[impʌlsiv]

ⓐ 충동적인; 추진적인
impulsiveness [impʌlsivnis] ⓝ 충동적으로 행동함
impulse [ímpʌls] ⓝ 충동; 자극; 추진력(≡propulsion)
impulsion [impʌlʃən] ⓝ 충격; 충동

When the behavior persists, it is probably related to her impulsiveness. 사관 2014

→ 그러한 행동이 지속될 때, 그것은 아마 그녀의 충동성과 관련이 있을 것이다.

• buy on impulse 충동구매를 하다

senseless
[sénslis]

ⓐ 감각이 없는; 무의미한; 어리석은
insensitive [insénsətiv] ⓐ 무감각한; 둔감한; ~에 영향을 받지 않는
sensitiveness [sénsətivnis] ⓝ 민감함; 신경과민

It is senseless, because fate is not subject to negotiation, change or compromise. 사관 2003

→ 운명은 협상, 변화 혹은 타협의 영향을 받지 않기에 그것은 무의미하다.

oracle
[ɔ́:rəkl]

ⓝ 신탁; 계시

The great oracle of thought that was the web died from the diseases of our society. 사관 2004

→ 그 연결망이었던 사상의 위대한 계시는 우리 사회의 병폐로 인해 사라졌다.

hazy
[héizi]

ⓐ 흐린(≡cloudy, ↔clear ⓐ 맑은); 짙은 안개가 낀; 막연한
haze [heiz] ⓝ 아지랑이; 안개

Yet I was dismayed to see the hazy sky in Beijing, piles and piles of trash in the city, and open sewage running everywhere. 사관 2007

→ 그러나 나는 베이징의 흐린 하늘과 도시의 많은 쓰레기 더미, 그리고 사방에 흐르는 하수를 보고 실망했다.

flutter
[flʌ́tər]

ⓥ 펄럭이다; 가슴이 두근거리다 ⓝ 펄럭임; 혼란; 동요

Like the paired butterflies fluttering in the last September light, my days in this lovely landscape were almost over. 사관 2005

→ 한 쌍의 나비들이 지난 9월의 빛 아래 펄럭이듯, 이 사랑스러운 경치 속의 나의 시간들은 거의 끝나갔다.

savvy
[sǽvi]

@ 경험이 풍부한; 잘 아는 ⓥ 알다; 정통하다

This suggests that they are rapidly replacing the old media and their influence has grown among tech savvy people. 　사관 2013

→ 이는 그들이 빠르게 기존 미디어의 자리를 대체하고 있고 그들의 영향이 기술에 정통한 사람들 사이에서 커졌다는 것을 시사한다.

incessant
[insésnt]

@ 끊임없는

Primitive peoples' lives are commonly thought to be harsh — their existence dominated by the incessant quest for food. 　사관 2011

→ 원시인들의 삶은 보통, 끊임없는 식량 탐색으로 가득한 생활로, 가혹하다고 생각된다.

vary
[véəri]

ⓥ 바꾸다; 변화하다; 다양하다; (범위 등이) 이르다

As the saying goes, one man's meat is another man's poison — our needs and desires vary so what makes one person happy might not have the same impact on the next person. 　사관 2017

→ 속담에 있듯이, 한 사람의 고기는 또 다른 사람의 독이다. 우리의 필요와 욕망은 다양해서 한 사람을 행복하게 하는 것이 다른 사람에게는 같은 효과를 주지 않을 수도 있다.

ruthless
[rúːθlis]

@ 무자비한; 냉혹한

You must strive to apply this ruthless standard in your daily life, judging people by the results of their actions, the deeds that can be seen and measured, and the steps they have taken to achieve their goals. 　사관 2015

→ 당신은 이 냉혹한 기준을 당신의 일상생활에 적용하여 사람들을 그들의 행위의 결과, 눈으로 볼 수 있고 측정될 수 있는 행위, 그들이 목표 달성을 위해 취한 조치에 의해 판단하려고 애써야 한다.

burial
[bériəl]

ⓝ 매장; 장례
bury [béri] ⓥ 묻다; 매장하다

Peter Lu, a physicist at Harvard University, studied four ceremonial burial axes that were found in two tombs in southern China. 　사관 2008

→ 하버드 대학의 물리학자 Peter Lu는 중국 남부의 두 무덤에서 발견되었던 네 개의 의식용 매장 도끼를 연구했다.

intervention
[ìntərvénʃən]

ⓝ 간섭; 중재; 개입
intervene [ìntərvíːn] ⓥ 개입하다; 중재하다(＝arbitrate)

Currently the time it takes to gather and insert a UN force might provide a period in which the warring groups feel compelled to negotiate with each other before outside intervention becomes a reality.

사관 2010

→ 현재 UN군을 모으고 보내는 데 드는 시간은 전쟁 중인 집단들이 외부의 개입이 현실이 되기 전에 서로 협상하라고 강요받는 기분을 느낄 기간을 제공할 것이다.

resort to

~에 의지하다

Well, you could always resort to jewelry. 사관 2013
→ 음, 당신은 언제나 보석에 의지할 수 있죠.

scrape away

긁어내다

He approached the job as if he were at an archeological dig, scraping away the accumulated mud, rust and dirt from the car's floorboards and inspecting the mud thoroughly until he found a fragment that he recognized as part of a human jawbone. 사관 2009

→ 그는 인간의 턱뼈의 한 부분이라는 것을 깨달은 조각을 발견하기 전까지 자동차 바닥의 뭉친 진흙과 녹, 먼지를 긁어내고 진흙을 속속들이 검사하면서 마치 그가 고고학적 발굴 중인 것처럼 작업에 접근했다.

run errand

심부름을 하다

One way to improve your effectiveness is to run several errands at one time. 사관 2010
→ 당신의 효과성을 개선하는 한 가지 방법은 한 번에 여러 개의 심부름을 하는 것이다.

come to grips with

~을 이해하기 시작하다

Coming to grips with your embodiment is one of the most profound philosophical tasks you will ever face. 사관 2016

→ 당신의 체현(體現)을 이해하기 시작하는 것은 당신이 직면할 가장 심오한 철학적 과제 중 하나이다.

sufficient
[səfíʃənt]

ⓐ 충분한(↔insufficient ⓐ 불충분한); 만족스러운
sufficiency [səfíʃənsi] ⓝ 충분한 수; 충족

They are unable to find jobs which can provide sufficient salary.　　　　사관 2006

→ 그들은 만족스러운 월급을 줄 수 있는 직업을 찾을 수 없다.

• self sufficient economy 자급자족 경제

sanitation
[sænitéiʃən]

ⓝ 공중위생; 위생 설비
sanitary [sǽnətèri] ⓐ 위생적인; 청결한
sanitize [sǽnitàiz] ⓥ 위생적으로 만들다

The lack of sanitation led to many outbreaks of plague, and the lack of medical knowledge meant that many people faced illness and death.　사관 2011

→ 위생 설비의 부족은 많은 전염병의 발생으로 이어졌고, 의학 지식의 부족은 많은 사람들이 병과 죽음에 직면했다는 것을 의미했다.

• food sanitation 식품 위생

unseen
[ʌnsíːn]

ⓐ 처음 보는; 이전에 보지 못한

Arctic ice is melting at previously unseen rates.
　　　　사관 2015

→ 북극 지방의 빙하는 이전에 보지 못한 속도로 녹고 있다.

aloof
[əlúːf]

ⓐ 초연한; 냉담한(＝indifferent) ⓐⓓ 떨어져; 초연하게
aloofness [əlúːfnis] ⓝ 무관심; 냉담함

The person may have acted calm and aloof, but at the same time kept tapping his or her foot, playing with a button or piece of jewelry, and speaking with a higher pitch.　　　　사관 2018

→ 그 사람은 차분하고 초연한 듯 행동했을지 모르지만, 동시에 자신의 발을 계속해서 두드리고, 단추나 장신구를 만지작거리고, 더 높은 톤으로 말했다.

hindrance
[híndrəns]

ⓝ 방해; 장애

hinder [híndər] ⓥ 방해하다; 막다 (＝block)

Noisy interruption is a hindrance. 사관 2012

→ 소음 훼방은 장애물이다.

strike
[straik]

ⓝ 타격; 파업 ⓥ 치다; ∼에 충돌하다; 파업하다

The very next day, his workers went on strike. 사관 2010

→ 그의 직원들은 바로 다음 날 파업에 들어갔다.

· hunger strike 단식 투쟁을 하다; 단식 투쟁

ongoing
[á:ŋgouiŋ]

ⓐ 진행 중인; 계속하고 있는 (＝continuous)

Throughout recorded history, the origin of the universe has been a topic of ongoing controversy. 사관 2011

→ 기록된 역사를 통틀어, 우주의 기원은 계속되는 논쟁의 주제였다.

bust
[bʌst]

ⓝ 상반신 ⓥ 부수다; 깨다

Instead of busting your bank account for the next round of gifts, give something of yourself. 사관 2007

→ 다음에 줄 선물을 사기 위해 은행 계좌를 깨는 대신, 당신 자신의 무언가를 주어라.

umpire
[ʌ́mpaiər]

ⓝ 심판 ⓥ 중재하다

For example, at a baseball game, the wall behind the batter and the umpire is called the backstop. 사관 2011

→ 예를 들면 야구 경기에서, 타자와 심판 뒤에 있는 벽은 백네트라고 불린다.

multitude
[mʌ́ltətjù:d]

ⓝ 다수; 군중(＝crowd); 일반 대중

It evolved from one religion into a multitude of traditions over the last 4,000 years. 사관 2007

→ 그것은 지난 4,000년 동안 하나의 종교에서 다수의 전통으로 진화했다.

trouble
[trʌbl]

ⓝ 문제; 곤란 ⓥ ~을 괴롭히다; 곤란하게 하다

As Internet use increases, surveys show that people are troubled by the amount of information being collected. 사관 2008

→ 인터넷 사용이 증가하면서, 설문조사들은 사람들이 수집된 정보의 양에 의해 곤란을 겪고 있음을 보여준다.

• stay out of trouble 문제를 피하다

entrepreneur
[à:ntrəprəné:r]

ⓝ 기업가; 창업자

I've rarely seen anyone use more props than a young Italian entrepreneur and television host, Marco Montemagno. 사관 2015

→ 나는 젊은 이탈리아인 기업가이자 텔레비전 방송 진행자인 Marco Montemagno보다 더 많은 소품을 이용하는 사람을 거의 본 적이 없다.

agonize
[ǽɡənàiz]

ⓥ 몹시 괴로워하다

agony [ǽɡəni] ⓝ 격정; 고통(═anguish)

In 1881, Pasteur began studying rabies, an agonizing and deadly disease spread by the bite of infected animals. 사관 2013

→ 1881년 Pasteur는 감염된 동물에게 물려서 전파되는 고통스럽고 치명적인 질병인 광견병에 대해 연구하기 시작했다.

• agonize over a decision 결정을 두고 고심하다

gauge
[geidʒ]

ⓝ 표준 치수; 규격 ⓥ 측정하다; 재다; 평가하다

With your eyes closed, you could wander around in the field and work out your distance from either the road crew or the food cart by gauging the loudness of the sounds. 사관 2018

→ 당신은 눈을 감고 광장을 돌아다니면서 소리의 크기를 측정하여 노동자 무리나 음식 카트로부터의 거리를 계산할 수 있을 것이다.

merciful
[má:rsifəl]

ⓐ 자비로운; 인정 많은(↔merciless, unmerciful ⓐ 무자비한; 가혹한)

mercy [má:rsi] ⓝ 자비; 은총

mercifully [má:rsifəli] ⓐⓓ 자비롭게(↔unmercifully ⓐⓓ 무자비하게)

One day, feeling exceptionally sad and lonely, she was walking through a meadow when she noticed a small butterfly caught unmercifully in a thornbush. 사관 2008

→ 어느 날, 특히 슬픔과 외로움을 느끼며, 그녀는 초원을 걷다가 가시덤불 속에 가혹하게 걸린 작은 나비를 발견했다.

rake
[reik]

ⓥ 긁어모으다; 갈퀴로 고르게 하다; 샅샅이 뒤지다 ⓝ 갈퀴

They then shook hands with many, many volunteers who do such things as retrieve balls and rake the sand. 사관 2016

→ 그들은 공을 되찾아오거나 모래를 고르게 하는 등의 일을 한 매우 많은 자원봉사자들과 악수를 나누었다.

• rake in money 큰돈을 벌다

maintenance
[méintənəns]

ⓝ 유지; 지속; 보수

maintain [meintéin] ⓥ 유지하다; 지속하다

I just don't have time to worry about proper maintenance. 사관 2012

→ 저는 단지 적절한 보수에 대해 걱정할 시간이 없을 뿐이에요.

• maintenance free 정비가 필요 없는

• regular maintenance 정기 점검

rebellion
[ribéljən]

ⓝ 반란; 폭동; 반항

However, if you calmly stick to your decision and firmly insist that this is the new bedtime, the rebellion will lessen. 사관 2009

→ 그러나 당신이 당신의 결정을 침착하게 고수하고 확고하게 이것이 새로운 취침시간이라고 고집한다면, 반항은 줄어들 것이다.

• suppress a rebellion 반란을 진압하다

forge
[fɔ:rdʒ]

ⓥ 구축하다; 위조하다; 착실히 전진하다; 나아가다

After most agencies turned her down, proclaiming her skin color as too dark, she forged ahead on her own, landing a photo spread with *the New York Times* by contracting a photographer directly. 사관 2011

→ 대부분의 대행사들이 그녀의 피부색이 너무 어둡다며 그녀를 거절하자, 그녀는 직접 사진작가와 계약하며 New York Times 에 화보를 실으며 스스로 착실히 전진했다.

customary
[kʌstəmèri]

ⓐ 관습상의; 일반적인

custom [kʌstəm] ⓝ 관습; 풍습

In some Asian cultures it is customary to refuse a gift several times before accepting it. 사관 2005

→ 몇몇 아시아 문화에서는 선물을 받기 전 여러 번 거절하는 것이 관습이다.

• defy customary practice 관습을 무시하다

steadfast
[stédfæst]

ⓐ 확고한; 부동의
steadfastly [stédfæstli] ⓐⓓ 확고하게

On these swims, Kline would keep Wiener company by paddling a rowboat alongside, and they would carry on a conversation while Wiener was steadfastly progressing towards his goal. 사관 2017

→ 이렇게 수영을 할 때, Kline은 옆에서 보트의 노를 저으며 Wiener와 동행하곤 했고, 위너가 그의 목표를 향해 확고하게 나아가는 동안 그들은 대화를 하곤 했다.

• steadfast faith 변함없는 신념

sophisticate
[səfístəkèit]

ⓥ 세련되게 하다; 복잡하게 하다
sophistication [səfìstəkéiʃən] ⓝ 세련; 정교

More abstract symbols require a greater degree of sophistication and intelligence. 사관 2013

→ 더 추상적인 상징일수록 더 높은 정도의 정교함과 지성을 요구한다.

empirical
[impírikəl]

ⓐ 경험적인

This has resulted in physicists treating time, along with space, as a theoretical and an empirical primitive. 사관 2016

→ 이것은 물리학자들이 시간을 공간과 더불어 이론적이며 경험적인 근원으로 다루는 결과를 낳았다.

• empirical philosophy 경험 철학

workable
[wə́:rkəbl]

ⓐ 사용 가능한; 실현할 수 있는(↔unworkable ⓐ 실행 불가능한)

If they make unreasonable suggestions, point out why they are unworkable. 사관 2010

→ 만약 그들이 비합리적인 제안을 한다면, 그것들이 왜 실현 불가능한지 지적하라.

• a workable thought 실행 가능한 생각

guilty
[gílti]

ⓐ 유죄의(↔guiltless; innocent ⓐ 무고한); 죄의식이 있는
guilt [gilt] ⓝ 유죄; 죄책감

For these reasons, I do not think he is guilty. 사관 2010

→ 이러한 이유들로 저는 그가 유죄라고 생각하지 않습니다.

• plea of guilty 유죄 인정

extravagant
[ikstrǽvəgənt]

ⓐ 낭비하는; 사치스러운 (➕luxurious 호화로운)

That's one reason, for example, that people pay so much to be members of an exclusive as well as extravagant country club, even if they don't utilize the facilities. 사관 2014

→ 이것이, 예를 들어, 비록 사람들이 그 시설을 활용하지는 않더라도 배타적일 뿐만 아니라 사치스러운 컨트리클럽의 구성원이 되기 위해 아주 많은 돈을 지불하는 한 가지 이유이다.

widow
[wídou]

ⓝ 과부 (➕widower ⓝ 홀아비)
widowed [wídoud] ⓐ 과부가 된; 외톨이가 된

Fifteen-year-old Kate and her widowed mother watched fearfully, thankful that they had shelter. 사관 2004

→ 15살 된 Kate와 그녀의 과부 어머니는 그들에게 피난처가 있다는 사실에 감사하며 벌벌 떨면서 바라보았다.

bear
[bɛər]

ⓝ 곰 ⓥ (bore-born) 낳다; 견디다; 가지고 가다[오다]
unbearable [ʌnbérəbl] ⓐ 참을 수 없는; 견딜 수 없는
(＝intolerable)

Twenty minutes later, he returns bearing a plate of bacon and scrambled eggs. 사관 2009

→ 20분 후, 그는 베이컨과 스크램블 에그 한 접시를 가지고 돌아온다.

extent
[ikstént]

ⓝ 넓이; 정도; 범위

Therefore, other people — to the extent that they live differently — live by standards that are unreasonable, unnatural, or wrong. 사관 2002

→ 그러므로 다른 사람들은, 그들이 다르게 사는 정도까지, 비이성적이거나 부자연스럽거나 혹은 잘못된 기준으로 살아간다.

• to the utmost extent of 극도로

resume
[rézəmei]

ⓝ 요약; 이력서 ⓥ [rizúːm] 재개하다; 되찾다

We are pleased to inform you that we were extremely impressed with your resume, interview, and test results. 사관 2015

→ 우리는 귀하의 이력서와 인터뷰 그리고 시험 결과에 매우 좋은 인상을 받았다는 사실을 알려드리게 되어서 기쁩니다.

bilingual
[bailíŋgwəl]

ⓐ 이중 언어를 구사하는
bilingualism [bailíŋgwəlìzm] ⓝ 2개 국어 상용
multilingual [mʌ̀ltilíŋgwəl] ⓐ 여러 언어를 사용하는

Becoming bilingual is a way of life.　사관 2003
→ 이중 언어를 구사하는 것은 삶의 한 방식이다.

additive
[ǽditiv]

ⓝ 첨가물 ⓐ 부가적인; 덧셈의

The maple syrup found in the supermarkets, however, has other additives and is usually not pure.　사관 2004
→ 그러나 슈퍼마켓에서 찾을 수 있는 메이플 시럽은 다른 첨가물을 포함하고 있고 보통 순수하지 않다.

• additive free 첨가물을 넣지 않은

demographic
[dèməgrǽfik]

ⓐ 인구통계(학)의 ⓝ 인구통계적 집단

Young people are a valuable demographic for advertisers, so it is important to understand their thoughts and opinions.　사관 2014
→ 젊은이들은 광고주에게 귀중한 인구통계적 집단이기에, 그들의 생각과 의견을 이해하는 것이 중요합니다.

tragic
[trǽdʒik]

ⓐ 비극적인; 비참한
tragedy [trǽdʒədi] ⓝ 비극; 참사; 불행
tragically [trǽdʒikəli] ⓐⓓ 비극적으로; 비참하게

A member of the second group that would be involved in both the Gemini and Apollo programs, Neil Armstrong steadily moved up the order as some astronauts retired, fell ill or, tragically, died in accidents.　사관 2009
→ Gemini와 Apollo 프로그램 둘 다에 속했을 두 번째 그룹의 한 구성원인 Neil Armstrong은, 몇몇 우주 비행사들이 은퇴하거나 아프거나 혹은 비극적으로 사고사를 당함에 따라 꾸준히 승진했다.

invest
[invést]

ⓥ 투자하다; 투입하다
investment [invéstmənt] ⓝ 투자; 투자금

I believe such an investment would definitely be worth it, if not only for our health, also to help build company unity.　사관 2012
→ 나는 그러한 투자가 우리의 건강을 위해서뿐만 아니라 회사의 단결을 이루는 데 분명히 가치 있을 것이라고 믿는다.

• invest in real estate 부동산에 투자하다

outlive
[autlív]

ⓥ ~보다 오래 살다; 극복하다 (**=** survive)

In long-term studies comparing adults who get ample sleep (around seven to eight hours a night) with those who are chronically under-rested (fewer than five hours of sleep per night), well-rested people typically outlive their sleep-deprived peers — perhaps by as much as ten years! 사관 2014

→ 충분한 수면을 취한(하룻밤에 약 7, 8시간) 성인들과 만성적으로 휴식을 잘 못 취하는(밤마다 잠을 5시간도 못 자는) 성인들을 비교하는 장기간의 연구에 따르면, 일반적으로 휴식을 잘 취한 사람들이 수면이 부족한 또래들보다 약 10년 정도까지 더 오래 산다!

end up

결국에는 ~하게 되다; ~하고 말았다

She tried her best, but the passenger ended up dying in her arms. 사관 2009

→ 그녀는 최선을 다했지만, 승객은 그녀의 두 팔 안에서 결국 죽고 말았다.

stem from

~에서 기인하다

In Freud's view, many apparent accidents are in fact intentional actions stemming from unconscious impulses. 사관 2016

→ Freud의 관점에서는, 많은 분명한 사고들이 사실은 무의식적 충동에서 기인한 의도적인 행동이다.

mount up

늘어나다; 증가하다

Taking early action before your problem mounts up is better than ignoring the problem and hoping it will go away or get better on its own. 사관 2005

→ 당신의 문제가 늘어나기 전에 이른 조치를 취하는 것이 문제를 무시하며 그것이 사라지거나 알아서 나아지는 것을 바라는 것보다 낫다.

in the light of

~에 비추어 (보면); 고려하여

In the light of the rapid developments that followed the discovery of genes, Watson, who discovered them for the first time, could be viewed as a modern-day Prometheus. 사관 2002

→ 유전자의 발견에 뒤이은 급속한 발전을 고려해 보면, 그것들을 처음으로 발견한 Watson은 현대판 Prometheus라고 간주될 수 있다.

revolt
[rivóult]

ⓥ 반란을 일으키다; 혐오감을 느끼다 ⓝ 반란; 반감

So, some will pass into the container and some will be left at the bottom of the boiling container as a revolting sludge. 사관 2012

→ 그래서 일부는 용기로 들어가고 일부는 끓는 용기의 바닥에 혐오감을 주는 침전물로 남겨질 것이다.

• raise a revolt 반란을 일으키다

abstract
[æbstrǽkt]

ⓐ 추상적인; 이론적인 ⓝ 추상; 개요 ⓥ 추출하다; 요약하다
abstraction [æbstrǽkʃən] ⓝ 추상 관념; 추출

An abstract is a brief, comprehensive summary of the contents of an article. 사관 2009

→ 개요는 논문 내용의 간단하고 포괄적인 요약이다.

• abstract expressionism 추상 표현주의

thorn
[θɔːrn]

ⓝ 가시; 고통을 주는 것

The more the butterfly struggled to free itself, the deeper the thorns cut into its fragile body. 사관 2008

→ 나비가 벗어나려고 애쓸수록 그의 약한 몸으로 가시가 더 깊게 뚫고 들어갔다.

• a thorn in one's flesh 고통의 원인
• draw out a thorn 가시를 빼내다

sound
[saund]

ⓝ 소리 ⓥ 소리를 내다 ⓐ 건전한; (재정적으로) 견실한; 온전한 ⓐⓓ 충분히, 푹

There are also companies specializing in older (3 or 4 years), worn but mechanically sound cars. 사관 2004

→ 또한 (3, 4년 정도) 더 오래되고 낡았지만 기계적으로는 온전한 자동차들을 전문으로 하는 회사들도 있다.

• be sound asleep 깊이 잠들어 있다
• arrive safe and sound 무사히 도착하다

magnitude
[mǽgnətjùːd]

ⓝ 규모; 정도

Too often the magnitude of our desires overwhelms us. 사관 2016

→ 너무 자주 우리의 욕망의 규모가 우리를 압도한다.

hover
[hʌ́vər]

ⓥ 맴돌다; 떠다니다

In 2007, sales of both kinds of vehicles were nearly identical, hovering just above the 1 million mark. 사관 2012

→ 2007년, 두 자동차의 판매량은 100만 대의 수치 바로 위를 맴돌아 거의 비슷했다.

• hover between life and death 생사의 기로에서 헤매다

memorabile
[mèmərǽbəli]

ⓝ 기억할 만한 일; 주요 기사; 수집품 (ⓟ memorabilia)

I felt like I stepped into his shoes when I set up the latest exhibition of wartime memorabilia here. 사관 2014

→ 이곳에서 가장 최근의 전시 수집품 전시를 마련하면서 마치 그의 입장이 된 것 같은 느낌을 받았어요.

rundown
[rʌ́ndaun]

ⓝ 축소; 설명 ⓐ 쇠퇴한; 황폐한

The existing pool is too small, inefficient, rundown and out-of-date. 사관 2007

→ 기존의 수영장은 너무 작고 비효율적이고 황폐하며 구식이다.

supersonic
[sjùːpərsánik]

ⓐ 초음속의 ⓝ 초음파

Once we had spears, and now we have supersonic airplanes and weapons of mass destruction. 사관 2004

→ 한때 우리는 창을 가졌었고, 이제 우리는 초음속 비행기와 대량 살상 무기를 가지고 있다.

brag
[bræg]

ⓥ 자랑하다; 허풍 떨다 (≡ boast)

Stop bragging and set out to prove your worth by the fruits of your hard work. 사관 2015

→ 자랑은 그만하고 당신의 노력에 대한 성과로 당신의 가치를 증명하기 시작하라.

459

overtake
[òuvərtéik]

Ⓥ ~을 따라잡다; 추월하다; 압도하다

What was originally a religious holiday has mainly been overtaken by aspects of consumption with the most typical example of this being Santa Claus delivering presents. 사관 2018

→ 원래는 종교적인 휴일이었던 것이 소비 측면에서 대부분 압도 당했는데, 가장 전형적인 예는 선물을 배달하는 산타클로스이다.

prudent
[prú:dnt]

ⓐ 신중한(≡cautious); 분별 있는
prudence [prú:dns] ⓝ 현명함; 조심성

But in a short time, the wisest and most prudent amongst them began to look upon him with an eye of compassion, and he sighed, "Oh, unhappy Phoenix! Fate has been hard to him. He has neither mate nor friend. He will never know the pleasure of loving or of being loved." 사관 2003

→ 하지만 곧, 그들 중 가장 현명하고 신중한 사람이 연민의 눈으로 그를 바라보기 시작했고, 그는 "아, 불행한 불사조여! 운명은 그에게 가혹했다. 그는 동료도 친구도 없다. 그는 사랑하고 사랑받는 기쁨을 절대 모를 것이다."라고 탄식했다.

appease
[əpí:z]

Ⓥ 달래다, 진정시키다 (≡ease)

They believe that spirits that live in wood have to be appeased, or that throwing salt blinds the devil. 사관 2017

→ 그들은 숲속에 사는 영들이 진정되어야 한다거나, 소금을 뿌리는 것이 악마를 눈멀게 한다고 믿었다.

rarity
[réərəti]

ⓝ 희귀함; 진귀한 것[사람]
rare [rɛər] ⓐ 희귀한, 드문

Be very happy you didn't live in Tudor England, where taking a bath was a rarity. 사관 2011

→ 목욕이 희귀한 것이었던 영국의 Tudor 시대에 당신이 살지 않았다는 것에 만족하라.

binocular
[bainάkjulər]

ⓝ 쌍안경 ⓐ 두 눈의

Did you bring the binoculars your sister got you for your birthday? 사관 2011

→ 너는 여동생이 네 생일 선물로 사준 쌍안경을 가지고 왔니?

murky
[mə́:rki]

ⓐ 탁한, 흐린; 매우 어두운; 애매한

However, the picture becomes somewhat murkier when the interviewer reads the response options to the respondent. 사관 2016

→ 그러나 그 모습은 인터뷰어가 응답자에게 응답 선택지들을 읽어줄 때 다소 흐려진다.

receptive
[riséptiv]

ⓐ 받아들이는; 수용하는; 이해가 빠른
receive [risíːv] ⓥ 받다; 얻다; 수상하다

Learning ballet from an early age is particularly beneficial, as young children are far more receptive than adults. 사관 2014

→ 어릴 때부터 발레를 배우는 것은 특히 유익한데, 왜냐하면 어린 아이들이 어른들보다 훨씬 더 잘 받아들이기 때문이다.

ethnic
[éθnik]

ⓐ 민족의; 소수 민족에 관한 ⓝ 민족적 배경

Of all the ethnic groups in the United States, Asian American children are the most likely to grow up with two parents and the least likely to be born to a single mother. 사관 2008

→ 미국의 모든 민족 집단 중에서, 아시아계 미국인인 자녀들이 두 부모와 함께 자라는 경향이 가장 많고, 편모에게 태어날 확률이 가장 적다.

• ethnic minority 소수 민족

meteorology
[mìːtiərálədʒi]

ⓝ 기상학
meteorologist [mìːtiərálədʒist] ⓝ 기상학자
meteorological [mìːtiərəládʒikəl] ⓐ 기상의

Even so, modern weather forecasting is one of the great achievements of modern meteorology and all of science. 사관 2015

→ 그럼에도, 현대의 일기 예보는 현대의 기상학과 모든 과학의 위대한 성과 중 하나이다.

• meteorological satellite 기상 위성

overshadow
[òuvərʃǽdou]

ⓥ 가리다; 흐리게 하다; 그림자를 드리우다

The heavily awaited meeting was designed to lighten Cold War tensions, but the spy plane incident overshadowed the entire event. 사관 2014

→ 오래 기다려온 그 회담은 냉전의 긴장을 완화시키기 위해 계획되었지만, 정찰기 사건은 전체 행사에 그림자를 드리웠다.

grateful
[gréitfəl]

ⓐ 감사하는; 고마운 (↔ungrateful ⓐ 감사할 줄 모르는, 배은망덕한)

How ungrateful can workers be? `사관 2010`

→ 어떻게 직원들이 그렇게 감사하지 않을 수 있지?

confront
[kənfrʌ́nt]

ⓥ 직면하다(=encounter); 맞서다

One night, serving first-class passengers, she was confronted with a medical problem. `사관 2009`

→ 어느 날 밤, 일등석 승객들을 응대하다가, 그녀는 의학적인 문제에 직면했다.

err
[əːr, ɛər]

ⓥ 잘못을 저지르다; 틀리다

erring [ə́ːriŋ, ɛ́ər-] ⓐ 잘못을 저지른; 정도를 벗어난

unerring [ʌnɛ́ːriŋ] ⓐ 정확한(=unfailing); 조금도 틀리지 않는

The Polynesians did not need a compass because the stars told them with unerring accuracy the direction in which they were traveling at night. `사관 2007`

→ 별들이 그들에게 조금도 틀리지 않는 정확성으로 그들이 밤에 이동하고 있는 방향을 알려주었기 때문에 폴리네시아 사람에게는 나침반이 필요하지 않았다.

localize
[lóukəlàiz]

ⓥ 지방화하다; 집중하다

local [lóukəl] ⓐ 지방의; 국부적인

localism [lóukəlìzm] ⓝ 지방색; 향토애

He also warned that the nation's central region will continue to see rain throughout this morning, with some areas expected to experience localized heavy rain combined with strong wind, thunder and lightning. `사관 2002`

→ 그는 또한 나라의 중심지에 오늘 아침 내내 비가 올 것이며, 몇몇 지역은 강한 바람과 천둥 번개와 혼합된 집중 호우를 겪을 것으로 예상된다고 경고했다.

equity
[ékwəti]

ⓝ 형평; 공정; 자산

However, at some point we should realize that this type of equity usually means eliminating differences and variety. `사관 2016`

→ 그러나 어느 시점에서 우리는 이러한 종류의 공정함이 보통 차이와 다양성을 없애는 것을 의미함을 깨달아야 한다.

testimony
[téstəmòuni]

ⓝ 증언; 증명(≡attestation)

Examinations of people's perceptions of courtroom testimony reveal that stereotypically deceptive behaviors don't necessarily trigger suspicion, but inconsistent nonverbal behaviors are frequently interpreted as deceptive regardless of the specific actions that are performed. 사관 2018

→ 법정에서의 증언에 대한 사람들의 인식 조사는 틀에 박힌 거짓된 행동이 꼭 의심을 불러일으키는 것은 아님을 보여주지만, 일관성 없는 비언어적인 행동은 수행되는 특정 행동에 관계없이 자주 기만적이라고 해석된다.

resuscitation
[risʌsətéiʃən]

ⓝ 소생(법); 의식의 회복

resuscitate [risʌsətèit] ⓥ (인공호흡 등으로) 소생시키다

Anne began to administer mouth-to-mouth resuscitation on the stricken passenger. 사관 2009

→ Anne은 쓰러진 승객에게 구강 대 구강 인공호흡법을 실시하기 시작했다.

immediate
[imí:diət]

ⓐ 즉각적인; 당면한

As any doctor knows, immediate access to a person's complete medical history can be vital. 사관 2008

→ 어떤 의사라도 아는 것처럼, 한 사람의 완전한 의료 기록에 즉각적인 접근은 필수적일 수 있다.

cripple
[krípl]

ⓝ 불구자 ⓥ 불구가 되게 하다(≡disable); 못 쓰게 만들다; 무능하게 만들다

With its vast coastline and crippled government, it is the country which is most infested with pirates. 사관 2012

→ 광대한 해안 지대와 무능력한 정부와 더불어, 그곳은 해적들이 가장 들끓는 국가이다.

provincial
[prəvínʃəl]

ⓐ 지방의; 시골의

province [právins] ⓝ 지방; (행정 구역으로서의) 도, 주, 성

The provincial English considered him an outsider. 사관 2017

→ 그 지방의 영국인은 그를 외부인으로 여겼다.

sovereign
[sávərin]

ⓐ 주권을 갖는; 자치의 ⓝ 주권자
sovereignty [sávərənti] ⓝ 주권; 통치권

As the states are independent and sovereign, they can make or break alliances whenever necessary.

사관 2014

→ 국가들은 독립적이고 주권을 갖기에, 필요하면 언제든지 동맹을 맺거나 깰 수 있다.

sentence
[séntəns]

ⓝ 판결; 문장 ⓥ 판결을 내리다; 형에 처하다

Sentenced to a long prison term, Gandhi was only set free when he fell ill with a serious disease.

사관 2007

→ 장기 복역의 형에 처해진 간디는 심각한 질병에 걸렸을 때에야 풀려났다.

• sentence to death 사형 언도를 내리다

cancerous
[kǽnsərəs]

ⓐ 암의; 암 같은
cancer [kǽnsər] ⓝ 암

Scientists at the National Cancer Institute studied a large group of patients who had had successful operations for cancerous growths.

사관 2006

→ 국립 암 센터의 과학자들은 암 종양에 대해 성공적인 수술을 겪었던 큰 무리의 환자들을 연구했다.

intimate
[íntəmət]

ⓝ 친한 친구 ⓐ 친밀한; (＝close) 사적인

Back regions, which in houses include bedrooms, bathrooms and sometimes kitchens, are regions in which only intimates may penetrate without invitation.

사관 2016

→ 침실, 욕실 그리고 때때로 부엌까지 포함하는 집의 뒤 영역은 친한 사람들만이 초대 없이 들어갈 수 있는 공간이다.

frisky
[fríski]

ⓐ 쾌활한; 까불어대는

Joyce, when he was frisky, could put together a sentence as intricate and as glittering as a necklace for Cleopatra, but my favorite sentence in his short story *Eveline* is this one: "She was tired."

사관 2011

→ Joyce가 쾌활했던 때, 그는 Cleopatra의 목걸이처럼 정교하고 반짝이는 문장을 조립할 수 있었지만, 그의 단편 'Eveline' 중 내가 가장 좋아하는 문장은 "그녀는 피곤했다."이다.

numb
[nʌm]

ⓥ 감각을 잃게 하다; 마비시키다 ⓐ 마비된; 감각을 잃은

Some of them think the white ash smeared on the body, the juice squeezed from the yellow lime fruit, or the milk poured on the pierced areas may help to numb the skin.　　　사관 2010

→ 그들 중 몇몇은 몸에 칠한 하얀 재, 노란 라임 열매에서 짠 즙, 혹은 찔린 곳에 부은 우유 등이 피부를 마비시키는 데 도움을 준다고 생각한다.

regardless of

~에 개의치 않고; 관계없이

Yes, I honestly believe that anyone, regardless of age, can learn to play well, if they love music and practice often enough to achieve their goal.　　사관 2007

→ 네, 저는 정말로 누구라도, 그들이 음악을 사랑하고 목표를 이루기 위해 충분히 연습한다면 나이와 관계없이 잘 연주하는 법을 배울 수 있다고 믿어요.

fall in line

규정에 따르다; 협조하다

Some authors fall in line with the non-violent "love thy neighbor" approach of prominent African-American leader Martin Luther King, Jr.　사관 2014

→ 일부 작가들은 저명한 아프리카계 미국인 지도자 Martin Luther King, Jr.의 "네 이웃을 사랑하라"라는 비폭력 접근의 방침을 따랐다.

run out of

~을 다 써버리다

This can be negative because I may spend too much time trying to get one little task perfect, which causes me to run out of time for my other work.
사관 2004

→ 이것은 부정적일 수 있는데, 왜냐하면 내가 하나의 작은 업무를 완벽하게 하려고 너무 많은 시간을 쓸지도 모르고, 그것이 나로 하여금 다른 일들을 위한 시간을 다 써버리게 만들기 때문이다.

while away the time

여가를 보내다

A child does not play spontaneously only to while away the time, although the adults observing him may think he does.　　사관 2016

→ 그를 관찰하는 어른들은 아마 그렇게 생각할지도 모르지만, 아이는 단지 여가를 보내기 위해 내키는 대로 노는 것이 아니다.

Review Test DAY 46-50

1 다음 우리말을 영어로 쓰시오.

01 기상학

02 끊임없는

03 구어체의

04 확고한, 부동의

05 조사, 문의

06 혼잡, 정체, 충혈

07 심판, 중재하다

08 충동적인

09 방해, 장애

10 소생(술), 의식 회복

11 낭비하는, 사치하는

12 둘러싸다, 포함하다

13 쾌활한, 까부는

14 경험 많은, 잘 아는

15 지지하다

16 심오한, 해박한

17 친밀한

18 달래다, 진정시키다

19 신중한, 분별 있는

20 탁한, 매우 어두운

21 지방자치의, 시의

22 제휴하다, 지부

2 다음 영어를 우리말로 쓰시오.

01 subordinate

02 forge

03 rake

04 overtake

05 outlive

06 rundown

07 revolt

08 altitude

09 irate

10 proficiency

11 coalesce

12 cunning

13 imperative

14 autocratic

15 derange

16 unanimous

17 wilderness

18 periphery

19 staple

20 attire

21 din

22 bust

3 다음 빈칸에 알맞은 단어를 고르시오.

01 His physician feared that without glasses, his vision would _____ permanently.

그의 담당 의사는 안경 없이는 그의 시력이 지속적으로 악화될 것이라고 걱정했다.

① sophisticate ② deteriorate ③ hover ④ vary ⑤ shimmer

02 It is _____, because fate is not subject to negotiation, change or compromise.

운명은 협상, 변화 혹은 타협의 영향을 받지 않기에 그것은 무의미하다.

① hazy ② ruthless ③ marginal ④ senseless ⑤ fatal

03 Often it will be a small matter: an _____ apology; a confrontation with a fellow worker; an annoying chore you know you should tackle.

종종 그것들은 늦어진 사과나 동료 직원과의 대면, 혹은 당신이 처리해야 한다고 알고 있는 짜증나는 일 등, 사소한 일일 것이다.

① overdue ② witty ③ additive ④ sufficient ⑤ keen

04 The heavily awaited meeting was designed to lighten Cold War tensions, but the spy plane incident _____ the entire event.

오래 기다려온 그 회담은 냉전의 긴장을 완화시키기 위해 계획되었지만, 정찰기 사건은 전체 행사에 그림자를 드리웠다.

① enabled ② manifested ③ resumed ④ localized ⑤ overshadowed

---

1 01 meteorology 02 incessant 03 colloquial 04 steadfast 05 inquiry 06 congestion 07 umpire 08 impulsive 09 hindrance 10 resuscitation 11 extravagant 12 encompass 13 frisky 14 savvy 15 endorse 16 profound 17 intimate 18 appease 19 prudent 20 murky 21 municipal 22 affiliate

2 01 하위의, 부속물, ~에 종속시키다 02 구축하다, 나아가다 03 긁어모으다, 샅샅이 뒤지다, 갈퀴 04 추월하다, 압도하다 05 ~보다 오래 살다, 극복하다 06 축소, 쇠퇴한, 황폐한 07 반란을 일으키다, 혐오감을 느끼다, 반란, 반감 08 높이, 고도 09 성난, 분노한 10 숙달, 능력 11 합체하다, 연합하다 12 교활한, 교활함 13 긴급한 (일), 명령 14 독재적인 15 어지럽히다, 흩뜨리다 16 만장일치의 17 황야, 자연 18 주변, 둘레 19 주요한 (품목) 20 의상, 차려입다 21 소음, (시끄러운 소리를) 내다 22 상반신, 부수다, 깨다

3 01 ② 02 ④ 03 ① 04 ⑤

sequel
[síːkwəl]

ⓝ 속편(= continuation), 후편, 결론

Sequels are never as good as the originals. 사관 2019

→ 속편은 절대로 원작(첫 번째 것)만큼 좋지 않다.

generalization
[dʒènərəlizéiʃən]

ⓝ 일반화

generalize [dʒénərəlàiz] ⓥ ~을 일반화하다; 종합하다

I should think more before making generalizations.
사관 2019

→ 일반화하기 전에 좀 더 생각해야겠어.

cuisine
[kwizíːn]

ⓝ 요리, 요리법

What kind of cuisine are you thinking about offering?
사관 2019

→ 어떤 요리를 제공하려고 생각해?

• haute cuisine 고급 요리

sift
[sift]

ⓥ 체질하다, 정밀하게 조사하다

When you are going through the decision-making process and you are sifting through the net to weed out the garbage and gather only the good information, remember to ask yourself how you feel about the information you have gathered. 사관 2019

→ 당신이 의사 결정 과정을 겪으며 쓰레기를 제거하고 좋은 정보만을 얻기 위해 그물망을 체질할 때, 당신이 모은 정보에 대해 어떻게 느끼는지 스스로에게 질문할 것을 기억하라.

• sift to the bottom ~을 철저하게 조사하다

gut
[gʌt]

ⓝ 내장, 용기; 배짱 ⓐ 본능적인 ⓥ 게걸스럽게 먹다

The best decisions are the ones that combine good data that points to an obvious choice and that gut feeling that says, "You did the right thing." 사관 2019

→ 최고의 결정은 분명한 선택을 가리키는 좋은 정보와 "네가 옳은 일을 했어."라고 말하는 본능적인 느낌을 결합한 것이다.

ennoble
[inóubl]

ⓥ 고귀하게 하다, 귀족에 봉하다

ennoblement [inóublmənt] ⓝ 작위 수여

Many spiritual teachers regard afflictions, trials, sufferings, and deprivations as "blessings in disguise" through which our inner spiritual powers are stimulated, purified, and ennobled. 사관 2019

→ 많은 영적인 스승들은 불행, 시험, 고통과 결핍을 "위장한 축복" 이라고 여기며 이것들을 통해 우리 내면의 영적인 힘이 고양되고, 정화되며, 고귀하게 된다고 생각한다.

stumble
[stʌmbl]

ⓝ 비틀거림, 실수, 걸림돌 ⓥ 발견하다, 비틀거리다

A quote from 'Abdu'l-Bahá illustrates this particularly well: "We should try to make every stumbling block a stepping stone to progress." 사관 2019

→ 압둘 바하의 인용구는 이를 잘 묘사한다: "우리는 모든 걸림돌 을 발전하기 위한 디딤돌로 만들기 위해 노력해야 한다."

• stumbling block 걸림돌

steward
[stjúːərd]

ⓝ 집사, 승무원, 청지기

It also dies, goes out of date, becomes irrelevant and must be discarded, but who is its rightful steward? 사관 2019

→ 이 또한 죽고, 구식이 되며, 무의미해지고 버려져야만 하는 것이 되지만, 그것의 공정한 청지기는 누구인가? (의역)

dock
[dak]

ⓝ 선창, 부두 ⓥ 정박하다, 도킹하다

In other methods of shipment, items are simply picked up, moved, and delivered to loading docks. 사관 2019

→ 수송의 다른 방식으로는, 물품들은 단순히 집배되어 옮겨지고 하역 선창으로 배달된다.

stampede
[stæmpíːd]

ⓝ 놀라서 우르르 도망치기 ⓥ 앞다투어 도망치다

Archaeologists have discovered the bones of ten thousand wild horses at the bottom of a cliff in France, the remains of herds stampeded over the clifftop by groups of paleolithic hunters seventeen thousand years ago. 사관 2019

→ 고고학자들은 프랑스의 한 절벽 아래에서, 1만 7천 년 전 구석기 시대의 사냥꾼 집단에 쫓겨 절벽 정상에서 앞다투어 도망친 무리의 잔해인, 1만 마리 야생마의 뼈들을 발견했다.

ingenuity
[ìndʒənjúːəti]

ⓝ 창의력, 독창성

These fossils of ancient cooperation and shared ingenuity may shed light on why saber-tooth tigers, mastodons, giant wooly rhinoceroses, and dozens of other large mammals went extinct around the time that modern humans arrived in their habitats. 사관 2019

→ 고대의 협동과 공유된 독창성을 보여주는 이 화석들은 왜 검치호, 마스토돈, 거대한 털 코뿔소, 그리고 수십 마리의 다른 거대 포유동물들이 그들의 거주지에 새로운 인간들이 나타났을 즈음 멸종되었는지 설명해줄 수 있을 것이다.

parlor
[páːrlər]

ⓝ 응접실, 거실

Since he was not at home, they waited in his parlor. 사관 2019

→ 그가 집에 없었기 때문에 그들은 그의 응접실에서 기다렸다.

mishap
[míshæp]

ⓝ 불행한 사건, 사고

You will continue to be faced with challenges, struggles and mishaps as other laws, such as the law of ups and downs, is working in the background. 사관 2019

→ 당신은 다른 법칙들, 예를 들면 기복의 법칙 같은 것이 뒤에서 작용하고 있기 때문에 도전, 어려움, 사고들을 계속 직면하게 될 것이다.

flint
[flint]

ⓝ 부싯돌

An archaeologist used a flint-bladed sickle to see how efficiently a prehistoric family could have harvested wild grains, which still grow in some parts of Turkey. 사관 2019

→ 한 고고학자는 선사시대의 가족이 아직도 터키의 일부 지역에서 자라는 야생 곡물을 수확할 때 얼마나 효율적이었는지 보기 위해 부싯돌 날로 된 낫을 사용했다.

· flinthearted 냉혹한

hostage
[hάstidʒ]

ⓝ 인질, 볼모

This phenomenon was likened to Stockholm Syndrome, where hostages come to empathize with their captors. 사관 2019

→ 이러한 현상은 인질들이 자신들을 억류한 사람에게 감정이입하게 되는 스톡홀름 증후군에 비유되었다.

accolade
[ǽkəlèid]

ⓝ 수상, 포상 ⓥ ~에게 영예를 수여하다

The men and women of the military who have made sacrifices for their country often receive honors, awards, and benefits in recognition of their service—accolades and opportunities that they rightly deserve. 사관 2019

→ 군대에서 조국을 위해 희생한 남녀들은 그들의 봉사를 인정받아 영예와 상, 혜택을 종종 받는다. 즉 그들이 마땅히 받아야 할 찬사와 기회 말이다.

lone
[loun]

ⓐ 단 하나의, 혼자의(= solitary), 고립된

Due to the efforts of Renaissance artists to elevate their profession as a liberal art, the Western world has popularized the idea of a lone individual creating his or her own art to express something very personal. 사관 2019

→ 그들의 직업을 대중 예술로 고양시키기 위한 르네상스 예술가들의 노력 덕분에 서양 세계는 매우 사적인 어떤 것을 표현하기 위해 혼자인 개인이 자신의 예술을 창조하는 개념을 대중화했다.

antiquity
[æntíkwəti]

ⓝ 낡음, 고대

Of all the thinkers of antiquity, Aristotle was perhaps the most comprehensive. 사관 2019

→ 고대의 많은 사상가 중에서도 아리스토텔레스는 아마도 가장 종합적인 사람이었다.

irreverence
[irévərəns]

ⓝ 불경, 무례

irreverent [irévərənt] ⓐ 불손한, 무례한

Their genius inhibits the sense of irreverence vital to creative work in their successors. 사관 2019

→ 그들의 천재성은 그들의 후계자의 창의적 작업에 필수적인 불경한 감각을 억제한다.

mediocrity
[mìːdiǽkrəti]

ⓝ 평범, 범인

mediocre [mìːdióukər] ⓐ 평범한, 보통의

Because of their keen minds and their sharp thinking and reasoning abilities, they find themselves sharply aware of mediocrity, greed, poverty, corruption, violence, abuse, pollution, hypocrisy, and other flaws in society. 사관 2019

→ 그들의 예민한 정신, 예리한 사고와 추론 능력 때문에, 그들은 스스로 평범, 욕심, 가난, 부패, 폭력, 학대, 오염, 위선 그리고 사회의 다른 결점을 빈틈없이 깨닫도록 했다.

satirize
[sǽtəràiz]

ⓥ 풍자하다, 비꼬다

satire [sǽtaiər] ⓝ 풍자, 해학

satiric [sətírik] ⓐ 풍자적인

Using PC language and being PC have come to be viewed negatively, however, and even ridiculed and satirized because they overcompensate for others' sensitivities. 사관 2019

→ 그러나 PC(정치적으로 올바른) 언어를 사용하는 것과 PC한 것(정치적으로 올바른 것)은 부정적으로 보이게 되었고, 그들이 타인의 예민함에 대해 과잉 보상하기 때문에 조롱당하고 비꼼을 당하기까지 했다.

directive
[diréktiv]

ⓝ 지휘, 지시 ⓐ 지시적인

For example, it is one thing to say that we need to rid the workplace of sexist language in an effort to create equal relationships between men and women, but unless this directive is connected to a broader agenda of fostering gender pay equity and equal opportunity for promotions and advancement, merely ridding the workplace of sexist language may not generate the hoped-for effect. 사관 2019

→ 예를 들어, 우리가 남녀 간 동등한 관계를 만들기 위한 노력으로 직장의 성차별적 언어를 없애야 한다는 것도 한 가지지만, 이 지시가 성별 간 동일 임금과 동일한 승진, 향상의 기회를 장려하는 더 넓은 의제와 연결되어 있지 않다면, 단순히 직장에서 성차별적 언어를 없애는 것은 희망하는 결과를 도출하지 못할 수도 있다.

impostor

[impástər]

ⓝ 사기꾼, (특히) 사칭하는 사람

Immigration authorities suspected that the boy was an impostor and thought he was either an unrelated child or a nephew of the boy's mother. 사관 2019

→ 이민 당국은 소년이 사칭하는 사람이며, 그가 소년의 어머니와 연관이 없는 아이거나 조카일 것이라 생각했다.

novice

[návis]

ⓝ 미숙자, 초심자(＝beginner)

She was horrified at the idea of looking ridiculous, and looking like a novice next to her skilled and experienced siblings. 사관 2019

→ 그녀는 바보같이 보이는 것과 숙련되고 경험 많은 그녀의 형제자매들 옆에서 미숙자처럼 보일 것을 굉장히 무서워했다.

hunch

[hʌntʃ]

ⓝ 예감, 육감 ⓥ 등을 구부리다

It wasn't nearly as difficult as Mary had thought it would be, and with no audience she had no discomfort about being hunched over her skis. 사관 2019

→ 그것은 메리가 생각한 만큼 어렵지 않았고, 보는 사람이 없었기에 그녀는 그녀의 스키 위로 등을 구부리는 것에 대해 불편함을 느끼지 않았다.

crouch

[krautʃ]

ⓥ 숙이다, 구부리다

Mary explained that when beginning skiers got up out of the water for the first time, they started off crouched over their skis with their bottoms stuck out, looking absolutely absurd. 사관 2019

→ 메리는 스키 초심자들이 물 밖으로 처음 나왔을 때, 그들은 완전히 터무니없는 것처럼, 그들의 엉덩이가 튀어나온 채 스키 위로 숙여 출발한다는 것을 설명했다.

internalize
[ɪn|tɜːrnəlaɪz]

ⓥ (사상, 태도 등을) 내면화하다

Internalize a response to urges that is absolute, even rigid, leaving no room for doubt. `사관 2020`

→ 의심할 여지가 없도록 충동에 대해 완전하고 심지어 엄격할 정도의 반응을 내면화하라.

ford
[fɔːrd]

ⓝ (강 따위의) 얕은 곳, 여울

Xunzi, a thinker in early China, compares the Confucian Way inherited by his generation to markers used to indicate a ford over an otherwise deep and swift river. `사관 2020`

→ 초기 중국의 사상가인 순자는 자신의 세대가 물려받은 유교의 도를 깊고 물살이 빠른 강을 건널 수 있는 여울을 표시하는 데 사용되는 표지에 비유한다.

wing it

ⓥ 즉흥적으로 하다

We could ignore them and just wing it, but that would be counterproductive and even dangerous. `사관 2020`

→ 우리는 그것들을 무시하고 즉흥적으로 할 수도 있지만, 그러면 역효과를 일으키고 심지어 위험할 수도 있다.

pound
[páund]

ⓥ 마구 치다

In other words, if a respected member of the local community tells you to boil this root vegetable for two hours, then strain it, and then pound it with a stick blessed by a priest until you've sung this sacred song twenty times, you should probably just shut up and do it, exactly the way you are told. `사관 2020`

→ 다시 말해, 지역 사회의 존경받는 일원이 당신에게 두 시간 동안 이 뿌리채소를 끓여 물기를 빼고 이 신성한 노래를 스무 번 부를 때까지 신부의 축복을 받은 막대기로 마구 치라고 말한다면, 당신은 아마 입을 다물고 들은 방식 그대로 해야 할 것이다.

grandiose
[|grændioʊs]

ⓐ (실속 없이) 거창한

It is always the other person who is narcissistic, irrational, envious, grandiose, or aggressive. `사관 2020`

→ 자기애가 넘치고, 비이성적이고, 질투심이 많으며, 실속 없이 거창하고 혹은 공격적인 사람은 항상 타인이다.

astray
[əstréi]

adv **adj** 길을 잃고, 타락하여

If we go astray, it is the fault of circumstances or people forcing us to react negatively. 사관 2020

→ 우리가 길을 잃는다면, 그것은 상황의 문제거나 우리에게 부정적으로 반응하도록 강요하는 사람들 때문이다.

conquistador
[kɑːn|kwɪstədɔː(r)]

n 정복자

Even before the Spanish Conquistadors arrived in central South America, the Inca had begun to suffer from the European arrival in the New World, for the Europeans brought diseases with them that peoples in the Americas had no immunity to. 사관 2020

→ 스페인 정복자들이 중앙남아메리카에 도착하기 이전에도 잉카는 이미 유럽인들이 신대륙에 도착하면서 고통받기 시작했다. 왜냐하면 유럽인들이 아메리카 대륙의 사람들에겐 면역이 없는 질병을 가져왔기 때문이다.

whoop
[wuːp]

n 함성 **v** 함성을 지르다

Shortly after Europeans landed in South America, smallpox, measles, typhoid, influenza, malaria, whooping cough and other diseases killed the indigenous peoples of the Americas. 사관 2020

→ 유럽인들이 남아메리카에 상륙한 직후 천연두, 홍역, 장티푸스, 인플루엔자, 말라리아, 백일해 및 다른 질병이 아메리카 원주민들을 죽였다.

misfile
[ˌmɪsˈfaɪl]

v 파일을 잘못 정리하다

It's only so long after that first album is misfiled that chaos ensues. 사관 2020

→ 첫 번째 앨범이 잘못 정리된 지 한참 지난 뒤에 혼란이 뒤따른다.

active-duty

adj 현역의

Active-duty women were much more heavily concentrated in administrative roles than were active-duty men: the percentage of women was more than twice that of men in administrative positions. 사관 2020

→ 현역 여성은 현역 남성보다 관리 역할에 훨씬 더 많이 집중되어 있었다. 여성의 비율이 관리 직책에 있는 남성의 두 배 이상이었다.

pucker up

ⓥ 입술을 오므리다

Every time someone said, "Hello, Betsy," she would pucker up and get ready to spray the person with a cloud of saliva. 사관 2020

→ 누군가가 "안녕, Betsy."라고 말할 때마다 그녀는 입술을 오므리고 그 사람에게 엄청난 타액을 뿌릴 준비를 하곤 했다.

bluster
['blʌstə(r)]

ⓥ 고함치다, 엄포를 놓다

When she wants to attack someone, it is with looks of boredom, iciness, or contempt, never with blustering words. 사관 2020

→ 그녀가 누군가를 공격하려고 할 때는 지루하고 냉담한 표정을 하거나 경멸하는 표정을 지을 때지, 결코 엄포를 놓는 말을 할 때는 아니다.

posture

ⓝ 자세 ⓥ 자세를 취하다

Her style does not include all of the alpha male body posturing. 사관 2020

→ 그녀의 스타일에는 알파 남성의 모든 몸자세가 포함되어 있지 않다.

blight

ⓝ 마름병

When a century ago the American chestnut, once a dominant tree over much of eastern North America, was reduced to near extinction by an Asian fungal blight, seven moth species whose caterpillars depended on its vegetation vanished, and the last of the passenger pigeons plunged to extinction. 사관 2020

→ 한때 북아메리카 동부 지역의 많은 지역을 지배하던 아메리카 밤나무가 한 세기 전에 아시아 곰팡이 마름병 때문에 거의 멸종할 위기에 놓였을 때, 애벌레들이 그곳의 초목에 의존하던 나방 일곱 종이 사라졌으며, 마지막 나그네비둘기도 멸종하고 말았다.

paranoid

adj 편집증적인

Therefore, only the paranoid, only those who are constantly looking over their shoulders to see who is creating something new that will destroy them and then staying just one step ahead of them, will survive. 사관 2020

→ 그러므로 오직 편집증 환자들, 자신을 파괴할 새로운 그 무엇을 만들어내는 사람이 누구인지 알기 위해 어깨너머로 끊임없이 살펴보고 그들보다 단지 한 발짝 앞서 있는 사람들만이 살아남을 것이다.

knot
[nɑːt]

ⓝ 매듭, 옹이 **ⓥ** 매듭을 묶다

Wood carving is most successful if it is in harmony with the preexisting grain and knots of the wood.

사관 2020

→ 목각(木刻)은 원래 있는 나뭇결과 옹이에 조화롭게 될 때 가장 성공적이다.

strenuous
[strenjuəs]

adj 힘이 많이 드는, 격렬한

Then they pulled the old fellow up so strenuously that some broke their tusks in the process. 사관 2020

→ 그런 다음 그들은 나이 많은 친구를 너무 격렬하게 끌어올린 나머지 일부는 그 과정에서 상아를 부러뜨리고 말았다.

relinquish
[rɪˈlɪŋkwɪʃ]

ⓥ (마지못해) 내주다

Some authors seem to welcome this prospect, but others believe that we are at a crossroads that requires that we relinquish the opportunity to acquire the knowledge that would enable us to create such a brave new world. 사관 2020

→ 어떤 작가들은 이러한 가능성을 환영하는 듯하지만, 다른 작가들은 우리가 그런 멋진 신세계를 창조할 수 있게 해주는 지식을 얻을 기회를 내줘야 하는 갈림길에 있다고 믿는다.

grouch
[graʊtʃ]

ⓝ 불평이 많은 사람, 불평

You can almost certainly recall instances when being around a calm person leaves you feeling more at peace, or when your previously sunny mood was spoiled by contact with a grouch. 사관 2020

→ 당신은 차분한 사람 곁에 있을 때 당신이 더 편안했거나, 불평이 많은 사람과 접촉했을 때 당신의 좋았던 기분이 망쳐졌던 경우를 거의 확실히 생각해낼 수 있을 것이다.

stall
[stɔːl]

ⓝ 가판대 **ⓥ** 시간을 끌다

The tactics of attention-getting may include stalling and walking out of the negotiations. 사관 2020

→ 주목을 끄는 전술에는 시간 끌기와 협상 중 퇴장하기가 있을 것이다.

inert
[ɪ'nɜːrt]

adj 기력이 없는, 비활성의

Far from existing inertly, the inhabitants of the pasture — or what the ancient Hellenes called botane — appear to be able to perceive and to react to what is happening in their environment at a level of sophistication far surpassing that of humans. 사관 2020

→ 비활동적으로 살아가는 것과는 거리가 멀게, 초원에 거주하는 사람들은 — 고대 헬레네 사람들이 botane이라고 부르기도 한 — 자신들의 환경에서 무슨 일이 일어나는지 인간의 수준을 한참 뛰어넘는 정교한 수준으로 인지하고 반응할 수 있었던 것으로 보인다.

infallible
[ɪn'fæləbl]

adj 틀림없는, 확실한

The sundew plant will grasp at a fly with infallible accuracy, moving in just the right direction toward where the prey is to be found. 사관 2020

→ 끈끈이주걱은 먹이가 발견될 바로 그 방향으로 움직여 틀림없는 정확도로 파리를 낚아챌 것이다.

septic
['septɪk]

adj 패혈성의, 썩은

Consider a household that dumps sewage into a public lake rather than purchasing a septic system to process and store the waste. 사관 2020

→ 쓰레기를 처리하고 저장하기 위한 오수 정화 시스템을 구매하지 않고 공공 호수에 오수를 버리는 가정을 생각해 보라.

• septic system 오수 정화 시스템

prosthetic
[prɒs'θetɪk]

adj 인공기관의, 보철의

At the moment, prosthetic devices like Meyer's are used to restore normal human functions among those who lack them. 사관 2020

→ 바로 그때, 메이어 씨의 것과 같은 보철 장치는 정상적인 인간 기능이 없는 이들을 위해 그러한 기능을 복구하기 위해 사용된다.

nasal
['neɪzl]

adj 코의, 콧소리의

I just can't seem to focus and I have nasal congestion. 사관 2021

→ 집중이 정말 안 되고 코가 막혔어요.

over-the-
counter

처방전 없이 살 수 있는 (약)

I purchased some over-the-counter medication at the pharmacy. _{사관 2021}

→ 나는 약국에서 처방전 없이 살 수 있는 약을 좀 샀다.

behoove
[bihúːv]

v ~할 필요가 있다

Thus it behooves the general public as consumers to understand that irrigation water and water conservation are extremely important to their own interests. _{사관 2021}

→ 그러므로 소비자로서 일반 대중은 관개용수와 물 보전이 그들 자신의 이익에도 매우 중요한 것임을 이해할 필요가 있다.

ominous
[|aːmɪnəs]

adj 불길한

And when we reach the ominous stillness in the eye of the storm — the point of realization and recognition, the point of knowing and of clear seeing — we hold one another and together, leading or being led, make it out to safer shores. _{사관 2021}

→ 그리고 우리가 폭풍의 눈의 불길한 고요함에 닿을 때, 깨달음과 인정의 지점, 알아차리고 정확하게 보는 순간이기도 한 그때, 우리는 서로를 붙들고 함께 서로를 이끌거나 이끌리기도 하며, 더 안전한 해변으로 간다.

foe
[foʊ]

n 적

It is the foe of absolute certainty and dogmatic finality. _{사관 2021}

→ 그것은 절대적 확실성과 독단적인 목적성의 적이다.

probabilism
[prábəbəlìzm]

n 개연론

It appreciates the snares and pitfalls of all kinds of human knowledge and the importance of the principles of fallibilism and probabilism in regard to the degrees of certainty of our knowledge. _{사관 2021}

→ 이는 우리 지식의 확실성의 정도에 따라, 모든 종류의 인간 지식이 갖는 함정과 위험 그리고 오류가능주의와 개연론의 원리들의 중요성을 인정한다.

• probable [|praːbəbl] **adj** 개연성 있는
• probability [|praːbəbɪləti] **n** 개연성

be studded with

~로 산재해 있다

Before that time, the psychology of thinking was strictly the philosopher's province, and so its history is studded with names of the great and near great, especially in the centuries during which empirical philosophy flourished in Great Britain. `사관 2021`

→ 그 이전에 사고심리학은 엄격하게 철학자의 영역이었고, 그렇기에 그것의 역사는 특히 영국에서 번창한 경험철학의 시기에 위대하거나 위대함에 가까운 이름들로 산재해 있다.

imbue
[ɪmˈbjuː]

Ⓥ 불어넣다

So slow and painful is the process of mastering a technique, whether of handicraftsmanship or of art, so imbued are we with the need of education for the acquirement of knowledge. `사관 2021`

→ 기술을 숙달하는 과정은 매우 느리고 고통스러워서, 수세공인의 일이거나 예술이거나 상관없이 우리는 지식을 얻기 위한 교육의 필요성으로 고취되어 있다.

obstetric
[əbstétrik]

adj 출산의

The flight of birds, the obstetric and nursing procedures of all animals, and especially the complicated and systematized labors of bees, ants and other insects, have aroused the wonder, admiration and awe of scientists. `사관 2021`

→ 새의 비행, 모든 동물의 출산과 수유 과정, 특히 복잡하고 체계화된 꿀벌, 개미 그리고 다른 곤충의 노동은 과학자들의 경이, 감탄, 경외를 자아냈다.

progeny
[ˈprɑːdʒəni]

Ⓝ 자손

The female insect lays its eggs, the male insect fertilizes them, the progeny go through the states of evolution leading to adult life without teaching and without the possibility of previous experience. `사관 2021`

→ 암컷 곤충은 알을 낳고 수컷 곤충은 그 알들을 수정시키고, 자손은 가르침과 이전 경험의 가능성도 없이 성체의 삶으로 이어지는 진화의 상태들을 거친다.

trance
[træns]

ⓝ 몽환, 가수 상태

He walked along the rows of foot soldiers standing straight and still, all staring ahead as if in a trance. 사관 2021

→ 마치 가수(假睡) 상태에 빠진 듯 똑바로 서서 가만히 앞만 응시하며 줄지어 걸어가는 보병들을 따라 그는 걸었다.

stammer
['stæmə(r)]

ⓥ 말을 더듬다

"Sir," he stammered still looking at the men in their emotionless eyes, "how does one learn to become humble while inspecting these men?" 사관 2021

→ "선생님." 그는 병사들의 감정 없는 눈을 바라보며 말을 더듬었다. "이 병사들을 사열하면서 어떻게 겸손함을 배울 수 있습니까?"

ravage
['rævɪdʒ]

ⓥ 황폐하게 만들다, 파괴하다

The young officer looked down and saw the rough and ravaged boots of the men. 사관 2021

→ 젊은 장교는 아래를 보고 병사들의 거칠고 낡은 군화를 보았다.

tubular
[ǀtuːbjələ(r)]

adj 관 모양의

With very few exceptions, brains are always located at the front end of an animal's feeding "tube" or mechanism, which in humans and many other organisms is the tubular system that extends from the mouth to the anus. 사관 2021

→ 거의 예외 없이, 뇌는 항상 동물의 영양 보급 "관"이나 체계의 앞쪽 끝에 위치해 있으며, 인간이나 다른 생명체에서 이 영양 보급 "관"이나 체계는 입에서 항문까지 연결되는 관 모양의 시스템이다.

subservience
[səbǀsɜːrviəns]

ⓝ 종속, 복종

The Indians, on the other hand, had been humiliated by many years of subservience to their English overlords. 사관 2021

→ 반면에 인디언들은 영국인 지배자들에게 오랜 세월 복종함으로써 굴욕을 당했다.

interrogate

[ɪnˈterəɡeɪt]

ⓥ 심문하다, 추궁하다

Police interrogators, corporate personnel interviewers, reporters, and attorneys all know a basic fact about the people they question, which they use to great advantage: Interview subjects fear silence; to avoid it, they will talk, even without thinking. 사관 2021

→ 경찰 심문관, 기업의 인사 면접관, 기자 그리고 변호사는 모두 자신이 질문하는 사람들에 대해 기본적인 사실을 알고 있으며, 이는 그들에게 엄청난 장점이다: 인터뷰 대상자들은 침묵을 두려워하고; 이를 피하기 위해 그들은 거의 생각도 하지 않고 말할 것이다.

bestow

[bɪˈstoʊ]

ⓥ 수여하다

The mass media bestow prestige and enhance the authority of individuals and groups by legitimizing their status. 사관 2021

→ 대중매체는 개인과 단체에게 그들의 지위를 정당화함으로써 위신을 부여하고 권한을 증대시킨다.

deluge

[ˈdeljuːdʒ]

ⓝ 범람, 폭우

This view has led to literally tons of studies of "leadership" that have no bearing on leadership in real life, to grand psychological models of power relations that omit most of the major variables that make power the central problem in political science, and to a deluge of experimentation called "small group research" of which about 85 per cent is doomed to gather dust on library shelves, at least as far as anyone is concerned who is genuinely interested in group processes in real life. 사관 2021

→ 이러한 관점은, 정치학에서 권력이 중심 문제가 되는 주요 변수들을 제외한 권력관계의 엄청난 심리학적 모델들, 거의 85퍼센트는 도서관 선반에서 먼지만 쌓일 운명인, 현실에서 그룹 과정에 진정으로 관심이 있는 사람이라면 누구든 참여했을 "소그룹 연구"라고 불리는 실험의 범람, 실생활의 리더십과는 관련 없는 "리더십"에 대한 말 그대로 셀 수 없이 많은 연구가 쏟아져 나오게 했다.

consonant

[|kɑːnsənənt]

ⓝ 자음 adj 협화음의

While this may be true, it was probably by experimenting with a plucked string that Pythagoras determined the ratios of the consonant intervals (the number of notes between two notes that determines whether they will sound harmonious if struck together). 사관 2021

→ 이것이 사실일 수도 있지만, 아마 피타고라스가 어울림 음정(함께 쳤을 때 조화로운 음이 날지 결정하는 두 음 사이의 음의 수)의 비율을 결정한 것은 뽑아낸 줄을 가지고 실험한 것 때문일 것이다.

opulence

[ápjuləns]

ⓝ 부유함

Many workers in professions like social work are wary of wearing anything that will distinguish them from their clients and will tend to avoid a show of opulence. 사관 2021

→ 사회복지업무 같은 직업에 종사하는 노동자들은 자신들과 의뢰인들을 구별할 수 있는 어떤 옷이라도 입는 것을 조심하고, 부유함을 보이는 것을 피하는 경향이 있다.

fecundity

[fikʌ́ndəti]

ⓝ 풍요, 생산력, 생식력

The intellectual fecundity of the Renaissance was ensured by the intense activity of the humanists who were engaged in collecting, editing, translating and publishing the ancient literary heritage, mostly in Greek and Latin, which had hitherto been scarcely read or entirely unknown to the medieval world. 사관 2021

→ 르네상스의 지적 풍요로움은 그때까지 중세 세계에서 거의 읽히지 않았거나 전혀 알려지지 않았던, 대부분 그리스어나 라틴어로 쓰인 고대 문학 유산을 수집, 편집, 번역하는 일에 참여하고, 출판한 인문주의자들의 열정적인 활동에 의해 보장되었다.

haziness

['heɪzinəs]

ⓝ 흐릿함, 몽롱함

This haziness unbalances our plans from the beginning and sets them on a chaotic course. 사관 2021

→ 이 흐릿함은 시작부터 우리 계획의 균형을 깨뜨리고 혼란스러운 길로 인도한다.

paraphernalia
[|pærəfə|neɪliə]

ⓝ 특정 활동에 필요한 용품

These scholars have found numerous graves in southern Ukraine dating from the middle of the first millennium BCE containing the skeletal remains of women buried with military paraphernalia such as lances, arrows, and armor. 사관 2022

→ 이 학자들은 남우크라이나에서 기원전 천년의 중반으로 추정되는, 창·화살·갑옷 등 군대 생활에 필요한 용품과 함께 묻힌 여성의 유골이 있는 수많은 무덤을 발견했다.

gullibility
[gʌləbíləti]

ⓝ (남의 말을) 쉽게 믿음

All in all, the archaeological evidence suggests that Herodotus' account of the Amazons was not, as formerly thought, an illustration of his gullibility, but rather historically sound. 사관 2022

→ 대체로 고고학적 증거는 아마존에 대한 헤로도토스의 설명이 이전에 생각된 것처럼 그가 남의 말을 쉽게 믿은 묘사가 아니라 오히려 역사적으로 바른 것임을 시사한다.

frivolous
['frɪvələs]

adj 경박한, 경솔한

The restrained emotional intensity, the medieval mystical mind of the early German and Flemish painters, for example, contrasts strongly with the frivolous, gay, carefree work of the French eighteenth century court painters, such as that of Antoine Watteau. 사관 2022

→ 억제된 감정의 격렬함은, 예를 들면 중세의 초기 독일이나 플랑드르 화가들의 신비주의적 정신은 앙투안 바토의 작품같이 프랑스 18세기 궁정 화가들의 경박하고 제멋대로이며 걱정 없는 작품과 극명하게 대비된다.

lethargic
[ləθá:rdʒik]

adj 무기력한, 둔감한

When one virtuously reaches the mountaintop, he must not stop there until 'every' hungry person in the world is fed; 'every' crying person is comforted; 'every' depressed person had cause to smile again; 'every' discouraged person is encouraged; and 'every' lethargic person is motivated. 사관 2022

→ 누군가 용감하게 산의 정상에 도달할 때, 그는 세상의 '모든' 배고픈 사람이 밥을 먹을 때까지; '모든' 우는 사람이 안식을 찾을 때까지; '모든' 우울한 사람이 웃을 수 있는 이유를 얻을 때까지; '모든' 좌절한 사람이 격려를 얻고; '모든' 무기력한 사람이 동기를 얻을 때까지 멈춰서는 안 된다.

vegetate

[ˈvedʒəteɪt]

ⓥ 무기력하게 살다, 무위도식하다

As an achiever, the time is not to luxuriate, vegetate, or procrastinate, but to dedicate. 사관 2022

→ 성취하는 사람으로서, 시간은 느긋하게 즐기거나, 무위도식하거나, 미룰 것이 아니라 헌신해야 할 때이다.

whittle

[ˈwɪtl]

ⓥ 깎아서 모양을 만들다

"He took out his knife," Krause later recalled, "and cut one at the base, whittled some holes, brought the instrument to his lips and began to play a melody." 사관 2022

→ 크라우스는 나중에 이렇게 회상했다. "그는 칼을 꺼냈다. 그리고 아랫부분을 깎고, 구멍을 몇 개 깎아 모양을 만들었으며, 악기를 자기 입술에 대고 곡을 연주하기 시작했다."

ergonomic

[|ɜːrɡə|nɑːmɪk]

ⓐⓓ 인체 공학의

One of the theorems of ergonomic theory is that for each species in a particular environment there exists an optimum mix of coordinated specialists that performs more efficiently than groups of equal size consisting wholly of generalists. 사관 2022

→ 인체 공학 이론의 정리 중 하나는 특정 환경의 각 종에 대해 온전히 박학다식가로 구성된 동일한 크기의 그룹보다 더 효율적으로 수행하는 조정된 전문가의 최적 조합이 존재한다는 것이다.

repartee

[|repɑːr|tiː]

ⓝ 재치 있는 즉답, 말재주

Confucius once noted, "Imagine a person who can recite the several hundred Odes by heart but, when delegated a governmental task, is unable to carry it out or, when sent abroad as an envoy, is unable to engage in repartee." 사관 2022

→ 공자가 한 번 언급한 적이 있다. "마음으로 수백 편의 시를 읊을 수 있지만, 정부의 임무를 위임받았을 때 그것을 수행할 수 없거나 사절로 외국에 파견되었을 때 재치 있는 답을 할 수 없는 사람을 상상해 보십시오."

rodent
[|roʊdnt]

ⓝ 설치류

For example, "spontaneous alternation," the tendency in rodents to choose different paths during foraging, is an instance of biological preparedness for the rapid acquisition of species-specific learning. 사관 2022

→ 예를 들어, 먹이를 찾는 동안 다른 경로를 선택하는 설치류의 경향인 "즉흥적 교체"는 종-특이적인 학습의 빠른 습득을 위한 생물학적 준비의 한 예시이다.

detrimental
[ˌdetrɪˈmentl]

adj 유해한

In contrast, associations that would be detrimental to survival are called "contraprepared." 사관 2022

→ 반대로, 생존에 해로울 수 있는 연합은 "contraprepared"라고 불린다.

to-and-fro

앞뒤로

Focusing on the skill-relevant environment facilitates your ability to get "lost" in the to-and-fro of the play. 사관 2022

→ 기술과 관련된 환경에 집중하는 것은 행위의 앞뒤로 당신이 "몰입"할 수 있는 능력을 용이하게 한다.

bio-ontological
[báiou-antəlád3ikəl]

adj 생물 존재론적인

An important issue is that with the unfolding of the bio-ontological shift, primitive humans felt isolated from the natural world. 사관 2022

→ 생물 존재론적인 변화가 전개되면서, 원시 인간이 자연 세계로부터 고립된다고 느꼈다는 것은 중요한 문제이다.

latitude

ⓝ 위도, (행동, 사상, 활동 등의) 자유, 허용 범위

If we are to cultivate tolerance, how widely should our moral latitude extend? 사관 2022

→ 우리가 관용을 함양하려 한다면, 우리의 도덕적 자유는 어디까지 확장되어야 하는가?

precipice
[ˈpresəpɪs]

ⓝ 절벽

Two goats were walking in opposite directions on the narrow ledge of a cliff, next to a gaping precipice. 사관 2022

→ 염소 두 마리가 크게 갈라진 낭떠러지 옆의 튀어나온 좁은 절벽 바위에서 반대 방향으로 걷고 있었다.